ज्ञान गरिमा के
72 वर्ष

भारतीय
ज्ञानपीठ

भाषा का समाजशास्त्र

(आलोचना)

भाषा का समाजशास्त्र

डॉ. सुभाष शर्मा

भारतीय ज्ञानपीठ

लोकोदय ग्रन्थमाला : ग्रन्थांक 1357

ISBN 978-93-87919-04-4

भाषा का समाजशास्त्र

(आलोचना)

डॉ. सुभाष शर्मा

प्रकाशक : भारतीय ज्ञानपीठ

18, इन्स्टीट्यूशनल एरिया, लोदी रोड, नयी दिल्ली-110 003

मुद्रक : विकास कम्प्यूटर्स ऐंड प्रिन्टर्स, दिल्ली-32

आवरण चित्र : महेश्वर

BHASHA KA SAMAJSHASHTRA
(Criticism)
Dr. Subhash Sharma

Published by
Bharatiya Jnanpith
18, Institutional Area, Lodi Road, New Delhi-110 003
Ph. : 011-24698417, 24626467; 23241619 (Daryaganj)
Mob. : 9350536020; e-mail : bjnanpith@gmail.com
sales@jnanpith.net; website : www.jnanpith.net

First Edition : 2018
Price : Rs. 470

डॉ. नामवर सिंह
डॉ. मैनेजर पाण्डेय एवं
डॉ. केदारनाथ सिंह
को
ससम्मान समर्पित
जिनकी रचनाओं और व्याख्याओं से
सीखा मैंने बहुत कुछ
बार–बार

भूमिका

भाषा ऐसे ध्वनि-संकेतों की व्यवस्था होती है जिनके ख़ास अर्थ किसी विशिष्ट देशकाल में रहने वाले समुदाय/समुदायों द्वारा दिए जाते हैं। यह मनुष्य को अन्य प्राणियों/प्रजातियों से भिन्न करती है क्योंकि वे मनुष्य की तरह बोल नहीं सकते (अथवा लिख नहीं सकते)। यूँ मानव-जीवन के प्रारम्भ से, और अब भी, हम अपने हाव-भाव अथवा अंग-चालन से अपने विचार व्यक्त करते रहे हैं। इसके बाद मौखिक रूप से और कालान्तर में लिखित रूप से विचारों का आदान-प्रदान हम करते रहे हैं। आजकल विभिन्न यन्त्रों के ज़रिये भी हम अपने विचार व्यक्त करते हैं (ग्रामोफोन, टेपरिकार्डर, सी.डी., कम्प्यूटर/अन्तरजाल/मोबाइल से संक्षिप्त सन्देश सेवा—एस.एम.एस. आदि)। इस प्रकार भाषा का विकास क्रमशः चार चरणों में माना जाता है : आंगिक, वाचिक, लिखित और यान्त्रिक। भाषा न तो ईश्वरकृत होती है और न प्रकृति प्रदत्त होती है। वह किसी धर्म विशेष (ईसाई धर्म एवं यहूदी धर्म ने ऐसा माना था) के प्रतिपादकों, प्रचारकों और अनुयायियों की 'आदिभाषा' के रूप में बपौती भी नहीं होती, बल्कि भाषा मानवकृत, समाजकृत तथा पारिस्थितिकीकृत क्रमिक विकास की प्रक्रिया होती है जिसमें कई सदियाँ लग जाती हैं। निःसन्देह, सामान्य जनता ही भाषा को गढ़ती है, परिवर्तित करती है, वह कुछ तत्त्व छोड़ती है और कुछ तत्त्व जोड़ती है। भाषा विचारों का माध्यम होती है और दूसरी ओर भाषा यथार्थ का सृजन भी करती है तथा हमें शिष्ट और सभ्य भी बनाती है। भाषा में जोड़ने के तत्त्व ज़्यादा होते हैं किन्तु इसमें तोड़ने वाले तत्त्व भी शामिल होते हैं। गालियाँ, शाप और अश्लीलता इसके नकारात्मक तत्त्व हैं। इसलिए ठीक ही कहा गया है : 'बातहिं हाथी पाइये, बातहिं हाथी पाँव।' जब भाषा का विकास उस मुकाम पर पहुँचता है कि एक ही विषय/विचार को व्यक्त करने के लिए कई विकल्प/प्रयोग प्रचलन में आ जाते हैं, तो विद्वान (वैयाकरण) लोग उसका मानकीकरण करते हैं—शब्द-सम्पदा से लेकर वाक्य-रचना तक (व्याकरण) जिससे शिष्ट को अशिष्ट से, स्थूल को सूक्ष्म से अथवा उत्तम को निम्नतम से हिगराया जा सके।

किन्तु मानकीकरण से लाभ-हानि दोनों होते हैं—जहाँ एकरूपता के कारण विभिन्न इलाकों में व्यावसायिक क्षेत्र, अकादमिक क्षेत्र, वैज्ञानिक शोध क्षेत्र आदि में थोड़ी सहूलियत होती है, वहीं दूसरी ओर साँचे में कसकर बाँध देने से विकल्पों का सर्वनाश हो जाता है जिससे शब्द सम्पदा कम होती है और जिस क्षेत्र/समुदाय में बोले जाने वाले शब्द/पद को मानक नहीं माना जाता, वहाँ के लोग हीन ग्रन्थि के शिकार हो जाते हैं और समाज की परिधि पर फेंक दिये जाते हैं। इसलिए एकल मानकीकरण की बज़ाय न्यूनतम और बहुल मानकीकरण अथवा वैकल्पिक मानकीकरण का प्रचलन होना चाहिए।

हमें भिन्नता का सम्मान करना चाहिए और मेरा दृढ़ विश्वास है कि भिन्नता अपने आप में भेदभाव की सूचक नहीं होती बल्कि भिन्नता बहुलता और विकल्प की सूचक होती है जो स्वस्थ जनतन्त्रीकरण का प्रतीक है। सौभाग्यवश, हिन्दी की 49 माताएँ (जिन्हें भ्रमवश बोलियाँ, उपभाषाएँ या भिन्नताएँ कहते हैं) हैं और उनके वैकल्पिक शब्द हिन्दी की शब्द-सम्पदा और वाक्य-रचना को समृद्ध बनाते हैं। इसलिए अब 'विविधता में एकता' के साथ-साथ एकता में विविधता और भिन्नता को सम्पूर्ण सम्मान दिया जाना चाहिए।

आजकल कुछ बाहरी और कुछ भीतरी लोगों ने हिन्दी को महिला-विरोधी (सेक्सिस्ट) घोषित किया है जो सही नहीं है क्योंकि भिन्नता को भेदभाव मानना गलत है (जैसे 'वह जाता है' और 'वह जाती है' दो वाक्यों में क्रिया-भिन्नता) क्योंकि यदि क्रिया-भिन्नता से स्पष्ट होता है कि स्त्री जा रही है या पुरुष, तो इसमें कोई बुराई नहीं है। दूसरे, अँग्रेजी में क्रिया-भिन्नता की बज़ाय कर्त्ता भिन्नता होती है (she और he), भले क्रिया-भिन्नता नहीं है (दोनों में 'goes' एकवचन में)। तीसरे, कुछ लोग कहते हैं कि हिन्दी क्रिया-भिन्नता के कारण ही आजकल लड़कियाँ और महिलाएँ 'मैं जाती हूँ' की बज़ाय 'हम जाते हैं' (बहुवचन) कहती हैं। वास्तव में, उन्नीसवीं सदी में भी भारत के कुछ इलाकों में ऐसे वाक्य-प्रयोग महिलाएँ करती थीं। उदाहरणार्थ, उन्नीसवीं सदी में लिखा गया 'सीमन्तनी उपदेश' नामक उपन्यास (जिसकी लेखिका एक अज्ञात हिन्दू स्त्री थी) में भी महिलाएँ बहुवचन वाली क्रियाएँ प्रयोग करती थीं। चौथे, हिन्दी भाषा में भी 'व्यक्ति' शब्द स्त्री-पुरुष दोनों के लिए प्रयुक्त होता है जैसे अँग्रेजी में 'परसन' (person)। पाँचवें, हिन्दी भाषा में विभिन्न पदों के लिए स्त्री-पुरुष में भेद किये बिना समान शब्द प्रयुक्त होता है; जैसे, अध्यक्ष, मन्त्री, नेता, कार्यकर्त्ता आदि किन्तु कुछ लोग अति उत्साह में क्रमशः अध्यक्षा, मन्त्राणी, नेत्री और कार्यकर्त्री शब्दों का गलत इस्तेमाल करते हैं। मगर ज़्यादा चिन्ता का विषय यह है कि आजकल हिन्दी पर अँग्रेजी का वर्चस्व इस कदर छाया हुआ है कि पढ़े-लिखे लोग न केवल अँग्रेजी

संज्ञाओं का बल्कि अँग्रेजी क्रियाओं का भी बहुतायत प्रयोग कर रहे हैं। अब महानगरों से शहरों-कस्बों और गाँवों तक माँ या माता की जगह 'मम्मी' या 'मॉम', पिता या बाबूजी की जगह 'पापा' या 'डैडी' या 'डैड', चाचा या काका की जगह 'अंकल', चाची या काकी की जगह 'आंटी' का खूब प्रचलन हो गया है जिससे सम्बन्धों में औपचारिकता और दिखावापन ज़्यादा हावी है। फिर हमारे यहाँ चाचा, मामा, फूफा विभिन्न रिश्तों (क्रमशः पिता के भाई, माँ के भाई और बुआ के पति) को सूचित करते हैं जबकि अँग्रेजी में इन तीनों के लिए एक ही शब्द है 'अंकल', अर्थात् शब्द-सम्पदा में ज़्यादा समृद्ध होते हुए भी हिन्दी, अँग्रेजी की दासी या पिछलग्गू बनी हुई है।

इस पुस्तक का उद्‌देश्य है कि कतिपय भाषावैज्ञानिक सिद्धान्तों को सरल भाषा में प्रस्तुत किया जाए। जैसे, भाषा की पारिस्थितिकी, भाषा का समाजशास्त्र, बहुभाषावाद आदि। इसके अलावा पैशाची भाषा पर वाद-विवाद-संवाद प्रस्तुत किया गया है जो संकेत-करता है कि कैसे हमारी भाषाएँ लुप्त हो रही हैं। 'जीवन की भाषा और भाषा के जीवन' नामक अध्ययन में बिहार में प्रचलित हिन्दी के रंग को बखूबी दिखाया गया है किन्तु यह स्पष्ट किया गया है कि हिन्दी का यह स्वरूप 'मानक' हिन्दी से भले भिन्न है, फिर भी उसकी सोंधी गन्ध और सुस्वाद अन्य क्षेत्रों से अलग हटकर है। यह विविधता स्वस्थ एवं जीवन्त हिन्दी की भी परिचायक है। आजकल लोक भाषाएँ (मौखिक) अधोगति को प्राप्त हो रही हैं, इसलिए उनमें संग्रहीत देशज ज्ञान और लोक संस्कृति कलाओं का भी लोप हो रहा है जो राष्ट्र से लेकर समुदाय तक के लिए चिन्ता एवं चिन्तन का विषय है क्योंकि तमाम विकसित देश आर्थिक रूप से भले ज़्यादा समृद्ध हैं किन्तु भारत जैसे एशिया, लातिन अमरीका और अफ्रीका के तमाम विकासशील देश प्रकृति, संस्कृति और भाषा के मामले में काफ़ी समृद्ध हैं। इसीलिए अन्य दो अध्यायों में भाषायी विविधता, प्राकृतिक विविधता और सांस्कृतिक विविधता से मानव जीवन के सशक्तीकरण का सवाल उठाया गया है। चार अध्यायों में स्थानीय-क्षेत्रीय भाषाओं की व्यथा-कथा, हिन्दी भाषा की दशा और दिशा, मॉरिशस में भोजपुरी-हिन्दी, तथा अन्तरराष्ट्रीय स्तर पर हिन्दी के ज़रूरी मुद्‌दों का सांगोपांग विवेचन किया गया है। अन्तिम अध्याय में भाषाओं के जीवन-मरण की चर्चा (गहनता और विस्तार से) की गयी है और ख़तरे में पड़ी भाषाओं को बचाने के उपायों की भी चर्चा की गयी है। भारत में पुत्रों के मरने पर माँ-बाप काफ़ी दुःखी होते हैं मगर बेटी के मरने पर प्रायः नहीं। कन्या भ्रूण हत्या की प्रवृत्ति विभिन्न क्षेत्रों में है। भाषा के मामले में कई पुत्र-पुत्रियाँ और वृद्ध माताएँ मर चुकी हैं या मर रही हैं। मगर किसी की आँख से आँसू की एक बूँद भी नहीं टपकी, खून के कतरे की बात ही क्या है! मैं भाषा-विज्ञान का

अधिकारी विद्वान नहीं हूँ किन्तु जैसा कि अन्तोनियो ग्राम्शी ने कहा था कि हर व्यक्ति बुद्धिजीवी होता है, वैसे मेरा मानना है कि हर व्यक्ति किसी न किसी रूप में भाषा का निर्माता होता है। अस्तु, यह पुस्तक जन-साधारण के रूप में, समाजशास्त्री के रूप में और साहित्यकार के रूप में थोड़ा-बहुत काम करने का विनम्र प्रयास है।

आशा है कि यह पुस्तक बुद्धिजीवियों, साहित्यकारों, विद्यार्थियों, शिक्षकों और आम नागरिकों के लिए किसी न किसी रूप में उपयोगी सिद्ध होगी। मैं अपने तमाम मित्रों के प्रति आभार व्यक्त करता हूँ। मेरे एक लेख 'स्थानीय-क्षेत्रीय भाषाओं की व्यथा-कथा' को 'जनपथ' के भाषा विशेषांक में पढ़कर प्रो. नामवर सिंह ने आह्लादित होकर उसकी भूरि-भूरि प्रशंसा की थी तथा शीघ्र एक पुस्तक तैयार करने का सुझाव भी दिया था। मैं उनके प्रति अपना हार्दिक सम्मान और आभार प्रकट करता हूँ। यहाँ प्रस्तुत विचार मेरे निजी हैं और विभिन्न विषयों पर सार्थक सुझावों का स्वागत है।

—डॉ. सुभाष शर्मा

अनुक्रम

अध्याय 1

भाषा के आयाम, अवधारणाएँ और प्रकार्य

अँग्रेज़ी में 'भाषा' के लिए 'लैंगुएज' शब्द प्रयुक्त होता है जो लैटिन भाषा के 'लिंगुआ' शब्द से बना है जिसका अर्थ है 'टंग' (बोली या बोली जाने वाली भाषा)। प्राचीन यूनान में भाषा और विवेक दोनों के लिए 'लोगोस' शब्द का प्रयोग होता था। भाषा प्रथमत: एवं अन्तत: एक सामाजिक-सांस्कृतिक प्रक्रिया एवं अन्त:क्रिया है जो मौखिक, लिखित अथवा संकेतात्मक (हाव-भाव) या यान्त्रिक रूप में व्यक्त की जा सकती है और जिसके द्वारा दो या अधिक व्यक्तियों, समूहों या समुदायों के बीच विचारों, भावनाओं, सूचनाओं और ज्ञान का आदान-प्रदान होता है। ध्यातव्य है कि भाषा एक मानवीय गुण है जो मानव-जीवन के प्रारम्भ के समय से किसी न किसी रूप में (परा, पश्यन्ती, बैखरी एवं वाक्) विद्यमान रही है यानी धीरे-धीरे ध्वनि, मौखिक बोली से लिखित भाषा के रूप में विकसित हुई। अपनी भाषायी अभिव्यक्ति तथा शारीरिक विशिष्टता (दो हाथ, दो पैर) के कारण मनुष्य जानवरों से भिन्न जीवन जीता है क्योंकि वह अपनी समस्या को दूसरों से साझा कर सकता है और दूसरों की समस्या को समझ सकता है। वह आवश्यकताओं को समझकर शारीरिक परिश्रम और मानसिक बुद्धि के सदुपयोग से आविष्कार करता है। अरस्तू का मानना है कि मनुष्य में भाषा और विवेक शुरू से होता है तथा वे सामाजिक-राजनीतिक प्राणी स्वभावत: होते हैं। जे.जे. रूसो के अनुसार शुरू में मनुष्य के पास भाषा और विवेक नहीं था तथा कालान्तर में पहले भाषा विकसित हुई, फिर विवेक। मगर टेरेन्स डीकन का मानना है कि विवेक और भाषा का विकास साथ-साथ हुआ। मर्लिन डोनाल्ड का मानना है कि भाषा का विकास अनुकरण करने की संस्कृति के बाद हुआ। मुझे भाषा और विवेक के सह-विकास की बात ज़्यादा तर्कसंगत लगती है। कोई क्षेत्र या समुदाय आर्थिक रूप से कितना भी पिछड़ा क्यों न हो, किन्तु उसकी भाषा आन्तरिक संरचना में उतनी सरल नहीं होती जितनी सरल वह सामान्यत: समझी जाती है। फिर भी किसी स्थान विशेष और कालखंड की मूलभाषा और अन्य स्थान-काल की भाषा में समाजशास्त्रीय दृष्टि से मूलभूत अन्तर होता है

क्योंकि मूल भाषा बच्चे अपने माँ-बाप, परिवार, पड़ोस, समुदाय आदि से सहज रूप से स्वतः 'ग्रहण' कर लेते हैं जबकि अन्य भाषा को वे सायास 'सीखते' हैं। तीसरा महत्त्वपूर्ण तथ्य यह है कि मूल भाषा का जाति, नस्ल, वर्ग, लिंग आदि से कोई आन्तरिक सह-सम्बन्ध स्थापित नहीं रहता अर्थात् भाषा नस्ल, वर्ग, जाति, लिंग आदि से उतना निर्धारित नहीं होती जितना स्थान-कालखंड-समुदाय से निर्देशित होती है। कोई गरीब, बालिका, अश्वेत, दलित आदि किसी क्षेत्र में हिन्दी (या अन्य भाषा) उतनी ही सहजता से ग्रहण करता है जितनी सहजता से अन्य अमीर, बालक, श्वेत, गैर-दलित ग्रहण करता है। जवाहरलाल नेहरू विश्वविद्यालय (नयी दिल्ली) में कई शिक्षक दम्पती (श्वेत-अश्वेत) रहते रहे हैं और उनके बच्चे फर्राटे से दिल्लीदार (मेरे को, तेरे को) हिन्दी बोलते हैं। कहने का आशय यह है कि भाषा की ग्रहणशीलता और व्यवहार को आनुवंशिकी की बज़ाय समाजीकरण (सोशलाइजेशन) प्रथमतः और अन्ततः निर्धारित करता है। यह आश्चर्यजनक एवं दुःखद है कि कुछ भारतीय कोशकार पूर्व के अँग्रेज शासकों की शासननीति एवं साम्राज्यवादी सोच के प्रभाव में अँग्रेज़ी के 'नेटिव' शब्द का अर्थ 'मूल निवासी' या 'आदिवासी' के अलावा 'असभ्य तथा गैर-यूरोपीय व्यक्ति या जाति' अपने शब्दकोश में देते हैं (भोलानाथ तिवारी, अमरनाथ कपूर, विश्व प्रकाश गुप्त 1998)। उन्नीसवीं सदी से विकसित भाषाशास्त्र में एक संकुचित अर्थ में 'प्राकृतिक भाषाओं' और 'कृत्रिम भाषाओं' में भेद किया जाता रहा है। प्राकृतिक भाषाओं को सामान्य संचार-व्यवस्था के रूप में परिभाषित किया जाता है और कृत्रिम भाषाओं को विशिष्ट समूहों द्वारा विशिष्ट प्रयोजन हेतु प्रयोग में लाई जाने वाली उप-संचार-व्यवस्था के रूप में माना जाता है (जैसे गणितज्ञों की भाषा, कम्प्यूटर वैज्ञानिकों की भाषा)।

विभिन्न भाषा वैज्ञानिकों ने विश्व की सभी भाषाओं में दो सार्वभौमिक तत्व पाये हैं : 'संरचना का दोहरापन' (डुअलिटी ऑव स्ट्रक्चर) तथा 'उत्पादकता' (प्रोडक्टिविटी)। संरचना का दोहरापन (या 'दोहरी अभिव्यक्ति') का आशय यह है कि किसी भी भाषा में 'संरचना' या विशिष्ट 'प्रतिरूपण' (पैटर्निंग) के दो स्तर होते हैं : पहला, 'प्राथमिक स्तर' जिसमें अर्थपूर्ण इकाइयाँ शामिल होती हैं—इन्हें 'शब्द' कहा जा सकता है। दूसरा, 'द्वितीयक स्तर'—जिनकी इकाइयों का अपने आप में कोई अर्थ नहीं होता मगर वे प्राथमिक इकाइयों को बनाने में योगदान देती हैं; उदाहरणार्थ, 'बोली जाने वाली' भाषाओं की द्वितीयक इकाइयाँ 'ध्वनियाँ' (साउंड्स) होती हैं जबकि 'लिखित' भाषाओं की द्वितीयक इकाइयाँ 'अक्षर' (लेटर्स) होते हैं। दूसरी ओर 'उत्पादकता', जिसे नोम चोम्स्की 'रचनात्मकता' (क्रियेटिविटी) कहते हैं, का तात्पर्य है मूल भाषा में बहुत सारे वाक्यों का गठन एवं उन्हें समझने की क्षमता (शायद वैसे वाक्य पहले न सुने गये हों)—जो बिना ख़ास प्रयास के 'प्राकृतिक'

रूप से प्रयुक्त हों तथा व्याकरण के नियमों के सचेत प्रयोग के बिना हों। मगर तमाम भाषा वैज्ञानिकों ने इस रचनात्मक पहलू को नज़रअन्दाज़ किया है। ख़ैर... समग्रता में भाषा के पाँच सारतत्व माने जाते हैं—

(क) साझे और समान रूप से स्वीकृत चिह्न।

(ख) व्याकरण व्यवस्था के तहत स्वीकृत चिह्नों के बीच संरचनात्मक सम्बन्ध।

(ग) सन्दर्भ जिसमें ये चिह्न प्रयुक्त होते हैं।

(घ) सन्दर्भ पर निर्भर रहने वाली अन्तर्वस्तु की विशिष्टता (अर्थ)।

(ङ) स्वच्छन्द प्रतीक—कोई अवधारणा या व्याकरण का नियम किसी प्रतीक में दर्शाया जा सकता है।

किन्तु ध्वनियों के समूह का अनिवार्य रूप से कोई अर्थ नहीं होता बल्कि किसी वस्तु का प्रतिनिधित्व करने के लिए बोलने वालों की आम सहमति से वे महज़ परम्परा होते हैं।

प्रसिद्ध भाषा वैज्ञानिक फर्दिनन्द द सास्योर ने आधुनिक भाषा विज्ञान की कई प्रमुख अवधारणाएँ प्रस्तुत की हैं जो संक्षेप में मेरी टिप्पणियों के साथ निम्नलिखित हैं :

1. **समकालिक एवं ऐतिहासिक भाषाविज्ञान (सिनक्रॉनिक एंड डायाक्र ्निक लिंग्विस्टिक्स)**—उन्नीसवीं सदी में भाषा विज्ञान में ऐतिहासिक पक्ष को ज़्यादा अहमियत दी जाती थी और कई भाषाओं के समूहों को 'भाषा-परिवारों' में बाँटा जाता था जिनका आधार साझे स्रोत से ही स्वतन्त्र विकास माना जाता था। इसके कारण किसी ख़ास समुदाय की विशेष भाषा का अध्ययन ऐतिहासिक सन्दर्भों के बिना लगभग असम्भव-सा था। ऐतिहासिक भाषा वैज्ञानिक किसी भाषा के विकास को कालक्रम के अनुसार देखते थे; जैसे फ्रांसीसी (फ्रेंच) और इतालवी (इटालियन) भाषाओं का उद्‌भव प्राचीन 'लैटिन' भाषा से हुआ। दूसरी ओर 'समकालिक' या 'वर्णनात्मक' भाषा विज्ञान (वैसे 'वर्णनात्मक' शब्द अपूर्ण एवं भ्रमात्मक प्रतीत होता है) यह शोध करता है कि किसी कालखंड में किसी भाषा-बोली वाले समुदाय में लोग उसे कैसे बोलते हैं। अधिकतर समकालीन भाषा वैज्ञानिक कमोबेश यह मानते हैं कि सिद्धान्ततः किसी भाषा के समकालिक वर्णन के लिए उसका इतिहास ख़ास प्रासंगिक नहीं है। मगर पहले के अधिकतर भाषा वैज्ञानिक यह तथ्य मानने को तैयार ही नहीं थे। फिर भी मेरी प्रस्थापना है कि भाषा को ऐतिहासिक परिप्रेक्ष्य में देखने का यह संकुचित अर्थ नहीं होना चाहिए कि विभिन्न भाषाओं के साझा स्रोत क्या थे और कौन-कौन भाषाएँ किस भाषा-परिवार की हैं बल्कि वृहत्तर समावेशी अर्थ में यह देखा जाना

चाहिए कि किसी देशकाल का श्रम-संघर्ष किस तरह भाषा को प्रभावित करता है, कुछ शब्दों को प्रचलन से हटा देता है ('नियोग' शब्द गायब हो गया है) या कुछ नये शब्दों को प्रचलन में लाता है या कुछ शब्दों का अर्थ बदल देता है ('असुर' का राक्षस में)या कुछ शब्दों का लिंग बदल देता है ('सोच' का पुल्लिंग से स्त्रीलिंग होना) या कुछ का वचन बदल देता है ('हम' एक वचन में भी और बहुवचन में भी) अथवा व्याकरण के नियम, शब्दों की वर्तनी (अन्तर्राष्ट्रीय से बदलकर अन्तरराष्ट्रीय) बदल जाती है, आदि। उल्लेखनीय है कि वैदिक काल में 'ग्राम' स्थिर भूभाग के अर्थ में प्रयुक्त नहीं होता था अर्थात् 'चलन्त ग्राम' एक स्थान से दूसरे स्थान पर भ्रमण करता था। इस प्रकार तत्कालीन ग्राम का अर्थ 'मनुष्यों का समुदाय' था किन्तु कालान्तर में ग्राम एक स्थिर भूभाग के अर्थ में प्रयुक्त किया जाने लगा और मानव रिहाइश की न्यूनतम इकाई माना जाने लगा। पहले 'राजा' का अर्थ प्रजा के बीच घुल-मिलकर उनकी तरह रहने वाला अगुआ या संरक्षक था और उसका ज़्यादा सम्मान था। मगर बाद में सामाजिक विस्तार एवं स्तरीकरण (स्ट्रैटीफिकेशन) के कारण वह 'शासक' माना जाने लगा और आम लोग 'शासित' प्रजा बन गये। 'जनपद' शब्द का अर्थ भी देशकाल के सन्दर्भ में बदलता रहा है। वैदिक काल में 'जन' शब्द जन सामान्य के लिए प्रचलित था जब राजा और प्रजा के बीच भेद नहीं था क्योंकि समाज वर्ग, वर्ण, जाति आदि में विभाजित नहीं था। इसी प्रकार वैदिक काल में 'विश' शब्द सामान्य जन के लिए प्रयुक्त होता था किन्तु बाद में वह 'वैश्य' बनकर हिन्दू वर्ण-व्यवस्था में सोपानक्रम में ऊपर से तीसरे पायदान पर स्थिर कर दिया गया। आत्रेय और शतपथ ब्राह्मण (शुक्ल यजुर्वेद को सरल भाषा में व्याख्या करने वाले) ग्रन्थों में (8 वीं से छठी शताब्दी ईसा पूर्व) 'जनपद' छोटे स्थिर भूभाग के अर्थ में प्रयुक्त हुआ है किन्तु इसके पूर्व चारों वेदों में 'जनपद' शब्द नहीं मिलता। बौद्धकाल में 'जनपद' का आशय विशिष्ट भूभाग था और 'जनपद' से हिगराने वाला 'महाजनपद' भी था। तब कुल 16 महाजनपद थे: गान्धार, कम्बोज, अशमक, वत्स, अवन्ती, शुभसेन, चेदि, मल्ल, कुरु, पंचाल, मत्स्य, वज्जि, अंग, काशी, कोसल, मगध। आजकल उ.प्र.राज्य में 'जनपद' का अर्थ 'जिला' (प्रशासन की उप-राज्य स्तरीय इकाई) होता है जबकि म.प्र. में 'जनपद' का अर्थ 'प्रखंड' या 'विकास खंड' (ब्लॉक) होता है। बिहार में ब्लॉक के स्तर पर राजस्व कार्यों को देखने वाला 'अंचलाधिकारी' (सर्किल ऑफिसर) होता है जबकि पड़ोसी नेपाल में 'अंचलाधिकारी' का आशय आयुक्त (कमिश्नर) होता है। इसी प्रकार शुरू में 'राक्षस' शब्द का

अर्थ रक्षक ('रक्ष्' धातु से बना) था, इसीलिए मगध के नन्द वंश के महामात्य का नाम आचार्य राक्षस था किन्तु बाद में इसका अर्थ 'दानव' हो गया। फिर 'राष्ट्र' शब्द का अर्थ भी बदलता रहा है। दक्षिण भारत में 'राष्ट्र कूट' शासन था जो अधिक से अधिक एक राजनीतिक वंश के रूप में था जैसे चोल वंश। भारत के स्वतन्त्र होने पर भारतीय राष्ट्र 'गणराज्य' के अर्थ में गठित हुआ किन्तु 'महाराष्ट्र' जैसा राज्य भाषा के आधार पर गठित हुआ जो प्रान्तीय क्षेत्र का द्योतक है और राष्ट्र के अन्दर (लघुतर) तथा उसके अधीन है जबकि महाराष्ट्र का शाब्दिक अर्थ राष्ट्र से बड़ा होता है। एक बार उ.प्र. में मेरे गाँव के एक अशिक्षित किन्तु समझदार शिल्पकार मँगरूने मुझसे कहा था कि हम लोग 'राष्ट्र' हैं और मराठी लोग 'महाराष्ट्र' के निवासी होने के नाते अपने को हम सबसे ऊपर समझते हैं (मुम्बई में आये दिन उत्तर भारतीयों के साथ उग्र मराठियों द्वारा भेदभाव और मारपीट की घटनाएँ घटती रहती हैं)।

जर्मनी के शासक हिटलर के शासनकाल में 'राष्ट्र' का अर्थ 'शुद्ध रक्त वाली आर्य जाति' (स्वस्तिक चिह्न के ज़रिये प्रदर्शन) तथा विस्तारवादी साम्राज्य (नाजीवाद) हो गया था और इटली के शासक मुसोलिनी के शासनकाल में 'राष्ट्र' का अर्थ अनियन्त्रित शक्तिवाला शुद्ध रक्त और धर्म विशेष का राष्ट्रवाद (फासीवाद) हो गया था। अमरीका के राजनीतिविज्ञानी बेनेडिक्ट एंडरसन ने राष्ट्र को 'कल्पित समुदाय' (इमेजिंड कम्युनिटी) माना है अर्थात् राष्ट्र के लिए एक निश्चित भूभाग ज़रूरी नहीं है क्योंकि मूल देश से तमाम प्रवासी दूसरे देशों में जाकर बसते हैं और वहाँ पर अपना 'लघु राष्ट्र' (जैसे 'लघु भारत' ब्रिटेन, संयुक्त राज्य अमरीका, मॉरिशस, गुआना, दक्षिण अफ्रीका, फिजी, त्रिनिदाद एवं तोबैगो आदि में) बना-बसा लेते हैं और वहाँ की संस्कृति के प्रमुख तत्वों और पद्धतियों के अनुयायी होते हैं। आगे इतिहास साक्षी है कि देशकाल के प्रभाव से बोलने और लिखित रूप में फ़र्क आ जाता है तथा व्याकरण के नियम तक बदल जाते हैं। उदाहरण के तौर पर प्रसिद्ध विद्वान पाण्डुरंग वामन काणे ('हिस्ट्री ऑव धर्मशास्त्राज' के लेखक) के अनुसार ऋग्वेद के बाद में रचे गये मंडलों में कई शब्दों की वर्तनी में 'र' का स्थान 'ल' ने ले लिया है अर्थात् 'र' वाले शब्द रूप ज़्यादा प्राचीन हैं। सो व्यवहार के फलस्वरूप व्याकरण का एक नियम ही बन गया—... इसी प्रकार हिन्दी में भी 'इंटरनेशनल' शब्द के पर्याय के रूप में पहले 'अन्तर्राष्ट्रीय' शब्द प्रचलित था मगर अन्त:-राष्ट्रीय के मौलिक अर्थ के कारण इससे 'राष्ट्र के भीतर' (अन्दर) का अर्थ ध्वनित होता था, अस्तु इसकी वर्तनी में सुधार किया गया- 'अन्तर राष्ट्रीय'—अर्थात् अन्त के बाद आधा 'र' (र् या र्) की

जगह पूरा 'र' लिखा जाने लगा जिसका अर्थ होता है 'राष्ट्रों के भीतर' या 'राष्ट्रों के बीच।'

2. **आन्तरिक भाषायी संरचना (लैंग) और कहन या बोल (परोल)**—परस्पर संवाद में दो तत्व शामिल होते हैं—साझी न्यूनतम आन्तरिक भाषायी संरचना दो या अधिक व्यक्तियों की (लैंग) और विशिष्ट बोल या कहन (परोल)। सास्योर का मानना है कि किसी संगीत का एक टुकड़ा अपने आप में विशिष्ट और अनुपम होता है (अर्थात् दूसरे से कई मायने में भिन्न होता है) मगर सभी टुकड़े पूरे संगीत के ही अंश माने जाते हैं क्योंकि प्रत्येक भाषा की एक न्यूनतम आन्तरिक संरचना होती है जो उसके भौतिक माध्यम (या सारतत्व-'सब्सटैंस') से स्वतन्त्र होती है। ठीक उसी प्रकार प्रत्येक बोल या कहन (परोल) में साझी आन्तरिक संरचना निहित होती है जिसे हम बोलने वाले के रूप में और सुनने वाले के रूप में समझते हैं। इसी यथार्थ को नोम चोम्स्की दूसरे रूप में 'क्षमता' ('काम्पिटेंस'—लैंग के लिए) और 'प्रदर्शन' ('परफ़ॉर्मेन्स'—परोल के लिए) की संज्ञा देते हैं।

3. **संरचनावाद (स्ट्रक्चरलिज्म)**—सास्योर के अनुसार भाषा के विश्लेषण में संरचनात्मक दृष्टिकोण बोलों (कहनों) का खंडीकरण दो आधारभूत और पूरक सम्बन्धों वाले तत्वों में करता है: जोड़मूलक (सिनटैग्मैटिक) तथा प्रतिमानमूलक (पैराडिग्मैटिक)। किसी ख़ास सन्दर्भ में जो तत्व (शब्द) दूसरे के द्वारा प्रतिस्थापित किये जा सकते हैं, वे प्रतिमानमूलक कहे जा सकते हैं; जैसे 'मेरी नयी गाड़ी' में 'मेरी' की जगह 'आपकी' या 'उसकी' शब्द रखा जा सकता है; 'नयी' की जगह 'पुरानी' शब्द रखा जा सकता है; और 'गाड़ी' की जगह 'पुस्तक', 'कलम' या 'मेज' रखी जा सकती है। जो तत्व (शब्द) एक साथ जुड़कर वृहत्तर इकाई बनाते हैं, वे जोड़मूलक सम्बन्ध वाले होते हैं। एक ही सन्दर्भ में प्रतिस्थापन के दो परिणाम हो सकते हैं : पहला, यह वृहत्तर इकाई को (उसी वर्ग की) एक भिन्न इकाई में बदल सकता है अर्थात् प्रतिस्थापनीय तत्व (शब्द) विरोध में हैं। दूसरा, इस प्रतिस्थापन का वृहत्तर इकाई पर कोई ख़ास सकारात्मक प्रभाव न पड़े अर्थात् प्रतिस्थापनीय तत्व 'स्वतन्त्र अन्तर' (फ्री वैरियेशन) में हैं। जैसे 'मेरी नयी गाड़ी' में मेरी की जगह आपकी, नयी की जगह पुरानी और गाड़ी की जगह पुस्तक जैसे शब्द पूर्व के तीन शब्दों के विरोध में हैं। दूसरी ओर 'मैं बाजार नहीं गया' और 'मैं बाजार न गया' में 'नहीं' और 'न' स्वतन्त्र अन्तर वाले शब्द हैं क्योंकि नहीं तथा न समानार्थी हैं। इसलिए जोड़मूलक और प्रतिमानमूलक सम्बन्धों के रूप में खंडीकरण (सेगमेंटेशन) भाषा के विश्लेषण के सभी

स्तरों पर प्रासंगिक है। विरोध का विचार समानता के पूर्व विचार को मानकर चलता है। संरचनावाद का विचार करते समय प्राग स्कूल (त्रुबेत्जकोय, जैकोब्सन वगैरह) के द्वारा 1930 के दशक में प्रयुक्त 'चिह्नित'(मार्क्ड) तथा 'अचिह्नित' (अनमार्क्ड) शब्दों को जान लेना श्रेयस्कर होगा। जैसे अँग्रेज़ी भाषा में भूतकाल में प्राय: शब्द के अन्त में 'ed' जुड़ता है (लव्ड, जम्प्ड) मगर वर्तमान काल में यह नहीं जुड़ता और दो कालों के बीच यह चिह्नित 'ed' अन्तर करता है। इसी तरह लिंग के सन्दर्भ में भी 'चिह्नित' और 'अचिह्नित' का भेद होता है जैसे 'मेढक' शब्द 'अचिह्नित' है क्योंकि नर मेढक और मादा मेढक दोनों कहा जा सकता है मगर जब 'मेढकी' का प्रयोग होता है, तो वह सिर्फ़ मादा मेढक के लिए होता है, इसलिए वह 'चिह्नित' है। इस तरह अचिह्नित शब्द ज़्यादा सामान्य अर्थ वाला (उभय) होता है।

4. **भाषा और माध्यम**—लैंगेकर, ब्लूमफील्ड जैसे भाषावैज्ञानिकों का मानना है कि भाषा अभिव्यक्ति तथा उसमें निहित भाषायी क्षमता होती है तथा लेखन भाषा के द्वितीयक, चित्रात्मक प्रतिनिधित्व से अधिक नहीं है। यह विचार अतिवादी है। फिर भी अबरक्रोम्बी जैसे भाषावैज्ञानिक इसके सिद्धान्त पक्ष को सही मानते हैं क्योंकि ध्वनि 'प्राकृतिक' या प्राथमिक माध्यम होती है जिसमें भाषा सुस्पष्ट होती है तथा लिखित भाषा अभिव्यक्ति के द्वितीयक, दृश्य माध्यम में परिवर्तन से उद्भूत होती है। प्रत्येक ज्ञात भाषा बोली गयी भाषा के रूप में कभी न कभी मौजूद रही होती है अथवा वर्तमान में मौजूद होती है तथा हजारों भाषाएँ निकट अतीत में लिखित रूप में प्रचलित हुईं। बच्चे सबसे पहले मातृ भाषा को बोलना ग्रहण करते हैं, फिर पढ़ना और लिखना। इसलिए आज के तमाम भाषा वैज्ञानिक भाषा की विस्तृत परिभाषा में इसे प्रथमत: 'वाचिक सम्प्रेषण' (वोकल कम्युनिकेशन) की व्यवस्था मानते हैं और इसीलिए ध्वनिविज्ञान (फोनेटिक्स) को भाषा विज्ञान का समेकित अंग माना जाता है। मगर प्रत्येक भाषा किसी देशकाल की संस्कृति का दृष्टिगोचर माध्यम होती है जो वहाँ के लोगों के सामूहिक रुख़, रहन-सहन, आदतों, रीति-रिवाजों, वेशभूषा, भोजन, कपड़े, आवास आदि के ख़ास तरीकों को अभिव्यक्त करने में सक्षम होती है जिसे विश्व की दूसरी भाषा हूबहू अभिव्यक्त नहीं कर सकती।
5. **भाषा, बोली एवं निज बोली (इडियोलेक्ट)**—सामान्य तौर पर भाषा और उसकी बोली में फ़र्क किया जाता है जिसमें पहले को लिखित, उच्चतर तथा मानक और दूसरे को अलिखित (मात्र बोली जाने वाली/मौखिक), हीनतर

तथा अमानक घोषित किया जाता है (जैसे हिन्दी भाषा की उनचास बोलियाँ हैं)। मगर भाषा-विज्ञान की दृष्टि से यह अन्तर सही नहीं है। उद्‌भव काल में कोई भी मानक भाषा किसी समुदाय की महज़ एक बोली रही होती है जिसने कालान्तर में ऐतिहासिक तथा भाषावैज्ञानिक रूप से 'आकस्मिक' (ऐक्सिडेंटल) कारणों से किसी समुदाय में राजनीतिक तथा सांस्कृतिक महत्त्व ग्रहण कर लिया। किसी विद्वान ने इसे बखूबी कहा है: 'भाषा थल सेना और जल सेना के साथ एक बोली है।' अर्थात् सत्ता या प्रभुत्व वाले या बहुसंख्यक लोगों की बोली भाषा बन जाती है। भारत के सन्दर्भ में यह उल्लेखनीय है कि मैथिली पहले हिन्दी की एक बोली थी किन्तु राजनीतिक एवं सांस्कृतिक बल के आधार पर उसे एक स्वतन्त्र भाषा के रूप में बिहार तथा संघ सरकार द्वारा मान्यता दे दी गयी। अभी राजस्थानी और भोजपुरी स्वतन्त्र भाषा के रूप में मान्यता पाने के लिए तथा भारतीय संविधान की आठवीं अनुसूची में शामिल किए जाने के लिए प्रयास कर रही हैं। दूसरी ओर राजनीतिक सत्ता या प्रभुत्व के अभाव में कोई समृद्ध भाषा न्यूनीकृत होकर 'बोली' तक सीमित हो सकती है। जैसे, कश्मीर में कश्मीरी भाषा-साहित्य का समृद्ध इतिहास रहा है किन्तु राजनीतिक प्रभुत्व 'उर्दू' के पक्ष में है तथा कश्मीरी की जगह 'उर्दू' ने वहाँ ले ली है और वह जम्मू-कश्मीर की राजभाषा बन गयी है। इसके अलावा 1953 से कश्मीरी भाषा को विद्यालयों में पढ़ाने की व्यवस्था नहीं की गयी जिससे कश्मीरी भाषा सिर्फ़ उच्च शिक्षा तथा दैनिक जीवन में बोलचाल तक ही सीमित रह गयी है। कश्मीरी कवि शफी शौक का मानना है कि जम्मू-कश्मीर में कश्मीरी, पहाड़ी, डोगरी, लद्दाखी, गोजरी, पंजाबी आदि भाषाओं की पहले विविधता थी किन्तु एकरूपीकरण के निमित्त वहाँ उर्दू थोप दी गयी। शुरू में कश्मीरी की लिपि 'शारदा' थी जो बाद में देवनागरी के रूप में विकसित हुई। अभी कश्मीरी पंडित देवनागरी लिपि में कश्मीरी लिखते हैं जबकि वहाँ के मुसलमान उसे 'नस्तालिक' लिपि (उर्दू की लिपि) में लिखते हैं जबकि दोनों समुदाय दैनिक जीवन में साझी 'कश्मीरी' में बातचीत करते हैं और बाहरी व्यक्तियों की उपस्थिति में वे कश्मीरी ही बोलना पसन्द करते हैं। बिहार में 'कैथी' लिपि में पहले कई महत्त्वपूर्ण राजस्व कार्य किये जाते थे, जैसे ज़मीन की खरीद-बिक्री का 'केवाला' (दस्तावेज़) 'कैथी' में ही लिखा जाता था। किन्तु अब वह लिपि लुप्त हो गयी है। दूसरे, भारत में ही हिन्दी और उर्दू दो स्वतन्त्र भाषाओं की क्रियाएँ समान हैं, किन्तु लिपियाँ भिन्न हैं (हिन्दी की लिपि नागरी या देवनागरी है जबकि उर्दू की लिपि 'नस्तालिक' है) और

भारत की राजभाषा बनाने के सवाल पर हिन्दी को हिन्दुस्तानी (उर्दू बाहुल्य वाली भाषा) से महज़ एक मत अधिक मिला था। तीसरे, चीनी (मंडारिन) भाषा की तमाम बोलियाँ एक दूसरे से काफ़ी भिन्न हैं जिसके कारण उत्तरी चीनी भाषा और दक्षिणी चीनी भाषा बोलने वाले एक दूसरे को ठीक से समझ नहीं पाते जबकि 'डच' और 'फ्लेमिश' दो स्वतन्त्र भाषाएँ हैं मगर उनमें कई समानताएँ हैं। इसी प्रकार 'डच' और 'जर्मन' भाषा की कई बोलियों में साम्य है। भारत के सन्दर्भ में यह तथ्य उल्लेखनीय है कि विद्यापति बंगला और मैथिली दोनों भाषाओं के 'आदि कवि' माने जाते हैं क्योंकि दोनों में काफ़ी समानताएँ हैं; जैसे बंगला में किसी से मिलने पर पूछा जाता है: 'कि ख़बर?' और मैथिली में पूछते हैं 'कि हाल?' मगर समय के साथ, नये परिवेश के साथ (बंगाल-बिहार का विभाजन) और प्रवास में परिवर्तन (पहले कोलकाता में तमाम बिहारवासी कमाते थे) के कारण दोनों भाषाओं में अन्तर भी हुआ। डॉ. रामविलास शर्मा ने हिन्दी और मैथिली में साम्य को रेखांकित किया किन्तु नागार्जुन ने दोनों के बीच अन्तर को।

प्राय: एक क्षेत्र की बोली और उसके पड़ोसी क्षेत्र की बोली में ज़्यादा फ़र्क करना कठिन होता है जैसे अवधी और बैसवाड़ी में, अवधी और बघेली में। दूसरी ओर किसी ख़ास भाषायी समुदाय में उस बोली को बोलने वाले सदस्यों के क्षेत्र और सामाजिक रूप से बोल/कहन में व्यवस्थित रूप से फ़र्क होता है जैसे हिन्दी माध्यम से उच्च शिक्षा प्राप्त, अँग्रेज़ी माध्यम से उच्च शिक्षा प्राप्त, परदेश में काम करने वाला, उसी प्रान्त या जिले के दूसरे भाग में काम करने वाला व्यक्ति जब अपनी ख़ास बोली (अवधी, भोजपुरी, मगही या ब्रज आदि) बोलता है, तो उसमें थोड़ा फ़र्क होता है। इसलिए कुछ विद्वानों का मत है कि एक साझी बोली बोलने वाले समुदाय के विभिन्न सदस्यों की थोड़ी-बहुत भिन्न बोलियाँ होती हैं और हर सदस्य की 'निज बोली' (इडियोलेक्ट) होती है। इस प्रकार हम भाषा-बोली-निज बोली को उनके सामाजिक-भौगोलिक स्तरों के साथ तालिका सं. 1 में इस प्रकार व्यक्त कर सकते हैं :

तालिका 1 : विभिन्न स्तरों पर भाषा का उद्‌भव-विकास

भाषा-विकास के चरण	भौगोलिक स्तर
1. भाषा	प्रान्तीय या राष्ट्र स्तरीय भाषा समाज
2. बोली	प्रान्तीय, उपप्रान्तीय, क्षेत्रीय, जिला या समुदाय स्तर
3.निज बोली	व्यक्ति स्तर

6. **भाषा एवं शैली**—भाषा में जो कुछ कहा जाता है (अन्तर्वस्तु) और जिस ढंग से कहा जाता है (शैली), वह सम्बन्धित सामाजिक-भौगोलिक स्थिति, बोलने और सुनने वालों के बीच सम्बन्ध, देशकाल, तात्कालिक उद्दीपन तथा अन्य सामाजिक-सांस्कृतिक कारकों पर निर्भर करता है। किसी भाषा के साहित्य में शैली का विशेष अर्थ होता है जहाँ उसे किसी साहित्यिक रचना के रूप की ख़ास विशेषताओं का पर्याय माना जाता है जिस पर उसके लेखक-कवि-आलोचक की विशेष छाप होती है जिसका विशेष प्रभाव होता है। इस शैली का विश्लेषण करने वाली भाषाविज्ञान की शाखा 'शैली विज्ञान' कहलाती है।
7. **औपचारित सृजनात्मक व्याकरण**—भाषाविज्ञान के नवीन शोधों में औपचारित सृजनात्मक व्याकरण (फॉरमलाइज्ड जनरेटिव ग्रामर) को विशेष महत्त्व दिया गया है। इसमें विभिन्न नियमों की व्यवस्था होती है जो बताते हैं कि किन आधारभूत तत्वों यथा ध्वनि इकाइयाँ (फोनीम्स), रूप इकाइयाँ (मोरफीम्स) तथा शब्द इकाइयाँ (लेक्सीम्स) के समुच्चय अनुमान्य हैं अथवा सही ढंग से रचित हैं। भाषा वैज्ञानिक यह कोशिश करता है कि व्याकरण द्वारा सृजित वाक्यों तथा किसी समुदाय द्वारा बोली गयी, समझी गयी और सामान्य रूप से स्वीकृत की गयी बोली के बीच सर्वोत्तम तालमेल बैठाये। दूसरे शब्दों में, भाषावैज्ञानिक द्वारा निर्मित औपचारित सृजनात्मक व्याकरण तथा बोलने वालों के 'परोल' (प्रदर्शन) में निहित 'लैंग' (क्षमता) के बीच घनिष्ठ तालमेल हो। ऐसा करने में कुछ मनोवैज्ञानिक मान्यताएँ माननी पड़ती हैं जिसे नोम चोम्स्की जैसे भाषावैज्ञानिक भी स्वीकार करते हैं।

भाषा के प्रकार्य—

एम.ए.के.हैलिडे के अनुसार किसी भाषा के चार प्रमुख प्रकार्य (फ़ंक्शन्स) निम्नलिखित हैं :

(क) भाषा का पहला कार्य 'अन्तर्वस्तु' की अभिव्यक्ति है। अर्थात् कोई वक्ता वास्तविक दुनिया के अपने अनुभवों (अपनी चेतना के आन्तरिक विश्व सहित) को अभिव्यक्त करता है। ऐसा करने में भाषा अनुभव को संरचना प्रदान करती है तथा चीज़ों के प्रति हमारा नज़रिया निर्धारित करने में मदद करती है। इसे 'चिन्तन-विचारण' (आइडि-येशनल) प्रकार्य कहा जा सकता है।

(ख) भाषा सामाजिक सम्बन्धों को स्थापित और सन्धारित करने का कार्य करती है अर्थात् यह सामाजिक भाषा द्वारा सृजित सम्प्रेषण सहित

भूमिकाओं की अभिव्यक्ति तथा एक-दूसरे के बीच अन्तः क्रिया के द्वारा कार्य कराने का भी काम करती है। इस प्रकार्य के द्वारा सामाजिक समूह सीमित होते हैं तथा व्यक्ति पहचाना जाता है और भाषा दूसरों से अन्तः क्रिया स्थापित करने हेतु सक्षम करके उसके व्यक्तित्व की अभिव्यक्ति एवं विकास का भी कार्य सम्पन्न करती है। इसे भाषा का 'अन्तर-वैयक्तिक' (इंटर-पर्सनल) प्रकार्य कहा जा सकता है। बर्न्सटीन ने अपने शोध (1970) में पाया था कि शिक्षा व्यवस्था में सफल होने के लिए हर विद्यार्थी को जानना चाहिए कि वह भाषा को सीखने के माध्यम के रूप में कैसे इस्तेमाल करे तथा व्यक्तिगत अन्तः क्रिया में कैसे इस्तेमाल करे।

(ग) भाषा पाठीय प्रकार्य भी सम्पन्न करती है; जैसे, भाषा को अपने आप से तथा जिस स्थिति में यह प्रयुक्त हो, उसकी विशेषताओं के बीच सम्बन्ध बनाने का काम करना होगा। यह प्रकार्य वक्ता या लेखक को 'पाठ' या स्थितिजन्य प्रासंगिक विमर्श के सम्बन्धित अंशों को निर्मित करने में सक्षम बनाता है। यह कार्य श्रोता या पाठक को किसी पाठ को यादृच्छिक वाक्य-पुंजों से हिगराने में सक्षम बनाता है। कहने का आशय यह है कि पाठीय प्रकार्य का एक पक्ष किसी विमर्श में एक वाक्य को दूसरे वाक्य से साहचर्यात्मक सम्बन्ध स्थापित करना है।

(घ) भाषा अपने सकर्मकता (ट्रांजिटिविटी) प्रकार्य में तीन कार्य करती है: प्रकिया (क्रिया द्वारा अभिव्यक्त), सहभागी या पार्टिसिपेंट (संज्ञा-व्यक्ति या वस्तु द्वारा अभिव्यक्त) तथा परिस्थितिजन्य या सर्कमस्टैन्शियल (क्रिया-विशेषण द्वारा अभिव्यक्त)। परिस्थितिजन्य प्रकार्य इस प्रकिया में प्रायः सहभागी प्रकार्य की अपेक्षा कम केन्द्रीय भूमिका निभाते हैं क्योंकि वे कर्त्ता की भूमिका निभाने में अक्षम होते हैं।

किन्तु मैं उपरोक्त पाश्चात्य-यूरोप केन्द्रित, श्वेतोन्मुखी और संकीर्ण अकादमिक भाषावैज्ञानिक विवेचना के आगे जाकर विशाल अविकसित तथा विकासशील दुनिया के अश्वेत- भूरे लोगों के वृहत्तर दृष्टिकोण से भी भाषा का प्रकार्य सामाजिक वास्तविकता से मुठभेड़ के रूप में देखना चाहता हूँ। हर भाषा की अपनी शक्ति और सीमा होती है, इसलिए जब कोई लेखक किसी भाषा में लिखने का निर्णय लेता है, तो उसके सामने मुख्य सवाल यह होता है कि वह किसके लिए लिखना चाहता है? अपनी मातृभाषा के पाठकों के लिए या विदेशी भाषा के पाठकों के लिए? फिर नयी रचना की विषय वस्तु और सार क्या है? वह शोषण और शोषित में से किसके पक्ष में लिखना चाहता है? क्या उसकी दृष्टि आलोचनात्मक है? अफ्रीकी (केन्याई)

लेखक न्गूगी वा थ्योंगो ने, जो शुरू में अँग्रेज़ी में लेखन करते थे किन्तु बाद में उसे छोड़कर अपनी अफ्रीकी केन्याई मातृभाषा में लिखने लगे, इस बाबत बिल्कुल ठीक कहा है: ''किसान-मजदूर पाठकों या दर्शकों के लिए आप उस तरह का लेखन या मंचन कर ही नहीं सकते जो अफ्रीका के परोपजीवी रईसज़ादों के लिए करते हैं। बुर्जुआ वर्ग ऐसे साहित्य को पसन्द करता है जो उसके अन्दर गुदगुदी पैदा करे, जो उसे बिना मथारे घाटी में गये उसकी सैर करा दे। उसे चाहिए सेक्स का भंडार या पश्चिमी फूहड़ संगीत का जूठन... उसे चाहिए व्हिस्की की घूँट के साथ दिमागी सुकून की झूठी शान। इस वर्ग को बताइये कि वह जो पानी पी रहा है उसे प्यासे के मुँह से छीन लिया गया है, उसके शरीर पर जो कपड़े हैं वे नंगे बच्चों के हिस्से के हैं, उन्हें उस नींद से जगाइये जो उन्हें खुद धोखा दे रही है, और ऐसा करते ही आप पाएँगे कि सरकार ने आपको जेल की सींखचों में कैद कर दिया है। इसके विपरीत अगर आप उस भाषा में लिखते हैं या कोई मंचन करते है जिसे किसानों और मजदूरों के बीच समझा जाता है, तो आपको अपनी साहित्यिक चेतना की तलाश करनी होगी, यह देखना होगा कि आप उनके जीवन का सही चित्रण करते हैं या नहीं? आप उनकी गरीबी का कारण दैवी इच्छा मानते हैं या उन्हें बताते हैं कि यह मनुष्य द्वारा संचालित है और इसलिए उसके खिलाफ़ संघर्ष किया जाना चाहिए।'' आगे उन्होंने एक उदाहरण दिया है कि 1966 में उनके गाँव कामिरीथू (लिमरू) की एक बीस-बाइस साल की लड़की नर्स की ट्रेनिंग लेने के लिए इंग्लैंड गयी थी और दो साल के बाद लौटने पर उसके स्वागत में इकट्ठा हुए किसानों के बीच उसने दुभाषिये की मदद से भाषण दिया। अर्थात् दो साल में ही अपने बीस वर्ष के मातृभाषा-ज्ञान को उसने भुला दिया। इसीलिए थ्योंगो ने मर्माहत होकर 'जड़ों की ओर लौटना' नामक लेख में लिखा है: ''रचनाकर्म करते समय लेखक को अतीत की समस्त फुसफुसाहटों और चीखों और क्रन्दन तथा प्यार व नफरत के स्वर चाहिए तथा ये स्वर किसी लेखक तक एक विदेशी भाषा में कभी नहीं पहुँच सकते।'' यही बात भारत में भी लागू होती है जहाँ स्थानीय लोगों को सभ्य बनाने के लिए अँग्रेज़ी भाषा औपनिवेशिक शासन काल से पटरानी बनी हुई है जब गोरे अँग्रेज विदेशी भाषा अँग्रेज़ी को पूर्ण एवं शिष्ट भाषा तथा भारतीय भाषाओं को 'देसी' (वर्नाकुलर) और 'गँवारू' (अँग्रेजों द्वारा कोलकाता में उन्नीसवीं सदी के उत्तरार्ध में स्थापित फोर्ट विलियम कॉलेज ने हिन्दी को 'गँवारू' भाषा की संज्ञा दी थी तथा उर्दू को शिष्ट भाषा माना था) कहा था जिससे भारतीयों में हीन भावना कायम रहे। निःसन्देह, भाषा-साहित्य किसी समुदाय-समाज का सामूहिक सांस्कृतिक स्मृतिकोश होता है और उसकी निजता, तीव्रता, विस्तार तथा गहनता का मुकाबला दूसरी विदेशी भाषा कदापि नहीं कर सकती। इसके अलावा उपरोक्त चार प्रकार्यों से हटकर भाषा-

विवाद-संवाद का माध्यम बनती है—सहयोग के साथ-साथ संघर्ष का माध्यम भी बनती है। हिन्दी ने स्वतन्त्रता संग्राम में सम्पर्क भाषा के साथ-साथ प्रतिरोध की लौ जलाने का भी काम किया था। भाषा में सार्थक शब्दों के साथ-साथ निरर्थक शब्द भी होते हैं। जैसे पानी के साथ 'वानी', चाय के साथ 'वाय' का प्रयोग बोलचाल में होता है।

अध्याय 2
भाषा की पारिस्थितिकी

प्रसिद्ध भाषाविद् ईनार हाउजन (Einar Haugen) ने 1970 में 'भाषा की पारिस्थितिकी' की अवधारणा प्रतिपादित की थी। उसमें विभिन्न भाषाओं के बीच अन्तरसम्बन्धों (मानव मस्तिष्क तथा बहुभाषी समुदायों दोनों में) के पारिस्थितिकीय अध्ययन को रेखांकित किया गया था—विशेषकर अन्तरसम्बन्धों, पर्यावरण तथा विविधता पर जोर दिया गया था। 1990 के दशक में पारिस्थितिकी के साथ भाषा के अध्ययन के विभिन्न दृष्टिकोणों को एक साथ मिलाकर भाषाविज्ञान की एक नयी शाखा 'पारिस्थितिकीय भाषाविज्ञान' (इकोलिंग्विस्टिक्स) का सृजन किया गया। हालाँकि यह सच है कि 1912 में ही एडवर्ड सपीर ने एक लेख लिखा था—'लैंग्वेज ऐण्ड इन्वायरनमेंट'—जिसमें उनकी स्थापना थी कि किसी भाषा के भौतिक पर्यावरण में देहात के स्थल-विवरण, जलवायु, वर्षापात, मानव जीवन के आर्थिक आधार, जीव-जन्तु, वनस्पति एवं खनिज संसाधन के रूप में भौगोलिक पात्र शामिल होते हैं। सामाजिक पर्यावरण में कई सामाजिक शक्तियाँ शामिल होती हैं जो प्रत्येक व्यक्ति के जीवन और विचार को रूप देती हैं; जैसे, धर्म, नैतिक मूल्य, राजनीतिक संगठन, साहित्य-कला आदि। उनका सरोकार एक भाषा (अँग्रेज़ी) की बज़ाय विभिन्न भाषाओं और संस्कृतियों से था। मगर वह हमें सचेत भी करते हैं कि पर्यावरण और भाषा के बीच अति घनिष्ठ सम्बन्ध नहीं खोजना चाहिए—अर्थात् यह अन्तर-सम्बन्ध शब्द भंडार के स्तर पर ही देखना चाहिए, न कि ध्वनिविज्ञान (फोनोलॉजी) और शब्द-रूप विज्ञान (मॉर्फोलॉजी)-शब्दों की औपचारिक संरचना-के स्तरों पर। किसी भाषा का शब्द-भंडार उसके बोलने वालों के भौतिक और सामाजिक पर्यावरण को प्रतिबिम्बित करता है। यह शब्द-भंडार किसी समुदाय के विभिन्न विचारों, हितों और व्यवसायों की जटिल सूची होता है। उन्होंने एक ओर भौतिक और सामाजिक पर्यावरण तथा दूसरी ओर भाषा एवं संस्कृति के बीच सम्बन्ध स्थापित करने की कोशिश की। उन्होंने 'सांस्कृतिक व्याकरणिक सह-सम्बन्धों' की प्रचुर विविधता को रेखांकित किया जो 'गणना की पद्धतियों',

'सम्पत्ति की अवधारणा' और 'महिला के प्रति उन मामलों में भिन्न-भिन्न सामाजिक रुख़ जहाँ लिंग/लिंगभेद का व्याकरणिक प्रयोग होता है' में प्रत्यक्षतः दिखती है। मगर यह भी उल्लेखनीय है कि एडवर्ड सपीर से लगभग एक सौ वर्ष पूर्व जर्मन दार्शनिक तथा भाषा तत्व-वैज्ञानिक विल्हेल्म वॉन हम्बोल्ड ने भी मानव भाषाओं की विविधता पर प्रकाश डाला था। उनके अनुसार भाषायी विविधता में मानव विचारों के विकास की बड़ी सम्भावना रहती है क्योंकि प्रत्येक भाषा का 'आन्तरिक रूप' (इनर फॉर्म) होता है और विश्व को समझने के लिए वह ऊर्जा-पुंज (energeia) होती है।

एडवर्ड सपीर के अनुसार भौतिक पर्यावरण निर्मित करने वाले बहुत सारे तत्व स्थान-काल में सार्वभौमिक रूप से वितरित होते हैं जिससे शब्द-विषयक सामग्रियों की परिवर्तनशीलता की प्राकृतिक सीमा तय हो, जहाँ तक वे भौतिक विश्व से उत्पन्न अवधारणाओं को अभिव्यक्ति देते हैं। फिर भी संस्कृति असंख्य तरीकों से विकसित होती है तथा जटिलता के किसी स्तर तक पहुँच सकती है। यदि भाषा की जटिलता का आशय इसके शब्द-भंडार में निहित हितों का विस्तार है, तो निःसन्देह भाषा की जटिलता और संस्कृति के बीच अनवरत सह-सम्बन्ध होता है। वह आगे स्पष्ट करते हैं कि किसी भाषा के शब्द-भंडार में पर्यावरण के प्रतिबिम्बन के सिवाय भाषा में ऐसी कोई चीज़ नहीं है जो पर्यावरण से प्रत्यक्षतः जुड़ी दिखायी जा सके। भाषाशास्त्रीय विशेषताएँ, संस्कृति के लक्षणों की तुलना में, बोलने वालों की चेतना में प्रविष्ट करने में अनिवार्यतः कम सक्षम होती हैं। उनका यह स्पष्ट मानना है कि सांस्कृतिक परिवर्तन और भाषाशास्त्रीय परिवर्तन समानान्तर रेखाओं के साथ-साथ नहीं चलते और इसलिए दोनों में घनिष्ठ कारणात्मक (कॉज़ल) सम्बन्ध की प्रवृत्ति नहीं होती। मगर उनका यह भी कहना है कि यद्यपि भाषा के रूप संस्कृति के रूपों की-सी गति से नहीं बदलते, मगर यह निःसन्देह सच है कि सांस्कृतिक परिवर्तन की असामान्य दर का साथ काफ़ी हद तक संस्कृति में परिवर्तन की बढ़ी दर देती है। कहने का आशय यह है कि संस्कृति की तीव्र गति से बढ़ती जटिलता भाषाशास्त्रीय रूप एवं अन्तर्वस्तु में परिवर्तन. यद्यपि उतनी तीव्र गति से नहीं, अनिवार्यतः करती है।

पारिस्थितिकी की दृष्टि से किसी भाषा में कुछ गतिविधियों या यथार्थों के लिए कोई ख़ास शब्द मौजूद नहीं हो सकता है। उदाहरणार्थ, अँग्रेज़ी भाषा में निम्नलिखित चीज़ों के लिए उपयुक्त शब्द नहीं हैं (पीटर मुलहाउसलर) :

(क) 'आर्थिक रूप से उपयोगी नहीं, अपण्य (अनमार्केटेबल), उद्यान नहीं लगाये जाने योग्य पौधे, जो प्राकृतिक सन्तुलन में योगदान देते हैं' (यानी एक सकारात्मक खर-पतवार)।

(ख) 'जैविक रूप से नष्ट करने योग्य नहीं'। (नॉन बायो-डिग्रेडेबल)

(ग) पूँजी निवेश करने की तरह के उत्पाद जो उन्हें चुकाने से ज़्यादा समय तक नहीं टिकते।

(घ) ऐसा व्यक्ति जो अपने बोतल, काग़ज़ आदि का पुनः चक्रण नहीं करता।

विभिन्न दृष्टिकोण : पारिस्थितिकीय भाषाविज्ञान (इकोलिंग्विस्टिक्स) का विषय-क्षेत्र काफ़ी बड़ा है और इसमें कई दृष्टिकोण समाहित हैं जिससे अन्ततः भिन्न-भिन्न परिणाम निकलते हैं। यहाँ दो भिन्न-भिन्न दृष्टिकोणों की चर्चा करना समीचीन प्रतीत होता है :

(क) पारिस्थितिकी को एक 'रूपक'(metaphor) के रूप में समझा जाता है और किसी पर्यावरण में भाषाओं को हस्तान्तरित कर दिया जाता है (जैसा ई. हाउजन ने 1970 में किया था)।

(ख) पारिस्थितिकी को इसके जैविक अर्थ में समझा जाता है—भाषा की भूमिका पर्यावरणीय समस्याओं को पैदा करने और बढ़ाने के बाबत परखी जाती है और उनके सम्भावित समाधान के लिए भाषावैज्ञानिक शोध को बढ़ावा दिया जाता है (जैसा हैलिडे ने 1990 में किया था)।

ज्ञातव्य है कि ई. हाउजन ने जैविक पारिस्थितिकी को भाषाओं को हस्तान्तरित किया और विशेषकर चार विशिष्ट अवधारणाओं का प्रयोग किया गया : पर्यावरण, संरक्षण, अन्तःक्रिया और (पारिस्थितिकी तन्त्र की तर्ज़ पर) 'भाषा वैश्विक तन्त्र' (लैंग्वेज वर्ल्ड सिस्टम)। 1980 के दशक में ये अवधारणाएँ काफ़ी प्रचलित हुईं मगर 1990 के दशक में ये कुछ कमजोर पड़ गयीं। मगर यह रूपक अभी भी प्रयुक्त होता है, विशेषकर अल्पसंख्यक भाषाओं तथा प्रशान्त क्षेत्र में भाषा-साम्राज्य के अध्ययन में। इसके अलावा पीटर मुलहाउसलर ने (1992, 1996) भाषायी विविधता तथा जैविक विविधता के बीच सम्बन्ध पर शोध किया था। पुनः फरनान्दे क्रियर ने (1996) पुर्तगाल में गैलिसियन जैसी अल्पसंख्यक भाषा की अधिजीविता में पर्यावरणीय कारकों के योगदान (अथवा नहीं) के बाबत शोध में हराल्ड हारमान (1980) के द्वारा विकसित निम्नलिखित पारिस्थितिकीय भाषाविज्ञान सम्बन्धी परिवर्तनशील तत्वों का प्रयोग किया था—लोक जनसांख्यिकीय, लोक समाजशास्त्रीय, लोक सांस्कृतिक एवं अन्य कारक जो किसी भाषा का पर्यावरण निर्मित करते हैं। इस प्रकार इस दृष्टिकोण का उद्देश्य है कि आज जब तमाम भाषाएँ तेजी से लुप्त हो रही हैं, तो अधिक से अधिक भाषाविद् उनका अध्ययन करें और भाषायी विविधता को महत्त्व दें। इस प्रकार उनका शोध अध्ययन, दस्तावेज़ीकरण, एवं पुनर्जीवीकरण (बहाल) किया जाय। टेर्रा लिंगुआ जैसी संस्था यह काम कर रही है। जर्मनी में

निकलास लुहमान की अवधारणा 'पारिस्थितिकीय सम्प्रेषण' से प्रेरित होकर पीटर फिन्के (1983, 1993, 1996) ने पारिस्थितिकी तन्त्र की अवधारणा को 'भाषा वैश्विक तन्त्र' तथा सांस्कृतिक तन्त्र को हस्तान्तरित किया। इस प्रकार संरचनात्मक प्रतिमान (जिसमें सिर्फ़ भाषा पर शोध होता है) से हटकर पारिस्थितिकीय भाषाविज्ञान स्पष्ट करता है कि पारिस्थितिकी तन्त्र 'जीवन तन्त्र' (लाइफ सिस्टम) होता है जबकि 'भाषावैश्विक तन्त्र' 'अनुभव के तन्त्र' होते हैं। सो पीटर फिन्के के अनुसार जिस तरह जीवन की सृजनशीलता पर प्रकृति के प्रति हमारे समकालीन व्यवहार द्वारा ख़तरा पैदा किया जाता है, उसी तरह भाषा की सृजनशीलता पर इसके वर्तमान प्रयोग द्वारा ख़तरा पैदा किया जाता है। अतः यहाँ भाषा और भाषा-व्यवहार का समालोचनात्मक अध्ययन किया जाता है। उदाहरणार्थ, विल्हेल्म ट्राम्पे (1990, 1991) ने औद्योगिक कृषि की और भाषा तथा इसकी प्रौद्योगिकीय आर्थिक विचारधारा की कटु आलोचना की है—जैसे, 'उत्पादन' (production) शब्द ने 'उगना' (growing) और 'देना' (giving) शब्दों को हटा दिया और वास्तविक जीवन में घटने वाली प्रक्रियाओं यथा 'बाहर ले जाना' (taking away) तथा 'हत्या करना' (killing) की तीक्ष्णता को चिकनी-चुपड़ी बातों से कम कर दिया। मगर विल्हेल्म ट्राम्पे की उक्त प्रस्थापना की आलोचना माथियास जुंग (1996) ने की है क्योंकि उनके द्वारा भाषा के क्षेत्र में प्रयुक्त कुछ पर्यावरणीय पद यथा 'प्रदूषण' और 'अवक्रमण' (डिग्रेडेशन) भाषायी रूढ़िवाद तथा पुराने शुद्धतावाद के सूचक हैं। इसलिए कई भाषाविदों ने ऐसी चरम 'पारिस्थितिकीय परिशुद्धि' (ecological correctness) को अस्वीकर कर दिया है। अस्तु, कालान्तर में पारिस्थितिकी तन्त्र के रूपक को भाषा वैश्विक तन्त्र से सांस्कृतिक तन्त्र में विस्तारित किया गया है अर्थात् भाषा की पारिस्थितिकी के पूरक के रूप में सांस्कृतिक पारिस्थितिकी की अवधारणा पेश की गयी (पीटर फिन्के 1996) जिसका सरोकार प्राकृतिक पारिस्थितिकी तन्त्र से सांस्कृतिक पारिस्थितिकी तन्त्र का उद्भव होता है और उसके साथ भाषा दोनों के बीच की 'लुप्त कड़ी' (मिसिंग लिंक) होती है। फिर पीटर फिन्के एक महत्त्वपूर्ण सवाल भी उठाते हैं कि किस हद तक 'भाषा के नियम' 'प्रकृति के नियमों' की सन्तति होते हैं।

इसके अलावा जोर्गन डूर एवं जोर्गन सी.बांग (1996) ने 'अन्तःक्रिया' और 'द्वन्द्ववाद' (डायलेक्टिक्स) से 'कारण' एवं 'प्रभाव' जैसी अवधारणा को स्थानापन्न किया। भाषा के विकास में बेहतर जीवन-दशाओं के योगदान को भी रेखांकित किया गया जिसमें अन्ततः कई कारकों की अन्तःक्रिया पर जोर दिया गया। इतना ही नहीं, कुछ भाषाविदों ने अन्तर-ज्ञानानुशासनिक तथा गैर-अनन्य (नान-एक्सक्लूसिव) के अर्थ में भी पारिस्थितिकी के रूपक का प्रयोग किया है (एडम मक्कई 1993)

अथवा 'अर्थव्यवस्था के पारम्परिक विचार-विमर्शों से परे' के अर्थ में इसका प्रयोग किया है जिसमें प्रासंगिकता तथा अर्थव्यवस्था के सिद्धान्तों की समालोचना की गयी है (हराल्ड वीनरिच 1990)।

दूसरी ओर भाषाविज्ञान में पारिस्थितिकी को विशेषत: पर्यावरणीय समस्याओं के रूप में देखा गया है। जब माइकेल हैलिडे (1990) ने 'न्यू वेज ऑव मीनिंग' (अर्थ की नयी राहें) नामक लेख लिखा, तब से पारिस्थितिकीय मुद्दों और पर्यावरणीय समस्याओं में भाषा की भूमिका पर भी स्वतन्त्र चिन्तन-मनन होने लगा। हैलिडे ने भाषा के विकास के बाबत तीन प्रचलित सिद्धान्तों की चर्चा की है :

(क) **भाषाएँ अपरिवर्तित उत्पाद हैं**—सतह के अतिरिक्त शब्दार्थ विज्ञान में परिवर्तन नगण्य होता है और पूरी मानवता के लिए वह सार्वभौम होता है। यहाँ किसी भाषा को समृद्ध करने का तात्पर्य है नये शब्दों को गढ़ना जो प्रयोग के मौजूदा सन्दर्भों के भीतर होते हैं। लबोव का ऐसा ही दृष्टिकोण था।

(ख) **भाषाएँ लगातार विकसित होती हैं**—और उनका शब्दार्थ विज्ञान (सेमैंटिक्स) भी विकसित होता है। देशकाल के अनुसार भाषाओं में परिवर्तन होता है। किसी संस्कृति की भौतिक और अभौतिक दशाएँ उसकी भाषा के व्याकरण में प्रतिबिम्बित होती हैं जो स्वेच्छाचारी नहीं होतीं; जब ये दशाएँ बदलती हैं, तो उसकी अनुक्रिया में भाषा भी बदलती है। इस प्रकार भाषा अपने पर्यावरण के सन्दर्भ में स्वत: अधिकतम विकास करती है। इसमें ज़रूरत पड़ने पर नये रूप उभरते हैं, बाहर से उधार लेने की ज़रूरत नहीं होती। तत्कालीन सोवियत यूनियन में 1930 और 1940 के दशकों में एन.या..मार्र (N. Ya. Marr) और उनके सहयोगियों ने, इतिहास की सरलीकृत मार्क्सवादी व्याख्या के आधार पर, इस दृष्टिकोण को अपनाया था। इसमें भाषा को अधिरचना का हिस्सा माना गया था और सम्बन्धित उत्पादन-प्रणाली में होने वाले परिवर्तन के आधार पर भाषा में परिवर्तन की बात कही गयी थी। यह दृष्टिकोण सामान्यत: मानता है कि मानव संस्कृति की मध्यस्थता के ज़रिये भाषा यथार्थ का प्रतिबिम्बन करती है, इसलिए दीर्घकाल में सांस्कृतिक परिवर्तनों के पैटर्न की अनुक्रिया में व्याकरण बदलता है, भले यह प्रक्रिया धीमी और अप्रत्यक्ष होती है। मगर स्टालिन ने भाषा को अधिरचना का हिस्सा नहीं माना था।

(ग) **भाषा निष्क्रिय रूप से यथार्थ का प्रतिबिम्बन नहीं करती, बल्कि वह यथार्थ को सक्रिय रूप से सृजित करती है।** व्याकरण एवं शब्द-

भंडार अनुभवों को आकार देते हैं और हमारे प्रत्यक्षबोध (परसेप्शन) को ख़ास अर्थों में बदलते हैं। हमारे भौतिक अस्तित्व की श्रेणियाँ और अवधारणाएँ भाषा में उनकी अभिव्यक्ति के पूर्व 'दी हुई' (गिवेन) नहीं होतीं बल्कि वे भाषा द्वारा, भौतिक तत्वों और प्रतीकात्मक तत्वों के कटान विन्दु पर, व्याख्यायित की जाती हैं। इस प्रकार व्याकरण मानव-अनुभव का सिद्धान्त और सामाजिक कर्म का सिद्धान्त दोनों है। इन दोनों प्रकार्यों में व्याकरण ऐसी सम्भावना सृजित करता है जिसके भीतर हम काम करते हैं और अपने सांस्कृतिक अस्तित्व को निर्मित करते हैं। यह सम्भावना हमें सक्षम बनाती है और जो अर्थ निकाला जाता है, उसकी सीमा भी व्याकरण तय करता है।

हैलिडे ने इस तीसरे दृष्टिकोण को अपनाया है जिसके अनुसार हमारा यथार्थ तैयार माल नहीं होता जो अर्थ पाने का इन्तज़ार कर रहा हो—बल्कि इसकी सक्रिय रूप से व्याख्या की जाती है और इस व्याख्या की प्रक्रिया में भाषा विकसित होती है और व्याख्या की वह (भाषा) स्वयं कार्यकर्त्ता (एजेंसी) होती है। इस प्रकार भाषा अधिरचना का अंश नहीं होती, बल्कि चेतन और भौतिक की परस्पर अन्तःक्रिया का उत्पाद होती है। भाषा में हमारी चेतना को आकार देने की शक्ति होती है; यह प्रत्येक बच्चे के लिए ऐसा करती है जो (बच्चा) पर्यावरण की व्याख्या करता है और उसमें मनचाहा परिवर्तन भी करता है।

मगर हैलिडे यह भी मानते हैं कि चूँकि भाषा अस्तित्व की भौतिक एवं चेतन पद्धतियों के बीच के प्रभाव से क्रमिक रूप से विकसित होती है, इसलिए भौतिक दशाओं के बदलने पर भाषा द्वारा चेतना को दिये गये रूप भी बदलते हैं। उत्पादन के मौजूदा साधनों और सम्बन्धों के अनुसार व्याकरण यथार्थ की व्याख्या करता है। किन्तु उत्पादन के ये साधन और सम्बन्ध स्थिर नहीं होते, बल्कि ये विभिन्न स्थानों और कालखंडों में क्रमिक रूप से विकसित हुए हैं। भाषा की अर्थ-निर्माण क्षमता (व्याकरण) उन्हीं के साथ विकसित हुई है और मानव-इतिहास के विभिन्न चरणों में एक नहीं रही है। मगर इन परिवर्तनशील भौतिक दशाओं से व्याकरण का सम्बन्ध अत्यन्त जटिल होता है। अर्थ-निर्माण की प्रक्रियाएँ उनके ऐतिहासिक सन्दर्भों के बाहर नहीं समझी जा सकतीं। मगर इन्हें इन सन्दर्भों से सरल सम्बन्ध के द्वारा हासिल नहीं किया जा सकता। हैलिडे के शब्दों में, ''भाषा एक ही समय में यथार्थ का अंग है, यथार्थ को आकार देती है और यथार्थ के लिए एक रूपक होती है।'' अस्तु, भाषा तीन तरह से अपने काम करती है:

पहला, यथार्थ के अंग के रूप में यह लोगों के लिए भौतिक व्यवहारों के समन्वय को मुमकिन बनाती है तथा इन व्यवहारों के साथ चलने वाले सामाजिक

सम्बन्धों का निर्माण करती है।

दूसरा, यथार्थ की व्याख्याकार के रूप में, भाषा इन रूपों के क्रमिक विकास को सक्षम बनाने के साथ-साथ उन्हें 'कुछ और' में विकसित होने से रोकती है। यह रोकना इसलिए होता है कि व्याकरण जो यथार्थ गढ़ता है, वह मौजूदा सामाजिक-आर्थिक व्यवस्था का यथार्थ होता है। इसलिए भाषा की प्रवृत्ति प्राय: रूढ़िवादी होती है। मगर कोई व्याकरण अचल (फिक्स्ड) या एकस्तम्भीय (मोनोलिथिक) नहीं हो सकता—इसमें सभी मौजूदा विरोधाभास और पूरकताएँ होती हैं जो भौतिक-सामाजिक-आर्थिक क्षेत्र के 'भीतर' होती हैं, तथा भौतिक क्षेत्र और चेतन क्षेत्र के बीच भी होती हैं।

तीसरा, यथार्थ के रूपक के रूप में, भाषा अपनी आन्तरिक व्यवस्था और प्रक्रिया में 'बहुल टूटे-फूटे गढ़न्तों' (फार्मेशन्स) के ज़रिये उन विभिन्न विरोधाभासों और पूरकताओं का पुनर्निर्माण करती है जिन्हें स्वयं द्वारा व्याख्या किये जाने वाले यथार्थ पर थोपती है।

इस प्रकार कोई भाषा नया नाम (शब्द) रातोंरात गढ़ सकती है किन्तु इसकी व्याकरण-व्यवस्था तथा आधारभूत शब्द-भंडार बहुत धीमे-धीमे बदलते हैं। ऐसे परिवर्तन की कार्य-पद्धति 'व्यवस्था' (सिस्टम) और 'दृष्टान्त' (इन्स्टान्स) के बीच के द्वन्द्व में खोजी जा सकती है। किन्तु ऐसा परिवर्तन यादृच्छिक (रैंडम) नहीं होता। वस्तुत: भाषा का इतिहास मानव-इतिहास का 'अंग' है, न कि कोई रहस्यात्मक स्थानापन्न (सरोगेट) प्रक्रिया। इस प्रकार मानव-इतिहास में होने वाली बड़ी उथल-पुथल भाषायी उथल-पुथल भी होती है। चूँकि व्याकरण भाषा का आन्तरिक मामला होता है, इसलिए यह कुछ हद तक स्वत: उड़ान भर सकता है। मगर चूँकि यह (व्याकरण) अनुभव की व्याख्या करने का शक्तिपुंज होता है, इसलिए प्रतीकात्मक रूपों और उनके पर्यावरण की भौतिक दशाओं के बीच सम्पूर्ण असंयोजन (डिस्जंक्शन) कभी नहीं हो सकता। हैलिडे ने निम्नलिखित तीन बड़ी ऐतिहासिक उथल-पुथलों और उनके साथ भाषा में होने वाले बदलावों का जिक्र किया है :

(क) आखेट और भोजन इकट्ठा करने के चरण के बाद जब लोग स्थायी रूप से बसकर पशुचारण और कृषि-व्यवहार करने लगे, तो एक नयी सेमियोटिक रीति (लेखन) विकसित हुई किन्तु लेखन की महत्ता व्याकरण में होती है जो उसके साथ विकसित होता है। व्याकरण में ही चीज़ों की व्याख्या उत्पादों के रूप में होती है और संज्ञा सम्बन्धी समूहों के द्वारा चीज़ें मूल्य धारण करती हैं। संज्ञाएँ मात्राओं (क्वांटिटीज़) में नापी जा सकती हैं, विभिन्न प्रणालियों के साथ उन्हें मूल्यवत्ताएँ (क्वालिटीज) दी जाती हैं तथा उन्हें विभिन्न वर्गों और उप-वर्गों में

श्रेणीकृत भी किया जाता है। फिर व्याकरण में ही सामाजिक सम्बन्धों को संस्थाओं में परिवर्तित किया जाता है। किन्तु अमूर्त अर्थ का मुख्य स्रोत अन्तर-वैयक्तिक से वैचारिक में बदल जाता है। उदाहरणार्थ, नातेदारी (किनशिप) के अधिकारों और कर्तव्यों से अनुभव की परिघटनाओं के बारे में 'सामान्यीकरण' (साधारणीकरण); तथा वैचारिक के भीतर 'प्रक्रियाओं से चीज़ों की ओर।' लिखित माध्यम के कारण स्वयं विमर्श एक वस्तु बन जाता है और अमूर्तनें (लिखित प्रतीक और उनकी क्रम-व्यवस्थाएँ) प्रक्रियाओं के चीज़ों में परिवर्तन हैं। हैलिडे पुनः स्पष्ट करते हैं कि लेखन एक 'कारण' नहीं है, बल्कि भौतिक प्रक्रियाओं और मानव चेतना की प्रक्रियाओं के बीच परस्पर प्रभाव में व्याकरण स्थायी रूप से बसे कृषि-जीवन के यथार्थ की व्याख्या करता है जिसमें गतिविधियाँ उत्पादों की ओर बढ़ती हैं, और अनुभव के देशकालिक बहाव निश्चित स्थान वाली वस्तुओं की निर्मितियों के द्वारा दबा दिये जाते हैं—किन्तु ये मात्र दबा दिये जाते हैं, पूर्णतः मिटाये नहीं जाते क्योंकि स्थायी रूप से बसने के पूर्व का व्याकरण अभी भी भाषा में गौण रूप से मौजूद रहता है। उदाहरण के तौर पर, कोई बच्चा प्राथमिक विद्यालय में व्याकरण सीखने के दौरान अर्थों की विभिन्न निर्मिति से सामना करता है, फिर भी उसके घर-पड़ोस का शुरुआती व्याकरण उसके जेहन में मौजूद रहता है।

(ख) यूरेशिया महाद्वीप की पुरातन (क्लासिक) लौह युगीन संस्कृति में व्याकरण पुनः बदला गया। ऐसे विकल्पों को ग्रहण किया गया जिनके द्वारा परिघटनाएँ 'वस्तूकृत' (ऑब्जेक्टीफाइड) हो गयीं जिससे अनुभव के अन्य क्षेत्र (जो अब तक प्रक्रिया-से व्याख्यायित थे) को चीज़ों के रूप में ढाला जा सके। जैसे-जैसे तकनीकें प्रौद्योगिकी में विकसित हुईं, वैसे-वैसे विमर्श भी तकनीकी हो गया—प्राचीन यूनानी, चीनी और संस्कृत भाषाओं के व्याकरणों ने प्रक्रियाओं और पदार्थों (प्रापर्टीज) को संज्ञा के रूप में व्याख्यायित किया। जैसे, 'आन्दोलन', 'सामाजिक शक्ति' (फोर्स), 'परिवर्तन', 'छेंकी गयी जगह' (वोल्यूम), 'कतार' (लाइन) आदि। उदाहरण के तौर पर, जब बच्चा मध्य विद्यालय (पूर्व माध्यमिक) में पढ़ता है, तो उसका शैक्षिक ज्ञान थोड़ा तकनीकी हो जाता है और तब कई ज्ञानानुशासन हिगरा दिये जाते हैं।

(ग) 'सीखने की तरक्की' के साथ व्याकरण का पुनर्गठन किया गया—इस बार रूपक वाले उथल-पुथल के साथ—जिससे नयी आधुनिक भाषा का विकास हुआ जो व्यावहारिक भाषाविज्ञान के सम्मेलनों में अब प्रयुक्त होती है। अब यथार्थ की पुनर्व्याख्या विद्वत्योग्य दफ़्तरशाही और तकनीकी तन्त्रीय (टेक्नोक्रेटिक) पद्धति द्वारा की गयी है जिससे आजकल हम परिचित हैं।

यहाँ फ्रेडरिक एंगेल्स का हवाला देते हुए यह उल्लेख करना समीचीन प्रतीत होता है कि पश्चिमी नवजागरण एक प्रगतिशील क्रान्ति थी और सारे महत्त्वपूर्ण व्यक्तियों ने विस्तृत यात्राएँ की थीं, चार-पाँच भाषाएँ सीखी थीं और जीवन के विभिन्न क्षेत्रों में एक साथ अपना योगदान दिया था। जैसे, लियोनार्दो दा विंची महान चित्रकार के अलावा महान गणितज्ञ एवं महान इंजीनियर भी थे। अलबर्ख ड्यूर चित्रकार, नक्काश, वास्तुकार तथा मूर्तिकार थे। मैकियावली राजनीतिशास्त्री, इतिहासकार, कवि और सैनिक साहित्य के प्रथम महत्त्वपूर्ण लेखक थे। लूथर ने चर्च की जड़ परम्पराओं और जर्मन भाषा की जड़ता को साफकिया। इस प्रकार अधिकतर बुद्धिजीवी संघर्ष में भी भाग लेते थे। अत: चरित्र की सम्पूर्णता और दृढ़ता उन्हें मुकम्मल इन्सान बनाती थी। किन्तु औद्योगिक क्रान्ति और भूमंडलीकरण ने पारिस्थितिकी और भाषाओं का अहित भी किया है।

इसलिए हैलिडे का मानना है कि हम महाप्रलय (कैटस्ट्रॉफी) को पहचानते हैं और उस पर अनुक्रिया भी करते हैं मगर 'अर्थ' का क्रमिक विकास प्राय: महाप्रलयकारी नहीं होता। वह यूरेशिया की संस्कृति से दो भाषाओं का उदाहरण देते हैं—उर्दू और तगालोग (Tagalog)—जिन्होंने पूँजीवाद और औद्योगिक प्रौद्योगिकी की ओर पश्चिम के मौलिक बदलाव में भागीदारी नहीं की। वह रुकैया हसन के उर्दू सामाजिक-भाषा वैज्ञानिक शोध का हवाला देते हैं कि उर्दू भाषा में तमाम 'अव्यक्त तरकीबें' (इम्प्लिसिट डिवाइसेज) होती हैं—यानी व्याकरणिक सन्दर्भ जिनमें किसी ख़ास प्रक्रिया में शामिल वास्तविक अस्तित्व (व्यक्ति या वस्तु) का हवाला ही नहीं दिया जाता क्योंकि स्थिति का सन्दर्भ इसे सुस्पष्ट कर देता है। कहने का आशय यह है कि उर्दू बोलने वाले सकारात्मक रूप से 'अव्यक्त' विकल्प का पक्ष लेते हैं, जहाँ कहीं भी उन्हें वह उपलब्ध होता है। श्रोता उसी संस्कृति में भाग लेने के कारण पाठ की व्याख्या कर सकता है जिसमें सामाजिक सम्बन्धों और सम्भावित भूमिकाओं के बारे में बहुत सारी चीज़ें मान ली जाती हैं। और यही 'व्यवस्था' (सिस्टम) और 'दृष्टान्त' (इन्स्टान्स) के बीच द्वन्द्व प्रकट करता है—व्याकरण अव्यक्त सन्दर्भ के लिए सम्भावित, 'व्यवस्थापरक विकल्प', प्रदान करता है। ये विकल्प मौजूदा संस्कृति के पैटर्नों के साथ गूँजते (प्रतिध्वनित) रहते हैं और वे दैनिक विमर्श में

सर्वाधिक बार विकल्प के रूप में लिये जाते हैं। इस प्रकार कई दृष्टान्त मिलकर व्यवस्था निर्मित करते हैं, तथा व्यवस्था प्रत्येक दृष्टान्त के लिए 'सम्भावित' को परिभाषित करती है।

दूसरी ओर जे.आर.मार्टिन ने 'तगालोग' भाषा के व्याकरण में यथार्थ की सांस्कृतिक निर्मिति के लिए तीन बीज गुणों को आवश्यक बताया है जिन्हें उन्होंने 'व्याकरणिक षड्यन्त्र' (ग्रामैटिकल कान्सपिरेसीज) कहा है : मुखड़ा या बाह्य रूप (फेस), परिवार (फेमिली) एवं नियति (फेट)। बाह्य रूप का तात्पर्य दृष्टिगोचर पदार्थ (अपियरेंस) है—समाज में दूसरों की स्थिति का सम्मान करना, सम्भवतः अपनी कीमत पर। यह 'दृष्टिगोचर' अँग्रेज़ी भाषा में 'वास्तविकता' के उन्मुखीकरण की प्रकृति के विरुद्ध है, तथा, मार्टिन के अनुसार, आगे दस व्याकरणिक विशेषताओं द्वारा व्याख्यायित होता है। इस सन्दर्भ में भारत के विभिन्न क्षेत्रों में भाषा के प्रयोग के तमाम प्रसंगों का उदाहरण दिया जा सकता है। जैसे, भारत के मध्यकाल में मुगल राजाओं के समक्ष पेश होने वाले उनके कारिन्दे या प्रजा पूरे दाहिने हाथ को झुलाते हुए और झुककर अभिवादन (सलाम/आदाब) करते थे और अकबर को 'जिल्ले इलाही' कहकर सम्बोधित करते थे। देसी रियासतों के सामन्तों/राजाओं को लोग 'महाराज' कहते थे और उसके पहले 'महाराज की जय' कहते थे। प्राचीन भारत में साष्टांग प्रणाम किया जाता था। बिहार में सामने उपस्थित व्यक्ति की हैसियत देखकर 'गोड़ लागी' (उ. प्र. में 'पाँव लागी') 'प्रणाम', 'नमस्कार' और 'नमस्ते' विभिन्न अन्दाज़ों और अदाओं में कहा जाता है। दूसरे, 'परिवार' गुण का मतलब है 'सहभाव' (टूगेदरनेस)- चीज़ों को साथ-साथ सम्पन्न करना या चीज़ों को साझा करना। यह उर्दू भाषा में कई चीज़ों को सहज रूप से मान लेने की तरह है। तगालोग भाषा में व्याकरण की ऐसी दस विशेषताएँ मार्टिन द्वारा पहचानी गयी हैं जो सामूहिक रूप से सहभाव निर्मित करती हैं। यह अँग्रेज़ी भाषा के व्याकरण की व्यक्तिगतता या वैयक्तिकता (इंडिविजुअलिटी) की प्रकृति के विरुद्ध है। तीसरे, 'नियति' (फेट) का आशय है कि व्यक्ति के नियन्त्रण से परे तमाम घटनाएँ घटती हैं, अर्थात् कई चीज़ें सहजता से अचानक घटती हैं ('हैपन') और कोई व्यक्ति अपनी 'नियति' को वास्तव में निर्धारित नहीं कर सकता। 'तगालोग' भाषा में मार्टिन ने ऐसी नौ विशेषताएँ खोज निकाली हैं जो ऐसी 'नियतिवादी' निर्मिति को बरकरार रखती हैं। यह गुण अँग्रेज़ी भाषा की 'निर्धारणात्मक' निर्मिति की प्रकृति के विरुद्ध है। इस प्रकार उर्दू और तगालोग भाषाओं के बोलने वालों का समाज ज़्यादा घनिष्ठ एवं समरूपी (होमोजिनियस) है जो तमाम समान मान्यताओं और मूल्यों को साझा करता है। अस्तु, मार्टिन और रुकैया हसन का निष्कर्ष है कि यह सांस्कृतिक यथार्थ सम्बन्धित भाषाओं (क्रमशः तगालोग एवं उर्दू) के व्याकरण की नियमित एवं

व्यवस्थित विशेषताओं द्वारा सक्रिय रूप से निर्मित होता है। इसके विपरीत, जैसा कि विलेम मथेसियस (Vilem Mathesius) ने आधुनिक अँग्रेज़ी के शोध में पाया है, मानक बोली जाने वाली अँग्रेज़ी की पाँच विशेषताएँ निम्नलिखित हैं :

(क) वाक्य के कर्त्ता (सब्जेक्ट) और कार्य करने वाले व्यक्ति (एक्टर) के बीच के सम्बन्ध (बन्धन या बांड) की जगह कर्त्ता और विषय (थीम) के बीच सम्बन्ध स्थापित करना—अर्थात् कर्मवाच्य (पैसिव वॉयस) का अधिक प्रयोग होना।

(ख) **मानसिक प्रक्रिया के रूपों से बदलाव**—'मी थिंक्स' या 'मी लाइक्स' की जगह 'आइ थिंक' या 'आइ लाइक'।

(ग) **लाक्षणिक (मुहावरेदार) क्रियाओं की अधिकता**—वाक्यांश के अन्त में क्रिया का प्रयोग ('आइ विल रेज द मैटर' की जगह 'आइ विल टेक द मैटर अप')।

(घ) **अभिव्यक्तियों का जोड़ा बनाना**—जो सकर्मकता कार्य की बजा़य वाक्यांश की सूचना संरचना में विभिन्न भूमिकाओं (किरदारों) का संकेत करता है। जैसे, 'टेक द टेलर दिस क्लॉथ' की जगह 'टेक दिस क्लॉथ टू द टेलर'।

(ङ) **विषयजन्य समानार्थक शब्दों (थिमैटिक इक्वेटिव्स) का फैलाव**— वाक्यांश के तत्वों को विषयजन्य मूल्यों और सूचनात्मक मूल्यों में बाँटने की अनुमति देना।

इसके आगे हैलिडे बीसवीं सदी के अन्तिम दशक में निम्नलिखित वृहत् प्रवृत्तियों का उल्लेख करते हैं :

पहली, यह सूचना युग है और मनुष्यों के बसने के बाद से मनुष्य की मुख्य आर्थिक गतिविधि मालों और सेवाओं का विनिमय रही है किन्तु अब उसकी जगह सूचनाओं के विनिमय ने ले ली है। और ये सूचनाएँ भाषा से बनती हैं अर्थात् नये व्यावहारिक भाषाविज्ञान की दुनिया में संख्याएँ और आँकड़े भी सिर्फ़ 'तर्कसाध्य निर्मितियों' ('डिसकर्सिव कान्सट्रक्शन्स') के सन्दर्भ में ही महत्त्वपूर्ण होते हैं।

दूसरी, मानव दशाओं में दूसरा महत्त्वपूर्ण परिवर्तन यह है कि हमारी माँगें इस पृथ्वी पर मौजूद कुल संसाधनों से अधिक हो गयी हैं। इतिहास के कुछ सूक्ष्म सेकंडों में ही मानव जाति 'शुद्ध जमाकर्त्ता' (नेट क्रेडिटर) से 'शुद्ध कर्ज़दार' (नेट डेटर) बन गयी है। हम पृथ्वी को कम देते हैं, किन्तु उससे बहुत ज़्यादा लेते हैं और इन संसाधनों का उपयोग या दुरुपयोग बहुत जल्दी कर लेते हैं। मगर इस तथ्य का प्रचार-प्रसार कम होता है। आज उपभोक्तावादी युग में माना जाता है कि आर्थिक वृद्धि अच्छी चीज़ है; 'बहुत', 'कुछ' से बेहतर है; 'ज़्यादा', 'कम' से बेहतर है;

'बड़ा', 'छोटा' से बेहतर है; 'ऊपर', 'नीचे' से बेहतर है आदि। मगर अधिकतर लोग भूल जाते हैं कि जब हम इतना ज़्यादा उपभोग कर रहे होते हैं, तो हम नष्ट भी कर रहे होते हैं। हम इस पृथ्वी के जीवन-चक्र के अंगों, अन्य प्रजातियों, को नष्ट कर रहे हैं। हम अचानक घटने वाली महा आपदाओं (महाप्रलयों) वाले परिवर्तनों को ठीक से पहचानते हैं और अनुक्रिया भी करते हैं किन्तु, जैसा कि पॉल एरलिच (Paul Ehrlich) ने कहा है, हम 'धीमी गति वाले संकटों' (स्लो मोशन क्राइसेज) को पहचानने और स्वीकार करने में पीछे हैं। इसलिए वह 'दुनिया को देखने का नज़रिया बदलने' की बात करते हैं लोगों को शिक्षित करके जिससे वे प्रवृत्तियों, ग्राफों और संख्याओं पर अनुक्रिया करें और उन्हें 'ख़बर' मानकर गम्भीरता से लें तथा जनसंचार माध्यमों पर रोज़ाना रात में महत्त्वपूर्ण पर्यावरणीय स्थितियों को दिखाना जाना चाहिए। हैलिडे उसी तरह की धीमी गति वाले संकटों को भाषा में भी देखते हैं जिनसे अधिकतर लोग अनजान हैं।

तीसरी, लिंगभेद-विरोधी भाषा की योजना भी अँग्रेज़ी में अब कार्यरत है। जैसे—

(क) पदनामों या कार्यसूचकों को अन्य पुरुष (थर्ड परसन) में लिखना— 'चेयरमैन' की जगह 'चेयरपरसन', 'मैनडेज' की जगह 'परसनडेज', 'सेल्समैन' की जगह 'सेल्सपरसन'।

(ख) लिंग-चिह्नित जोड़ी में परिवर्तन—'ऑथर-ऑथरेस' (लेखक-लेखिका) की जगह 'ऑथर', 'पोएट-पोएटेस' (कवि-कवयित्री) की जगह 'पोएट' (कवि), 'एक्टर-एक्ट्रेस' (अभिनेता-अभिनेत्री) की जगह 'एक्टर' (अभिनेता)।

(ग) संगतिपूर्ण (संख्या एवं लिंग में) संरचना में परिवर्तन—'एव्रीवन नोज हिज जॉब' की जगह 'एव्रीवन नोज देयर जॉब्स' [मगर मेरा व्यक्तिगत मानना है कि यह परिवर्तन व्याकरण की दृष्टि से बिल्कुल गलत है क्योंकि 'एव्रीवन' (प्रत्येक) एकवचन है, इसीलिए उसके साथ क्रिया का एकवचन प्रयुक्त होता है (यहाँ पर 'नोज' एकवचन क्रिया है) किन्तु उसका सम्बन्धकारक (पजेसिव केस) 'हिज' (एकवचन) की जगह 'देयर' (बहुवचन) कैसे हो सकता है? मेरे विचार से अधिक से अधिक 'हिज' और 'हर' दोनों साथ-साथ लिखना (हिज/हर) व्याकरणिक दृष्टि से उचित होगा जैसे कर्त्ता के अन्य पुरुष में एकवचन में 'ही' और 'शी' दोनों को साथ-साथ लिखते हैं (ही/शी)। इस के अलावा जब मूल वाक्य में 'जॉब' है, तो परिवर्तित वाक्य में 'जॉब्स' (बहुवचन) क्यों और कैसे?]

एक जगह हैलिडे स्वीकार करते हैं : 'जो हमारी लैंगिक भूमिकाओं की व्याख्या करता है, वह भाषा के रूपों में अन्तर्निहित लिंगवाद (सेक्सिज़्म) नहीं है (ऐसी चीज़ें लोगों को समस्या के बारे में सचेत करने के लिए उपयोगी हैं—कुछ सर्वाधिक लिंगवादी समाजों में उनकी भाषाओं में लिंगभेदी शब्द-रूप विज्ञान (जेंडर मारफोलॉजी) का नामोनिशान नहीं है), बल्कि जैसे भाषा के संसाधनों को फैलाया जाता है, वैसे परिवार, जन-संचार माध्यमों, लोकप्रिय साहित्य एवं अन्य जगहों में कर्त्ता की निर्मिति में अर्थ की क्षमता को लिया जाता है।'

हैलिडे का यह कहना सही है कि व्याकरण अनुभव का सिद्धान्त है जो कर्म (एक्शन) से उत्पन्न है और इसलिए कर्म के लिए दिग्दर्शक के रूप में सेवा करता है। फिर आज के विशिष्ट व्याकरण, जिनमें हम रहते हैं, मानव-इतिहास के देशकाल में क्रमिक 'क्षणों' के उत्पाद हैं। यद्यपि यथार्थ की अचानक, महाप्रलयी पुनर्निर्मिति की माँग हम लोग नहीं करेंगे, क्योंकि उनकी अधिकांश अर्थ-क्षमता (मीनिंग पोटेंशियल) वैध बनी रहेगी। किन्तु इसके साथ ही तमाम 'असंयोजन' (डिस्जंक्शन्स), 'विरोधाभास' (कॉन्ट्राडिक्शंस) और 'अतिनिर्धारक तत्व' (ओवर डिटर्मिनेसीज) सुनिश्चित करते हैं कि यह अर्थ-क्षमता का क्रमिक विकास लगातार होता रहे। वह फ्रांसिस फुकुयामा के 'इतिहास के अन्त' की अवधारणा का खंडन करते हुए वर्गवाद और आर्थिक वृद्धिवाद को पूरक मानते हैं तथा आर्थिक वृद्धिवाद का विनाश वर्गवाद के विनाश के बिना सम्भव नहीं है। दोनों परिवर्तन एक साथ होने चाहिए क्योंकि अन्य पर मानव प्रजाति का वर्चस्व तथा एक मानव-समूह पर दूसरे मानव-समूह का वर्चस्व अलग नहीं किये जा सकते। सो हैलिडे के शब्दों में, 'भाषा एक वृहत्-स्थायी (मेटास्टेबल) व्यवस्था होती है जो अपने पर्यावरण के साथ अन्त:क्रिया में निरन्तर परिवर्तन करते रहने से ही जीवित रह सकती है। इसका सबसे धीमी गति से बदलने वाला अंग व्याकरण है, अर्थ का वास्तविक कार्य सम्पन्न किया जाता है। शब्द-भंडार (लेक्सिस) काफ़ी ज़्यादा उपलब्ध होता है...।' वह आगे स्पष्ट करते हैं कि करोड़ों बच्चों को शिक्षित करने के लिए हमें सीखना होगा, सोचना-विचारना होगा कि कैसे कोई भाषा दुनिया की व्याख्या करती है। हम कर्मों को अपने चारों ओर घटते हुए देख सकते हैं तथा परिवर्तन के प्रवाहों और प्रतिरूपों (पैटर्नों) का खाका तैयार करने की कोशिश कर सकते हैं। उनके अनुसार वर्गवाद, आर्थिक वृद्धिवाद, प्रजातियों का विनाश, प्रदूषण आदि जैव वैज्ञानिकों और भौतिक वैज्ञानिकों के लिए ही समस्याएँ नहीं हैं, बल्कि व्यावहारिक भाषावैज्ञानिकों की भी समस्याएँ हैं। यद्यपि उनके समाधान की कुंजी हमारे पास अभी नहीं है, मगर इस बाबत हमारा प्रयास ज़ारी रहना चाहिए।

बाद में 1993 में हैलिडे और मार्टिन ने एक पुस्तक सम्पादित की—'राइटिंग

साइंस : लिटरेसी ऐण्ड डिस्कर्सिव पावर'—जिसमें उनकी प्रस्थापना है कि 'प्रायोगिक विज्ञान के वैज्ञानिकों ने शब्द-प्रयोग के नये शक्तिशाली रूप विकसित किये हैं और उन्होंने यथार्थ की एक ख़ास प्रकार से व्याख्या की है—निश्चित एवं निर्धारित (फिक्स्ड एंड डिटरमिनेट) यथार्थ जिसमें वस्तुएँ आधिपत्य जमाती हैं और प्रक्रियाएँ उन्हें महज़ परिभाषित और श्रेणीकृत करने का काम करती हैं। उनके अनुसार स्वयं भाषा नहीं, बल्कि वैज्ञानिक भाषा की ख़ास बही (रजिस्टर) इस अति निर्धारित चेहरे को व्यक्त करती है: 'उनके द्वारा अपनी माताओं के घुटने पर सीखी गयी भाषा उनके गहनतम सैद्धान्तिक प्रत्यक्ष-बोधों की संगति में होती है।' हैलिडे एवं मार्टिन के अनुसार 'व्याकरिणक रूपक' वैज्ञानिक विमर्श में प्रचुर मात्रा में प्रयुक्त होते हैं जो बच्चों की 'अनुकूल भाषा' (कांग्रुएंट लैंग्वेज) के विपरीत होते हैं। हैलिडे और मार्टिन आगे जोड़ते हैं : 'यद्यपि विज्ञान की भाषा अपनी उत्पत्तियों में आगे देखने वाली होती है, पर बढ़ते-बढ़ते यह लोकतन्त्रविरोधी हो गयी है : इसका संकीर्ण व्याकरणिक रूपक इसे समझने वालों को अलग कर देता है और उसे न समझने वालों से उनकी रक्षा करता है।' अर्थात् वैज्ञानिक विमर्श की भाषा का 'व्याकरणिक रूपक' सामाजिक रूप से विभाजनकारी है क्योंकि यह पाठ को अधिकतर जनता को उपलब्ध नहीं कराता। अस्तु, इसका मूल्य नकारात्मक है।

उपरोक्त प्रस्थापना की आलोचना करते हुए एंड्रू गोटली (Andrew Goatly) का मानना है कि अनुकूल भाषा और 'व्याकरिणक रूपक' का(उनका) भेद मनमाना है क्योंकि शाब्दिक और अनुकूल भाषाएँ पारम्परिक रूपक ही हैं। उन्होंने देरिदा का हवाला दिया है जो मानता है कि 'शाब्दिक' का भ्रम 'रूपक के अनिश्चित रूप से अपने विनाश की निर्मिति' से आता है। देरिदा के अनुसार प्राकृतिक भाषा और प्राकृतिक वस्तुओं की तलाश करना बेकार है क्योंकि यहाँ तक कि सूरज भी रूपकीय है : 'यदि सूरज पूर्णतः प्राकृतिक नहीं है, तो प्रकृति में क्या चीज़ प्राकृतिक बचती है?' एंड्रू गोटली के अनुसार कई तरह से 'व्याकरणिक रूपक' और 'शाब्दिक रूपक' में समानता है; जैसे, दोनों तनाव पैदा करते हैं। बर्गग्रेन ने शाब्दिक रूपक का सिद्धान्त ही गढ़ दिया है : अवधारणात्मक और भावनात्मक अनमेलपन का भाव, प्रकरण (टॉपिक या प्रोसेस) की अवधारणा और 'वाहन' (वेहिकल या थिंग) की अवधारणा के बीच विसंगति। इतना ही नहीं, हैलिडे और मार्टिन ने भी व्याकरणिक रूपक में सार्थक 'शब्द-समूह' (वर्डिंग या लिटरल) और 'अर्थ' (मीनिंग या हस्तान्तरित) के बीच तनाव की पहचान की थी।

दूसरे, शाब्दिक और व्याकरणिक रूपकों दोनों का कार्य नये अर्थों को सम्भव करना है अथवा व्यवस्था की अर्थ-क्षमता का विस्तार करना है। उदाहरणार्थ, कम्प्यूटर कुंजीपटल के साथ संलग्न छोटे-से पुर्जे को 'माउस' (शब्दार्थ-चूहा) कहा जाता है

(जो तेजी से दौड़ता-भागता है) जो एक नयी चीज़ या अवधारणा के लिए एक रूपक के रूप में प्रयुक्त होता है। ऐसे रूपकों द्वारा सृजित तनाव का परिणाम व्यवस्था का विस्तार होगा, न कि किसी ख़ास दिशा में तनाव का समाधान करना।

तीसरे, दोनों रूपकों (शाब्दिक एवं व्याकरणिक) में परम्पराओं को तोड़ा जा रहा है : शाब्दिक रूपक में शाब्दिक विषय (मद) के पास एक अपारम्परिक सन्दर्भ-संकेतक (रेफरेंट) होता है जबकि व्याकरणिक रूपक में प्रक्रियाओं और सहभागियों को अपारम्परिक, चिह्नित, वाक्य-विन्यास एवं समूहों के ज़रिये पुनः संकेतित किया जा रहा है। दोनों रूपकों में जो विशेषताएँ नाजुक होती हैं, वही तय करती हैं कि वह रूपक शाब्दिक होगा या व्याकरणिक। जैसे, कम्प्यूटर में 'माउस' जैसी चीज़ के प्रयोग में आकार-प्रकार, तार का पूँछ की तरह होना, अचानक दौड़ना-भागना आदि अर्थ में रूपकीय परिवर्तन लाते हैं, इसलिए चूहे जैसे जैविक प्राणी की पारम्परिक अवधारणात्मक विशेषताएँ छोड़ दी गईं।

इसके अलावा एंड्रू गोटली, जॉर्ज लेकॉफ('वीमेन, फायर एंड डैंजरस थिंग्स') का हवाला देते हैं जो 'अस्तित्व और तथ्य, आस्था, ज्ञान, प्रत्यक्षबोध, समझ की पद्धतियों तथा मानव-संज्ञान क्षमताओं से स्वतन्त्र होते हैं।', जैसी वस्तुनिष्ठवादी अवधारणा सही नहीं मानते हैं और वह वस्तुनिष्ठवादी दर्शन की जगह 'अनुभववादी' (एक्सपीरियंशल) दर्शन को स्थापित करते हैं जिसके अनुसार हमारे कुछ 'पूर्व-कल्पित अनुभव' ('प्री-कन्सीव्ड एक्सपीरियन्सेज') होते हैं : जैसे शरीर का चलना-फिरना, वस्तुओं को चलाने की क्षमता आदि। सो अमूर्त अवधारणाएँ इन्हीं पूर्व-कल्पित भौतिक अनुभवों से प्राप्त होती हैं, अंशतः रूपकीय आकार के द्वारा। इसी विचार को आगे बढ़ाते हुए एंड्रू गोटली प्रस्थापना देते हैं कि शब्दार्थ-व्यवस्था (सिमैंटिक सिस्टम), जिस पर अनुकूलन (कांग्रुएंस) निर्भर करता है, जो विश्व को वस्तुओं और प्रक्रियाओं में बाँटता है, पूर्व-कल्पित भौतिक अनुभवों से पैदा होती है।

इसलिए एंड्रू गोटली, हैलिडे और मार्टिन के इस विचार से असहमति व्यक्त करते हैं कि व्याकरणिक रूप से रूपकीय वैज्ञानिक लेखन को पढ़ने में 'हमें विश्व की अपनी छवि की पुनर्निर्मिति करनी होगी जिससे यह वस्तुओं से बना विश्व हो सके, बनिस्बत अकस्मात् घटना वाला विश्व।' गोटली दोनों की अन्य प्रस्थापनाओं को मानते हुए भी अन्ततः यह निष्कर्ष निकालते हैं कि विश्व की हमारी छवि ऐसी होनी चाहिए जिसमें 'प्रक्रियाओं का आधिपत्य हो और मानव कर्त्ता (एक्टर्स) गायब हो जायँ।' वह व्हाइटहेड के इस विचार से सहमत हैं कि कैसे यथार्थ एक क्षण से दूसरे क्षण तक सृजित किया जाता है तथा इसकी स्मृति और प्रत्यक्षबोध में अन्तः सम्बन्धता में यह उत्तराधिकार में प्राप्त होता है। दूसरे, वह मानव-केन्द्रवाद

(एन्थ्रोपोसेंट्रिज्म), मार्क्सवादी मानववाद सहित, को नकारते हुए वैकल्पिक 'आलोचनात्मक विमर्श विश्लेषण' प्रस्तुत करते हैं जिसकी बौद्धवाद के दर्शन से तीन चीज़ें मेल खाती हैं : प्रक्रिया पर जोर, मानवकेन्द्रवाद तथा आत्म के विखंडन पर जोर, तथा अन्तः सम्बन्धता पर जोर। बौद्धवाद के अनुसार हम राजनैतिक और सामाजिक आधिपत्य में मनुष्यों के ऊपर शक्ति के प्रयोग के ज़रिये एक भ्रामक आत्म का निर्माण करते हैं अथवा सम्पत्ति, उपभोक्ता माल, हैसियत और पहचान के अन्य प्रतीकों को पैदा करने और संचित करने के लिए तकनीकी के ज़रिये हम पर्यावरण पर आधिपत्य जमाते हैं। गोटली के अनुसार दो विरोधाभासी दर्शनों (मार्क्सवाद एवं बौद्धवादी प्रक्रिया) में कुछ आधारभूत समानताएँ हैं : वे दोनों उपभोक्तावादी पूँजीवाद, तथा लालची व्यक्तिवाद, आधिपत्य और वर्चस्व पर आधारित राजनीतिक व्यवस्थाओं की आलोचना करते हैं। अन्तः सम्बन्धता अन्ततः सामाजिक, पर्यावरणीय और आध्यात्मिक अनिवार्यता है। दोनों दर्शन सहज बोध (कॉमन सेन्स) को विचारधारा का ख़तरनाक प्राकृतिकीकरण मानते हैं। रूपक, सहजबोध सामान्य भाषा श्रेणियों को विनिर्मित या पुनर्निर्मित करने का सर्वोत्तम साधन है। गोटली के अनुसार व्याकरणिक रूपक को, जहाँ तक यह शाब्दिक रूपक से मिलता-जुलता है, इस वि-प्राकृतिकीकरण में महत्त्वपूर्ण भूमिका निभानी है। किसी भाषा का विनिर्मिति हेतु चयन करना विश्लेषक की विचारधारात्मक स्थिति पर निर्भर करेगा। वास्तुकार के लिए धरती समतल है जबकि अन्तरिक्षयात्री के लिए यह गोलाकार है। न्यूटन के विज्ञान में तकनीकी की बाह्य शक्तियाँ प्रकृति पर विजय पाती हैं जो अन्ततः विश्व को नष्ट करने की प्रवृत्ति है। इसलिए पृथ्वी को बचाने के लिए, भावी पीढ़ियों को बचाने के लिए, एक वैकल्पिक विचार और वैकल्पिक व्याकरण की नितान्त आवश्यकता है, जिसे एंड्रू गोटली ने ठीक ही 'हरित विचार' और 'हरित व्याकरण' की संज्ञा दी है।

यहाँ उल्लेखनीय है कि पश्चिम का ऐतिहासिक भाषाविज्ञान, जो एक स्रोत या आदि भाषा पर जोर देता है, को मानवशास्त्री-समाजशास्त्री फ्रांज़ बोआस ने खारिज़ करते हुए अनेक स्रोत भाषाओं की स्थापना दी थी जिसे भारतीय भाषा-परिवारों के सन्दर्भ में प्रमुख आलोचक डॉ.रामविलास शर्मा ने गहराई एवं विस्तृत रूप से विकसित किया है और निम्नलिखित दस प्रस्थापनाएँ दी हैं :

1. कोई भी भाषा-परिवार अपनी मूल विशेषताएँ 'एकान्त शून्य' में विकसित नहीं करता, इसलिए उसके उद्‌भव-विकास का अध्ययन अन्य भाषा-परिवारों के उद्‌भव-विकास से अलग नहीं करना चाहिए।
2. किसी भी भाषा-परिवार की आदि भाषा की कल्पित विशेषताएँ खोजने की जगह उसके निर्माण में अनेक भाषा-तत्वों की प्राप्ति के

लिए तैयार रहना चाहिए।

3. एक ही परिवार की भाषाओं के सामान्य तत्त्वों का अध्ययन करते हुए उनमें असामान्य तत्त्वों पर भी ध्यान देना चाहिए।
4. प्राचीन लिखित भाषाओं या आधुनिक परिनिष्ठित भाषाओं का उपयोग करते हुए समकालीन उपभाषाओं/बोलियों के भाषा-तत्त्वों पर भी ध्यान देना चाहिए।
5. यदि संस्कृत के अध्ययन से हिन्दी की विशेषताएँ पहचानी जा सकती हैं, तो हिन्दी के अध्ययन से संस्कृत के अध्ययन की भी अनेक विशेषताएँ पहचानी जा सकती हैं।
6. भारत भाषा-तत्त्वों का आयात केन्द्र ही नहीं रहा, वह भाषा-तत्त्वों का निर्यात-केन्द्र भी रहा है।
7. प्राचीन या आधुनिक भाषाओं के विश्लेषण में ध्वनियों के यान्त्रिक वर्गीकरण की बज़ाय उनकी समग्रता का ध्यान रखकर भाषाओं की ध्वनि-प्रकृति का विवेचन करना उचित है क्योंकि कुछ ध्वनियाँ अधिक महत्त्वपूर्ण होती हैं और कुछ कम।
8. वाक्य-रचना, रूप विकास, शब्द-निर्माणकी प्रक्रिया और व्याकरण की विशेषताओं को अलग-अलग विभागों में न रखकर उनकी समग्रता में, भाषा की एक ही भाव प्रकृति के अन्तर्गत, उन पर विचार करना चाहिए।
9. शब्द-भंडार का कौन सा भाग मूल है और कौन-सा भाग गौण है, उसका पूरा विश्लेषण करना चाहिए।
10. भाषा निरन्तर परिवर्तनशील और विकासमान है तथा विरोध एवं भिन्नता के बिना भाषा न गतिशील हो सकती है और न उसका विकास हो सकता है। अस्तु, किसी भी भाषा की व्यवस्था में किसी भी स्तर पर ध्वनि प्रकृति, भाव प्रकृति और शब्द-भंडार-विरोधी प्रवृत्तियों और तत्त्वों के सह-अस्तित्व की सम्भावना के लिए भाषा-विज्ञानी को तैयार रहना चाहिए।

स्पष्ट है कि इन उपरोक्त प्रस्थापनाओं में डॉ. रामविलास शर्मा ने भाषा की पारिस्थितिकी ('हिन्दी जनपद', 'हिन्दी प्रदेश'), भाषा का समाजशास्त्र ('हिन्दी जाति'-उप-राष्ट्रीयता के अर्थ में) और ऐतिहासिक-भौतिकवादी द्वन्द्ववाद या मार्क्सवाद(विरोधी प्रवृत्तियों/तत्वों का सहअस्तित्व) का विवेकपूर्ण संश्लेषण किया है जिसमें पारिस्थितिकीय-सामाजिक सन्दर्भ, अनेक भाषा-स्रोत, भारत की भाषाओं की प्रचुर शब्द-सम्पदा, संस्कृत से अलग हिन्दी का स्वतन्त्र अस्तित्व, भारतीय

भाषाओं का द्विपक्षीय आदान-प्रदान, भाषा-व्यवस्था में सभी स्तरों पर सभी विशेषताओं और अंगों को टुकड़े-टुकड़े में नहीं देखकर समग्रता में विवेचन, तथा विरोधी प्रवृत्तियों/तत्त्वों के सह-अस्तित्व पर जोर दिया गया है। वह किशोरीदास वाजपेयी से सहमत होते हुए मानते हैं कि हिन्दी एक स्वतन्त्र भाषा है और उसका विकास सीधे 'संस्कृत' से नहीं हुआ अर्थात् वह संस्कृत-प्राकृत-अपभ्रंश-हिन्दी की सीधी शृंखला को नहीं मानते। किशोरीदास वाजपेयी ने सही कहा है कि किसी भी भाषा में मूल शब्द उसके मूलधन होते हैं और उसके चार स्तम्भ होते हैं : क्रियापद, अव्यय, विभक्तियाँ, एवं सर्वनाम। इस आधार पर हिन्दी एक स्वतन्त्र भाषा है, भले उसने संस्कृत से काफ़ी कुछ लिया है। डॉ. रामविलास शर्मा ने भाषागत परिवर्तन के दो मुख्य कारण बताये हैं : आन्तरिक कारण और बाह्य कारण। आन्तरिक कारणों में सामुदायिक अन्तर्विरोध प्रमुख होता है किन्तु इसके अलावा प्रकृति का ज्ञान प्राप्त करने तथा उस पर विजय प्राप्त करने का सामुदायिक प्रयत्न भी भाषागत परिवर्तन एवं विकास के कारण होते हैं। दूसरे के बाद समाज में निजी सम्पत्ति के उद्भव, नये श्रम-विभाजन और वर्गों के निर्माण के साथ भी नये अन्तर्विरोध पैदा होते हैं जिसके फलस्वरूप भाषा में परिवर्तन तथा विकास होता है। उनके अनुसार भारत में वैदिक काल में गण-समाज-बौद्धकाल में महाजनपद-मध्यकाल (सूरदास-तुलसीदास) में जनपद- स्वातन्त्र्योत्तर काल (प्रेमचन्द्र-निराला) में 'हिन्दी भाषा जाति' की अविच्छिन्न शृंखला बनी। वह आर्य-द्रविड़ भाषाओं को विरोधी नहीं मानते बल्कि एक दूसरे से आदान-प्रदान करने वाली भाषाएँ मानते हैं। उनके अनुसार आर्यभाषा-समुदाय का सम्बन्ध आर्यवाद से नहीं है और द्रविड़ भाषा-समुदाय का भी सम्बन्ध द्रविड़वाद से नहीं है ('द्रविड़' शब्द द्रविड़ भाषाओं का नहीं है)। पाणिनि के एक सूत्र ('अर्यः स्वामिवैश्ययोः') के अनुसार वैश्य के प्रति स्वामिभाव दिखाने के लिए 'अर्य' शब्द का प्रयोग होता था और ब्राह्मण के प्रति स्वामिभाव दिखाने के लिए 'आर्य' शब्द का प्रयोग होता था। आर्य/अर्य से 'अच्चन्' (तमिल/मलयालम = पिता), 'अइयर्' श्रद्धेय व्यक्ति-तमिल) और 'अइयन्' (पिता-तमिल) शब्द प्रचलित हुए। फिर संस्कृत, हिन्दी और तमिल में 'नीर' शब्द पानी के लिए प्रयुक्त होता है।

इस प्रकार स्पष्ट है कि भाषा की पारिस्थितिकी और समाजशास्त्र का समग्र विवेचन, ऐतिहासिक भाषा विज्ञान तथा समकालिक (वर्णनात्मक) भाषा विज्ञान के अलावा अत्यन्त ज़रूरी एवं सार्थक है।

अध्याय 3

भाषा का समाजशास्त्र

जब सम्प्रेषण और संवाद की बात उठती है, तो उसके माध्यम के रूप में भाषा की बात स्वाभाविक रूप से उठती है। फिर मौखिक भाषा, लिखित भाषा, संकेत भाषा या कम्प्यूटर (यान्त्रिक) भाषा के सवाल भी उठते हैं। इससे आगे पशु–पक्षियों की भाषा, पेड़–पौधों की भाषा, संगीत की भाषा, सिनेमा की भाषा आदि की भी बात उठती है। मगर पशु–पक्षियों के सम्प्रेषण कुछ आवाज़ों तक सीमित रहते हैं जबकि भाषा में आवाज़ के साथ सार्थक शब्दों की भी ज़रूरत होती है। इतना ही नहीं, चलताऊढंग से विभिन्न रसों की भाषा की भी बात की जाती है जैसे प्रेम की भाषा, घृणा की भाषा, क्रोध की भाषा आदि। मगर ये मुख्यतः भावावेग हैं, न कि भाषा। किसी वार्तालाप में शारीरिक हाव–भाव (बॉडी लैंग्वेज) का भी काफ़ी महत्त्व होता है क्योंकि ये हाव–भाव लिखित या मौखिक भाषा को तेजी से तथा गहनता से ज़्यादा ग्राह्य बनाते हैं। विशेषकर जब आँखें चार होती हैं (आई कान्टैक्ट) या मुखड़े पर हास्य, मुस्कान, क्रोध, उदासीनता का भाव व्यक्त होता है, तो दूसरा व्यक्ति बहुत कुछ बिना कहे ही समझ जाता है। फिर आँख मारने, दाँत पीसने, मुँह बिचकाने, कन्धा उचकाने, अँगूठा दिखाने, दो उंगलियाँ (तर्जनी एवं मध्यमा) दिखाने, नाक–भौं सिकोड़ने, होंठ चबाने, मुट्ठी बाँधने, हथेली दिखाने या ताली बजाने का सारगर्भित अर्थ होता है। कुछ संस्कृतियों में शारीरिक हाव–भाव का ज़्यादा उपयोग होता है जबकि दूसरी संस्कृतियों में कम–भारत, जापान आदि पहली श्रेणी में हैं जबकि ब्रिटेन दूसरी श्रेणी में। इस सन्दर्भ में हम मार्कअमिडन के इस कथन से सहमत हो सकते हैं : 'भाषा वह साधन है जिसके माध्यम से मेरे दिमाग के विचार बिना चीड़-फाड़ (सर्जरी) के आपके दिमाग में डाले जा सकते हैं।' भाषा के प्रमुख तत्व निम्नलिखित हैं—

(क) भाषा उत्पादनशील होती है अर्थात् भाषा किसी विषय या वस्तु के बारे में बात करने के लिए हमें सक्षम बनाती हैं। ऐसा विभिन्न शब्दों के योग, उनके हेर–फेर आदि से सम्भव होता है।

(ख) भाषा में दो स्तरों पर संरचना होती है: पहले स्तर पर किसी ध्वनि या अक्षर (क, ख, ग) का कोई अर्थ नहीं होता। दूसरे स्तर पर कुछ ध्वनियों या अक्षरों को विभिन्न रूपों में साथ-साथ मिला देने से बने शब्दों, पदों आदि से कोई अर्थ निकलता है। (क + म = कम)। इस तत्व को 'संरचना का दोहरापन' कहा जाता है। कुछ भाषाविद् (जैसे डेविड क्रिस्टल) इसे 'दोहरा संयोजन' ('डबल आर्टिकुलेशन') भी कहते हैं। ज़ाहिर है, किसी देशकाल में शब्दों को विशिष्ट समान अर्थ वहाँ उसे बोलने वाले लोग देते हैं जिससे सभी लोग उन्हें अलग-अलग न समझें।

पशु-पक्षियों के सम्प्रेषण या शारीरिक हाव-भाव में ये दोनों तत्व (उत्पादनशीलता तथा दोहरा संयोजन) नहीं पाये जाते। इसी प्रकार यदि कोई लड़का किसी लड़की को देखकर सीटी बजाये, तो उसे भाषा का पर्याय नहीं माना जा सकता बल्कि उसे 'वाक् प्रतिस्थापन' (स्पीच रिप्लेसमेंट) या 'वाक् प्रतिनिधि' (स्पीच सरोगेट) कहा गया है। कई धार्मिक समूहों द्वारा विशिष्ट संकेत-पद्धतियाँ उपयोग में लाई जाती हैं जिनका अर्थ उन धर्मों/सम्प्रदायों के अनुयायी कमोबेश समझ जाते हैं। ज़ाहिर है, कई भाषाएँ मौखिक स्तर से आगे (लिखित स्तर तक) नहीं बढ़ पातीं। एक अनुमान के मुताबिक विश्व की करीब चालीस प्रतिशत मानव भाषाएँ कभी लिखित रूप में उपलब्ध नहीं रहीं।

ख़ैर... मनुष्य की वाणी की बारम्बारता 100 से 4000 हर्ट्ज के बीच होती है मगर पुरुषों की आवाज़ की बारम्बारता अपेक्षाकृत कम होती है। एक वयस्क पुरुष की आवाज़ की बारम्बारता लगभग 120 हर्ट्ज होती है जबकि वयस्क महिला की आवाज़ की बारम्बारता 220 हर्ट्ज होती है। ध्वनि का दबाव स्तर उस सीमा की पहचान करता है जिस पर कोई ध्वनि सुनी जा सकती है—इसे मापने की इकाई 'डेसिबल' है। यदि हम कहते हैं कि कोई ध्वनि 50 डेसिबल है, तो इसका अर्थ यह हुआ कि इसकी तीव्रता सन्दर्भ स्तर से 50 डेसिबल ज़्यादा है। मानव कान 10 मिलियन तीव्रता की इकाई के लिए संवेदनशील हैं। दस डेसिबल की वृद्धि का तात्पर्य है कि आवाज़ की उच्चता दुगुनी हो गयी—जैसे तीस डेसिबल का मतलब बीस डेसिबल का दुगुना और चालीस का मतलब तीस डेसिबल का दुगुना। विभिन्न आवाज़ों की तीव्रता तालिका 1 में देखी जा सकती है :

तालिका 1 : विभिन्न आवाज़ों की तीव्रता (डेसिबल में)

आवाज़ के प्रकार	तीव्रता
क) पत्तियों की सरसराहट	10
ख) मेज घड़ी/दीवार घड़ी की टिक्‌टिक आवाज़ (कान के पास ले जाने पर)	20
ग) फुसफुसाहट	30
घ) पुराना टंकण यन्त्र (एक शान्त कमरे में)	40
ङ) चलती कार (ठीक रखरखाव वाली) दस मीटर की दूरी पर	60
च) नगर में अति व्यस्त यातायात	70
छ) शोर मचाती मेट्रो रेल	80
ज) एक मीटर की दूरी पर गैस वेधन	90
झ) विस्तारित रॉक बैंड (न्यूनतम)	120
ञ) चार इंजनों वाला हवाई जहाज (30 मीटर की दूरी पर)	130

स्त्रोत: डेविड क्रिस्टल, 'हाऊलैंग्वेज वर्क्स' (2008)

ऐसा वैज्ञानिक रूप से सिद्ध हो चुका है कि दो कानों से हम कोई आवाज़ ज़्यादा सटीक तरीके से सुन सकते हैं। दूसरे, किस कान से कौन आवाज़ नज़दीक है, इसका भी आभास हो जाता है। अस्तु, हम सम्बन्धित कान को आवाज़ आने वाली दिशा/स्थान की ओर केन्द्रित करते हैं। तीसरे, हमारा मस्तिष्क कानों को विभिन्न तरीके से उपयोग में लाता है। एक कान किसी ख़ास तरह की आवाज़ सुनने में ज़्यादा सहायक हो सकता है दूसरे कान की अपेक्षा। फिर एक कान से कम सुनाई देने की स्थिति में दूसरे कान का उपयोग किया जा सकता है। जब हम बोलते हैं, तो हमारा स्वराघात (टोन ऑव वॉयस) भिन्न-भिन्न हो सकता है (डेविड क्रिस्टल) :

(क) हम जोर आवाज़ में कोई बात शुरू करें और धीमी आवाज़ में ख़त्म करें।

(ख) हम धीमी आवाज़ में कोई बात शुरू करें और धीमी आवाज़ में ही ख़त्म करें।

(ग) हम जोर आवाज़ में बात शुरू करके जोर आवाज़ में उसे ख़त्म करें।

(घ) हम धीमी आवाज़ में बात शुरू करके जोर आवाज़ में ख़त्म करें।

(ङ) हम तेज गति से बात शुरू करें और तेज गति से ख़त्म भी करें।

(च) हम धीमी गति से बात शुरू करें और धीमी गति से ख़त्म भी करें।

(छ) हम तेज गति से बात शुरू करें और धीमी गति से ख़त्म करें।

(ज) हम धीमी गति से बात शुरू करें और तेज गति से ख़त्म करें।

(झ) हम मृदु या मधुर लय से बात शुरू करें और मृदु लय में ही ख़त्म

करें।

(ञ) हम मृदु या मधुर लय से बात शुरू करें और कठोर/कर्कश लय में ख़त्म करें।

(ट) हम कठोर लय से बात शुरू करें और कठोर लय में ही ख़त्म करें।

(ठ) हम कठोर लय से बात शुरू करें और मृदु/मधुर लय में ख़त्म करें।

(ड) हम शुरू में यति (विराम-पॉज) ज़्यादा लें-और बाद में कम लें।

(ढ) हम शुरू से अन्त तक ज़्यादा यति लें।

(ण) हम शुरू में कम यति लें और बाद में ज़्यादा यति लें।

(त) हम शुरू से अन्त तक कम यति लें।

(थ) हम उच्च स्वर में बात शुरू करें और उच्च स्वर में ही ख़त्म करें।

(द) हम उच्च स्वर में बात शुरू करें और निम्न स्वर में ख़त्म करें।

(ध) हम निम्न स्वर में बात शुरू करें और निम्न स्वर में ही ख़त्म करें।

(न) हम निम्न स्वर में बात शुरू करें और उच्च स्वर में ख़त्म करें।

(प) हम परा-भाषाई (पैरा-लिंग्विस्टिक) संयोजनों के क्षेत्र के आधार पर ध्वनि-रूप बदल सकते हैं—शास्त्रीय संगीत, अर्ध-शास्त्रीय संगीत या लोकगीत/लोकगाथा में ध्वनियों का उतार-चढ़ाव बदलता रहता है।

उपरोक्त तथ्यों को तालिका 2 में दूसरी तरह से व्यक्त किया जा सकता है :

तालिका 2 : स्वराघात के विविध आयाम, रूप तथा स्तर

आयाम	स्वराघात के विभिन्न रूप/स्तर
क) स्वर/सुर का स्तर (पिच ऑव वायस)	उच्च से उच्च, उच्च से निम्न, निम्न से निम्न, निम्न से उच्च
ख) बोलने की उच्चता (लाउडनेस)	उच्च से उच्च, उच्च से निम्न, निम्न से निम्न, निम्न से उच्च
ग) बोलने की गति	उच्च से उच्च, उच्च से निम्न, निम्न से निम्न, निम्न से उच्च
घ) बोलने की लय	उच्च से उच्च, उच्च से निम्न, निम्न से निम्न, निम्न से उच्च
ङ) चुप्पी (यति) की दीर्घता (विस्तार)	उच्च से उच्च, उच्च से निम्न, निम्न से निम्न, निम्न से उच्च
च) परा-भाषाई संधियोजन (पैरा लिंग्विस्टिक आर्टिकुलेशन) के अनुसार ध्वनिरूप	उच्च से उच्च, उच्च से निम्न, निम्न से निम्न, निम्न से उच्च

मगर यह भी रेखांकित करना महत्त्वपूर्ण है कि विभिन्न भाषाओं में स्वराघातों की पद्धतियाँ भिन्न-भिन्न होती हैं। स्वराघात निम्नलिखित कार्य सम्पन्न करते हैं (डेविड क्रिस्टल) :

(क) भावनाओं की अभिव्यक्ति करना—उत्साह, ऊब, विस्मय, मित्रता

(ख) व्याकरण को संगठित करना-कई भाषाएँ 'बताने' और 'पूछने' में फ़र्क करती हैं

(ग) शब्दों को आकार देना—प्राथमिक जोर, गौण जोर या कोई जोर नहीं

(घ) शब्दार्थ हिगराना और कई के बीच—कई के बाद नहीं—भाषाओं में स्वराघात बदलने से शब्दों के अर्थ बदल जाते हैं। उदाहरणार्थ, मंडारिन (चीनी) भाषा में उच्च स्तर पर स्वराघात में 'मा' (ma) का अर्थ माँ होता है; ऊँचे-बढ़ते स्वराघात में इसका अर्थ 'गाँजा' होता है। फिर नीचे गिरते-उठते स्वराघात में इसका अर्थ 'घोड़ा' होता है। फिर ऊँचे-गिरते स्वराघात में इसका अर्थ 'डाँटना' होता है। दूसरी ओर हिन्दी भाषा में माँ का अर्थ ऊँचे-बढ़ते, उठते-गिरते, सभी स्वराघातों में भी एक ही (माता) रहता है।

(ङ) अर्थ के लिए ध्यान आकर्षित करना (किसी ख़ास रंग को बताना)

(च) किसी विमर्श का चित्रण करना—धार्मिक प्रवचन, खेल की टिप्पणी सहित ख़बरें,

(छ) सीखने में सहायता करना-खंडों में गिनतियाँ रखने से याद करना आसान—094510-24510

(ज) व्यक्ति या समूह की पहचान करना—विशिष्ट स्वराघात से व्यक्ति, समूह को पहचानना (धर्म, राजनीतिक दल, शिक्षक, मित्र, पड़ोसी आदि)।

यह उल्लेखनीय है कि चित्रलिपि लिखने की सबसे पुरानी पद्धति है और सबसे पहले 3000 ई.पू. में मिस्र और मेसोपोटामिया में चित्रलिपि की खोज हुई। बाद में 1500 ई.पू. में चीन में चित्रलिपि प्रचलित हई। मिस्र की चित्रलिपि 'प्रतीकात्मक चित्रलिपि' (hieroglyphic) नाम से प्रसिद्ध हुई (जिस नाम की उत्पत्ति यूनानी 'पवित्र नक्काशी' से हुई) क्योंकि इसका उपयोग मन्दिरों, मकबरों और अन्य विशिष्ट स्थलों पर किया गया। मगर यही शब्द दूसरी संस्कृतियों की लिपियों यथा सिन्धु घाटी की सभ्यता, माया सभ्यता आदि के लिए भी प्रयुक्त किया गया। मिस्र में प्रतीकात्मक चित्रलिपि दाहिनी से बायीं ओर लिखी गयी मगर कुछ भवनों की पंक्तियों के पीछे

वर्तुलाकार पंक्तियाँ भी पाई जाती हैं। इस चित्रलिपि में तीन तरह के प्रतीक मिलते हैं :

(क) वास्तविक दुनिया की चीज़ों/धारणाओं का प्रतिनिधित्व करने वाले भावचित्र (इडियोग्राम);

(ख) कुछ प्रतीक व्यंजनों के लिए प्रयुक्त किये गये—दो व्यंजन क्रम तथा एक व्यंजन;

(ग) ऐसे चिन्ह भी प्रयुक्त किये गये जिनका कोई ध्वनिगत अर्थ नहीं था मगर दूसरे प्रतीकों के साथ रखे गये जिससे पाठक जान सकें कि किसी शब्द का क्या अर्थ है?

चित्रलिपि पद्धति के बाद 'भावसूचक लेखन पद्धति' विकसित हुई। यह असली चीज़ों का हूबहू प्रतिनिधित्व नहीं करती थी अर्थात् प्रतीक सीधे अवधारणा या वस्तु का प्रतिनिधित्व करते थे। उदाहरणार्थ, सुमेर सभ्यता में तारों वाले आकाश के कई अर्थ रात, अँधेरा, काला आदि थे। शुद्ध भावसूचक लेखन विरले ही मिलता है। वास्तव में, सुमेर, मिस्र, हिती, आदि सभ्यताओं के शुरू में चित्रलिपि, भावसूचक लेखन तथा भाषाई तत्वों के मिश्रण मिलते हैं।

चतुर्थ सहस्राब्दी ई.पू. में कीलाक्षर (या फानाकार-कुनीफार्म) लेखन पद्धति मौजूद थी। शुरू में मुलायम मिट्टी का साँचा (प्रतीकों का) बनता था; बाद में बड़े पदार्थ प्रयोग में लाये गये। शुरू में प्रतीकों को ऊपर से नीचे लिखा जाता था मगर बाद में बायें से दायें लिखा जाने लगा। इसे 3000 वर्षों तक सुमेर, बेबीलोनिया, सीरिया और हिती सभ्यताओं में उपयोग में लाया गया और ईसा युग शुरू होने के साथ उसका अन्त हो गया। मगर आधुनिक युग में 19वीं सदी तक इसे पढ़ा नहीं जा सका था। कुछ भाषाविदों के अनुसार चीन (मंडारिन) और बाद में जापान (कांजी) में शब्द चिह्न लेखन पद्धति विकसित हुई। मगर डेविड क्रिस्टल का मत है कि चीनी लिपि भावसूचक थी। आधुनिक चीनी (मंडारिन) भाषा में प्रारम्भिक साक्षरता प्राप्त करने के लिए 2000 प्रतीकात्मक लक्षणों (करेक्टर्स) को जानना ज़रूरी है और जापानी भाषा में शिक्षा मन्त्रालय के अनुसार दैनिक प्रयोग के लिए 1945 प्रतीक लक्षणों को जानना ज़रूरी है (इनमें से 1006 लक्षण शुरू के छः वर्षों की प्रारम्भिक शिक्षा में पढ़ाये जाते हैं)। अधिकतर लिखित भाषाओं में कुछ चिह्न प्रयुक्त होते हैं जैसे अँग्रेज़ी में 'एंड' (और) के लिए &, 'इक्वल' (बराबर) के लिए =, पाउंड के लिए £, डॉलर के लिए $, और 'ऐट' के लिए @ का प्रयोग होता है। वैसे ही अब हिन्दी में रुपये के लिए ₹ का चिह्न प्रयुक्त होता है। आज की अधिकतर भाषाओं में प्रतीकों और ध्वनियों का सुस्पष्ट सम्बन्ध स्थापित होता है, इसलिए इन भाषाओं को ध्वनिमूलक पद्धति कहा जाता है। सबसे पुरानी वर्णमाला

उत्तरी सामी क्षेत्र की थी जो 1700 ई.पू. में फलस्तीन और सीरिया में विकसित हुई। इसमें 22 व्यंजन थे। हेब्रू, अरबी और फोनेशियन भाषाओं की वर्णमालाएँ इस प्रतिमान पर आधारित थीं। बाद में 1000 ई.पू. में फोनेशियन भाषा की वर्णमाला का उपयोग यूनानियों द्वारा एक प्रतिमान के रूप में किया गया। यूनानियों ने उस वर्णमाला में कुछ स्वर जोड़ दिये। अस्तु, 800 ई.पू. में एट्रुस्कान के लिए यूनानी वर्णमाला एक प्रतिमान बन गयी। इसी से रोमन वर्णमाला तथा सभी पश्चिमी यूरोप की वर्णमालाएँ विकसित हुईं।

बाद में, अमेरिका ने जो अँग्रेज़ी अपनाई (जिसे इंगलिश की बज़ाय 'अमरीकन' कहा जा सकता है), उसकी वर्तनी में कुछ परिवर्तन सरलीकरण के लिए कर दिये; जैसे, through की जगह thru का प्रचलन। दूसरा, शैलीगत भेद—'says' की जगह 'sez'। तीसरा, कई शब्दों की वैकल्पिक वर्तनी बनायी—'judgement' (judgment), civilize (civilise), color (colour) आदि। ऐसा अन्तर विभिन्न प्रकाशन संस्थाओं में भी होता है। हिन्दी में भी कुछ लोग 'नई' की बज़ाय 'नयी' शब्द लिखना इसलिए उपयुक्त मानते हैं कि 'नयी' शब्द का पुल्लिंग 'नया' लिखा जा सकता है, 'नई' का नहीं। इसके अलावा 'नई' में शामिल 'ई' दीर्घ मात्रा (स्वर) का सूचक है, स्वतन्त्र व्यंजन नहीं।

यह भी उल्लेखनीय है कि इंटरनेट (अन्तरजाल) की भाषा में भी बदलाव हो रहा है क्योंकि अँग्रेज़ी वर्णमाला में छब्बीस अक्षर होते हैं (छोटे और बड़े अक्षर भले अलग-अलग हों)। मगर जब इंटरनेट पर अँग्रेज़ी लिखी जाती है, तो 26 बड़े और 26 छोटे अक्षर अलग-अलग ढंग से लिखने के कारण कुल 52 अक्षर हो जाते हैं। मगर यह भी देखा जा रहा है कि 'ईमेल' में कर्त्ता की पहचान छोटे अक्षरों में लिखी जाती है, और बड़े अक्षरों में उसे लिखना अन्तरजाल के आचरण के विरुद्ध माना जाता है। यहाँ तक कि अब अकेले अँग्रेज़ी का 'आई' अक्षर (I) सर्वनाम के रूप में छोटे अक्षर (i) में लिखा जाने लगा है जो विनम्रता का सूचक है। और हाँ, हर भाषा में कुछ शब्दों को पूरा नहीं लिखा जाता, फिर भी उनका अर्थ सामान्य पाठक जान जाते हैं। जैसे अँग्रेज़ी में 'एफ' के बाद... और फिर 'के' लिखने पर लोग चार अक्षरीय गाली वाला अँग्रेज़ी शब्द जान जाते हैं। ठीक वैसे ही हिन्दी में 'तेरी बहन का' या 'बहनचो' और 'तेरी माँ का' या 'मादरचो' कह देने से क्रमशः बहन और माँ की गाली स्पष्ट हो जाती है। इसके अलावा विराम चिह्नों का भी भाषा में बहुत महत्त्व है। पूर्ण विराम, अर्धविराम, अल्पविराम आदि पाठक को आशय समझने में मदद करते हैं जटिल वाक्यों को समझने में, साँस लेने में, किस जगह रुकने में, कहाँ जोर देने में, कहाँ नयी बात कहने में, कहाँ कोष्ठक में मायने बताने में, कहाँ उद्धरण रेखांकित करने में आदि। मगर ऐसा देखा जा रहा है कि कुछ लेखक, पाठक, सामान्य

लोग और प्रकाशन संस्थाएँ अँग्रेज़ी के पूर्ण विराम (.) से हिन्दी के पूर्ण विराम (।) को बेदखल कर रहे हैं जो हमारी हिन्दी भाषा और देवनागरी लिपि का ही अपमान नहीं, बल्कि भारतीय संस्कृति का भी अपमान है। प्रसिद्ध हिन्दी लेखक असगर वजाहत तथा अँग्रेज़ी उपन्यासकार चेतन भगत जैसे कुछ लोग हिन्दी को रोमन लिपि में लिखने की वकालत करते हैं और इसे भारत के बाहर के लोगों को हिन्दी सीखने में सहायक मानते हैं। मगर भारत के 125 करोड़ लोगों की प्राथमिकता हिन्दी भाषा को देवनागरी लिपि में लिखने में है और होनी भी चाहिए क्योंकि तरह-तरह के लोक लुभावन विज्ञापनों की वज़ह से हमें नाना प्रकार के 'बेबी फूड' या पशुओं के दूध को माँ के दूध का विकल्प नहीं मान लेना चाहिए। कोई भी सृजनात्मक लेखन अपनी मातृभाषा में ही सार्थक ढंग से हो सकता है। जैसा कि रसूल हमजातोव ने कहा है : 'भाषा ज्ञान के बिना कविता रचने का निर्णय करने वाला व्यक्ति उस पागल के समान है जो तैरना न जानते हुए तूफानी नदी में कूद पड़ता है।'

भाषा के प्रवाह में कमी या अव्यवस्था होने का तात्पर्य यह है कि सम्प्रेषण में सहजता नहीं है, या तरलता नहीं है या गति में तीव्रता नहीं है या निरन्तरता नहीं है। इसे सामान्यतया हकलाना या तुतलाना कहा जाता है मगर बच्चों की तोतली भाषा में एक ख़ास तरह की सहजता, मृदुलता और त्वरित गति पायी जाती है जो वयस्कों के तुतलाने में गायब रहती है। हकलाहट कई प्रकार की हो सकती है (डेविड क्रिस्टल) :

(क) ध्वनियों, अक्षरों, शब्दों या पदों को असामान्य तरीके से दुहराना।

(ख) ध्वनियाँ असामान्य तरीके से विस्तारित कर दी जाती हैं [कौ-कौ-कौ आ]-दुहराना।

(ग) बोलने वाला एक आवाज़ संयोजित करना चाहता है मगर ऐसा करने में वह समर्थ नहीं होता-विषम स्थिति में शारीरिक हाव-भाव या चेहरे का संकुचन परिलक्षित होता है।

(घ) शब्दों में अनिश्चित तनाव पैटर्न दिखता है और बोलने का लहजा असामान्य होता है।

(ङ) शब्दों या पदों को अपूर्ण छोड़ दिया जाता है।

(च) कठिन शब्दों/पदों के बदले घुमा-फिराकर बात कही जाती है। [हिन्दी क्षेत्र के कुछ भागों यथा बिहार के मिथिलांचल में तमाम लोग 'ण' को 'न' (जैसे गण की जगह गन) तथा 'ड़' को 'र' (जैसे घोड़ा की जगह 'घोरा') बोलते हैं]।

हकलाहट के कारण व्यक्ति को भारतीय समाज जैसे पारम्परिक समाजों में विकसित समाजों की अपेक्षा कम प्रतिष्ठा मिलती है और दूसरी ओर हकलाने वाला

हीनग्रन्थि के कारण अपने को समाज से काट लेता है। इस प्रकार वह कमोबेश अलग-थलग पड़ जाता है। मगर प्रायः हकलाना कोई विशेष विकलांगता नहीं है बल्कि जल्दी-जल्दी ढेर सारी बातें कहने की हड़बड़ी इस समस्या को बढ़ा देती है। हकलाने वाले लोग जब धीरे-धीरे बोलते हैं, तो साफ़ बोलते हैं और अभ्यास से उनकी हकलाहट दूर हो जाती है।

ख़ैर...ध्वनि एवं वर्तनी के बीच कई तरह के सम्बन्ध होते हैं जिनमें निम्नलिखित प्रमुख हैं :

(क) **एक ध्वनि, एक वर्तनी**—प्रायः ऐसा ही हिन्दी में होता है; जैसा बोला जाता है, वैसा ही लिखा जाता है। इससे बोलने-लिखने में भेद न होने के कारण समझने में आसानी होती है। जैसे, राम, श्याम, पानी, खाना आदि बोलने-लिखने में एक ही है।

(ख) **एक ध्वनि, बहु वर्तनी**—कभी-कभी, कुछ भाषाओं में, एक ध्वनि रहने के बावजूद उसे अलग-अलग वर्तनी में लिखा जाता है। जैसे हिन्दी में एक ध्वनि के बावजूद 'अन्तरराष्ट्रीय' और 'अन्तर्राष्ट्रीय' दो तरह की वर्तनी मिलती है जबकि सही वर्तनी है : अन्तरराष्ट्रीय-जो कई राष्ट्रों का सूचक है, जबकि 'अन्तर्राष्ट्रीय' शब्द किसी एक राष्ट्र के अन्दर का सूचक है और 'अन्तः राष्ट्रीय' का पर्याय है। अँग्रेज़ी में ब्रिटिश और अमेरिकी वर्तनी भिन्न-भिन्न होती है जैसे colour (ब्रिटिश) और color (अमेरिकी)।

(ग) **बहु ध्वनि, एक वर्तनी**—अँग्रेज़ी में एक ही शब्द education को कुछ लोग 'एडूकेशन' बोलते हैं जबकि दूसरे लोग 'एजूकेशन' कहते हैं मगर वर्तनी एक ही रहती है। हिन्दी में गणित को उत्तर प्रदेश में 'गणित' बोला जाता है जबकि बिहार में उसी शब्द का उच्चारण प्रायः 'गनित' किया जाता है जबकि वर्तनी 'गणित' ही लिखी जाती है।

(घ) **बहु ध्वनि, बहु वर्तनी**—हिन्दी में कुछ शब्दों के उच्चारण और वर्तनी भिन्न-भिन्न हैं। 'यमुना' और 'जमुना' दोनों शब्द उच्चारण तथा वर्तनी में प्रयुक्त होते हैं। गंगा और यमुना दो नदियों का संगम प्रयाग (इलाहाबाद) में होता है जो सामासिकता का प्रतीक है और इसी से प्रेरणा लेकर 'गंगा जमुनी तहज़ीब' या 'गंगा-जमुनी संस्कृति' की अवधारणा पेश की गयी है, विशेषकर हिन्दू-मुस्लिम एकता के लिए। मगर आम लोग प्रायः गंगा-यमुना संस्कृति नहीं कहते अर्थात् प्रचलन में—लोक व्यवहार में—'जमुना' शब्द ज़्यादा लोकप्रिय है। विवाह गीतों, वीरगाथाओं आदि में भी 'जमुना' का चलन ज़्यादा है जबकि

पूजा-पाठ (विशेषकर संस्कृत के मन्त्रों में) 'यमुना' शब्द प्रयुक्त होता है।

विश्व बैंक के द्वारा 1980-1990 के दशकों में ढाँचागत समायोजन कार्यक्रम (आर्थिक सुधारों) के तहत तीन सिद्धान्त प्रचलित हुए :

(क) 'सही' कीमत पाना (गेटिंग द प्राइसेज राइट)

(ख) 'सही' संस्थाएँ बनाना (गेटिंग द इन्स्टीट्यूशन्स राइट)

(ग) सरकारी तन्त्र को कम करना या 'सही आकार' देना (डाउनसाइजिंग/राइटसाइजिंग द गवर्नमेंट)।

मगर समाज में 'सही शब्द पाना' (गेटिंग द वर्ड्स राइट) भी काफ़ी महत्त्वपूर्ण होता है। जैसे माँ और पिता में पति-पत्नी का रिश्ता होता है मगर यदि कोई बच्चा अपनी माँ को पिता की पत्नी कहकर सम्बोधित करे, तो अनर्थ एवं अनुपयुक्त माना जायेगा। मुझे स्मरण है कि मेरे गाँव में एक बार एक 'कमासुत' लड़के ने अपना दायित्व त्यागते हुए अपने पिता से कहा—'आपने लड़की पैदा की है, तो उसके विवाह का प्रबन्ध भी कीजिए'। इस पर पूरे परिवार-कुटुम्ब ने उस लड़के की जमकर निन्दा की थी क्योंकि वह अपनी बहन को बहन के रूप में न देखकर पिता की बेटी कहकर यानी अनुचित शब्द का प्रयोग कर विभेद, विलगाव, परायापन, शत्रुता और असामाजिकता का भाव पैदा कर रहा था। इस प्रकार सही जगह पर सही शब्द का प्रयोग करना काफ़ी समयसाध्य और श्रमसाध्य होता है। जो लोग इसे सीखने में दक्षता हासिल कर लेते हैं, वे अपने अनुभवों को मौखिक या लिखित रूप में बेहतर ढंग से व्यक्त कर पाते हैं जैसे, लेखक, शिक्षक, वकील, अभिनेता, नेता आदि। तुलसीदास ने कहा है—'करत-करत अभ्यास ते जड़मति होत सुजान'।

लिखित और मौखिक भाषाओं के सकारात्मक और नकारात्मक पक्ष दोनों होते हैं। लेखन कुछ स्थान घेरने वाला, स्थिर एवं स्थायी होता है जिसके कारण उसके बार-बार पढ़ने तथा विश्लेषण करने की गुंजाइश बनी रहती है। दूसरे, लिखित चीज़ों में पाठक और लेखक आमने-सामने नहीं होते जिसके कारण पाठक किसी शब्द/वाक्य/पद का अर्थ स्पष्ट करने के लिए लेखक को नहीं कह सकता है, न अपनी प्रतिक्रिया सीधे व्यक्त कर सकता है। अधिक से अधिक लेखक सम्भावित पृच्छाओं को ध्यान में रखकर अपनी बात स्पष्ट करने का प्रयास लेखन में कर सकता है। तीसरे, लेखक कुछ व्याकरणिक नियमों और परम्पराओं एवं व्याख्या की विधियों (तालिका, ग्राफ, चित्र आदि) के आधार पर किसी अंश पर ज़्यादा जोर दे सकता है, तुलना कर सकता है, या उसे पाठक-हितैषी बना सकता है। चौथे, लिखित भाषा ज़्यादा औपचारिक एवं मानकीकृत होती है, इसलिए इसमें बोलने

वाली मौखिक भाषाओं का लचीलापन, लय तथा परिवर्तनशील तात्कालिक सन्दर्भ/प्रसंग प्राय: कमतर होता है। मगर यह भी सही है कि दैनिक जीवन में मौखिक भाषा और लिखित भाषा एक दूसरे की पूरक होती हैं। मानकीकरण से एकरूपता, स्थिरता/स्थायित्व जैसी विशेषता पैदा होने के कारण विविधता, लोच, परिवर्तन और अन्य का सर्वनाश हो जाता है जो मानव प्रगति के विरुद्ध है।

यहाँ उल्लेखनीय है कि प्लेटो जैसे प्रकृतिवादियों का मानना था कि ध्वनि तथा उसके द्वारा सन्दर्भ दी जाने वाली वस्तु के बीच आन्तरिक सम्बन्ध होता है; जैसे पानी कहने से पानी नामक द्रव का सन्दर्भ मिलता है। इसी तरह जलेबी कहने से मुँह में पानी भर आता है, लार टपकने लगती है और उसे पाने एवं खाने की इच्छा तीव्र हो जाती है। दूसरी ओर अरस्तू जैसे परम्परावादियों का मानना था कि दोनों के बीच कोई सम्बन्ध नहीं होता, दोनों का तथाकथित सम्बन्ध मनमाना एवं निरंकुश होता है। मगर ये दोनों दृष्टिकोण व्यवहार में सही नहीं है। पानी शब्द कहने मात्र से पानी नहीं दिखता या मिलता। फिर विभिन्न सन्दर्भों में एक ही शब्द के विभिन्न अर्थ होते हैं; जैसे हिन्दी में 'जाना' का अर्थ एक स्थान से दूसरे स्थान पर पहुँचना है मगर इस दुनिया से जाने का अर्थ 'मृत्यु' भी है। जैसा कि कवि केदारनाथ सिंह ने ठीक ही कहा है, 'जाना' हिन्दी की सबसे खौफ़नाक क्रिया है।' फिर मृत्यु को सीधे-सीधे न कहकर उसके बदले प्रिय शब्द नियति, भाग्य की रेखा, विधि का विधान, लिखनी, दैवी इच्छा, गंगा-लाभ, स्वर्गवास, देह-त्याग आदि कहा जाता है। आजकल अर्थ विज्ञान (सिमैंटिक्स) में शब्दों के भावों को ज़्यादा महत्त्व दिया जाता है बनिस्बत सन्दर्भ के। भाव का तात्पर्य किसी भाषा में किसी शब्द के मान्य अर्थ से है जबकि सन्दर्भ का तात्पर्य 'वास्तविक विश्व' से है जो भाषा के बाहर होता है। मगर यह भी सही है कि सन्दर्भ आंशिक संकेत देता है : जैसे 'कमल' कहने से यह अर्थ भी निकलता है कि वह पानी में उगता है। सूरज कहने से उसके पूरब में उगने तथा प्रकाश देने का अर्थ निकलता है यद्यपि सूरज शब्द कहने मात्र से वह तुरन्त पूरब में नहीं उगने लगता अथवा रात में सूरज शब्द कहने से वह प्रकाश नहीं दे सकता। अस्तु, यह भी सही है कि भाषा एक लम्बी अवधि में कई पीढ़ियों के कुछ व्यक्तियों के द्वारा कुछ शब्दों के समान अर्थ मानने से विकसित होती है यानी कोई भाषा किसी समाज में बनती-बिगड़ती-बदलती रहती है। एक ही शब्द को जब कोई एक व्यक्ति या अनेक व्यक्ति विभिन्न तरीकों से कहते हैं, तो उसके भाव बदल जाते हैं : कभी आदर, कभी तिरस्कार या कभी औपचारिकता मात्र। उदाहरण के लिए बिहार में अभिवादन के लिए कई शब्द हैं और एक ही शब्द के कई प्रयोग हैं जिनके आशय भिन्न-भिन्न हैं जो निम्नलिखित हैं :

(क) झुककर चरण-स्पर्श करना (क्रिया)—बड़ों का उच्चतम सम्मान

(ख) 'गोड़ लागी, महाराज/बाबा' (कथन)—बड़ों का उच्चतर सम्मान मगर (क) से कमतर

(ग) 'प्रणाम, सर! या बाबा!' (कथन)--बड़ों का उच्च सम्मान

(घ) 'परनाम, सर!' (कथन)—सम्मान के साथ-साथ निकट परिचय दिखना

(ङ) 'प्रणाम, प्रणाम' (कथन)—अपेक्षाकृत सम्मान कम, निजी निकट परिचय अधिक दिखाना

(च) 'नमस्कार, सर', 'नमस्ते सर'—सामान्य सम्मान

(छ) 'नमस्कार','नमस्ते'—सम्मान से अधिक निजी परिचय/घनिष्ठता दिखाना

(ज) 'नमस्ते, नमस्ते', 'नमस्कार-नमस्कार'—औपचारिकता कम, निकटता अधिक दिखाना (बिहार में कई लोग मानते हैं कि 'नमस्ते' लड़कियों का अनन्य शब्द है मगर व्याकरण, शब्दकोश की दृष्टि से ऐसा नहीं है)

(झ) 'नमस्कार, जी'—लगभग बराबरी ज़्यादा दिखाना, थोड़ा सम्मान किन्तु औपचारिकता नगण्य

कहने की ज़रूरत नहीं कि हर भाषा में कोई भी दो शब्द पूर्णतः समान नहीं होते, वे लगभग समानार्थी होते हैं। जैसे, जल और पानी समानार्थी हैं मगर 'गंगाजल' की जगह 'गंगापानी' शब्द वही पवित्रता नहीं दर्शाता, इसलिए भारत के आम और ख़ास लोगों को यह शब्द मान्य नहीं है। यह भी सही है कि कई शब्दों के 'अर्थबदलाव' (सिमैंटिक शिफ्ट) होते हैं। जैसे अँग्रेज़ी के 'विलेन' शब्द का अर्थ पहले 'कृषि मजदूर' हुआ करता था और अब 'खलनायक' होता है। पहले अँग्रेज़ी 'चीटर' का अर्थ 'लगान वसूलकर्त्ता' (रेंट कलेक्टर) हुआ करता था। इसी प्रकार 'ग्रामर' और 'ग्लैमर' की समान उत्पत्ति है। इसके अलावा कुछ लोग विदेशी शब्दों से अनायास समानता स्थापित करके अन्दाज़ से अर्थ निकालते हैं जो प्रायः गलत होता है। जैसे, भारत में कुछ लोग अँग्रेज़ी माह 'फरवरी' का अर्थ 'फलवरी' अन्दाज़ से लगाते हैं। डेविड क्रिस्टल के अनुसार जब सिग्मंड फ्रायड 'हिस्टीरिया' पर शोध कर रहे थे, तो उनके कुछ सहकर्मियों ने 'पुरुष हिस्टीरिया' की अवधारणा पर सवाल उठा दिया था क्योंकि 'हिस्टीरिया' शब्द की उत्पत्ति ग्रीक शब्द से हुई है जिसका अर्थ है 'गर्भाशय' जबकि पुरुष के शरीर में गर्भाशय होता ही नहीं! मगर उन लोगों ने 'अर्थबदलाव' की सचाई की उपेक्षा की।

किसी पाठ में वाक्यों की क्रमबद्धता होती है और एक प्रकार की परस्पर-निर्भरता होती है। जो सम्बन्ध किसी पाठ को बाँधे रहते हैं, वे साहचर्य (कोहेसन) कहलाते हैं जिसमें सात तत्व होते हैं (डेविड क्रिस्टल)

(क) **समुच्चयबोधक सम्बन्ध (कंजंक्टिव रिलेशन)**—जो पहले कहा

जाता है, उससे बाद में कही गयी चीज़ (समय, परिणाम, समर्थन या विरोध) जुड़ी होती है।

(ख) **सार-सम्बन्ध (कोरफरेंस)**—ऐसी विशेषताएँ जो अर्थविज्ञान की दृष्टि से दूसरी विशेषताओं के सन्दर्भ के बिना नहीं समझी जा सकतीं—कुछ सम्बन्ध पीछे की ओर देखते हैं जबकि दूसरे सम्बन्ध आगे की ओर देखते हैं।

(ग) **प्रतिस्थापन (सबस्टीट्यूशन)**—एक विशेषता पूर्व की अभिव्यक्ति की जगह ले लेती है।

(घ) **पदलोप (इलिप्सिस)**—संरचना का एक खंड निकाल दिया जाता है और पूर्ववर्ती विमर्श से ही पुनः प्राप्त किया जा सकता है।

(ङ) **दोहराये गये रूप (रिपीटेड फॉर्म्स)**—कोई अभिव्यक्ति पूर्णतः या अंशतः दुहरायी जाती है।

(च) **शाब्दिक सम्बन्ध (लेक्सिकल रिलेशनशिप्स)**—एक शाब्दिक मद दूसरे से शाब्दिक सम्बन्ध बनाता है।

(छ) **तुलना (कम्परीजन)**—पहले के विमर्श में तुलना की गयी अभिव्यक्ति मान ली जाती है।

मगर किसी पाठ को साहचर्यपूर्ण होने के साथ-साथ सुसंगत भी होना चाहिए अर्थात् वाक्यों में साहचर्य (परस्पर बाँधे रखना) मात्र पर्याप्त नहीं होता क्योंकि कभी-कभी साहचर्यपूर्ण वाक्य भी असंगत हो सकते हैं। उदाहरणार्थ, 'एक सप्ताह में सात दिन होते हैं। मैं रोज़ाना सुबह उठता हूँ। सुबह टहलने का समय होता है। टहलते समय आगे देखना चाहिए।' इन वाक्यों में साहचर्य तो है, मगर यहाँ सुसंगतता का अभाव होने से सार्थकता नगण्य है। अस्तु, विभिन्न व्यक्त विचार, घटना, अवधारणा, तथ्य आदि एक दूसरे से प्रासंगिक या सार्थक तरीके से सम्बद्ध हों जिससे हम उनका कोई सारगर्भित अर्थ निकालने में सक्षम हो सकें। उल्लेखनीय है कि शब्द 'ब्रह्म' होते हैं, उनका अनावश्यक प्रयोग नहीं होना चाहिए। जैसा कि 'मेरा दागिस्तान' के प्रसिद्ध लेखक रसूल हमजातोव ने ठीक ही कहा है : 'कहते हैं कि शब्द बारिश के समान होते हैं : पहली बार-महान वरदान है, दूसरी बार-अच्छी रहती है, तीसरी बार-सहन हो सकती है, चौथी बार-दुःख और मुसीबत बन जाती है।' यूँ सामान्यतः किसी भाषा में बातचीत करने के लिए कम से कम दो व्यक्तियों की ज़रूरत होती है मगर वार्तालाप तीन प्रकार के हो सकते हैं :

(क) **स्वगत**—अपने आप कोई बात कहना जिसे कोई दूसरा न सुन रहा हो अर्थात् कोई तात्कालिक अनुक्रिया न हो। संस्कृत नाटकों में 'स्वगत' कथन की प्राचीन एवं सुदृढ़ परम्परा रही है।

(ख) **छद्म संवाद**—जब कोई व्यक्ति किसी वस्तु (निर्जीव) या जानवर को सम्बोधित कर कुछ कह रहा हो। जैसे प्रायः साहित्यकार नदियों, वृक्षों, घोड़ों, कुत्तों, बकरियों, बैलों आदि से वार्तालाप करते हैं। कभी-कभी दूसरे व्यक्ति की उपस्थिति में भी छद्म संवाद हो सकता है जब वह अनुक्रिया देने में असमर्थ हो अथवा अनुक्रिया देने की स्थिति में ही न हो। गर्भस्थ शिशु अथवा भाषा सीखने के पहले शिशु 'छद्म संवाद' की स्थिति में होता है। फिर शारीरिक कष्ट यथा दाँत में दर्द, अर्धचेतनावस्था/अचेतनावस्था (कोमा), मुँह में घाव आदि के कारण भी छद्म संवाद होता है।

(ग) **वास्तविक संवाद या सामाजिक संवाद**—जब दो या अधिक व्यक्तियों के बीच बातचीत सीधे तौर पर या तकनीकी माध्यमों (फोन, दृश्य-श्रव्य माध्यम, टेलिकॉन्फ्रेंसिंग) के ज़रिये होती है।

चेखव की एक प्रसिद्ध कहानी 'तोस्का' (दु:ख) में नायक घोड़े से अपना सुख-दु:ख बाँटता है क्योंकि कोई स्त्री-पुरुष उसकी बात नहीं सुनते। निःसन्देह, दोतरफ़ा संवाद में वक्ता-श्रोता के बीच कथन-श्रवण-अनुक्रिया-पुनर्कथन आदि का चक्र चलता रहता है। कभी समय बिताने के लिए, कभी कोई सूचना लेने-देने के लिए, कभी सुख-दु:ख बाँटने के लिए, कभी शिक्षा पाने के लिए, कभी रोग का इलाज करने के लिए, कभी मनोरंजन के लिए, कभी खेल के लिए, तो कभी प्रेम की अभिव्यक्ति के लिए यानी जीवन के लगभग सभी क्षेत्रों में संवाद सम्पन्न होता है। मगर दोतरफ़ा संवाद में भी ऊँच-नीच, छोटे-बड़े, सहज, खुला, पारदर्शी एवं स्वतन्त्र संवाद कायम नहीं होता है। दूसरे शब्दों में, सामाजिक-आर्थिक-राजनीतिक तौर पर शक्ति में बराबरी का भाव न रहने से संवाद प्रायः बोझिल, दमित, संकुचित, अस्पष्ट और एकांगी होता है। कुछ लोग स्वयं ही पूरी अवधि तक बोलते रहना चाहते हैं और दूसरे को सुनना नहीं चाहते। यह आधिपत्यपूर्ण कथन संवाद का माखौल उड़ाता है। ऐसे संवादों में खुद को बार-बार दुहराने और दूसरे के बोलने पर बार-बार हस्तक्षेप करने की प्रवृत्ति हावी रहती है। इसीलिए यह कहा जा सकता है कि हर वार्तालाप संवाद नहीं होता जबकि हर संवाद वार्तालाप अवश्य होता है। कोई संवाद तभी सार्थक होता है जब उसमें शामिल सभी व्यक्ति यह महसूस करें कि वे वार्तालाप में कुछ योगदान दे रहे हैं और साथ ही उससे कुछ ग्रहण भी कर रहे हैं। कहने की आवश्यकता नहीं कि शारीरिक हाव-भाव और आँख से आँख मिलाने से संवाद ज़्यादा ग्राह्य, सहज और टिकाऊ होता है।

फिर भी व्यक्तित्व और भाषा में सीधा सम्बन्ध नहीं होता। यूँ कुछ लोग शब्दों को बार-बार दुहराते हैं (तकियाकलाम) : जोकि, मतलब, यानी, दरअसल,

ऐसा है, एथी, ओथुआ, जो है सो आदि। कुछ लोग मातृभाषा के कठिन शब्दों का प्रयोग ज़्यादा करते हैं, तो दूसरे आम लोगों के समझने योग्य सरल शब्दों का प्रयोग करते हैं और तीसरे प्रकार के लोग विदेशी भाषाओं (यथा अँग्रेज़ी) के शब्दों की छौंक बार-बार लगाते रहते हैं (संज्ञा से लेकर विशेषण, क्रिया और क्रिया-विशेषण तक)। इस श्रेणी में हिन्दी के आचार्य सुधीश पचौरी प्रमुख रूप से शामिल हैं। ख़ैर... बोलने की शैली, उच्चारण के लहज़े और स्वराघात के कारण बोलने वाले के निवास-स्थान का संकेत मिल जाता है। दिल्ली में जब हिन्दीतर प्रदेशों से आये लोग हिन्दी में बात करते हैं, तो पता चल जाता है कि वे पश्चिम बंगाल, तमिलनाडु, महाराष्ट्र, गुजरात, ओडिशा या उत्तरपूर्व के हैं। मगर हिन्दी वालों की उदारता भी प्रायः परिलक्षित होती है जब वे हिन्दीतर प्रदेशों के लोगों के हिन्दी कथनों की त्रुटियों को नज़रअंदाज़ कर देते हैं बल्कि उनकी तारीफ़ करते हैं। ख़ैर...स्वराघात और बोली में ख़ास फ़र्क होता है। स्वराघात या उच्चारण का लहज़ा किसी शब्द का अलग तरह से कहने का सूचक मात्र है जबकि 'बोली' ख़ास बोले गये वाक्यों के व्याकरण और शब्दकोश का सूचक है। उदाहरण के तौर पर जब कोई आम हरियाणवी विद्यालय के लिए स्कूल कहना चाहता है, तो वह स्कूल को 'सकूल' उच्चारित करता है जबकि बिहार और पूर्वी उत्तर प्रदेश के आम लोग इसे 'इस्कूल' या 'अस्कूल' सामान्यतः कहते हैं। इसी प्रकार 'स्मिता' को हरियाणवी लोग प्रायः 'समिता' कहते हैं जबकि बिहार और पूर्वी उत्तर प्रदेश के लोग प्रायः 'अस्मिता' उच्चारित करते हैं। यह मज़ेदार तथ्य है कि हरियाणवी उच्चारण अशुद्ध उच्चारण होने के बावजूद हरियाणा के लोग (जिनका दिल्ली में आधिपत्य है) बिहार और पूर्वी उत्तर प्रदेश के ऐसे अशुद्ध उच्चारण के कारण उन्हें हीनतर समझते हैं जबकि दोनों अशुद्ध हैं। दूसरी ओर ऐसा भी देखा गया है कि जब भारत के लोग अमेरिका या ब्रिटेन में काम करने जाते हैं, तो वहाँ का अँग्रेज़ी के उच्चारण का लहज़ा अपना लेते हैं और जीभ मरोड़कर, मुँह टेढ़ा करके या कन्धे उचकाकर वहाँ के स्थानीय लोगों जैसा बोलने लगते हैं अथवा जो भारतीय युवा अन्तरराष्ट्रीय कॉल सेंटरों में भारत के महानगरों में रहकर काम करते हैं, उन्हें अमेरिकी या ब्रिटिश उच्चारण का लहज़ा सिखाया जाता है। यह तो रहा उच्चारण का भेद। बोलियों का फ़र्क इससे अधिक भिन्न व विस्तृत है जो व्याकरण तथा शब्दकोश तक फैला है। 'हमारे यहाँ आइये' को हिन्दी की कई बोलियों यथा हरियाणवी, राजस्थानी, अवधी और भोजपुरी में अलग-अलग यूँ कहते हैं : 'हमारे इलाका में आणा' (हरियाणवी); 'पधारो म्हारो देश' (राजस्थानी); 'हमरे इहाँ आवा' (अवधी); 'हमनी के इलाका में आईं' (भोजपुरी)। ज़ाहिर है कि विभिन्न बोलियों के स्वराघात/उच्चारण के लहजे भिन्न-भिन्न होते हैं मगर यह भी सच है कि एक ही बोली के भी कई स्वराघात/

उच्चारण के लहज़े हो सकते हैं या कुछ शब्द-भेद और व्याकरण भेद भी। उदाहरणार्थ, भोजपुरी के पाँच रूप स्थानभेद के कारण प्रचलित हैं : पहला, बनारसी (काशी) भोजपुरी में कहा जाता है : 'कहाँ जात हउआ?' दूसरा, देवरिया-पडरौना की भोजपुरी में कहा जाता है : 'कहाँ जात आड़ा'। तीसरा, सासाराम (बिहार) में भोजपुरी में कहा जाता है : 'कहाँ जात बाटा'। चौथा, अम्बेदकरनगर (उत्तर प्रदेश) के पूर्वी हिस्से (बसखारी/रामनगर) में कहा जाता है : 'कहाँ जात हया'। पाँचवा रूप मॉरिशस भोजपुरी का है जिसमें अँग्रेज़ी, फ्रांसीसी, चीनी, अफ्रीकी शब्द घुल-मिल गये हैं। इसे 'क्रियोल' कहा जाता है। इसीलिए डेविड क्रिस्टल जैसे कुछ भाषाविदों का मानना है कि स्वर, व्याकरण और शब्दकोश की भिन्नता के कारण प्रत्येक व्यक्ति, कुछ हद तक, 'निज बोली' (या 'व्यक्ति बोली'—इडियोलेक्ट) का प्रयोग करता है। इन निज बोलियों के अमूर्तन एवं साधारणीकरण से 'बोली' बनती है तथा बोलियों के अमूर्तन एवं साधारणीकरण से 'भाषा' बनती है।

निःसन्देह, संयुक्त राज्य अमरीका में रह रहे श्वेत और अश्वेत नागरिकों के अँग्रेज़ी उच्चारण में भेद रहता है मगर यह नस्लभेद (रंगभेद) पर आधारित नहीं है बल्कि अफ्रीकी मूल का होने के नाते ऐसा रूप वहाँ की सामाजिक, शैक्षिक, राजनैतिक और भौगोलिक भिन्नता का परिणाम है। इसलिए 'ब्लैक इंगलिश' जैसी कोई चीज़ नहीं होती [यद्यपि अश्वेत लेखकों की साहित्यिक कृतियों में उपनिवेश का दंश झेलने के कारण 'अश्वेत साहित्य' (ब्लैक लिटरेचर) की अलग श्रेणी मान्य है] क्योंकि सभी अश्वेत लोग एक-सा उच्चारण लहज़ा नहीं अपनाते (और वे न ऐसा करने में सक्षम ही हैं)। इसलिए निम्न वर्ग अफ्रीकी-अमरीकी लोगों द्वारा बोली जाने वाली भाषा को अफ्रीकी-अमरीकी अँग्रेज़ी बोली (अफ्रिकन-अमेरिकन इंगलिश वर्नाकुलर) का नाम संयुक्त राज्य अमरीका के शिक्षा विभाग द्वारा दिया गया है। इस प्रकार यह मानक अँग्रेज़ी से भिन्न मानी गयी है। इस अफ्रीकी-अमेरिकी अँग्रेज़ी बोली की निम्नलिखित विशेषताएँ हैं (डेविड क्रिस्टल) :

(क) वर्तमान काल के प्रथम पुरुष के एकवचन में भी क्रिया बहुवचन की तरह ही रहती है जैसे 'ही वाक','शी ईट' आदि।

(ख) वर्तमान काल में सहायक क्रिया का लोप—'इफ यू इंटरेस्टेड'।

(ग) भूतकाल की गतिविधि को स्पष्ट करने हेतु 'बीन' का प्रयोग—'आई बीन नोन योर नेम'।

(घ) दुहरा नकारात्मक शब्द-प्रयोग—'वोन्ट नोबॉडी डू नथिंग अबाउट दैट'।

ऐसा भी देखा गया है कि हिन्दी में एक ही उपनाम के अलग-अलग अर्थ के लिए उसकी अँग्रेज़ी वर्तनी बदल दी जाती है। जैसे 'राय' नामक उपाधि के कई

जातिबोधक अर्थ बिहार में हैं :

(क) 'राय' की वर्तनी 'Roy' लिखने पर बिहार में सामान्यतः 'भूमिहार' जाति का माना जाता है मगर राजपूत लोग भी यही वर्तनी लिखते हैं।

(ख) 'राय' की वर्तनी 'Rai' लिखने पर बिहार में सामान्यतः 'यादव' माना जाता है। यूँ कुछ अन्य मध्यम जातियाँ भी ऐसी वर्तनी लिखती हैं।

(ग) 'राय' की वर्तनी 'Ray' लिखने पर बिहार में सामान्यतः बंगाली ब्राह्मण माना जाता है (जैसे सत्यजित राय, सिद्धार्थशंकर राय)। कभी-कभी इसका उच्चारण दूसरे लोग 'रे' भी करते हैं।)

(घ) उत्तर प्रदेश में 'राय' लिखने वाले ब्राह्मण, भूमिहार, यादव, कायस्थ आदि कई जातियों के लोग हैं मगर अँग्रेज़ी वर्तनी का स्पष्ट भेद बिहार जैसा नहीं है।

मैं डेविड क्रिस्टल के दो मतों से सहमत नहीं हूँ : पहला, उनके अनुसार भारत में सामाजिक बोलियाँ जाति-व्यवस्था से सम्बद्ध हैं अर्थात् जाति के आधार पर बोलियाँ प्रचलित हैं। दूसरा, स्वर, व्याकरण और शब्दकोश मिलकर जाति का भाषाई सह-सम्बद्ध (कोरिलेट) पैदा करते हैं। वस्तुस्थिति यह है कि भाषा किसी विशेष स्थान से सामूहिक रूप से मूलतः जुड़ी होती है। उसका जाति, वर्ण या वर्ग या धर्म से सहजात सम्बन्ध नहीं होता अर्थात् प्रत्येक जाति, वर्ण, वर्ग या धर्म की अलग-अलग भाषा नहीं होती। इस सन्दर्भ में जोसेफ स्टालिन का यह कथन सही है: 'गलती से हमारे कामरेड भाषा को अधिरचना समझ रहे हैं। वे सोचते हैं कि चूँकि अधिरचना का वर्ग-चरित्र होता है, अतः भाषा का भी वर्ग-चरित्र होना ज़रूरी है'। उनके अनुसार भाषा किसी एक वर्ग द्वारा नहीं, बल्कि पूरे समाज द्वारा, और सैकड़ों पीढ़ियों के प्रयासों के ज़रिये निर्मित हुई। उत्पादन के साधन जिस तरह भौतिक सम्पदा का उत्पादन करते हैं, उस तरह भाषा नहीं करती। इसलिए भाषा को मूलाधार, अधिरचना और उत्पादन के साधनों से भिन्न रूप में, एक सामाजिक परिघटना के रूप में, देखा जाना चाहिए जो चिन्तन, संसर्ग और सम्प्रेषण के लिए प्रयुक्त होती है। भाषा का विकास गोत्र भाषाओं, जातीय भाषाओं, राष्ट्रीय भाषाओं के अनुवर्ती क्रम में हुआ। भाषा-विज्ञान की दृष्टि से वर्गीय आधार पर कुलीन भाषा और जन भाषा व्यवहार में नहीं होती। कार्ल मार्क्स ने भाषा का वर्गीय आधार नहीं माना था और दूसरी ओर उन्होंने एक राष्ट्रभाषा की ज़रूरत स्वीकार की थी जिसका उच्चतर स्वरूप हो और निम्नतर स्वरूप के रूप में उसकी सहायक उपभाषाएँ हों। मार्क्स के शब्दों में "भाषा, चेतना की ही तरह, केवल अन्य लोगों से संसर्ग की आवश्यकता और अनिवार्यता से पैदा होती है।" फ्रेडरिक एंगेल्स के अनुसार आदिम मनुष्यों की श्रम की सामाजिक प्रक्रियाओं और समाजीकरण की प्रक्रिया के सतत्

विकास के क्रम में भाषा उन्नत से उन्नततर अवस्थाओं में विकसित होती गयी। मिखाइल एम बाख्तिन के अनुसार भाषायी उत्पादन सारतः संवादधर्मी (डायलॉजिक) होता है जो सामाजिक अन्तः क्रिया के दौरान अस्तित्व में आता है। इस प्रकार मार्क्सवादी अवधारणा है कि विचार भाषा से अलग मौजूद नहीं होते। इसी प्रकार मार्क्सवादी चिन्तक वी.एन. वोलोशिनोव ने ठीक ही कहा है, 'हर प्रकार के अर्थ (मीनिंग) का उत्पादन, और अर्थों का दमन भी, व्यक्तिगत या जैविक नहीं होता, जैसाकि सिगमंड फ्रायड का मानना था, बल्कि सामाजिक-विचारधारात्मक होता है।' उन्होंने सॉस्योर के संरचनावाद को 'अमूर्त वस्तुवाद' माना जो वक्तृत्व-क्रिया-उद्‌गार को व्यक्तिगत मानता है जबकि वास्तव में उद्‌गार भी सामाजिक परिघटना होता है: 'किसी भी उद्‌गार का, किसी भी अनुभव का, संगठनकारी केन्द्र भीतर नहीं, बल्कि बाहर—व्यक्तिगत अस्तित्व के आस-पास के सामाजिक वातावरण में होता है।' वोलोशिनोव ने शब्द को सामाजिक परिवर्तन का सबसे संवेदनशील सूचक बताया। यद्यपि यह सही है कि प्राचीनकाल में जब राजतन्त्र कायम था, तो भारत में संस्कृत भाषा मुख्यतः ब्राह्मणों के आधिपत्य में थी मगर ब्राह्मणेतर समुदायों के लोग भी संस्कृत में पठन-पाठन-लेखन करते थे और निम्नतर वर्ण या धर्म या वर्ग के आधार पर स्वर, व्याकरण और शब्दकोश भिन्न नहीं होता। ऐसी भिन्नता (परिष्कृत-अपरिष्कृत, लोक-शास्त्र) का मुख्य कारण शिक्षा (उसकी गुणवत्ता एवं उच्चता का स्तर) में भेद होना है क्योंकि एक अशिक्षित ब्राह्मण और अशिक्षित दलित एक ख़ास इलाके में वही स्थानीय भाषा या बोली बोलते हैं जबकि शिक्षित ब्राह्मण और शिक्षित दलित एक क्षेत्र में रहकर परिष्कृत भाषा बोलते हैं। मगर यह सही है कि कई शब्द (पदनामसहित) लिंगभेद व्यक्त करते हैं : जैसे, अँग्रेज़ी में चेयरमैन, सेल्समैन, गेटमैन, पोस्टमैन आदि। परन्तु आजकल इन पदनामों को लिंग से परे बनाने के लिए थोड़ा संशोधन किया गया है : चेयरपरसन, सेल्सपरसन, गेटपरसन, पोस्टपरसन आदि। हिन्दी में कुछ लोग अध्यक्ष की तर्ज़ पर महिलाओं के पदासीन होने पर अध्यक्षा, तथा सदस्य की जगह सदस्या आदि लिखते हैं मगर ये पूर्णतः गलत हैं क्योंकि ये पदनाम लिंग से परे (निरपेक्ष) हैं। दूसरे, क्या राष्ट्रपति के लिए राष्ट्रपत्नी, राज्यपाल के लिए राज्यपाली, मन्त्री के लिए मन्त्राणी, जिलाधिकारी के लिए जिलाधिकारिणी जैसे शब्दों का प्रयोग करना उचित होगा? कदापि नहीं। श्रीमती प्रतिभा पाटिल के भारत के राष्ट्रपति के पद पर आसीन रहने पर 'राष्ट्रपति' शब्द का ही प्रयोग किया गया। मगर लिंग आधारित समाज में एक दूसरी बात महत्त्वपूर्ण है। भारत में अविवाहित लड़की के नाम के पूर्व 'कुमारी' (जैसे अँग्रेज़ी में मिस), विवाह के बाद नाम के पूर्व श्रीमती (जैसे अँग्रेज़ी में मिसेज) अथवा नाम के बाद 'देवी' या 'कुँवर' का प्रयोग होता है, तथा विवाह के

बाद उस महिला का पैतृक गोत्र और उपनाम बदलकर पति का गोत्र और उपनाम जुड़ जाता है। फिर किसी महिला के पति के मर जाने पर वह उसकी विधवा या बेवा (या नाम के साथ मोसम्मात) कहलाती है (राँड़ शब्द अत्यन्त कठोर एवं पीड़ादायक है)। मगर किसी की पत्नी के मरने पर उसका पति मृत पत्नी का विधुर नहीं कहलाता। फिर हिन्दी में चरित्रहीन स्त्री के लिए 'छिनाल' (भोजपुरी और अवधी में 'छिनार') शब्द और चरित्रहीन पुरुष के लिए 'छिनरा' या व्यभिचारी शब्द प्रचलित हैं और दोनों निन्दनीय हैं। मगर स्त्रियों के लिए अन्य कई शब्द भी इसके लिए हैं जैसे कुलटा, रंडी, वेश्या, पतिता, अभिसारिका, व्यभिचारिणी आदि। यह लिंगभेद का सूचक है। एक अध्ययन में पाया गया है कि अँग्रेज़ी भाषा में स्वच्छन्द यौन-सम्बन्ध स्थापित करने वाली महिलाओं के लिए 220 शब्द हैं जबकि ऐसे पुरुषों के लिए मात्र 22 शब्द हैं अर्थात् ऐसे निन्दनीय कार्य में लिप्तता के लिए महिलाओं को पुरुषों की अपेक्षा दस गुना अधिक अपमानित/लांछित किया जाता है क्योंकि अधिक शब्दों का प्रचलन अधिक प्रयोग का भी सूचक है।

पिछले कुछ वर्षों में भाषाविदों ने पाया है कि कई समुदायों में मातृभाषाएँ नहीं बोली जा रही हैं और भूमंडलीकरण के कारण 'मानक' भाषा बोलने के लिए स्थानीय लोगों पर दबाव है क्योंकि मातृभाषा में शब्दकोश, किताबें, शिक्षक, विद्यालय आदि उपलब्ध नहीं हैं। 1999 में किये गये एक सर्वेक्षण के अनुसार विश्व की 96 प्रतिशत भाषाओं को बोलने वाले मात्र 4 प्रतिशत लोग हैं। समर इंस्टीट्यूट ऑव लिंग्विस्टिक्स (1999) ने विश्व की कुल 6784 भाषाओं की गणना की जिसमें से 6060 भाषाओं के ही आँकड़े उपलब्ध पाये गये। इनमें 51 भाषाओं को बोलने वाला मात्र एक-एक व्यक्ति बचा था- इनमें से 28 भाषाएँ आस्ट्रेलिया में थीं। फिर विश्व की 500 भाषाओं को बोलने वालों की संख्या मात्र एक सौ (प्रत्येक) थी; 1500 भाषाओं को बोलने वालों की संख्या 1000 (प्रत्येक) से कम थी और 5000 भाषाओं को बोलने वालों की संख्या एक लाख (प्रत्येक) से कम थी। किसी भाषा की विलुप्ति के तीन चरण होते हैं (डेविड क्रिस्टल) :

(क) **लोगों पर आधिपत्यकारी भाषा बोलने का दबाव**—आर्थिक, राजनीतिक या सामाजिक कारणों से। ऐसा 'ऊपर से नीचे की ओर' प्रोत्साहन, अनुशंसा या कानून के ज़रिये हो सकता है, अथवा 'नीचे से ऊपर की ओर'—फैशन की प्रवृत्ति या सहपाठियों/सहकर्मियों के दबाव में हो सकता है अथवा किसी स्पष्ट दिशा के बिना सामाजिक-आर्थिक कारकों की अन्तः क्रिया के फलस्वरूप हो सकता है। इस चरण में बेहतर जीवन की लालसा नयी आधिपत्यकारी भाषा सीखने हेतु काफ़ी होती है।

(ख) **उभरता द्विभाषावाद**—जब लोग नयी भाषा में दक्ष हो जाते हैं और पुरानी मातृभाषा को भी प्रयोग में लाते हैं। मगर कालान्तर में नयी आधिपत्यकारी भाषा का प्रभाव बढ़ता जाता है और पुरानी मातृभाषा का प्रभाव गिरता जाता है।

(ग) **नयी भाषा के साथ पहचान**—नयी पीढ़ी नयी भाषा के साथ दक्षता से पहचान बना लेती है क्योंकि पुरानी मातृभाषा नयी ज़रूरतों के लिए अप्रासंगिक हो जाती है। इस चरण में नयी पीढ़ी अपनी मातृभाषा का इस्तेमाल करने में शर्म महसूस करती है। अब माँ-बाप भी पुरानी मातृभाषा का इस्तेमाल करने में शरमाते हैं। वे बाह्य समाज के समान अपने बच्चों से बातचीत नहीं करते। इस प्रकार द्विभाषी व्यवहार अन्ततः एक भाषा व्यवहार में न्यूनीकृत हो जाता है। इस प्रकार मातृभाषा विलुप्त होने लगती है। भारत के कई अँग्रेज़ी माध्यम वाले निजी विद्यालयों में विद्यार्थियों को अपनी मातृभाषा में बोलने की मनाही रहती है और ऐसा न करने पर आर्थिक दंड या शारीरिक दंड विद्यार्थियों को दिया जाता है। आजकल कम्प्यूटर, इंटरनेट, मोबाइल, फेसबुक, ब्लॉग आदि अँग्रेज़ी को बढ़ावा दे रहे हैं।

दरअसल एक भाषा को बचाने के लिए एक अनुमान के अनुसार एक लाख डॉलर प्रतिवर्ष खर्च होने का अन्दाज़ा है और इस प्रकार 3000 भाषाओं को बचाने में करीब नब्बे करोड़ डॉलर खर्च होंगे। मगर, यह राशि 'ओपेक' (तेल उत्पादक एवं निर्यातक देशों) के एक दिन के राजस्व के बराबर है अथवा बड़ी कम्प्यूटर कम्पनियों के लाभ का एक छोटा-सा भाग है। न्यूजीलैंड में माओरी भाषा के संरक्षण हेतु 'भाषा घोंसला' पद्धति 1982 से अपनाई गयी है जिसमें कई संगठन पाँच वर्ष से कम उम्र के बच्चों को ऐसे माहौल में रखते हैं जो माओरी भाषा समुदाय का होता है और उसका संचालन करने वाले स्टॉफ़ माओरी भाषा-भाषी होते हैं। आशा है कि उस घोंसले से निकलने पर बच्चे माओरी हुनर में दक्ष होंगे। फिर वे नयी पीढ़ी के आदर्श प्रतिमान होंगे। जापान में 'आइनू' भाषा को दक्षता से बोलने वाले मात्र आठ लोग बचे थे मगर नयी भाषा संरक्षण नीति के कारण यह भाषा बोलने वालों को प्रोत्साहन दिया गया जिसके परिणाम सन्तोषजनक हैं। दक्षिण आस्ट्रेलिया में कौरना आदिवासी भाषा को सामुदायिक प्रयासों से पुनर्जीवित कर लिया गया यद्यपि उसका विस्तार मूल भाषा जितना अब नहीं है। भाषा को बचाने के लिए धन के अलावा श्रम और समय भी काफ़ी लगता है मगर किसी भाषा को बचाना उसकी संस्कृति को भी बचाना है, इसलिए ऐसा करना सार्थक है। जब कोई मनुष्य मरता है, तो भी उसके कुछ चिह्न बच जाते हैं मगर जब मौखिक भाषा मरती है, तो उसका क्या बचता है?

यहाँ यह पुनः उल्लेखनीय है कि भाषा बहुत धीरे-धीरे विकसित होती है। पहले 'प्राचीन अँग्रेज़ी' थी, उससे 'मध्य अँग्रेज़ी' विकसित हुई और अन्ततः 'आधुनिक अँग्रेज़ी' विकसित हुई। इसी प्रकार भारत में वैदिक संस्कृत, लौकिक संस्कृत, आधुनिक संस्कृत आदि का विकास हुआ। किसी देश में जब कई समुदाय एक साथ रहने लगते हैं मगर कोई साझी भाषा नहीं होती, तो धीरे-धीरे कुछ मातृभाषाओं के शब्दों, स्वरों और व्याकरणों के मेल से एक मिश्रित भाषा (पिजइन्) पैदा होती है। इसे 'अस्थायी' या 'हाशिये' की भाषा भी कहते हैं। धीरे-धीरे इसका व्यावहारिक प्रचलन मुख्य वार्तालाप में होता है। दूसरे चरण में नयी पीढ़ी मिश्रित भाषा को ही बराबर सुनती है और इसलिए यह मातृभाषा का स्थान ले लेती है। इसमें दो पीढ़ियों का समय लग जाता है और इसके विस्तार से यह भाषा-संकर (क्रियोलीकरण) का रूप ले लेती है। अब इसके शब्दकोश, व्याकरण, शैली आदि दैनिक भाषाई ज़रूरतों को पूरा करने लगते हैं। मगर यह क्रियोल भाषा किसी भाषा की कीमत पर विकसित होती है। उदाहरणार्थ, मॉरिशस में भोजपुरी भाषा की कीमत पर क्रियोल भाषा विकसित हुई जिसमें भोजपुरी, अँग्रेज़ी, फ्रांसीसी और अफ्रीकी भाषाओं के शब्दों का समावेश है। क्रियोल शब्द पुर्तगाली भाषा के 'क्रियोलो' शब्द से बना है जिसका अर्थ है यूरोपीय मूल का व्यक्ति जिसका जन्म और पालन-पोषण किसी उपनिवेश में हुआ। बाद में यह उपनिवेश में रहने वाले अन्य लोगों के लिए भी प्रयुक्त होने लगा और अन्ततः उनके द्वारा बोली जाने वाली भाषा के लिए भी इस्तेमाल होने लगा। अब क्रियोल भाषाओं को अँग्रेज़ी-आधारित श्रेणी, फ्रांसीसी-आधारित श्रेणी आदि में बाँटा जाता है।

भाषा के समाजशास्त्र का एक आयाम उसकी उत्पत्ति से भी जुड़ा होता है। भाषाविद् ओट्टो जेसपरसेन (1860-1943) ने भाषा की उत्पत्ति से सम्बन्धित सिद्धान्तों को पाँच श्रेणियों में बाँटा है :

(क) **बो वो सिद्धान्त (Bow-wow theory)**—वाक् की उत्पत्ति लोगों द्वारा पर्यावरण की आवाज़ों, विशेषकर जानवरों की पुकारों, की नकल के ज़रिये हुई। कुछ भाषाविदों का मानना है कि पक्षियों की आवाज़ से लोगों की भाषा विकसित हुई। मगर सचाई यह है कि ध्वनि अनुकरणात्मक शब्द भाषा में कम होते हैं और प्राकृतिक ध्वनियों का प्रतिनिधित्व करने के तरीके विभिन्न भाषाओं में भिन्न-भिन्न होते हैं।

(ख) **पूह-पूह सिद्धान्त (Pooh-pooh theory)**—दर्द, क्रोध या अन्य भावावेशों के कारण वाक् की उत्पत्ति लोगों द्वारा भावावेगी ध्वनि पैदा करने से हुई। मगर सचाई यह है कि विस्मयबोधकों के रूप में ध्वनियों का सार्वभौमिक उपयोग बहुत कम होता है। किसी भी

हालत में खटखट, साँस लेने की आवाज़ और अन्य शोरगुल मुश्किल से स्वर तथा व्यंजन के साथ सम्बन्ध स्थापित कर पाते हैं। वर्तनी कभी सन्तोषजनक निर्देशिका नहीं होती।

(ग) **डिंग-डांग सिद्धान्त (Ding Dong theory)**—वाक् की उत्पत्ति इसलिए हुई कि लोगों ने अपने आस-पास की दुनिया में मौजूद उद्दीपकों पर प्रतिक्रिया व्यक्त की और स्वतः स्फूर्त तरीके से ऐसी ध्वनि पैदा की जिसका सामंजस्य पर्यावरण के साथ था। मगर प्रत्यक्ष ध्वनि प्रतीकात्मकता के थोड़े से मामलों को छोड़कर ऐसा यथार्थ में नहीं पाया जाता।

(घ) **यो-ये-हो सिद्धान्त (Yo-ye-ho theory)**—वाक् की उत्पत्ति इसलिए हुई कि जैसे-जैसे लोग साथ-साथ काम करते रहे, उनके शारीरिक प्रयासों से सामुदायिक, लयात्मक घुरघुराहट पैदा हुई जो कालान्तर में राग के रूप में विकसित हुई और अन्ततः भाषा विकसित हुई। इस बाबत छन्दशास्त्रीय लक्षणों, खासकर लय, का सार्वभौमिक प्रयोग व्यवहार में साक्ष्य के रूप में मिलता है मगर इस प्रकार की अभिव्यक्ति तथा भाषा समग्रता में पायी जाने वाली लय के बीच भारी अन्तर को देखते हुए इसे नहीं माना जा सकता।

(ङ) **ला-ला सिद्धान्त (La-La theory)**—इस सिद्धान्त के प्रतिपादक ओट्टो जेसपरसेन के अनुसार, यदि कोई अकेला कारक भाषा की पहल कर सकता है, तो वह रोमांटिक पक्ष हो सकता है—प्रेम, खेल, काव्यात्मक अहसास और शायद गीत भी। मगर यहाँ भी वाक् अभिव्यक्ति के भावनात्मक और विवेकपूर्ण पक्षों में अन्तर मौजूद है।

निःसन्देह भाषाएँ और बोलियाँ समय के साथ बदलती रहती हैं। कई भाषाओं ने दूसरी भाषाओं की लिपियों, अक्षरों आदि के प्रतीकों का अनुकरण पूर्णतः या अंशतः किया। दूसरे, कुछ भाषाओं के बोलने वालों ने अपने शब्दों की तुलना मिलती-जुलती दूसरी भाषाओं के शब्दों से की और अपने शब्दों में उन्हें मिलाया अथवा बाहरी शब्दों का अनुकूलन संशोधन के साथ किया। इसे 'शाब्दिक विस्तार' (लेक्सिकल डिफ्यूजन) कहा जाता है। इसे पहले थोड़े से लोग शुरू करते हैं, बाद में इसका प्रचलन बढ़ जाता है। तीसरे, पुराने टकसाली शब्दों को फिर से संशोधित/पुनर्गठित किया जाता है, इसे 'तुलनात्मक पुनर्निर्माण' (कम्परेटिव रिकान्सट्रक्शन) कहा जाता है। डेविड क्रिस्टल के अनुसार भाषाओं के बदलने के सामाजिक और भाषाई कारक दोनों होते हैं। सामाजिक कारकों में निम्नलिखित मुख्य हैं :

(क) **भौगोलिक दूरी**—एक स्थान से दूसरे स्थान पर जाने पर ऐसे लोगों

की भाषा में उनकी मातृभाषा के साथ नयी स्थानीय भाषा घुल-मिल जाती है। बिहार और उत्तर प्रदेश के जो मजदूर मुम्बई जैसे मराठी भाषी क्षेत्र में रहते हैं, वे अपनी भोजपुरी, मगही, मैथिली, अवधी, ब्रज, अंगिका जैसी मातृभाषाओं से युक्त हिन्दी में मराठी शब्दों की मोतियाँ जोड़ देते हैं। जैसे 'मेरी बगल में' की जगह वे कहते हैं 'मेरे बाजू में'। फिर मराठी के प्रचलित शब्दों यथा 'लफड़ा' (झगड़ा), 'बेवड़ा' (शराबी), 'बाई' (महिला), 'भाऊ' (भाई), 'मुल्गा' (लड़का), 'मुल्गी' (लड़की) आदि का प्रयोग जब वे अपने मूल गाँवों में करते हैं, तो एक मिली-जुली मुम्बइया हिन्दी की मिठास सुनने को मिलती है। ज्ञातव्य है कि मराठी और अवधी भाषा में शब्दों के साथ-साथ क्रियाओं में भी समानता है। जब कोई 'चलबोला' या 'चलभाष' (मोबाइल) पर महाराष्ट्र में रहने वाले किसी व्यक्ति से सम्पर्क करना चाहता है और वह पहुँच के बाहर है, तो रिकार्ड की हुई आवाज़ आती है : 'तुम्हीं डायल करेला नम्बर सी अपना सम्पर्क होउ सकत नाहीं। कृपया थोड़ा बयाने पुनः प्रयत्न करा।' इसे अवधी में यूँ कहेंगे : 'आपके डायल केहे नम्बर पै सम्पर्क नाहीं होइ सकत। कृपया थोड़ी देर मा पुनः (फिर) प्रयत्न (कोशिश) करा।' हिन्दी/संस्कृत में 'कृ' को मराठी, गुजराती और ओडिया में 'क्रु' कहते हैं, सो वे अमृतांजन को 'अम्रुतांजन' कहते हैं। इसी तरह जब उत्तर प्रदेश, बिहार, झारखंड आदि क्षेत्रों के लोग दिल्ली आते हैं, तो वे यहाँ की बोली-बानी अपनाते हैं : 'मेरे को साकेत जाना है।', 'मैंने अगले स्टॉप पर उतरना है।','क्यों पका रहे हो?' आदि।

(ख) **सांस्कृतिक विकास**—जब नयी चीज़ें और विचार सामने आते हैं, तो उनके लिए नये शब्द गढ़े जाते हैं। कम्प्यूटर के लिए 'संगणक', इंटरनेट के लिए 'अन्तरजाल' और मोबाइल के लिए 'चलबोला' या चलभाष जैसे नये शब्द गढ़े गये। दूसरी ओर बैलगाड़ी, इक्का, ताँगा, बग्घी, जम्फर, रुईदार, पनही जैसे शब्द अब प्रचलन में नहीं हैं, क्योंकि ये चीज़ें अब प्रयोग में नहीं लाई जातीं।

(ग) **अपूर्ण सीखना**—जब कोई समुदाय अपनी मातृभाषा से इतर कोई भाषा ढंग से सीखता है, तो भाषा में बदलाव होता है। जब कोई अल्पसंख्यक भाषाभाषी बहुसंख्यक भाषा सीखता है, तो उसकी मातृभाषा में भी कुछ परिवर्तन होते हैं। जैसे दिल्ली में रह रहे ओडिया भाषी अपनी मातृभाषा में बोलते हुए हिन्दी के तमाम शब्दों का प्रयोग

करते हैं।

(घ) **सामाजिक प्रतिष्ठा**—सामाजिक प्रतिष्ठा बढ़ाने के लिए लोग दूसरी भाषा से तादात्म्य स्थापित करना चाहते हैं, ऐसे में उनकी मातृभाषा में भी बदलाव होता है। केन्द्र सरकार के सरकारी कार्यालयों में सामान्य बातचीत में भी हिन्दी या अन्य भारतीय भाषाओं को बोलने वाले लोग बहुत सारे अँग्रेज़ी शब्दों का उपयोग करते हैं और औपचारिक बैठकों में प्राय: अँग्रेज़ी में ही चर्चा होती है जबकि प्राय: सभी भागीदार हिन्दी समझते और बोलते हैं। इसका कारण है सामाजिक प्रतिष्ठा।

दूसरी ओर भाषाई परिवर्तन के आन्तरिक भाषाई कारक भी होते हैं जो निम्नलिखित हैं :

(क) **सन्धियोजन की सरलता (ईज ऑव आर्टिकुलेशन)**—ध्वनियों में इसलिए परिवर्तन होते हैं, क्योंकि लोग कम से कम कोशिश करके आसानी से बोलना चाहते हैं। मगर ऐसे उदाहरण कम होते हैं।

(ख) **सादृश्य (एनालॉजी)**—अपवादों को नियमों के अनुसार चलने के लिए बाध्य किया जाता है, अर्थात् अनियमित विशिष्टताएँ नियमित विशिष्टताओं से प्रभावित होती हैं। उदाहरणार्थ, अँग्रेज़ी की क्रिया 'हेल्प' ('हेल्पन') का दूसरा रूप (भूतकाल) पहले 'हील्प' (healp) लिखा जाता था और तीसरा रूप (पास्ट पार्टिसिपल) होल्पेन ('holpen') लिखा जाता था मगर 14वीं शताब्दी से यह क्रिया नियमित हो गयी और 'हेल्प्ड' (द्वितीय एवं तृतीय रूप) लिखी जाने लगी। इसी प्रकार अँग्रेज़ी की चालीस क्रियाएँ (वाक, क्लाइम्ब, बर्न, स्टेप आदि) नियमित हुईं। कभी-कभी अमानक रूप (जैसे 'नोड'-knowed) प्रयोग में अब भी लाये जाते हैं जो सादृश्य के उदाहरण हैं।

(ग) **बेतरतीबपन (रैंडमनेस)**—कुछ भाषाई परिवर्तन बेतरतीब एवं मनमाने होते हैं जैसे फैशन में बदलाव। मगर शब्दों में कुछ मनमाने बदलाव के बावजूद व्याकरण और स्वर में ऐसे मनमाने बदलाव कम होते हैं।

अब तमाम भाषाविदों ने माना है कि कोई प्रोटो-इंडोयूरोपियन (आदि-भारोपीय) भाषा थी जिससे संस्कृत, लैटिन, यूनानी (ग्रीक), गोथिक और पुरानी आयरिश भाषाएँ पैदा हुईं तथा लैटिन से इतालवी, स्पैनिश, फ्रांसीसी, पुर्तगाली और केटलान जैसी रोमान्स भाषाएँ विकसित हुईं। पिता के लिए शास्त्रीय यूनानी भाषा में 'पेतर', संस्कृत में 'पितर', लैटिन में 'पेतर', गोथिक में 'फादर' और पुरानी आयरिश भाषा में 'आथिर' शब्द मौजूद रहे हैं। फिर इतालवी और स्पैनिश में 'पेदर'

(Padre), फ्रांसीसी में 'पेर' (pere), पुर्तगाली में 'पई' और केटलान में 'परे' (Pare) शब्द हैं। विश्व में हजारों भाषाओं के सह-अस्तित्व से विविधता का आभास होता है मगर दूसरी ओर भाषा की तमाम दीवारें सबके बीच खुला सम्प्रेषण नहीं होने देतीं। बहुत कम लोग बहुभाषी होते हैं। हाँ, दो या तीन भाषाएँ जानने वाले तमाम लोग होते हैं। कार्दिनल ग्लुसेपो मेज्जोफैंती (1774-1849) पचास भाषाएँ साधिकार बोलते थे, 70 भाषाएँ समझ लेते थे और 114 भाषाओं में अनुवाद कर सकते थे। महापंडित राहुल सांकृत्यायन सम्भवतः छत्तीस भाषाओं के ज्ञाता थे। विदेशी भाषाओं की बाधा से निपटने के चार उपाय हैं (डेविड क्रिस्टल) :

(क) अनुवाद एवं दुभाषिया की सेवाएँ बढ़ाई जायें।
(ख) एक ऐसी भाषा ईज़ाद की जाये जिसे सभी समझ सकें।
(ग) किसी मौजूदा भाषा को विश्व भाषा बनाया जाये जिसे सभी समझ सकें।
(घ) विदेशी भाषाओं को सीखने के लिए अवसर तथा प्रोत्साहन बढ़ाया जाये।

सन् 2004 में यूरोपीय संघ के सदस्यों की संख्या ग्यारह से बढ़कर पच्चीस हो गयी और सभी कानूनों को प्रकाशित करने वाली भाषाओं की संख्या ग्यारह से बीस हो गयी-चेक, डैनिश, डच, इंगलिश, एस्टोनियन, यूनानी (ग्रीक), फिनिश, फ्रांसीसी, जर्मन, हंगारियन, इतालवी, लाटवियन, लिथुआनियन, माल्टीज, पोलिश, पुर्तगाली, स्लोवाक, स्लोबीन, स्पैनिश एवं स्वीडिश। 2005 में 24 लाख पृष्ठों का अनुवाद किया गया। दक्ष दुभाषियों की कमी वहाँ भी महसूस की जाती है, खासकर माल्टीज जैसी छोटी भाषाओं में। यूँ कम्प्यूटर से अनुवाद विकसित हो रहा है मगर वह मानव अनुवाद-सा सुसंगत, अर्थपूर्ण एवं भावपूर्ण नहीं हो सकता। उदाहरणार्थ, संघ लोक सेवा आयोग (नयी दिल्ली) ने इक्कीसवीं सदी के दूसरे दशक में प्रश्नपत्रों को अँग्रेज़ी से हिन्दी में 'गूगल' सर्च इंजन की मदद से अनूदित कराया था जिसके कोई सार्थक अर्थ नहीं थे। जैसे—'स्टील प्लांट' का अनुवाद 'इस्पात पौधा' किया गया था। जहाँ तक सहायक या कृत्रिम भाषा विकसित करने की बात है, 17वीं सदी से इस पर भाषाविदों ने ज़ोर देना शुरू कर दिया जब लैटिन भाषा का सार्वभौमिक माध्यम से पतन शुरू हो गया। कई कृत्रिम भाषाओं यथा वोलापुक (Volapuk), एस्परान्तो (Esperanto), इडियम न्यूट्रल, ईडो (Ido) आदि को विकसित करने का प्रयास किया गया मगर सिर्फ़ 'एस्परान्तो' को व्यवहार में अपनाने में कमोबेश सफलता मिली। एक पोलिश भाषाविद् लुडविग लेजारस जामेन होफ (1859-1917) ने 1887 में छद्मनाम (डॉक्तोरो एस्परान्तो) से यह योजना प्रकाशित की। 1905 में एस्परान्तो की पहली सार्वभौमिक कांग्रेस सम्पन्न हुई जिसमें 700

प्रतिनिधियों ने हिस्सा लिया और उसी वर्ष इस भाषा का ढाँचा और शब्दकोश तैयार किया गया। एस्परान्तो में मूल और अनुवाद कार्य (बाइबिल और कुरान के अनुवाद सहित) काफ़ी हुआ है तथा कई देशों का रेडियो प्रसारण इस भाषा में होता है। इसे दक्षता से बोलने वालों की संख्या 10 से 20 लाख आँकी गयी है। मगर इसे अन्तरराष्ट्रीय भाषा के रूप में मान्यता नहीं मिली है। डेविड क्रिस्टल के अनुसार इसमें पाँच तरह की बाधाएँ हैं :

(क) उत्साह की कमी—प्रोत्साहन बढ़ाना चाहिए।

(ख) पहचान का अभाव—मौजूदा भाषाओं की पहचान के टकराव।

(ग) भाषाई पूर्वाग्रह—पश्चिमी भारोपीय भाषा समूह पर आधारित होने के कारण दूसरे भाषा परिवारों को कठिनाई।

(घ) अर्थ-सम्बन्धी भिन्नता—विभिन्न मातृभाषाओं के लोग अपनी भाषा के शब्दों का अनुवाद सहायक/कृत्रिम भाषा में कर सकते हैं मगर इससे वे एक दूसरे को बेहतर नहीं समझ पाते क्योंकि अर्थ सम्बन्धी भिन्नता आड़े आती है।

(ङ) विरोध—सहायक भाषा सम्बन्धी संगठन अपने सार्वजनिक समारोहों में जो गीत आदि पेश करते हैं, वे उन तक ही सीमित होते हैं।

इसलिए नया विकल्प है कि मौजूदा स्वाभाविक भाषा को ही संशोधित कर बढ़ाया जाये। ऐसा व्याकरण की जटिलता को कम करके या सरल करके किया जाना चाहिए। इसे ध्यान में रखते हुए चार्ल्स के. ऑगडेन ने 1930 में 'बेसिक इंगलिश' की अवधारणा पेश की (बेसिक-ब्रिटिश अमेरिकन साइंटिफिक इंटरनेशनल कामर्शियल) जिसमें 850 शब्द हैं जो दैनिक ज़रूरतों से जुड़े हैं—400 संज्ञाएँ, 200 चित्रात्मक वस्तुएँ, 100 सामान्य गुणवत्ता की चीज़ें, 50 विलोम, और 100 क्रिया-विशेषण, आदि। मुख्य शब्दकोश के पूरक के रूप में अन्तरराष्ट्रीय वैज्ञानिक शब्द (रेडियो, रेडियम, मुद्राओं के नाम, देशों के नाम) जोड़े गये। यद्यपि इसको अमेरिका के पूर्व राष्ट्रपति रूजवेल्ट और ब्रिटेन के पूर्व प्रधानमन्त्री चर्चिल ने समर्थन दिया, मगर ज़्यादा जटिल व्याकरण तथा मुहावरेदार निर्मितियाँ होने के कारण इसकी आलोचना हुई और इसे सफलता नहीं मिली।

तीसरा विकल्प है कि मौजूदा स्वाभाविक भाषा को ही विश्व भाषा मान लिया जाये। इस मामले में अँग्रेज़ी का दावा सबसे ज़्यादा दृढ़ लगता है क्योंकि यह साठ से अधिक देशों में राजभाषा या अर्ध-राजभाषा घोषित है; विश्व के दो-तिहाई वैज्ञानिक अँग्रेज़ी में लिखते हैं। फिर इलेक्ट्रॉनिक माध्यमों में उपलब्ध आँकड़ों का 80 प्रतिशत अँग्रेज़ी में संचित है। मगर पूर्व-औपनिवेशिक देश अँग्रेज़ी के आतंक से त्रस्त हैं क्योंकि इसके प्रभुत्व से उनकी भाषाओं और संस्कृतियों को ख़तरा है।

विश्व सर्वेक्षण के अनुसार हिन्दी विश्व की दूसरी सबसे ज़्यादा बोली जाने वाली भाषा है मगर शोध कार्य, इलेक्ट्रॉनिक माध्यमों में आँकड़ों का संग्रह हिन्दी में पर्याप्त नहीं है। दूसरी ओर भारतीय अँग्रेज़ी, अमरीकी अँग्रेज़ी और अफ्रीकी अँग्रेज़ी में क्षेत्रीय भिन्नता काफ़ी है। भारतीय अँग्रेज़ी में हिन्दी के तमाम शब्द (पंडित, गुरु, किसान, चारपाई, धरना, जुलूस, घेराव आदि) प्रचलित हैं जो अफ्रीकी मूल के लोग शायद नहीं समझ पाएँगे। इसीलिए विश्व भाषा के रूप में अँग्रेज़ी का दावा भी खरा नहीं उतरता क्योंकि किस रूप को मानक माना जाये : ब्रिटिश, अमेरिकी, भारतीय, आस्ट्रेलियाई, अफ्रीकी अँग्रेज़ी?

इसलिए चौथा विकल्प है अधिक भाषाएँ सीखना। एक चेक कहावत में ठीक ही कहा गया है : 'एक नयी भाषा सीखो और एक नयी आत्मा पाओ।' इसको फेडरिको फेलिनी ने ज़्यादा सारगर्भित ढंग से कहा है : 'एक अलग भाषा का मतलब जीवन का एक अलग नज़रिया होता है।' पहले सीखने से ज़्यादा पढ़ाने पर जोर था (विदेशी भाषा को)। विदेशी भाषा सीखने के लिए प्रोत्साहन, रुख़, अभिरुचि, उपयोगी रणनीतियाँ (चुपचाप अभ्यास, रटना, संक्षेपण जैसी वैकल्पिक विधि से कहना), कम्प्यूटर की सहायता से भाषा सीखना, बाहरी चीज़ों की ओर खुलाव, भ्रमण, कक्षा से बाहर अनौपचारिक अन्त:क्रिया में वृद्धि), ऑडियो-वीडियो, भाषा-खेल, भाषा-प्रयोगशाला, सांस्कृतिक कार्यक्रमों में भागीदारी आदि आवश्यक एवं वांछित हैं। मेरा मानना है कि हर व्यक्ति को अपनी सामर्थ्य के अनुसार अधिक से अधिक भाषाएँ सीखनी चाहिए और शासन को कई भाषाओं में पढ़ाने की व्यवस्था करनी चाहिए मगर कोई विदेशी भाषा अनिवार्य विषय के रूप में शिक्षा के किसी स्तर पर न पढ़ाई जाये। वास्तव में, हमें आदेशात्मक/निर्देशात्मक दृष्टिकोण नहीं अपनाना चाहिए जिसके अनुसार एक ख़ास भाषा दूसरी से उच्चतर मूल्य की होती है और इसलिए इसे सारे समुदायों/समाजों पर थोपा जाना चाहिए। सत्रहवीं शताब्दी तक लैटिन भाषा के बारे में कई यूरोपीय भाषाविदों का यही विचार था और अब भी कुछ भाषाविद अँग्रेज़ी के बारे में यही विचार रखते हैं। कई निरंकुश वैयाकरणों ने व्याकरण के कठोर नियमों का निर्माण किया जिससे बोलचाल की भाषा में मानकीकरण एवं एकरूपता लाई जाये; जिससे त्रुटियों का निराकरण कुछ ख़ास नियमों के तहत हो सके; और जिससे भाषा में सुधार एवं संवर्धन लाया जा सके। व्याकरण के नियम मुख्यत: दो श्रेणियों में होते हैं : निर्देशात्मक एवं निषेधात्मक। मगर निर्देशात्मक दृष्टिकोण की आलोचना करते हुए जोसेफ प्रिस्टल जैसे विद्वानों का मत है कि बोलने की परम्परा ही मौलिक है और वही भाषा का सही मानक है। इसलिए भाषा सम्बन्धी मुद्दों का निस्तार तर्कऔर कानून के द्वारा नहीं किया जा सकता। यही दृष्टि आधुनिक वर्णनात्मक भाषाशास्त्र (डिस्क्रिप्टिव

लिंग्विस्टिक्स) का प्रस्थान-बिन्दु है। मगर सचाई दो अतियों (निर्देशात्मक एवं वर्णनात्मक) के बीच होती है। इस सच से इन्कार नहीं किया जा सकता कि लिखित भाषा में मानक वर्तनी, विराम चिह्न, क्रिया, सर्वनाम आदि का प्रयोग किया जाना आवश्यक है मगर यह भी सच है कि व्याकरण के कुछ नियम स्पष्टता के लिए ज़रूरी हैं जबकि दूसरे नियम ज़रूरी नहीं हैं। परन्तु दुर्भाग्यवश निर्देशात्मक दृष्टिकोण वाले भाषाविद् इस अन्तर को समझने की कोशिश नहीं करते। दूसरे दृष्टिकोण के प्रति असहनशीलता ठीक नहीं है। मध्यकाल के पूर्व मानक अँग्रेज़ी मौजूद नहीं थी और आज भी इसके 25 प्रतिशत शब्दों की वर्तनी भिन्न-भिन्न है : जजमेंट दो तरह से लिखा जाता है—judgement और judgment; क्रिटिसाइज और सिविलाइज भी दो तरह से लिखे जाते हैं—एक में 'ज' ध्वनि के लिए 'एस' का प्रयोग होता है जबकि दूसरे में 'जेड' का। इसलिए मानकीकरण में भाषान्धता की बू आती है, इसलिए यह सर्वस्वीकार्य नहीं है। दरअसल समाज में नाना प्रकार के परिवर्तनों से भाषा में तमाम बदलाव आते हैं और इसीलिए आज वह अँग्रेज़ी नहीं प्रचलित है जो शेक्सपियर के द्वारा प्रयुक्त होती थी। उपभोक्तावादी संस्कृति, बाजारवाद और वर्चस्व की प्रवृत्ति के कारण संयुक्त राज्य अमरीका की 'अमरीकी अँग्रेज़ी' काफ़ी सतही, दिखावटी और बाजारू हो गयी है। अल्विन टॉफलर ने बिल्कुल ठीक कहा है : 'यदि विलियम शेक्सपियर आज के संयुक्त राज्य अमरीका में पहुँच जायें, तो वे कम से कम आधी बातें बिल्कुल नहीं समझ पाएँगे।' इसी प्रकार आज वह हिन्दी प्रचलन में नहीं है जो भारतेन्दु, बालकृष्ण भट्ट, प्रतापनारायण मिश्र आदि द्वारा प्रयुक्त होती थी। इस मायने में सभी भाषाएँ बराबर होती हैं कि उनमें आन्तरिक रूप से सीमित होने, कमतर होने, पथभ्रष्ट होने या अशक्त बनाने के तत्व निहित नहीं होते। भाषा के विकास के लिए शब्द-भंडार (शब्द-सम्पदा) बढ़ाना आवश्यक है। फिर उस भाषा में साहित्य से लेकर वैचारिक विषयों का नियमित लेखन होना चाहिए। मगर इससे कम ज़रूरी यह तथ्य नहीं है कि घर पर किसी के आने पर स्वागत में हम जिस भाषा का प्रयोग करते हैं, उसमें भावनात्मक लगाव होता है। हम अपने आवेग अपनी मातृभाषा में ही व्यक्त करते हैं (क्रोध, प्रेम, विस्मय, दुःख, हताशा आदि)।

नि:सन्देह, भाषा का वर्णनात्मक (डिस्क्रिप्टिव) सिद्धान्त (जैसे व्यवहार में चीज़ें मौजूद हैं) आजकल ज़्यादा मान्य है बनिस्बत निर्देशात्मक (प्रिस्क्रिप्टिव) सिद्धान्त के (जैसी चीज़ें होनी चाहिए)। संरचनावादी भाषाविद् सॉस्योर का मानना है कि सभी भाषाएँ निरन्तर बदलती हैं मगर भाषा की उत्तरवर्ती दिशाओं में प्रत्येक का वर्णन उसकी अपनी निजता पर होना चाहिए, न कि जिससे वह विकसित हुई या भविष्य में जो दशा उभरेगी। आजकल अधिकतर भाषाविद् मानते हैं कि किसी भाषा

के शब्द-भंडार के अधिकांश शब्दों की उत्पत्ति नहीं खोजी जा सकती। सॉस्योर के अनुसार भाषा की वर्णनात्मक व्याख्या समान रूप से वैज्ञानिक है क्योंकि यह संरचनात्मक है, न कि कारणात्मक। अर्थात् किसी ख़ास रूप या अर्थ का ऐतिहासिक विकास खोजने की बज़ाय यह सिद्धान्त स्पष्ट करता है कि सभी रूप और अर्थ एक ख़ास भाषा-पद्धति में एक ख़ास समय पर अन्तर-सम्बन्धित हैं। मगर उन्होंने भाषा की ऐतिहासिक व्याख्या को नहीं नकारा बल्कि वर्णनात्मक और ऐतिहासिक व्याख्याओं को परस्पर पूरक बताया-ऐतिहासिक व्याख्या वर्णनात्मक व्याख्या पर तार्किक रूप से निर्भर होती है। मगर सॉस्योर के भाषा-सम्बन्धी कई विचार विवादास्पद रहे हैं। जैसे, उनका कथन कि संरचनावाद का स्थान ऐतिहासिक भाषाविज्ञान में नहीं है। सॉस्योर की आदि-भारोपीय स्वर पद्धति (1879 में) बाद के आन्तरिक पुनर्निर्माण को धुँधला कर देती है। इस आन्तरिक पुनर्निर्माण को बाद में परिष्कृत किया गया और नये संरचनावादियों द्वारा अपनाया गया। फिर सॉस्योर मानते थे कि सारे परिवर्तन भाषा-पद्धति के बाहर उत्पन्न हुए और भाषा-पद्धति के अन्दर संरचनात्मक दबावों को नहीं देखे। सॉस्योर की भाषा-पद्धति की अवधारणा अमूर्त है क्योंकि वह मानते हैं कि भाषा एक रूप है, न कि सार। रूप का अर्थ एक ओर विल्हेल्म वोन हम्बोल्ड की भाषा के 'आन्तरिक रूप' की अवधारणा है (वह कांट के प्राक्-आनुभविक प्रत्ययवाद से प्रभावित थे और भाषा-परिवर्तन को मनोवैज्ञानिक प्रक्रिया मानते थे), तो दूसरी ओर रूसी रूपवाद में वर्णित अन्तर्वस्तु के बरक्स 'रूप' भी होता है। कभी सॉस्योर कहते हैं कि भाषा-पद्धति को अमूर्तन में (मनोवैज्ञानिक व्यक्तिगत परिघटना) उस समाज से हटकर पढ़ना चाहिए जिसमें वह संचालित होती है जबकि दूसरी ओर वह यह भी कहते हैं कि भाषाएँ सामाजिक तथ्य होती हैं। भाषा-पद्धतियों की विशिष्टता तथा संरचना एवं सार के बीच सम्बन्ध के बारे में उनका विचार 'भाषा-वैज्ञानिक सापेक्षता' (भाषा की स्वायत्तता) की प्रस्थापना की ओर ले जाता है कि मानव भाषाओं के सार्वभौमिक तत्व नहीं होते और यह कि प्रत्येक भाषा अपने आप में एक नियम (लॉ) होती है। ऐसे विचार को सापेक्षतावाद कहा जा सकता है जो सार्वभौमवाद का विरोधी है। निःसन्देह, सापेक्षतावाद बीसवीं सदी के संरचनावाद से सम्बद्ध है। दूसरी ओर हर्डर का मानना है कि भाषा और विचार अन्तरनिर्भर होते हैं। कार्ल मार्क्स ने स्पष्ट कहा था कि विचार भाषा में ही मौजूद होते हैं। विल्हेल्म वोन हम्बोल्ड ने सांस्कृतिक विविधता और भाषाई विविधता दोनों पर जोर दिया। उसका मानना था कि भाषा में सार्वभौम और विशिष्ट दोनों विशेषताएँ होती हैं। उसने भाषाओं की संरचनात्मक विविधता (उनके आन्तरिक रूप) को सार्वभौमिक रूप से संचालित तथा विशिष्ट रूप से मस्तिष्क की मानव-शक्ति का उत्पाद माना। इस प्रकार वह भाषाई निर्धारणवाद के करीब हैं। मैं

निर्धारणवाद जैसी अवधारणा से पूरी तरह सहमत नहीं हूँ क्योंकि समाज के विभिन्न आयामों के बीच द्वन्द्वात्मक सम्बन्ध होता है, इसलिए भाषायी और सांस्कृतिक विविधता हर देशकाल में भिन्न-भिन्न रूपों में विकसित होती है। दूसरी ओर मानवशास्त्री एडवर्ड सपीर (1884-1934) तथा उनके शिष्य बेंजामिन ली व्होर्फ (1897-1941) ने सपीर-व्होर्फ प्रस्थापना पेश की जिसमें भाषाई निर्धारणवाद (भाषा द्वारा विचार का निर्धारण) तथा भाषाई सापेक्षतावाद (भाषाओं की संरचनात्मक विविधता) का संश्लेषण कर दिया गया। एडवर्ड सपीर का मानना है कि "भाषा स्वैच्छिक तरीके से उत्पादित प्रतीकों के माध्यम से विचारों, भावनाओं और इच्छाओं को सम्प्रेषित करने की एक विशुद्ध मानव एवं गैर-आवेगात्मक पद्धति है।" वह आगे स्पष्ट करते हैं : 'भाषा अज्ञात, सामूहिक एवं अचेतन कला है जो हजारों पीढ़ियों की सृजनशीलता का परिणाम होती है।' मैं क्रोचे के इस कथन से बिल्कुल सहमत नहीं हूँ कि भाषा महज़ एक ध्वनि है और कलात्मक कार्य की तरह अभिव्यक्ति के रूप में सामने आती है। उनके अनुसार भाषा यथार्थ की अभिव्यक्ति न होकर सिर्फ़ चेतना की मुक्त अभिव्यक्ति होती है। उन्होंने भाषा के नियमन के लिए व्याकरण की जगह सौन्दर्यशास्त्र की ज़रूरत पर जोर दिया था किन्तु ग्राम्शी ने इसे काटते हुए कहा कि भाषा को किसी निश्चित सौन्दर्यशास्त्र से नहीं बाँधा जा सकता। ग्राम्शी की यह प्रस्थापना सही है कि सारी जनता दार्शनिक है क्योंकि दैनिक कार्यों में वह दर्शन का उपयोग करती है और उसी तरह सारी जनता भाषाविद् है क्योंकि वह भाषा बोलती है, भाषा गढ़ती है, शब्द-सम्पदा तैयार करती है। ग्राम्शी ने पेशेवर भाषाविदों को गलत करार दिया क्योंकि वे प्रायः ऐसी एकता की परिकल्पना करते हैं जो, वास्तव में, सामाजिक रूप से मौजूद नहीं होती। वह स्वयं फासीवादी शासन का शिकार होने के कारण कई वर्षों तक कारा में बन्द थे क्योंकि वह हिंसा के बल पर एकता कायम करने के विरुद्ध थे। उन्होंने भाषा के अध्ययन को उसकी ऐतिहासिक परिस्थितियों में सामाजिक और राजनीतिक सम्बन्धों का उदाहरण माना। मगर भाषा प्रायः विचार, भावना और इच्छा से कुछ अधिक चीज़ें सम्प्रेषित करती है। निःसन्देह, भाषा सम्प्रेषण हेतु प्रतीकों की पद्धति है जिनके सामान्यतः समान अर्थ किसी समाज में किसी विशेष कालखंड में प्रचलित होते हैं और कालान्तर में बदलते रहते हैं। इस प्रकार भाषा का आलोचनात्मक समाजशास्त्र भाषाई विविधता, और सामाजिक-सांस्कृतिक बहुलता दोनों को विशेष महत्त्व देता है जिसमें अन्तरनिर्भरता एवं लोकतन्त्रीकरण जैसी विशेषताएँ होती हैं। मैं जैव विविधता, भाषाई विविधता तथा सांस्कृतिक विविधता तीनों का समाहार चाहता हूँ जिससे भिन्नता को जगह मिले, सम्मान मिले और प्रगति का अवसर मिले।

अध्याय 4

विश्व में बहुभाषावाद : सिद्धान्त एवं व्यवहार

किसी भाषा के ज़रिये मनुष्यों का एक-दूसरे को अपने सन्देश का सम्प्रेषण करना एक साथ विशिष्ट एवं सार्वभौमिक मानव गुण है। प्राकृतिक रूप से सोचने, उसे समझने और ध्वनि पैदा करने की मानव-क्षमता भाषा-व्यवस्था का सृजन करने को सम्भव बनाती है। आजकल समूचे विश्व में विभिन्न भाषावैज्ञानिकों, समाजशास्त्रियों, मनोवैज्ञानिकों आदि की दृष्टि में इस हद तक परस्पर सहमति बनी है कि एकल भाषा सीमित दायरा, एकायाम, संकुचन एवं संकीर्णता जैसे नकारात्मक पक्षों के कारण राष्ट्र-राज्य और विश्व दोनों के सन्दर्भों में द्विभाषा व्यवस्था से काफ़ी कमतर है। अस्तु, वह स्वीकार्य नहीं है। मगर अब समुदाय की विविधता, बाज़ार में रोज़गार की माँग, वैश्वीकरण, तथा आकर्षक भाषाओं के बोलने वालों के प्रकट रूप से दृढ़ निश्चय और घोषणा के कारण द्विभाषा व्यवस्था भी सापेक्षतः कम स्वीकार्य है तथा उसकी जगह बहुभाषा-व्यवस्था (या बहुभाषावाद) को ज़्यादा मान्य किया जा रहा है। यूँ यह विशेष रूप से उल्लेखनीय है, जैसा कि स्टीफेन ने अपनी पुस्तक 'लैंग्वेज ऐंड माइनॉरिटी राइट्स' (2001) में रेखांकित किया है, प्राचीनकाल के ग्रीक, रोमन तथा इसके साम्राज्यों के अलावा बाद के ऑस्ट्रो-हंगारियन तथा ओटोमन साम्राज्य ने तमाम संस्कृतियों और उनमें शामिल भाषाओं के साथ छेड़छाड़ नहीं की। बशर्तें वे आवश्यक करों का भुगतान बन्द नहीं करें। यह काफ़ी दिलचस्प है कि विश्व के विभिन्न भागों में विभिन्न कालखंडों में एकलभाषावाद तथा बहुभाषावाद की शक्तियों के बीच निरन्तर तनाव, टकराव और मुठभेड़ होती रही है। उदाहरण के तौर पर, संयुक्त राज्य अमेरिका तथा ऑस्ट्रेलिया में उन्नीसवीं सदी के अधिकांश समय तक बहुभाषावाद को स्वीकार करने वाली नीतियाँ थीं। मगर कालान्तर में (उन्नीसवीं सदी के उत्तरार्ध में) पहले उसकी जगह सहनशील किन्तु प्रतिबन्धित नीतियों को लाया गया और बाद में (प्रथम विश्व युद्ध के दौरान) बहुभाषावाद या सांस्कृतिक बहुलतावाद को पूरी तरह नकार दिया गया। काफ़ी बाद में 1960 के दशक में संयुक्त राज्य अमेरिका में तथा 1970 के दशक में ऑस्ट्रेलिया में नीतिगत परिवर्तन

आया। कहने का आशय यह है कि प्रथम और द्वितीय विश्व युद्ध के दौरान प्रायः नकारात्मक नीतियाँ प्रचलित थीं जो एकल संस्कृतिवाद तथा 'परभय' (जेनोफ़ोबिया) की द्योतक थीं। मगर 1960 और 1970 के दशकों में सकारात्मक नीतियाँ आयीं जो सामाजिक समता, न्याय, मानवाधिकारों आदि की द्योतक थीं। यह विडम्बना है कि कुछ यूरोपीय देश और संयुक्त राज्य अमेरिका में प्रवासी बच्चों को 'विदेशी' मानते हुए उन्हें अपने माँ-बाप की भाषाएँ सीखने का प्रावधान किसी न किसी रूप में किया गया है मगर उन भाषाओं को बहुसंख्यक बच्चों द्वारा सीखने का प्रावधान बिल्कुल नहीं किया गया है। यूरोपीय संसद द्वारा 1993 में पारित क्षेत्रीय एवं अल्पसंख्यक भाषाओं का चार्टर 'अल्पसंख्यक' को अपनी भाषाओं में शिक्षा, लोकप्रशासन, वृद्धों की देखभाल, सीमापार सम्प्रेषण आदि के अधिकार देता है मगर प्रवासियों को यह अधिकार नहीं देता। ख़ैर...बहुभाषावाद के चार अर्थ हो सकते हैं :

(क) सम्पर्क भाषा के रूप में स्थानीय स्तर पर प्रयोग के अर्थ में (छत्तीसगढ़ में मुंडारी समुदाय में मुंडारी भाषा, सदानी भाषा, छत्तीसगढ़ी भाषा)।

(ख) किसी व्यक्ति की भाषा-दक्षता के अर्थ में (बहुभाषा-भाषी और बहुभाषाविद्)।

(ग) किसी राष्ट्र या समाज में भाषा की वास्तविक स्थिति के अर्थ में (शिक्षा का घोषित मानक भारतीय भाषा माध्यम, शिक्षक द्वारा स्थानीय भाषा का प्रयोग पूरक रूप में, विद्यार्थियों की मातृभाषा, विदेशी भाषा)।

(घ) दो से अधिक भाषाओं की शासकीय मान्यता के अर्थ में (राज भाषा अथवा/और 'अनुसूचित' भाषा)।

दरअसल किसी विशेष राज्य या समाज के सन्दर्भ में 'शासकीय बहुभाषावाद' तथा 'वास्तविक बहुभाषावाद' में फ़र्क किया जा सकता है। इस बाबत माइकेल क्लाइने ने कनाडा और स्विट्जरलैंड का सटीक उदाहरण दिया है। स्विट्जरलैंड को शासकीय तौर पर 'बहुभाषावादी राज्य' घोषित किया गया है तथा वहाँ फ्रांसीसी, जर्मन और इतालवी भाषाओं में सभी सरकारी दस्तावेज़ प्रकाशित किये जाते हैं मगर वहाँ क्षेत्रीयता का सिद्धान्त व्यवहार में लागू होने के कारण कुछ प्रशासनिक निकायों/इकाइयों (जैसे कैंटोन) में रहने वाले नागरिक मात्र एक भाषा बोलते हैं और वहाँ मात्र एक भाषा ही सरकारी घोषित है। अर्थात् औपचारिक रूप से बहुभाषावादी राज्य होने के बावजूद स्विट्जरलैंड वास्तविक रूप से बहुभाषावादी समाज नहीं है। दूसरी ओर कनाडा की स्थिति इसके ठीक विपरीत है। वहाँ संविधान में कनाडा को 'द्विभाषी राष्ट्र' घोषित किया गया है—अँग्रेजी और फ्रांसीसी—मगर अधिकतर कनाडाई नागरिक नियमित रूप से एक ही भाषा (विद्यालय से परे) का प्रयोग

करते हैं मगर व्यवहार में वहाँ प्रवासी समुदाय द्वारा लायी गयी सैकड़ों भाषाएँ प्रचलित हैं जिनमें पंजाबी (जो वहाँ तीसरी सबसे ज़्यादा बोली जाने वाली भाषा है) जैसी कई प्रवासी भाषाओं का प्रयोग कई पीढ़ियों से होता है तथा कई क्षेत्रों में 'रेड इंडियंस' की और 'इनुइट' (एस्किमो) जैसी कई देशज भाषाएँ भी प्रयुक्त होती हैं। इस प्रकार औपचारिक रूप से द्विभाषी राज्य घोषित होने के बावजूद कनाडा व्यवहार में 'वास्तविक बहुभाषावादी' समाज है। उसका यह मानना सही है कि समाज का बहुसंख्यावाद कई सान्दर्भिक कारकों से सृजित होता है, जैसे :

(क) अन्तरराष्ट्रीय प्रव्रजन (माइग्रेशन)—जैसे, अर्जेंटीना या संयुक्त राज्य अमेरिका में।

ख) उपनिवेशवाद (वेल्स या केन्या में)।

(ग) अन्तरराष्ट्रीय सरहदें (ऑस्ट्रिया और स्लोवेनिया के बीच)।

(घ) साझा स्थानीय भाषायी क्षेत्र जो विदेश से घिरा हो (स्लोवाकिया में हंगारियन भूक्षेत्र अथवा जर्मनी में सर्बियाई भूक्षेत्र)।

(ङ) अन्तरराष्ट्रीय भाषाओं का फैलाव (विशेषकर अँग्रेजी, स्पैनिश या फ्रांसीसी)।

वैश्विक स्तर पर विभिन्न ज्ञानानुशासन यथा संरचनात्मक भाषाविज्ञान, सामाजिक भाषाविज्ञान, समाजशास्त्र, मनोवैज्ञानिक भाषाविज्ञान, सामाजिक मनोविज्ञान, सांख्यिकी आदि में बहुभाषावाद के शोध के बाबत निम्नलिखित चार प्रतिमान मुख्यतः अपनाये जाते हैं (माइकेल क्लाइने) :

(क) भाषा-सम्पर्क (लैंग्वेज कान्टैक्ट) प्रतिमान—इसमें भाषा को 'एक व्यवस्था' के रूप में देखा जाता है। यह सामाजिक भाषाविज्ञान तथा मनोवैज्ञानिक भाषाविज्ञान के कारकों को भी समेटने की कोशिश करता है जहाँ भाषा-सम्पर्क की प्रक्रियाओं तथा अन्तःक्रियात्मक प्रतिरूप (पैटर्न)को भी समाहित किया जाता है। वेनरिच, हाउजन, गुम्पर्ज, गिलेस, न्यूस्तुपनी जैसे विद्वानों ने इस प्रतिमान का प्रयोग अपने लेखन में किया है।

(ख) भाषा-बदलाव (लैंग्वेज शिफ़्ट) प्रतिमान—यह भाषा के प्रयोग, प्रयोग के इलाकों (डोमेन्स), एक भाषा की जगह दूसरी भाषा के बदलावों की व्याख्याओं से सम्बन्धित है। फिशमैन, वेन्टमैन जैसे विद्वानों ने इस प्रतिमान का प्रयोग अपने लेखन में किया है।

(ग) भाषा की मृत्यु (लैंग्वेज डेथ) प्रतिमान—यह कुछ हद तक भाषा-बदलाव प्रतिमान की तरह है मगर यहाँ अध्ययन की विषय-वस्तु सामान्यतः वे भाषाएँ होती हैं जिनका प्रतिनिधित्व अन्यत्र नहीं होता

(जैसे, ब्रिटेन, अमेरिकन रेड इंडियन, ऑस्ट्रेलियाई आदिवासी भाषाएँ)। भाषा-बदलाव प्रतिमान से हटकर इस प्रतिमान का शोध सामान्यत: अपने अस्तित्व के अन्तिम चरण में पहुँची भाषाओं के बदलते व्याकरण पर विचार आदि पर केन्द्रित होता है।

(घ) भाषा-घिसावट (लैंग्वेज अट्रिशन) प्रतिमान—यह किसी व्यक्ति की पहली (मातृभाषा) भाषा में भाषायी हुनर की हानि को मापता है। यह प्रतिमान देशान्तरीय आँकड़ों के लगभग नगण्य होने के कारण इन भाषाओं के ठहराव (रिटेंशन)की सीमाओं की खोज करता है। जैसे माँ-बाप की भाषा और बच्चों की भाषा की तुलना, प्रवासियों की भाषा और मूल स्थान पर स्थायी रूप से रह रहे लोगों की भाषा की तुलना। वेल्टेंस जैसे विद्वानों ने इस प्रतिमान का प्रयोग किया है। मगर अधिकतर विद्वानों का मानना है कि भाषा-घिसावट (अट्रिशन)की बज़ाय भाषा-ठहराव (रिटेन्शन) प्रतिमान अध्ययन के लिए बेहतर है क्योंकि आजकल भाषा के शोधार्थियों के समक्ष दो से अधिक भाषाओं के प्रयोग के प्रभाव, ज़्यादा ग्राह्य तरीके से प्रयुक्त भाषाओं के सक्रियकरण (एक्टिवेशन) तथा किसी व्यक्ति या समूह द्वारा अब प्रयुक्त न की जाने वाली भाषाओं के पुन: सक्रियकरण (रि-एक्टिवेशन) जैसी चुनौतियाँ मुँह बाये खड़ी हैं।

बहुभाषावाद के वास्तविक उदाहरण : कई देशों में बहुभाषावाद के लिए अलग-अलग नीतियाँ लागू की गयी हैं जिनमें से कुछ प्रमुख उदाहरण निम्नलिखित हैं :

(1) **ऑस्ट्रेलिया**—ऑस्ट्रेलिया में संविधान में कोई भी भाषा राज भाषा के रूप में घोषित नहीं है परन्तु व्यवहार में अँग्रेजी इसकी राजभाषा है। वहाँ की राष्ट्रीय भाषा नीति तथा ऑस्ट्रेलियाई भाषा एवं साक्षरता नीति में निम्नलिखित दिशानिर्देशक सिद्धान्त अपनाये गये हैं :

(क) सभी के लिए अँग्रेजी में दक्षता ज़रूरी है।

(ख) अँग्रेजी से इतर भाषाओं का अनुरक्षण एवं विकास हो।

(ग) विभिन्न सेवाओं की उपलब्धता का प्रावधान अँग्रेजी से इतर भाषाओं में भी हो।

(घ) द्वितीय भाषा ग्रहण करने/सीखने के अवसर सबको उपलब्ध हों।

यह विशेष रूप से उल्लेखनीय है कि वहाँ प्राथमिक एवं माध्यमिक विद्यालयों में विभिन्न पृष्ठभूमियों के बच्चों को कई भाषाएँ (प्रवासी समूह की कई भाषाओं सहित) सिखायी जाती हैं तथा माध्यमिक

परीक्षा में कुल 38 भाषाओं की परीक्षा ली जाती है। इसके अलावा सार्वजनिक सूचनाएँ विभिन्न भाषाओं (निकट अतीत में आये प्रवासी समूहों की भाषाओं सहित) में प्रकाशित की जाती हैं। फिर वहाँ 60 भाषाओं में सरकारी तथा सार्वजनिक अनुदान प्राप्त रेडियो स्टेशन से प्रसारण कार्य सम्पन्न होता है। उसके अलावा वहाँ सरकार द्वारा संचालित टी.वी. विभिन्न सामुदायिक भाषाओं में फिल्में प्रसारित करता है और ऐसे कार्यक्रमों को अँग्रेजी उपशीर्षक के साथ प्रसारित किया जाता है तथा स्थानीय सार्वजनिक पुस्तकालय में स्थानीय सामुदायिक भाषाओं में लिखी पुस्तकें, पत्रिकाएँ, वीडियो, कैसेट आदि उपलब्ध रहते हैं। इतना ही नहीं, वहाँ करीब नब्बे भाषाओं में 'दूरभाष दुभाषिया सेवा' उपलब्ध है। यद्यपि वहाँ अँग्रेजी प्रबल एवं सम्पर्क भाषा के रूप में मौजूद है किन्तु वहाँ बहुभाषावाद एवं बहुसंस्कृतिवाद राष्ट्रीय पहचान तथा राष्ट्रीय साहचर्य में अप्रतिम योगदान दे रहा है।

(2) **कनाडा**—इसे शासकीय रूप से 'द्विभाषी राज्य' इसलिए घोषित किया गया है जिससे वहाँ अँग्रेजी और फ्रांसीसी में सन्तुलन कायम रहे क्योंकि आर्थिक और राजनैतिक कारणों से कनाडा का इतिहास अँग्रेजी भाषा की ओर झुका रहा है। द्विभाषावाद एवं द्विसंस्कृतिवाद पर रॉयल कमीशन (1965-70) तथा ऑफिसियल लैंग्वेज एक्ट (1969) की घोषणा के बाद कनाडा करीब-करीब द्विभाषी राज्य बन गया, सिवाय क्यूबेक प्रान्त के जो एकलभाषावादी रहा—1974 में फ्रांसीसी भाषा क्यूबेक की एकमात्र राजभाषा घोषित की गयी यद्यपि संसदीय, विधायी कार्य और न्यायपालिका में द्विभाषा नीति लागू रही। विधेयक 101 (फ्रांसीसी भाषा का चार्टर 1977) ने फ्रांसीसी को क्यूबेक में काम, व्यापार और दैनिक जीवन की भाषा बना दिया—सिवाय उन बच्चों की शिक्षा के लिए जिनके माँ-बाप ने कनाडा में अँग्रेजी माध्यम से विद्यालयीय शिक्षा प्राप्त की थी। कनाडा के तीन प्रान्तों यथा अलबर्टा, मनिटोबा तथा सस्काचेवन (Saskatchevan) में फ्रांसीसी बोलने वालों की संख्या अँग्रेजी से इतर भाषाएँ बोलने वालों से काफ़ी कम है मगर उन्हें शासकीय हैसियत प्राप्त नहीं है। यूँ 'विरासती भाषाओं' की पढ़ाई की सुविधा वहाँ विद्यालयीय पढ़ाई के घंटों के बाद उपलब्ध है। इस प्रकार कनाडा में 'असमान बहुभाषावाद' का सिद्धान्त लागू है।

(3) **स्विट्जरलैंड**—वहाँ 'समान बहुभाषावाद' का सिद्धान्त लागू है क्योंकि

वहाँ फ्रांसीसी, जर्मन तथा इतालवी को समान हैसियत प्राप्त है यद्यपि इन भाषाओं को बोलने वालों की संख्या में काफ़ी भिन्नता है—73.5 प्रतिशत जर्मनभाषी (जर्मन प्रथम भाषा के रूप में), 20.1 प्रतिशत फ्रांसीसीभाषी, 4.5 प्रतिशत इतालवीभाषी और 0.9 प्रतिशत क्षेत्रीय राजभाषा (रेटो-रोमांश) बोलने वाले हैं। मगर विभिन्न क्षेत्रों (कैंटोन) में अलग-अलग भाषाएँ (जर्मन या फ्रांसीसी या इतालवी) बोली जाती हैं—यानी क्षेत्रीयता का सिद्धान्त व्यवहार में लागू है। इस प्रकार प्रत्येक कैंटोन द्विभाषी या बहुभाषी होने की बजाय एकलभाषी है।

(4) **सिंगापुर**—यहाँ भाषाओं की हैसियत की समानता नहीं है। मलय वहाँ की राजभाषा है मगर इसके ख़ास कार्य राज्यगान और राष्ट्रीय सिद्धान्त वाक्य तक सीमित है। मंडारिन (चीनी) भाषा चीनी समुदाय के बीच प्रचारित-प्रसारित की जाती हैं, जबकि तमिल भाषा तमिल समुदाय के बीच। अँग्रेजी विभिन्न समुदायों के बीच तथा विश्व के साथ सम्प्रेषण हेतु सम्पर्क भाषा है। यूँ अँग्रेजी, तमिल, मंडारिन और मलय चार भाषाओं को शासकीय भाषा की हैसियत प्राप्त है मगर व्यवहार में अँग्रेजी के सिवाय दूसरी भाषाओं में कोई सार्वजनिक सूचना नहीं दी जाती। इस प्रकार सिंगापुर में 'असमान बहुभाषावाद' व्यवहार में प्रचलित है। उन्लेखनीय है कि सिंगापुर के चीनी समुदाय के लोग अपने-अपने घर पर ऐसी भाषा का इस्तेमाल करते हैं जो शुद्ध मंडारिन से भिन्न होती है तथा तमाम सिंगापुरी भारतीय तमिल मूलभाषी नहीं है मगर मंडारिन के ज़रिये ताइवान और चीन के साथ सम्पर्क किया जाता है और तमिल के ज़रिये दक्षिण भारत एवं मलेशिया के तमिल भाषियों से।

(5) **नामीबिया**—यह सिर्फ़ अँग्रेजी को राज भाषा का दर्ज़ा देता है, जबकि वहाँ सिर्फ 3 प्रतिशत लोग मूलतः अँग्रेजी भाषा को प्रथम भाषा के रूप में इस्तेमाल करते हैं तथा कुल 53 प्रतिशत लोग अँग्रेजी बोल सकते हैं। दूसरी ओर 'अफ्रीकान्स' तथा जर्मन भाषाओं को उपनिवेशवाद और अत्याचार से जोड़ा जाता है और यह थोथी दलील दी जाती है कि बहुत सारी अफ्रीकी देसी भाषाओं के होने के कारण किसी एक अफ्रीकी भाषा को राज भाषा बनाया जाना उचित नहीं होगा। इस प्रकार दुर्भाग्यवश वहाँ अँग्रेजी भाषा पटरानी बनी हुई है तथा तमाम स्थानीय/ क्षेत्रीय अफ्रीकी भाषाएँ उसकी दासियाँ मात्र हैं।

(6) **दक्षिण अफ्रीका** : 1993 में दक्षिण अफ्रीका का नया संविधान बना

जिसमें भाषा को एक मानव अधिकार माना गया तथा बहुभाषावाद राष्ट्रीय संसाधन माना गया। नये संविधान में अँग्रेजी और अफ्रीकान्स भाषाओं के अलावा नौ बड़ी अफ्रीकी भाषाओं को राष्ट्रीय राज भाषा की हैसियत दी गयी है—न्देबेले, उत्तरी सोथो, दक्षिणी सोथो, स्वाती, त्सोंगा, त्स्वाना, वेन्दा, ख़ोसा (Xhosa) और जुलू। इसके कारण सारे देश में विद्यालयों से लेकर विश्वविद्यालयों तक की कक्षाओं में बहुभाषी एवं बहुसांस्कृतिक विद्यार्थियों की आबादी में अप्रत्याशित वृद्धि हुई है। फिर भी आजकल बहुतेरे अभिभावक अपने बच्चों को अँग्रेजी माध्यम वाले विद्यालयों में पढ़ाना चाहते हैं जो सत्ता की भाषा मानी जाती है।

(7) **बोलिविया**—वहाँ राष्ट्रीय शिक्षा सुधार 1994 में किया गया जिसके अनुसार द्विभाषी अन्तर-सांस्कृतिक शिक्षा नीति अपनायी गयी। तीन सबसे बड़ी देशज भाषाओं यथा क्युएचुआ, आयमारा, ग्रुप रानी को प्रथम भाषा (विद्यालयीय शिक्षा हेतु) घोषित किया गया और स्पैनिश भाषा को द्वितीय भाषा घोषित किया गया। किन्तु आजकल बहुतेरे अभिभावक स्पैनिश माध्यम वाले विद्यालयों में बच्चों को पढ़ाना चाहते हैं।

(8) **भारत**—भारत में संघ सरकार की राज भाषा हिन्दी है और सह-भाषा अँग्रेजी है। विभिन्न राज्य की राज भाषाएँ वहाँ की क्षेत्रीय भाषाएँ हैं। भारत में करीब चार हज़ार समुदाय हैं और 1652 मातृ भाषाएँ (जनगणना 2001) प्रचलित हैं (जिनमें से 600 से ज़्यादा जीवित हैं) जिन्हें 122 विवेकसम्मत मान्य भाषाओं के रूप में श्रेणीबद्ध किया गया है जो निश्चित रूप से कृत्रिम श्रेणीकरण है। फिर भारत में अनुसूचित भाषाओं (22 भाषाएँ) और गैर-अनुसूचित भाषाओं का श्रेणीकरण भी किया गया है। 2003 में चार नयी भाषाओं (डोगरी, संथाली, बोडो और मैथिली) को संविधान की अनुसूची 8 में शामिल किया गया। 2001 की जनगणना के अनुसार भारत की 57 भाषाओं में प्रत्येक के बोलने वालों की संख्या दस लाख से अधिक थी। इनमें 27 हिन्दी की बोलियाँ भी शामिल थीं। तब भारत की 234 मातृभाषाओं में प्रत्येक के बोलने वालों की संख्या दस हजार से अधिक थी। इनमें दोनों अनुसूचित तथा गैर-अनुसूचित भाषाएँ शामिल हैं। तब भारत के एक-तिहाई जिले भाषाई रूप से विविधतापूर्ण थे। हाँ, 20 प्रतिशत आबादी की भाषा प्रबल भाषा नहीं रही है। यहाँ तक कि कुछ विकास

खंडों/प्रखंडों (ब्लॉक) में भी भाषाई बहुलता देखने को मिलती है। उदाहरणार्थ, (धीर झिंगरान के अनुसार) छत्तीसगढ़ के रामगढ़ जिले के खरसियाँ विकास-खंड में विभिन्न आदिवासी समुदाय नागेशिया, ओराँव, गोंडी, कोंड एवं खड़िया भाषाएँ बोलते हैं। मगर कुछ आदिवासी समुदायों ने, विशेषकर पूर्वी भाग में, 'सदानी' को गृह भाषा के रूप में अपना लिया है। फिर भी सभी समुदायों के बीच छत्तीसगढ़ी को 'सम्पर्क भाषा' के रूप में इस्तेमाल किया जाता है। कई भागों में माँ-बाप और बच्चे एक-दूसरे से सदानी या छत्तीसगढ़ी भाषा अपने-अपने घर पर बोलते हैं। किन्तु बूढ़ों-बुजुर्गों से वे अपनी मातृभाषा में बोलते हैं। कुछ क्षेत्रों में प्राथमिक शिक्षा पूरी करते-करते बच्चे चार-पाँच भाषाएँ सीख जाते हैं। उदाहरणार्थ, मुंडारी भाषी परिवार का बच्चा अपने माँ-बाप से मुंडारी में बात करता है, अपने मित्रों और पड़ोसियों से छत्तीसगढ़ी में बात करता है, हिन्दी भाषा वह शिक्षा के माध्यम के रूप में विद्यालय में सीखता है तथा कक्षा तीन से अँग्रेजी भाषा सीखने लगता है। उल्लेखनीय है कि भारत में त्रिभाषा सूत्र कई दशकों (1968 से) से लागू है जो अधिकांश राज्यों में विधिवत् प्रचलित है किन्तु तमिलनाडु में लम्बे अरसे से त्रिभाषा सूत्र व्यवहार में प्रचलित नहीं है जबकि अन्य दक्षिण भारतीय राज्यों में वह कारगर सिद्ध हुआ है। उत्तर भारतीय राज्यों में हिन्दी, संस्कृत एवं अँग्रेजी को विषय के रूप में विद्यालयीय शिक्षा में बच्चों को पढ़ाया जाता है। व्यवहार में वे इन तीन भाषाओं के अतिरिक्त हिन्दी की कम-से-कम एक बोली (स्थानीय भाषा) भी सीखते हैं। त्रिभाषा सूत्र में तीन भाषाएँ इस प्रकार शामिल की गयी हैं :

(क) प्रथम सीखी जाने वाली भाषा मातृभाषा या क्षेत्रीय भाषा हो।

(ख) हिन्दी भाषी क्षेत्र में दूसरी भाषा अन्य आधुनिक भारतीय भाषा या अँग्रेजी हो। अहिन्दी भाषी क्षेत्र में दूसरी भाषा हिन्दी या अँग्रेजी हो।

(ग) हिन्दी भाषी क्षेत्र में तीसरी भाषा अँग्रेजी या एक आधुनिक भारतीय भाषा हो जो द्वितीय भाषा के रूप में नहीं सीखी गयी हो। अहिन्दी भाषी क्षेत्र में तीसरी भाषा अँग्रेजी हो अथवा एक आधुनिक भारतीय भाषा हो जो द्वितीय भाषा के रूप में न सीखी गयी हो।

भारत में राष्ट्रीय पाठ्यचर्या रूपरेखा (2005) में त्रिभाषा सूत्र पर जोर दिया गया था और गाँधीजी के सिद्धान्त का समर्थन किया गया था कि प्राथमिक शिक्षा मातृभाषा के माध्यम से दी जाय और धीरे-धीरे अन्य भाषाओं की पढ़ाई की जाय।

मगर एक ओर इसने व्यावहारिक रणनीतियाँ बहुभाषा नीति लागू करने हेतु नहीं बनाईं और दूसरी ओर यह रूपरेखा सभी राज्यों पर बाध्यकारी न होने के कारण व्यवहार में सर्वत्र लागू नहीं हो सकी। इसलिए प्रसिद्ध भाषाविद् प्रो. एल. खूबचन्दानी ने इसे 'आवयविक बहुलवाद' (आर्गनिक प्लुरलिज्म) कहा है। भारतीय समाज के बारे में ठीक ही कहा गया है—'कोस-कोस पर पानी बदले, पाँच कोस पर बानी'। जिन्हें हम बोलियाँ कहते हैं, जैसे हिन्दी में 49 बोलियाँ हैं, वे वास्तव में स्थानीय या क्षेत्रीय भाषाएँ हैं। उनमें भी विशेषकर क्रिया सम्बन्धी भिन्नता होने के कारण कई रूप व्यवहार में प्रचलित हैं। अवधी के कई रूप उल्लेखनीय हैं जैसे, गोंडा, बहराइच, बलरामपुर और बस्ती (अंशतः गोरखपुर) की अवधी, लखनऊ की अवधी (हमारे की जगह 'हमाये') सुल्तानपुर-फैजाबाद की अवधी ('हम गा रहे', 'हम गवा रहे'), जौनपुर की अवधी ('बचई', 'बिट्टी'), इलाहाबाद की अवधी ('हमहन', 'भइयऊ', 'हम पचे'), बाराबंकी, सीतापुर, हरदोई, एवं लखीमपुर की अवधी ('द्याखौ'), उन्नाव की अवधी (बैसवाड़ी-निराला का गृहक्षेत्र), कानपुर की अवधी (रहिते हैं) आदि। इसी प्रकार आजमगढ़, देवरिया, बलिया, आरा, छपरा, सासाराम, बनारस, गोरखपुर, चम्पारण, पलामू आदि की भोजपुरी में भी फर्क़ है (इसका अन्यत्र उदाहरण दिया गया है)। ख़ैर... भारत में भाषा-प्रयोग का प्रतिरूप (पैटर्न) विभिन्न क्षेत्रों में भिन्न-भिन्न होने के कारण काफ़ी जटिल है जिनमें से कुछ प्रमुख विशेषताएँ निम्नलिखित हैं (धीर झिंगरान) :

(अ) कई 'सम्पर्क' भाषाएँ (कांटैक्ट लैंग्वेजेज) प्रयोग में हैं जो अन्तर-समूह सम्प्रेषण में अद्भुत होती हैं जो प्रायः अन्य भाषाओं की संकर रूप होती हैं।

(ब) कई क्षेत्रों में निरन्तर भाषा-बदलाव हो रहा है।

(स) अधिकांश क्षेत्रों में भाषा-एकीभूतीकरण (एसिमिलेशन) हो रहा है जिससे दुर्भाग्यवश, विशेषकर आदिवासी क्षेत्र में, 'समरूपीकरण' (होमोजिनाइजेशन) हो रहा है।

(द) कुछ समुदायों में माँ-बाप क्षेत्रीय भाषा का प्रयोग अपने बच्चों के साथ बातचीत में करते हैं जबकि अपने परिवार के बूढ़े-बुजुर्गों से बातचीत में अपने पुरखों की भाषा (मातृभाषा) का प्रयोग करते हैं।

भाषा-चयन का निर्धारण

कई बहुभाषावादियों के अनुसार भाषा-चयन का निर्धारण जीवन और जगत में निम्नलिखित कारक करते हैं (माइकेल क्लाइने, हाउजन, हेलर, गुम्पर्ज एवं हरनान्देज़-चावेज, कूपर, सन्कोफ) :

(क) **बात करने वाला व्यक्ति (इंटरलॉक्यूटर)**—यदि बात करने वाला व्यक्ति एकलभाषा भाषी है, तो वह सामान्यतः 'कूट-परिवर्तन' (कोड-स्विच) करेगा, भले वह वार्तालाप में निष्क्रिय सहभागी हो। बात करने वाले व्यक्ति की उम्र उसके भाषा-चयन को प्रभावित कर सकती है। उदाहरण के तौर पर, संयुक्त राज्य अमेरिका तथा ऑस्ट्रेलिया (जहाँ अप्रवासी जनसंख्या का बाहुल्य है) में प्रायः अल्पसंख्यक भाषा 'पुरानी पीढ़ी' से सम्बद्ध होती है जबकि बहुसंख्यक भाषा 'नयी पीढ़ी' से सम्बद्ध होती है। बात करने वाले व्यक्ति के द्वारा पालन-पोषण करने की पद्धति एक भावी आधार बनती है कि उसका बच्चा द्विभाषी होगा या बहुभाषी—क्योंकि माँ-बाप और उनके तमाम रिश्तेदार अपनी-अपनी भाषा का प्रयोग लगातार उस बच्चे के साथ बातचीत में करते हैं।

(ख) **भूमिका (किरदार)—सम्बन्ध (रिलेशनशिप)** : जहाँ बात करने वाले व्यक्ति के बहुल सम्बन्ध होते हैं (जैसे एंग्लो-अमेरिका सन्दर्भ में सार्वजनिक विद्यालय का शिक्षक और हिस्पानी सन्दर्भ में एक पारिवारिक मित्र), वहाँ भाषा का चयन भूमिका-सम्बन्ध द्वारा निर्धारित होता है।

(ग) **इलाका या क्षेत्र (डोमेन)**—सम्प्रेषण का सान्दर्भिक वृत्त—जैसे घर, कार्यस्थल, विद्यालय, धर्म, संव्यवहार (ट्रांजैक्शन), अवकाश, मित्र या समुदाय समूह। गृह-क्षेत्र किसी अल्पसंख्यक भाषा में जीवित रहने वाला बहुधा अन्तिम क्षेत्र होता है। जहाँ कई भाषाएँ मौजूद होती हैं, उनका प्रयोग इलाकाबद्ध हो सकता है। जैसे, आस्ट्रेलिया में कुछ मॉरिशस अप्रवासियों में मॉरिशस की फ्रांसीसी-हिन्दी मिश्रित 'क्रियोल' भाषा घर में बोली जाती है, धर्म के बाबत मानक फ्रांसीसी बोली जाती है, तथा कार्यस्थल और संव्यवहार इलाकों में अँग्रेजी बोली जाती है। यह मानी हुई बात है कि यदि कोई भाषा किसी ख़ास इलाके तक सीमित कर दी जाती है, तो वह भाषा शक्तिविहीन हो जाती है।

(घ) **प्रकरण (टॉपिक)**—दो भाषाओं से जुड़े विभिन्न प्रकार के अनुभव (यथा मूल देश में तथा प्रवास वाले देश में) लोगों को भाषा बदलने (लैंग्वेज शिफ्ट) के कारण बनते हैं जिससे वे अपने रोज़गार, वर्तमान अवकाश की गतिविधियों, विद्यालय, नये तकनीकी विकासों या खेल के ख़ास प्रकारों के बारे में बातचीत कर सकें।

(ङ) **स्थल (वेन्यू)**—कुछ भवन या अन्य स्थल (जैसे गली, बगीचा, घर) को ज़्यादा सार्वजनिक या ज़्यादा निजी इलाका माना जाता है और इसलिए अन्य भाषा के लिए कूट-परिवर्तन करना पड़ता है।

(च) **सम्प्रेषण चैनल**—कुछ लोग प्रत्यक्ष (आमने-सामने) सम्प्रेषण के लिए एक भाषा का प्रयोग करते हैं और अप्रत्यक्ष सम्प्रेषण (दूरभाष) के लिए दूसरी भाषा का प्रयोग करते हैं। इसके अलावा कुछ लोग बोलने के लिए एक भाषा का प्रयोग करते हैं और लिखने के लिए दूसरी भाषा का। बिहार में भोजपुरी भाषी प्रायः बोलचाल में भोजपुरी का प्रयोग करते हैं मगर लिखने में हिन्दी का प्रयोग करते हैं।

(छ) **अन्तःक्रिया का प्रकार (टाइप ऑव इंटरैक्शन)**—औपचारिक कार्य-व्यापार का सम्प्रेषण सामान्यतः सार्वजनिक क्षेत्र की भाषा में किया जाता है जबकि हँसी-मजाक, मनोरंजन आदि अनौपचारिक अन्तः क्रियाओं का सम्प्रेषण निजी क्षेत्र की भाषाओं में किया जाता है।

(ज) **विशिष्ट नाटकीय कार्य-प्रभाव (फैटिक फंक्शन)**—किसी ख़ास भाषा के प्रयोग से विशिष्ट नाटकीय प्रभाव पैदा करने की कोशिश की जाती है। प्राचीन भारत में कई संस्कृत नाटकों में शिक्षित/अभिजन वर्ग के पात्र संस्कृत में बात करते हैं जबकि अशिक्षित सेवक या दास जैसे पात्र टूटी-फूटी हिन्दी, अपभ्रंश, पैशाची, पालि आदि भाषाओं में बात करते हैं।

भाषा-अनुरक्षण

कोई भाषा किसी समुदाय या क्षेत्र में बरकरार या अनुरक्षित रहती है या नहीं, यह तथ्य निम्नलिखित सामाजिक-आर्थिक-ऐतिहासिक कारकों पर निर्भर करता है (क्लोस, स्मोलिए, माइकेल क्लाइने, फिशमैन आदि):

(क) यदि किसी भाषा को बोलने वालों का बड़ा समुदाय हो, तो वह भाषा बरकरार रखने के लिए विशिष्ट सामुदायिक विद्यालय, अख़बार आदि महत्त्वपूर्ण भूमिका निभाते हैं।

(ख) उच्च शिक्षा प्राप्त लोग किसी बहुसंख्यक भाषा को ज़्यादा आसानी से सीख सकते हैं और सम्प्रेषण के लिए उन्हें प्रथम भाषा की ज़रूरत नहीं होती।

(ग) किसी भाषा की हैसियत और आर्थिक मूल्य भी उसे बरकरार रखने में सहायक होते हैं। दूसरी ओर समुदाय से बाहर विवाह करने से 'भाषाई बदलाव' (लैंग्वेज़ शिफ्ट) होता है। उदाहरणार्थ, उ.प्र. में यदि कोई

अवधी मातृभाषा की लड़की का विवाह भोजपुरी भाषी परिवार में हो जाता है, तो वह नयी (भोजपुरी) भाषा सीखने को मजबूर होती है।

(घ) हर समुदाय का कोई न कोई 'मूल सांस्कृतिक मूल्य' (कोर-कल्चरल वैल्यू', स्मोलिज के शब्दों में) होता है जो उन्हें एक समूह के रूप में जीने के लिए बेहद ज़रूरी होता है। कुछ समूहों के लिए उनकी भाषा 'मूल सांस्कृतिक मूल्य' होती है जबकि दूसरे समूह के लिए धर्म या ऐतिहासिक चेतना या पारिवारिक साहचर्य। तीसरे प्रकार के समूह के लिए भाषा तथा धर्म, ऐतिहासिक चेतना या पारिवारिक साहचर्य जैसे सभी तत्त्व अथवा कुछ तत्त्व एक साथ ज़रूरी हो सकते हैं।

(ङ) गिलेस जैसे भाषाविदों ने 'जनमानस की भाषाई शक्ति' (एथनो-लिंग्विस्टिक वायटलिटी) की अवधारणा पेश की है जो कई तत्त्वों यथा आर्थिक प्रस्थिति, आत्म-अवलोकित (सेल्फ परसीव्ड) सामजिक प्रस्थिति, सामाजिक-ऐतिहासिक कारक (अल्पसंख्यक भाषा की प्रस्थिति से गुजरने का अनुभव) तथा जनसांख्यिकीय कारक पर निर्भर करती है। वास्तव में, मूल सांस्कृतिक मूल्य जैसे कारक को 'जनमानस की भाषाई शक्ति' में समाहित किया जा सकता है। उदाहरणार्थ, आप्रवासन की स्थिति में यूनानी भाषा की जनमानस की भाषाई शक्ति का निर्धारण इस विश्वास में होता है कि यूनानी संस्कृति अद्भुत (अद्वितीय) है तथा इस भाषा की प्रामाणिकता नये टेस्टामेंट की भाषा, सम्पर्क भाषा, धर्म, ऐतिहासिक चेतना तथा पहचान से सिद्ध होती है।

(च) अल्पसंख्यक भाषाओं की सापेक्ष उत्तरजीविता दर कई कारकों पर निर्भर करती है : बोलने वालों की संख्या, उसकी औसत आय, भाषा अनुरक्षण के लिए संस्थागत संसाधन, 'मुख्यधारा' से धार्मिक-नस्लीय दूरी आदि। भाषाविद् फिशमैन 'मुख्यधारा' से अल्पसंख्यक भाषा के अलगाव को विशेष रूप से रेखांकित करते हैं और न्यूजीलैंड में माओरी आदिवासी समुदाय तथा ऑस्ट्रेलिया में आदिवासियों द्वारा भाषा-बदलाव को उलटने के प्रयासों की सफलता को भी रेखांकित करते हैं।

(छ) भाषा के अनुरक्षण पर उदारीकरण, निजीकरण और भूमंडलीकरण का भी प्रभाव पड़ता है क्योंकि इन प्रक्रियाओं के कारण एक ओर राष्ट्र-राज्य बहुराष्ट्रीय कम्पनियों, वैश्विक संस्थाओं और अन्तरराष्ट्रीय दबाओं के कारण कमजोर होता है, तो दूसरी ओर आन्तरिक स्थानीय, क्षेत्रीय,

सामाजिक, राजनैतिक, जातिगत और साम्प्रदायिक विभाजनकारी ताकतों से भी राष्ट्र–राज्य कमजोर होता है जिसके कारण भाषा का अनुरक्षण/संरक्षण उपेक्षित होता है। हालाँकि अपवादस्वरूप यह भी सत्य है कि वैश्विक स्तर पर यूनेस्को भाषाओं के संरक्षण की नीतियाँ बनाता है और कई राज्य एवं अन्य संस्थाओं को आर्थिक अनुदान देता है। दूसरी ओर अपवादस्वरूप स्थानीय–क्षेत्रीय स्तर पर निरन्तर संघर्ष और आन्दोलन के कारण स्थानीय–क्षेत्रीय भाषाओं को संरक्षण और मान्यता राष्ट्र–राज्य देता है। जैसे, असम में बोडोलैंड आन्दोलन, तथा झारखंड आन्दोलन के कारण क्रमश: 'बोडो' और 'सन्थाली' भाषाओं को भारतीय संविधान की आठवीं अनुसूची में शामिल करके संवैधानिक मान्यता दी गयी।

नि:सन्देह, वैश्विक स्तर पर, विशेषकर विकासशील देशों में, यह माना जा रहा है कि बेहतर रोज़गार, बेहतर उच्च शिक्षा, अन्तरराष्ट्रीय व्यापार, विरोधी जातीय/जनजातियों की शत्रुता मिटाने और राजनैतिक शक्ति के लिए अँग्रेजी भाषा को सीखना तथा अँग्रेजी माध्यम से पढ़ना ज़रूरी है—और दक्षिण अफ्रीका तथा बोलिविया जैसे विकासशील देशों में तमाम स्थानीय समुदाय सरकार से माँग कर रहे हैं कि उनके बच्चों की शिक्षा क्रमश: अँग्रेजी या स्पैनिश माध्यम के विद्यालय में दी जाय, न कि देशज स्थानीय–क्षेत्रीय भाषा माध्यम के विद्यालय में। यह विडम्बना और विरोधाभासी प्रवृत्ति ख़तरनाक है क्योंकि समुदाय का रुख सत्ता की भाषा (दक्षिण अफ्रीका में अँग्रेजी और बोलिविया में स्पैनिश) में शिक्षा प्राप्त करने की ओर है जबकि तमाम वस्तुनिष्ठ एवं विस्तृत शोधों ने सिद्ध किया है कि बच्चे अपनी मातृभाषाओं में ही प्रारम्भिक स्तर पर शीघ्र और सर्वोत्तम सीखते हैं। नि:सन्देह, यह सामुदायिक रुख छद्म चेतना का परिचायक है और दूसरी ओर साम्राज्यवादी सत्ता द्वारा अपनी वर्चस्वशाली भाषा का इस तरह धुआँधार प्रचार किया जाता है कि देशज समुदाय नाना प्रकार के बहकावों और झाँसों से भ्रमित हो जाता है। मगर यह भी महसूस किया जा रहा है कि अँग्रेजी माध्यम से पढ़ाई 'भाषायी साम्राज्यवाद' का प्रतीक है तथा यह मानवाधिकार, बहुभाषावाद एवं बहुसंस्कृतिवाद के विरुद्ध है। अँग्रेजी भाषा का प्रतिमान आधुनिकीकरण का एकलभाषी दृष्टिकोण है जो आधुनिकीकरण को महज़ पश्चिमीकरण में संकुचित कर देता है। इसीलिए एन्ने पाकिर (1991) ने साम्राज्यवादी भाषाओं यथा अँग्रेजी, मंडारिन, स्पैनिश, फ्रांसीसी और 'भाषा इंडोनेशिया' को 'हत्यारी भाषाओं' की संज्ञा दी है। अस्तु, बहुभाषा नीति में तीन पक्षों को रेखांकित करने की आवश्यकता है :

(क) भाषाएँ अन्य भाषाओं के साथ एक पारिस्थितिकी तन्त्र में जीवित रहती

हैं और धीरे-धीरे दीर्घकाल में विकसित होती हैं, न कि अकेले एकान्त में। इसलिए भाषा के क्रमिक विकास (एवोल्यूशन) पक्ष पर ध्यान दिया जाना चाहिए।

(ख) भाषाएँ अपने सामाजिक, राजनैतिक, आर्थिक और सांस्कृतिक पर्यावरण से अन्तःक्रिया स्थापित करती हैं। इसलिए भाषा के पर्यावरण पक्ष पर ध्यान दिया जाना चाहिए।

(ग) भाषाओं पर उपेक्षा, कम प्रचलन और विलुप्ति के ख़तरे मँडराते हैं यदि पारिस्थितिकी तन्त्र में किसी अन्य भाषा (साम्राज्यवादी और सत्ता की भाषा) के बरक्स उन्हें अपर्याप्त समर्थन (और संवर्धन) मिलता है। अर्थात् भाषा पर सम्भावित ख़तरों को दूर करने पर भी ध्यान दिया जाना चाहिए।

संक्षेप में, कहा जा सकता है कि लोकतन्त्र को परिपक्व और स्थायी बनाने हेतु बच्चे और वयस्क अधिक से अधिक भाषाएँ सीखें (प्रथम, द्वितीय, तृतीय आदि) मगर प्रारम्भिक स्तर पर शिक्षा बच्चों की मातृभाषा के माध्यम से ही दी जाय। दूसरे, मौखिक और लिखित भाषाओं की निरन्तरता तथा पूरकता पर ध्यान दिया जाय क्योंकि मौखिक भाषाएँ ज़्यादा सहज और ग्राह्य होती है और उनके उत्पादक हुनर की उपेक्षा नहीं की जानी चाहिए। तीसरे, लघु और वृहत् दोनों स्तरों को सौहार्द और सामंजस्य से देखा जाना चाहिए किन्तु लघु स्तर (माइक्रो) को वृहत् स्तर (मैक्रो) की अपेक्षा पहली प्राथमिकता मिलनी चाहिए। चौथे, बहुसंख्यक और अल्पसंख्यक भाषाओं में तालमेल स्थापित करना चाहिए और सुनिश्चित करना चाहिए कि एक का विकास दूसरे की कीमत पर नहीं हो। चूँकि अल्पसंख्यक भाषा की उपेक्षा, अप्रचलन और विलुप्ति की ज़्यादा सम्भावना रहती है, इसलिए उसके संवर्धन के लिए हर सम्भव उपाय किया जाना चाहिए। अन्त में, किसी पाठ को सन्दर्भहीनता की बज़ाय उचित सन्दर्भ एवं पर्यावरण में सन्दर्भित किया जाना चाहिए जिससे उचित एवं आलोचनात्मक विमर्श या प्रति-विमर्श सम्भव हो सके तथा सच्चा लोकतन्त्र सुदृढ़ हो सके।

आशा की जाती है कि तमाम राष्ट्र-राज्य और वैश्विक संस्थाएँ बहुभाषावाद एवं बहुसंस्कृतिवाद की ठोस नीतियों और रणनीतियों को कारगर तरीके से लागू करेंगी क्योंकि उसी से सम्पूर्ण मानवता को बेहतर और सार्थक बनाया जा सकता है।

अध्याय 5

पैशाची भाषा साहित्य का ऐतिहासिक समाजशास्त्र

जब सदियों पहले विलियम शेक्सपियर ने कहा था—'नाम में क्या रखा है?', तो तमाम बुद्धिजीवियों, लेखकों और आम नागरिकों ने इसे सहज रूप से लिया था कि नाम से ज़्यादा ज़रूरी है काम। मगर नाम रखने, अंशत: बिगाड़ने या पूर्णत: विकृत करने या सुधारने (परिवर्तन) के पीछे जीवन्त स्थानीय, सांस्कृतिक, ऐतिहासिक एवं भाषायी समाजशास्त्र काम करता है। नाम (किसी वस्तु, व्यक्ति या स्थान) को भाषा में संज्ञा कहा जाता है, इसलिए नामकरण भाषा का अंग होता है जो दैनिक जीवन से जुड़ा होता है।

प्रमुख भाषाशास्त्री शेल्डन पोलॉक ने अपनी पुस्तक 'लैंग्वेज ऑव द गॉड्स इन द वर्ल्ड ऑव मेन: संस्कृत, कल्चर एंड पावर इन प्रि-मार्डन इंडिया' ('पुरुषों की दुनिया में देवताओं की भाषा') (2006) में संस्कृत को देव भाषा के रूप में विवेचित किया है, किन्तु 'पैशाची' भाषा को उन्होंने 'भाषा पर दक्षिण एशियाई विमर्शों के मंच पर विदूषक' की संज्ञा दी है। शेल्डन पोलॉक ने आगे जोड़ा कि 'रामायण' में कुछ लोगों का 'राक्षसीकरण' किया गया है, कई संस्कृत ग्रन्थों में पश्चिमी और केन्द्रीय एशिया के तुर्की लोगों को राक्षस के रूप में दिखाया गया है। पोलॉक ने उल्लेख किया है कि पैशाची भाषा को कई भाषाविदों ने पूर्वी मध्य भारत की बोली से जोड़ा है जो शायद पालि या मुंडारी भाषा के निकट है जिसे बोलने वाले विन्ध्य पर्वत के निवासी थे। उनके अनुसार भले इसे 'बृहत्कथा' (गुणाढ्य) से जोड़ा जाय, मगर वह कभी वास्तविक पुस्तक के रूप में उपलब्ध नहीं हुई, बल्कि लोक वृत्तान्तों के महान संग्रह के रूप में ही मान्य रही है। यूँ 1837 में क्रिश्चियन लासेन (Christian Lassen) ने यूरोप में पैशाची भाषा का उल्लेख किया था। सन् 1900 में 'प्राकृत-स्प्राचन का व्याकरण' नामक पुस्तक में पिशेल (Pischel) ने पैशाची भाषा पर टिप्पणी की थी। मगर कुछ वर्षों बाद जॉर्ज ग्रियर्सन ने (1906 में) 'द पिशाच लैंग्वेजेज ऑव नार्थ-वेस्टर्न इंडिया' नामक पुस्तक लिखी और 1908 में

फेलिक्स लकोट (Felix Lacote) ने अपनी पुस्तक 'एसे सर गुनाढ्य एट ला बृहत्कथा' में पैशाची भाषा पर विवेचना की। एन्ड्रू ओलेट (Andrew Ollett) ने अपने विस्तृत लेख 'घोस्ट्स फ्रॉम द पास्ट : इंडियाज अनडेड लैंग्वेजेज' (द इंडियन इकोनॉमिक एंड सोशल हिस्ट्री रिव्यू, 51, 4, अक्टूबर-दिसम्बर 2014) में ग्रियर्सन के दृष्टिकोण को मानव जातीय (ethnographic) कहा है तथा फेलिक्स लकोट के दृष्टिकोण को साहित्यिक-ऐतिहासिक (literary-historical) कहा है। मैं इसी को आधार बनाकर आगे चर्चा करूँगा। ग्रियर्सन ने मुख्यत: उत्तर-पश्चिम भारत में बोली जाने वाली भाषाओं की विशेषताओं पर काम किया था जिन्हें अब 'नूरिस्तानी' और 'दरद' भाषाएँ कहा जाता है। मगर उनका गौण उद्देश्य इन भाषाओं का पैशाची भाषा के साथ आनुवंशिक सम्बन्ध दिखलाना भी था। पूर्व में पिशेल ने अपनी पुस्तक में पैशाची भाषा का निश्चित स्थान उत्तर-पश्चिम भारत में खोजने की सलाह दी थी। उनके अनुसार उत्तर-पश्चिम भारत की भाषाओं में 'अघोष ध्वनियाँ' (voiceless aspirates) हैं जबकि अन्य भारतीय आर्य भाषाओं में 'सघोष ध्वनियाँ' हैं। इसी सूत्र को पकड़कर ग्रियर्सन ने वास्तविक भाषा, वास्तविक बोलने वाले तथा वास्तविक स्थान का पता लगाने का बीड़ा उठाया। ग्रियर्सन ने 1912 में एक लेख लिखा 'पैशाची, पिशाचाज एण्ड मॉडर्न पिशाच' जिसमें उन्होंने माना कि सामान्यत: 'पिशाच' का तात्पर्य मिथकीय प्राणी, भूत-प्रेत होता है मगर वे वास्तविक मनुष्य भी रहे हैं जिन्हें संस्कृत ग्रन्थों के 'आर्य' लेखकों ने बुरा या हानिकारक मानकर राक्षसों और असुरों की तरह राक्षसी भूत-प्रेत के रूप में चित्रित किया और उन्हें प्रतिनिधित्व दिया। ग्रियर्सन ने 'महाभारत' से कई उद्धरण देते हुए यह प्रस्थापना दी कि 'पिशाच' शब्द उत्तर-पश्चिम भारत तथा पड़ोसी पहाड़ों के आर्य और अनार्य दोनों से सम्बन्धित अकट्टर जनजातियों के लिए सामान्य रूप से तिरस्कारपूर्ण उपनाम था। हम लोग 'हनुमान चालीसा' में 'भूत-पिशाच निकट नहिं आवैं/महावीर जब नाम सुनावैं।' बचपन से पढ़ते-सुनते-गुनते आ रहे हैं और अँधेरी रात में, दिन में आँधी-तूफान-बवंडर आने पर, अकाल मृत्यु होने वाली जगहों पर, श्मशान घाटों पर, प्रेत शिलाओं के पास जाने पर, बुरे सपने देखने पर, चौंककर जागने आदि अवसरों पर इन पंक्तियों को भय तथा आशंका दूर करने के लिए लोग अक्सर गुनगुनाते हैं। भारत से बाहर गये गिरमिटिया मजदूरों और उनके वंशजों की जेब में छोटे आकार में 'हनुमान चालीसा' अक्सर मिलता रहता है। ख़ैर...ग्रियर्सन का दृष्टिकोण साहित्यिक परम्पराओं या भाषाई सवालों से जुड़े होने की बज़ाय मानवज़ातीय था क्योंकि वास्तविक मानव समुदायों और उनकी भाषाओं, रीति-रिवाजों तथा इतिहास से उनका सरोकार ज़्यादा था। वह पैशाची को पिशाच समुदाय की मातृभाषा मानते थे और कोई भाषा किसी समुदाय के लोगों को परिभाषित करती है तथा नातेदारी समूहों में एक पीढ़ी से दूसरी

पीढ़ी में अन्तरित की जाती है। यह मातृभाषा, 'सीखी हुई' भाषा से बिल्कुल भिन्न (ग्राह्य भाषा) होती है जिसका (सीखी हुई भाषा का) मानवजातीय मूल्य नगण्य होता है क्योंकि यह विभिन्न समुदायों द्वारा खुले रूप में सीखी जाती है।

दूसरी ओर फेलिक्स लकोट ने पैशाची को एक साहित्यिक भाषा के रूप में अपनी पुस्तक (1908) में विवेचित किया जिसमें खो गयी रचना 'बृहत्कथा' (गुणाढ्य) की चर्चा की गयी थी जो पाँचवी सदी ईसा पूर्व की रचना मानी जाती है। साहित्यिक भाषा होने के साथ-साथ उन्होंने इसे पूर्व में बोली जाने वाली भाषा की सम्भावना से इन्कार नहीं किया मगर लकोट ने उसे एक 'प्राकृत' भाषा माना जिसकी भाषाई वास्तविकता नहीं थी अथवा अधिक से अधिक उसकी अप्रत्यक्ष वास्तविकता थी। लकोट के अनुसार 'बृहत्कथा' की रचना के पूर्व 'पैशाची' नामक कोई भाषा नहीं थी। उन्होंने पैशाची और कश्मीर में सम्बन्ध पाया मगर वह आनुवंशिक सम्बन्ध नहीं था (जैसा ग्रियर्सन, पैशाची और उत्तर-पश्चिम भारत में जोड़ रहे थे) बल्कि कश्मीर में 'बृहत्कथा' के 'पुनर्पाठ और पुनर्लेखन' की लम्बी परम्परा थी। लकोट के अनुसार पैशाची न केवल 'बृहत्कथा' की मूल भाषा थी बल्कि वह कश्मीरी रूपान्तर भी थी जिसने क्षेमेन्द्र की रचना 'बृहत्कथामंजरी' और सोमदेव भट्ट की रचना 'कथासरित्सागर' (ग्यारहवीं सदी) के लिए एक नमूना भी पेश किया। ज्ञातव्य है कि गुणाढ्य की रचना 'बृहत्कथा' कश्मीर में खूब प्रचलित थी और क्षेमेन्द्र तथा सोमदेव भट्ट कश्मीर के मूल निवासी थे।

मगर इस बाबत तीसरी धारा भी रही है जिसमें मानवजातीय और साहित्यिक-ऐतिहासिक दोनों दृष्टिकोणों का संश्लेषण किया गया है। इस धारा के स्टेन कोनो (StenKonow) मानते हैं कि पैशाची एक साहित्यिक भाषा थी मगर वह पैशाची भाषा, किसी द्रविड़ भाषा के ध्वनि-विज्ञान के अनुसार, विन्ध्य पर्वत के आस-पास एक मध्य भारतीय भाषा के पुनर्लेखन का प्रतिनिधित्व करती थी। इसके अतिरिक्त कोनो का विशेष रूप से मानना है कि एक ध्वनि वैज्ञानिक या शुद्ध वर्तनी वाली 'छन्नी' (filter) ने किसी रहस्यात्मक भाषा (जैसे संस्कृत, पालि या अन्य मध्य भारतीय भाषा) को 'इनपुट' के रूप में इस्तेमाल किया और पैशाची भाषा को 'आउटपुट' के रूप में पैदा किया। मगर ग्रियर्सन ने इस मिश्रित दृष्टिकोण को अर्ध-प्रजातिवादी और निहित प्रयोजन के आधारों पर ख़ारिज कर दिया। वास्तव में, 1921 में ग्रियर्सन और कोनो के बीच इस बाबत बौद्धिक वाद-विवाद भी हुआ था। बाद में 1943 में अल्फ्रेड मास्टर ने एक लेख में साहित्यिक-ऐतिहासिक दृष्टिकोण अपनाते हुए पैशाची और पालि भाषाओं में पायी जाने वाली समानताओं पर जोर दिया। उनके अनुसार पैशाची, जो मूल रूप में खो गयी 'बृहत्कथा' द्वारा प्रतिनिधित थी, पालि भाषा का तोड़ा-मरोड़ा रूप थी। यह पालि भाषा के शैव या भागवत

समतुल्य (गैर-बौद्ध) भाषा के रूप में प्रचलित थी। उनके अनुसार पैशाची की तथाकथित बोलियाँ प्राकृत वैयाकरणों के लिये पैशाची के विरोधाभासी स्रोतों को सुलझाने के तरीके से अधिक नहीं थीं। पैशाची की एक मात्र पुस्तक (गुणाढ्य रचित 'बृहत्कथा') के खो जाने से भ्रान्ति पैदा हुई थी। दूसरी ओर लकोट के अनुसार 11वीं सदी में 'बृहत्कथा' का पैशाची रूपान्तर कश्मीर में उपलब्ध था।

बाद में 1981 में ओस्कार वॉन हिनूबर ने दलील दी थी कि पैशाची में 'ध्वनि-परिवर्तन' होता रहा है—'सघोष विराम' (वॉयस्ड स्टॉप्स) की जगह 'अघोष विराम' (वॉयसलेस स्टॉप्स)। उदाहरणार्थ, बाद की शुद्ध वर्तनी (Orthography) के क्षेत्र में 'द' की जगह 'त' की वर्तनी। त और द दोनों ध्वनियों का प्रतिनिधित्व 'त' के द्वारा किया जाना है। कोनो और हिनूबर दोनों किसी रहस्यात्मक भाषा से पैशाची भाषा को उत्पन्न 'आउटपुट' मानते हैं मगर जहाँ कोनो की 'छन्नी' ध्वनि वैज्ञानिक थी, वहीं दूसरी ओर वॉन हिनूबर की 'छन्नी' शुद्धवर्तनी वाली थी। 1985 में वॉन हिनूबर ने कहा था कि यदि इसकी शुद्ध वर्तनी का घूँघट उठा दिया जाय, तो पैशाची करीब-करीब पालि जैसी है। 'बृहद्कथा' को कौशाम्बी (उदयन की राजधानी) से जोड़कर हिनूबर ने माना कि शायद पैशाची कौशाम्बी क्षेत्र की भाषा रही होगी—इस योजना में पैशाची और पालि बौद्ध मध्य भारत के क्रमशः पूर्वी और पश्चिमी रूप में इसलिए विफल हो गयी कि कौशाम्बी की शासन-व्यवस्था ने इसका वैसा समर्थन और संवर्द्धन नहीं किया जैसा समर्थन एवं संवर्द्धन सातवाहनों की शासन-व्यवस्था ने प्राकृत भाषा-साहित्य का किया था।

एक अन्य यूरोपीय विद्वान एस. सनी ने 1985 में वॉन हिनूबर की मान्यताओं की आलोचना दो आधारों पर की थी। पहला, शुद्ध वर्तनी वाली व्यवस्था मध्यभारत की भाषाओं के ध्वनि-विज्ञान की गलत व्यवस्था है—यदि दो स्वरों के बीच 'त' मान लिया जाता है, तो इसका अर्थ यह नहीं है कि उस भाषा में 'त' का अस्तित्व ही नहीं है। बल्कि सही आशय है कि 'द', 'त' के कई ध्वनिप्रतिनिधियों (allophones) में से एक है। दूसरा, हिनूबर ने पैशाची को 'वास्तविक' भाषा मान लिया है जबकि सारे साहित्यिक साक्ष्य बताते हैं कि पैशाची राक्षसों और इहलौकिक प्राणियों की, नाटकों और कहानियों में बोलने के लिए, गढ़ी हुई भाषा है। एस. सनी के अनुसार पैशाची भाषा में ध्वनिमूलक विशिष्टता इसे 'अस्वाभाविक' भाषा बनाती है जो राक्षसों के लिए अनुकूल है। एंड्रू ओलेट के अनुसार वॉन हिनूबर का दृष्टिकोण ग्रियर्सन वाला है और एस.सनी का दृष्टिकोण लकोट वाला है। वॉन हिनूबर पैशाची को ऐतिहासिक रूप से दूसरी भाषाओं (संस्कृत, प्राकृत, खोतानी आदि) के क्षेत्र में स्थित करने की कोशिश करते हैं। दूसरी ओर एस.सनी पैशाची के बारे में ज्ञान सृजित और संचरित करने में 'बृहत्कथा' की भूमिका कम करते हैं तथा लकोट

'बृहत्कथा' और पैशाची को मूलतः समविस्तारी (एक ही समय और स्थान पर) मानते हैं। एंड्रू ओलेट का यह भी मानना है कि वॉन हिनूबर 'पहले' से सरोकार रखते हैं—साहित्यिकीकरण के ज़रिये एक नयी साहित्यिक भाषा के सृजन की प्रक्रिया—जबकि एस.सनी वास्तव में, इस बाबत एंड्रू ओलेट, अल्फ्रेड मास्टर के विचारों को ज़ारी रखते हुए 'पश्चात्' को समीचीन 'पहले' से जोड़ते हैं। एंड्रू ओलेट वृहत्तर भाषा-व्यवस्था में पैशाची की स्थिति सुनिश्चित करने की कोशिश करते हैं—किस तरह किसी संस्कृति में लोगों ने भाषाओं का नामकरण किया, उनकी श्रेणियाँ बनायीं, उनका वर्णन किया और दूसरी भाषाओं के बरक्स उनका मूल्यांकन किया। वह तीन तरह के साक्ष्यों से पैशाची की स्थिति स्पष्ट करते हैं :

(क) व्याकरण और काव्यशास्त्र के ग्रन्थों में इस भाषा की योजना।

(ख) प्राकृत व्याकरण में पैशाची का विवेचन।

(ग) अनुवाद का मुद्दा।

उनके अनुसार जब दंडिन और भामह मानते हैं कि भाषा के मुख्यतः तीन प्रकार (भाषात्रय) हैं, तो वे दोनों विद्वान भाषा की एक योजना प्रस्तुत करते हैं। उनका यह प्रयास बहुतेरे सांस्कृतिक प्रचलनों ('कल्चरल प्रेक्टिसेज') को एक व्यवस्था में ढालने का तरीका है। यह योजना पाठीय उत्पादन की समग्रता को समाहित करती है। पाठीय उत्पादन का एक प्रतिमान भाषा है। भामह ने कहा है—भाषा संस्कृत, प्राकृत या अपभ्रंश है। उनके (भामह) लिए ये तीन भाषाएँ एक समूह बनाती हैं। मगर यह एक मात्र समूह नहीं है। दंडिन और भामह ने वृहत्तर वैश्विक संस्कृति की बात की थी जिसका एक आवश्यक अंग साहित्य होता है—संस्कृत, प्राकृत और अपभ्रंश मात्र साहित्यिक भाषाएँ नहीं थीं बल्कि संस्कृति-सत्ता की भी भाषाएँ थीं। एंड्रू ओलेट का स्पष्ट मानना है कि पैशाची भाषा की एक मूल विशेषता यह है कि वह (भामह और दंडिन द्वारा बनाई गयी) ऐसी भाषा-योजनाओं के 'बाहर' अथवा उनके 'हाशिये' पर रहती है। इसका निहितार्थ है कि पैशाची, वास्तव में, एक भाषा नहीं है। मगर भाषा की आधुनिक अवधारणा के तहत उपरोक्त कथन समझ से परे है क्योंकि इस पैशाची भाषा का अपना व्याकरण है, अपना शब्दकोश है, और इसके पाठों (ग्रन्थों) का संग्रह है। भामह काव्य को तीन प्रकारों में बाँटते हैं : संस्कृत, प्राकृत एवं अपभ्रंश। इसी प्रकार दंडिन भी तीन प्रकार बनाते हैं मगर उनमें भाषाओं का 'मिश्रण' भी शामिल करते हैं। फिर भी वहाँ पैशाची भाषा का उल्लेख नहीं है। बाद में दसवीं सदी में दंडिन के भाष्यकार रत्नश्रीज्ञान मानते हैं कि एक 'मिश्रण' इन तीन भाषाओं में से किसी एक भाषा का और पैशाची का भी हो सकता है मगर वह विशेष रूप से पैशाची को अतिरिक्त या 'अधिका' भाषा कहते हैं। दंडिन भाषाओं को विभिन्न विद्याओं से जोड़ते हैं जैसे संस्कृत को महाकाव्य से। मगर

आगे वह स्पष्ट करते हैं कि कहानियाँ और उनसे जुड़ी अन्य विधाएँ सभी भाषाओं में हैं, विशेषत: संस्कृत में हैं। फिर दंडिन कहते हैं कि 'बृहत्कथा' 'भूतभाषा' में रची गयी है। मगर वह 'पैशाची' या 'पिशाच भाषा' का उल्लेख नहीं करते। इस प्रकार आश्चर्यजनक ढंग से दंडिन की रचना में 'भूतभाषा' को एक साथ माना भी गया है और उसका बहिराव (एक्सक्लूजन) भी किया गया है। इसका समुचित उत्तर 'बृहत्कथा' में वर्णित एक प्रसंग में है। गुणाढ्य ने, जो राजा सातवाहन के दरबार में एक मन्त्री थे, एक बार अपने सहकर्मी सर्ववर्मन से एक शर्त रखी—यदि तुम राजा को छः माह में पढ़ा दोगे, तो मैं संस्कृत, प्राकृत और क्षेत्रीय भाषा (भाषात्रय) को त्याग दूँगा, जो मनुष्यों को उपलब्ध हैं। सर्ववर्मन ने स्कन्द से पारलौकिक शक्ति प्राप्त कर राजा को छः माह में पढ़ा दिया। तब गुणाढ्य स्वत: दरबार से निकलकर विन्ध्य पर्वत के जंगल में रहने लगे और वहाँ के पिशाचों की भाषा सीखी तथा पिशाच काणभूति का स्वागत 'चौथी भाषा' यानी 'भूतभाषा' में किया। इस प्रसंग का उल्लेख सोमदेव भट्ट ने अपने विशाल ग्रन्थ 'कथासरित्सागर' में किया है। इस प्रकार पैशाची भाषा 'भाषात्रय' (संस्कृत, प्राकृत, अपभ्रंश) से इतर हाशिये की भाषा थी।

पैशाची की स्थिति 'कुवलयमाला' (जिसे जैन संन्यासी उद्योतनसूरी ने 779 ई. में पूरा किया था) में एक नीति कथा वर्णित है जहाँ धनदेव जंगल में एक वृक्ष के नीचे ऊँघता है और पिशाचों की भाषा सुनता है, कठोर और नरम शब्दों की धीमी ध्वनि सुनता है और ज्ञात संस्कृत, प्राकृत तथा अपभ्रंश भाषाओं से मिलान करता है। वह संस्कृत को 'कठोर' भाषा कहता है जिसमें शब्द-निर्माण के सैकड़ों विकल्प हैं—उपसर्ग, प्रत्यय, कारक, लिंग आदि के आधार पर। दूसरे, प्राकृत भाषा मीठी और मुलायम है जो महान व्यक्तियों द्वारा किये गये समुद्र-मन्थन से निकले अमृत से बनी है। तीसरे, अपभ्रंश पर्वत के झरने की तरह है जिसमें संस्कृत और प्राकृत के शुद्ध और मिश्रित शब्द शामिल होते है, और कठोर तथा मुलायम दोनों शब्द होते हैं; जैसे, क्रोध में प्रेमी के शब्द। मगर ये तीनों अनुमान सही नहीं होते, बल्कि वह 'चौथी भाषा' का अनुमान लगाता है जो मानव-संस्कृति और भाषात्रय के बाहर है।

इसके अलावा जिनारत्न के 'लीलावतीसार' (1285) के अनुसार एक लालची व्यापारी (धन) श्रावस्ती के राजा को ठगकर जंगल में चला जाता है और रात में एक पेड़ के नीचे रहने के दौरान वह पिशाचों के एक समूह को पैशाची भाषा में बात करते हुए सुनता है। इस प्रकार पैशाची भाषा को विभिन्न ग्रन्थों में प्राय: रात में, जंगल में, सपने में या गलत आभास में बोलते-सुनते दिखाया गया है। इसे अतिरिक्त या 'अधिका' भाषा माना गया है क्योंकि भाषात्रय से यह अलग और बाहर है। दसवीं सदी के कई कन्नड़ लेखकों (नागवर्मन, पोन्ना) ने साढ़े तीन भाषाओं की बात की है और पैशाची को 'अर्ध भाषा' माना है। मगर बाद के लेखकों ने पैशाची को पूर्ण

भाषा माना। उदाहरणार्थ, दसवीं सदी के ख़त्म होने के समय राजशेखर ने इसे 'चौथी भाषा' मानकर अपनी रचना 'बालरामायण' में लिखा—'देवभाषा सुनने योग्य है, और प्राकृत भाषाएँ स्वभावत: मीठी होती हैं। अपभ्रंश बहुत आनन्ददायी है और भूतभाषा में चुनी हुई रचनाएँ हैं। विभिन्न रास्ते हैं, मगर ये रास्ते ज़्यादा पसन्द किये जाते हैं। जो इन चारों भाषाओं में रचना करता है, वह निःसन्देह बड़ा कवि है।' इसी प्रकार 12 वीं सदी में वाग्भट्ट ने 'भूतभाषा' को चार भाषाओं में से एक माना था और उनके अनुसार चार भाषाएँ (संस्कृत, प्राकृत, अपभ्रंश और पैशाची) 'साहित्य का शरीर' ('काव्यस्य कायताम्') निर्मित करती हैं। राजशेखर ने 'काव्यमीमांसा' में वैश्विक दृष्टिकोण अपनाते हुए पैशाची को अवन्ती क्षेत्र की भाषा माना-उन्होंने इस क्षेत्र में इसे बोलने वालों के आधार पर नहीं बल्कि कालिदास की कविताओं को ध्यान में रखकर 'बृहत्कथा' के पाठ को उज्जयिनी से जोड़ा। उनका मानना है कि पैशाची एक साहित्यिक भाषा है जिसे किसी भी कवि के द्वारा ज़रूर सीखा जाना चाहिए। दूसरे, राजशेखर 'काव्यपुरुष' की अवधारणा व्यक्त करते हैं जिसमें संस्कृत उसका सिर है, प्राकृत उसकी भुजाएँ हैं, अपभ्रंश उसकी कमर के पुट्ठे हैं, और पैशाची उसके पैर हैं। यह सोपान-क्रम व्यवस्था वर्ण व्यवस्था (ब्राह्मण, क्षत्रिय, वैश्य, शूद्र) पर आधारित प्रतीत होती है किन्तु सभी वैश्विक भाषाओं को एक शरीर में जोड़ा गया है। तीसरे, राजशेखर की आदर्श व्यवस्था चतुर्भुजी है और वह प्रत्येक भाषा को चार मुख्य दशाओं से जोड़ते हैं—संस्कृत कवि उत्तर में, प्राकृत कवि पूरब में, अपभ्रंश कवि पश्चिम में, तथा भूतभाषा कवि दक्षिण में।

इसके आगे एंड्रू ओलेट स्पष्ट करते हैं कि पैशाची भाषा का अभाषा या अर्ध भाषा से पूर्ण भाषा में परिवर्तन होना वास्तविक परिवर्तन है। अर्थात् यह वाक् (Speech) से भाषा बनने की यात्रा है। पैशाची, जो पहले प्राकृत के विरोध में मौलिक रूप से परिभाषित की गयी थी, बाद में प्राकृत के उप-प्रकार के रूप में परिभाषित की गयी। नौवीं सदी में रुद्रट जैसे विद्वानों ने सबसे पहले पैशाची को पूर्ण भाषा का दर्ज़ा दिया था और भाषात्रय की जगह 'षड्भाषा' की अवधारणा दी थी—संस्कृत, प्राकृत, मागध, पिशाचभाषा, शूरसेनी एवं अपभ्रंश। इस नये श्रेणीकरण के पीछे दो कारक उत्तरदायी थे—(क) संस्कृत पर नाटक का बढ़ता प्रभाव, (ख) बहुभाषी प्राकृत व्याकरण का उद्भव। ये दोनों तत्व नौवीं सदी के कश्मीर में मौजूद थे। नौवीं सदी में राजा जयापीड ने भट्ट उद्भट को दरबार के बौद्धिकों का 'सभापति' नियुक्त किया जिन्होंने कश्मीर में 'नाट्यशास्त्र' के अध्ययन की सुदीर्घ परम्परा शुरू की। इससे विश्लेषण में बहुभाषी रूप सामने आये। पूर्व में दंडिन, भामह और वामन जैसे संस्कृत विद्वान 'श्रव्यकाव्य' पर ज़्यादा जोर दिया करते थे (जहाँ भाषा सामान्यत: एकल वाक्य-रचना में भिन्न-भिन्न नहीं होती थी), वहीं

बाद के लेखकों ने 'दृश्यकाव्य' पर ज़्यादा जोर दिया (जहाँ ऐसी भिन्नता का नियम था)। अभिनवगुप्त ने दृश्यकाव्य और श्रव्यकाव्य में उपरोक्त अन्तर के कारण दृश्यकाव्य को श्रव्यकाव्य से श्रेष्ठतर माना। पूर्व में 'प्राकृत' नाम से अभिहित भाषा कालान्तर में 'महाराष्ट्री' के विशिष्ट नाम से प्रसिद्ध हो गयी। पहली सहस्राब्दी के अन्त तक प्राकृत व्याकरण सिर्फ़ प्राकृत का ही नहीं बल्कि सभी प्राकृतों का व्याकरण बन गया। इस प्रवृत्ति का उदाहरण है वररुचि के 'प्राकृत प्रकाश' में नये अध्यायों का जोड़ा जाना- भामह की पुस्तक 'मनोरमा' (जो 'प्राकृत प्रकाश' पर एक नया भाष्य थी) में शौरसेनी भाषा शामिल नहीं थी किन्तु 'प्राकृत प्रकाश' में जोड़े गये नये अध्यायों में मागधी, पैशाची और शौरसेनी भाषाएँ जोड़ी गयी थीं जैसा कि रुद्रट ने षड्भाषा योजना में शामिल किया था। रुद्रट के भाष्यकार नमिसाधु ने शुरू में कहा कि कुछ अन्तरों के साथ पैशाची भाषा प्राकृत भाषा ही है मगर बाद में उन्होंने स्पष्ट किया कि प्राकृत भाषा के कई नियम पैशाची भाषा पर लागू नहीं होते। इसलिए पैशाची पालि भाषा की तरह प्रतीत होती है। पैशाची में संस्कृत 'त' कभी नहीं बदलता बल्कि कभी-कभी 'द' को 'त' में बदल दिया जाता है: 'दस्य वा तकारः'। दसवीं सदी के उत्तरार्ध में धनंजय ('दशरूपक') जैसे विद्वानों ने पिशाचों और काफ़ी छोटे चरित्रों को क्रमशः पैशाची और मागधी बोलने की अनुमति दी थी। बाद के लेखकों ने धनंजय का रूपान्तर करके 'क्रमशः' शब्द को हटा दिया और पैशाची भाषा को भूत-पिशाचों तथा अति छोटे चरित्रों के लिए निर्धारित कर दिया (रामचन्द्र एवं गुणचन्द्र) या अनन्य रूप से सूरदास (शारदातनय) या कोयला जलाने वालों (विश्वनाथ) के लिए निर्धारित कर दिया।

बाद में भोज ने 'सरस्वतीकण्ठाभरण' और 'शृंगार प्रकाश' में पैशाची का उल्लेख भाषा के श्रेणीकरण में किया है। वह रुद्रट के 'शुद्ध' षड्भाषा श्रेणीकरण को स्वीकार करते हुए सोपान- क्रम बनाते हैं—संस्कृत 'उच्च' चरित्रों के लिए, प्राकृत 'मध्य' चरित्रों के लिए, मागधी 'निम्न' चरित्रों के लिए, पैशाची 'ना बिल्कुल उच्च चरित्रों के लिए', शौरसेनी 'ना बिल्कुल मध्य चरित्रों के लिए'और अपभ्रंश 'ना बिल्कुल निम्न चरित्रों के लिए।' भोज के भाष्यकार रामसिंह व्याख्या करते हैं कि पैशाची उन चरित्रों के लिए है जो 'उच्च और मध्य के बीच' हैं। इसी तरह वह शौरसेनी को 'मध्य तथा निम्न' के बीच के चरित्रों के लिए रखते हैं। ख़ैर... भोज ने पैशाची को अन्य लेखकों की तुलना में बेहतर स्थान दिया है। मगर भोज इन भाषाओं के बोलने वालों के बारे में कोई सूचना नहीं देते हैं। इसके अलावा भोज 'साधारण' द्विभाषा प्रकार की चर्चा करते हैं—'भाषा-श्लेष' ऐसा कविता- पद है जिसके दो भिन्न-भिन्न अर्थ दो भाषाओं में होते हैं। वह एक पद में संस्कृत-पैशाची भाषाश्लेष का उदाहरण देते हैं जो एक साथ विष्णु (संस्कृत में) और शिव (पैशाची

में) दोनों की प्रशंसा करता है। भोज प्राकृत के उप-प्रकारों में शौरसेनी, मागधी और पैशाची को रखते हैं। उन्होंने प्राकृत की तीन श्रेणियाँ बनायीं- सहज, लक्षित तथा श्लिष्ट (विकृत)। पैशाची और मागधी श्लिष्ट श्रेणी में शामिल की गयी हैं क्योंकि वे लक्षित भाषा (शौरसेनी) की विकृत रूप हैं।

बाद में 12वीं सदी में हेमचन्द्र ने अपने ग्रन्थ 'सिद्धहेमचन्द' में रुद्रट के 'षड्भाषा' प्रतिमान को माना किन्तु पैशाची में ध्वनि-परिवर्तन के कारण तीन पैशाची बोलियों (भेदों) की चर्चा भी की। एक पैशाची जिसका वर्णन नमिसाधु ने किया है, दूसरी छद्म, वररुचि द्वारा वर्णित, और तीसरी चूलिका पैशाची। पी.सी. बागची जैसे कुछ विद्वान यह मानते हैं कि 'चूलिका' को बोलने वाले वास्तविक लोग एक क्षेत्र विशेष में थे। एंड्रू ओलेट ने ठीक ही लिखा है कि हेमचन्द्र के पूर्व पैशाची को विशिष्ट रूप से बोलने वाले किसी मानव समूह के साथ नहीं जोड़ा गया था। हेमचन्द्र के समय में पैशाची वैश्विक संस्कृति के बाहर नहीं, बल्कि भीतर स्थापित हो गयी थी। हेमचन्द्र के दो ग्रन्थों ('सिद्धहेमचन्द' और 'कुमारपालचरित') ने एक नयी विधा 'बहुभाषी स्त्रोत्र' का मार्ग प्रशस्त किया (पूर्व में भोज ने भाषाश्लेष कविता-पद का उल्लेख 'सरस्वतीकंठाभरण' में किया था)। इसी प्रकार आनन्दवर्धन ने 'देवीशतक' में ऐसा पद रचा जिसे छः भाषाओं में पढ़ा जा सकता है। हालाँकि षड्भाषा स्त्रोत्र एक जैन विधा है जो सीधे रूप से भाषा की बहुलता तथा पूर्णता को दर्शाती है। धर्मवर्धन (13वीं सदी), जिनाप्रभासूरी (14वीं सदी), तथा जिनापद्मसूरी (14वीं सदी) के द्वारा तथा ऋषभ, शान्ति, नेमि, पार्श्व, वर्धमान के लिए सोमसुन्दर (15वीं सदी) द्वारा लिखे गये स्त्रोत्र पैशाची के किसी न किसी रूप के उदाहरण हैं। एंड्रू ओलेट के अनुसार पूरब के भारतीय वैयाकरणों यथा पुरुषोत्तम, रामशर्मण और मार्कण्डेय ने पैशाची भाषा की दो विशिष्टताओं को रेखांकित किया है: पहली, इन लेखकों ने श्रेणीकरण किया है जो पैशाची के कई शुद्ध प्रकारों को हिगराता है— रामशर्मण ने मिश्रित भाषाओं का श्रेणीकरण किया है। 'शुद्ध' प्रकारों को क्षेत्रों के नाम पर अभिहित किया गया है जिनमें 'कैकेय पैशाची' सबसे महत्त्वपूर्ण है। ग्रियर्सन जैसे पहले विद्वानों ने इन प्रकारों को क्षेत्र विशेष में वास्तव में बोली जाने वाली भाषा माना है किन्तु एंड्रू ओलेट इस प्रस्थापना पर सन्देह व्यक्त करते हैं। दूसरी, पूरब के भारतीय वैयाकरणों के लिए पैशाची, भाषा की चार उच्चतर श्रेणियों में से एक है, अन्य तीन हैं भाषा, विभाषा और अपभ्रंश। पैशाची की आन्तरिक संरचना अन्य तीन भाषाओं की तरह है यद्यपि वह कम विकसित है। पुरुषोत्तम ने लिखा है कि पैशाची के अन्य प्रकारों (कैकेय और शौरसेनी के अलावा) में बहुत कम अन्तर होता है और उसे अभ्यास से सीखा जाना चाहिए। मार्कण्डेय ने पैशाची के ग्यारह प्रकारों का उल्लेख किया था मगर तीन को ही प्रमुख प्रकार बताया था

क्योंकि वे 'नागर' और साहित्य से सम्बद्ध थीं। उनके अनुसार कैकेय पैशाची के उदाहरण 'बृहत्कथा' में खोजे जा सकते हैं (जैसे 'कुपचि पिशालम्')।

जहाँ तक पैशाची के अनुवाद का सवाल है, एंड्रू ओलेट 'बृहत्कथा' की कहानी को दो दृष्टिकोणों से देखते है: पहला, 'इतिहास में पाठ' (text in history) दृष्टिकोण—जो पाठ के जीवन को पाठ की तरह वर्णित करता है। इसकी वाक्य-रचना, प्रकाशन, प्रसार और इसकी विलुप्ति भी। दूसरा, 'स्मृति में पाठ' (text in memory) दृष्टिकोण- कैसे पाठ का उपयोग किया गया, कैसे परिवर्तित किया गया, कैसे अनूदित किया गया, कैसे याद किया गया और कैसे भुला दिया गया। अन्य खो गये मूल पाठों (मूल ग्रन्थों) की तरह 'बृहत्कथा' के मामले में 'स्मृति में पाठ' के भीतर ही 'इतिहास में पाठ' समाहित या छिपा हुआ है। एंड्रू ओलेट का आशय यह है कि इतिहास में पहुँचने का अवसर पाने के लिए भी किसी को स्मृति से होकर गुजरना होगा। गुणाढ्य द्वारा लिखित 'बृहत्कथा' पैशाची में लिखी गयी थी जिसमें उदयन और उसके पुत्र नर वाहनदत्त की साहसिक कथाएँ वर्णित थीं। मगर कब और कहाँ उसकी रचना हुई, यह सुस्पष्ट नहीं है। कुछ विद्वान उनके दक्षिण में सातवाहन राजा के दरबार में रहने की बात करते हैं, दूसरे प्रकार के विद्वान उनका निवास उज्जयिनी में मानते हैं और तीसरे प्रकार के विद्वान उन्हें कौशाम्बी का निवासी बताते हैं। उदयन का कथानक ईसा की प्रारम्भिक सदियों में प्रचलित था मगर उसके प्रकट साहित्यिक और पुरालेखीय सन्दर्भ छठी सदी में मिलते हैं। छठी सदी के मध्य में लिखे गये एक शिलालेख के अनुसार गंगा राजा दुर्विनीत ने दावा किया था कि उन्होंने 'बृहत्कथा' का संस्कृत में अनुवाद किया था। कालान्तर में तमाम संस्कृत विद्वानों यथा सुबन्धु, वाणभट्ट, दंडिन, भामह आदि ने अपनी रचनाओं में 'बृहत्कथा' का उल्लेख किसी न किसी रूप में किया है। छठी सदी के पूर्व भी 'बृहत्कथा' का अनुवाद, पुनर्रचना आदि उपलब्ध थीं। उदाहरणार्थ, एक जैन संन्यासी संघदास ने ऐसी एक रचना 'वासुदेव हिन्दी' प्राकृत भाषा में की थी। पहली सहस्त्राब्दी के उत्तरार्ध में नेपाल में बुधस्वामिन ने एक संस्कृत रूप 'बृहत्कथा श्लोकसंग्रह' की रचना की थी। एक तमिल रूप 'पेरुन्कतई' की रचना कोंकुवे ने लगभग उसी समय में की थी। ग्यारहवीं सदी के पूर्वार्ध में क्षेमेन्द्र ने 'बृहत्कथा मंजरी' की रचना की थी और ग्यारहवीं सदी के उत्तरार्ध में सोमदेव भट्ट ने 'कथासरित्सागर' की रचना की थी। मगर ये दो अन्तिम रचनाएँ 'बृहत्कथा' पर आधारित नहीं थीं, बल्कि कश्मीरी मध्यस्थ पर आधारित थीं।

जब पैशाची को साहित्यिक भाषा की योजना में शामिल किया गया (जो वस्तुत: गौण विकास था), तो भी उसकी स्थिति हाशिये पर ही रही और इसका भूत-पिशाच वाला रहस्य और इसकी अस्पष्टता बरकरार रही। जैसा कि पूर्व में कहा

गया है, अल्फ्रेड मास्टर और वॉन हिनूबर ने पैशाची और पालि की समानता को रेखांकित किया था। एंड्रू ओलेट के अनुसार जब अल्फ्रेट मास्टर ने पैशाची को 'पालि का तोड़-मरोड़' (पर्वर्जन) कहा था, तो उसकी एक व्याख्या बौद्ध पाठीय अभ्यासों का 'दानवीकरण' हो सकती है (यह मानते हुए कि ब्राह्मण लेखकों ने गलत पहचान की जबकि पैशाची ही पालि थी) मगर एंड्रू ओलेट के अनुसार उसका सही आशय पालि के 'समानान्तर पाठीय परम्परा' से था--अर्थात् बौद्ध लोग पालि में लेखन कर रहे थे जबकि बौद्ध से भिन्न लोग पैशाची में लेखन कर रहे थे। आगे अल्फ्रेड मास्टर ने 'भूतभाषा' के दो वैकल्पिक अनुवाद सुझाये हैं—'अप्रचलित/पुरानी भाषा' (obsolete language) अथवा 'शिव की भाषा' (क्योंकि शिव को 'भूतनाथ' या 'भूतेश्वर' कहा जाता है)। 'बृहत्कथा' की परम्परा में कुछ उल्लेखनीय शैव प्रवृत्तियाँ भी रही हैं—विशेषकर कश्मीरी रूपान्तरों में कहानी शिव के मुखारविन्द से शुरू होती है। एंड्रू ओलेट के अनुसार सिर्फ़ एक परम्परा में स्पष्टतः बौद्ध धर्म से पैशाची को जोड़ा गया था—चौदहवीं सदी में बु-स्तोन की कहानी में बौद्ध धर्म को चार मुख्य निकायों में बाँटा गया था और ये निकाय भाषाओं के आधार पर अलग-अलग किये गये थे—

(क) मूल सर्वास्तिवादिनों ने संस्कृत भाषा का इस्तेमाल किया;

(ख) महासांघिकों ने प्राकृत भाषा का इस्तेमाल किया;

(ग) सम्मितीयों ने अपभ्रंश भाषा का इस्तेमाल किया;

(घ) स्थविरवादिनों ने पैशाची भाषा का इस्तेमाल किया।

मगर बु-स्तोन इस बाबत कई भिन्न-भिन्न परम्पराओं को जोड़ते हैं। पहली परम्परा शाक्यप्रभा द्वारा 'प्रभावती' (8वीं सदी या पहले) में चार भाषाओं के उल्लेख से शुरू होती है (जो पद्माकर घोष की भिक्षुवर्षाग्रपृच्छा (10-11वीं सदी) में पुनः लिखित है) और वहाँ वह स्थविरवादिनों को पैशाची की बजाय 'स्प्राचे' सौंपते हैं। बु-स्तोन की बतायी गयी दूसरी परम्परा में महासांघिक 'स्प्राचे' बोलते हैं, सम्मितीय प्राकृत बोलते हैं तथा स्थविरवादिन अपभ्रंश बोलते हैं। इन सभी परम्पराओं में विभिन्न बौद्धनिकायों में विभिन्न भाषा-व्यवहारों की बात सही है क्योंकि संस्कृत शब्द 'विनय' के प्रयोग ने 'मूलसर्वास्तिवादिनों' को हिगराया। मगर एक समतामूलक तर्कचारों निकायों को चारों भाषाओं से जोड़ता है तथा ये चार भाषाएँ स्वयं भी बदलती रही हैं और पहले की परम्पराओं में पैशाची शामिल नहीं थी। दंडिन की तरह शाक्यप्रभा के लिए भी पैशाची कोई भाषा नहीं थी जबकि जिनपद्मसूरी की तरह बु-स्तोन के लिए पैशाची एक भाषा रही है। मगर दोनों व्याख्याओं में एक बात समान है कि दोनों पैशाची को 'प्राक्-शास्त्रीय परम्परा' से जोड़ती हैं चाहे पालि हो अथवा उसकी बहन भाषा हो जिसे पूर्वी भारत में बौद्ध (वॉन हिनूबर के अनुसार)

इस्तेमाल करते थे अथवा गैर-बौद्ध इस्तेमाल करते थे (अल्फ्रेड मास्टर के अनुसार)। इसलिए इस परम्परा का सबसे ज़्यादा सम्भावित स्थल 'बृहत्कथा' है। जब कालान्तर में भूतभाषा की पुनर्व्याख्या की गयी, तो यह मृत (dead) भाषा की जगह अ-मृत भाषा (undead) हो गयी। एंड्रू ओलेट का यह भी अनुमान है कि पैशाची की विशेषताएँ शक लोगों के साथ जुड़ी हैं जो केन्द्रीय एशिया से विभिन्न चरणों में ईसापूर्व की दूसरी सदी में भारत आये। उनकी भाषा के व्यवहार विशिष्ट थे और उनसे सीधे सम्बद्ध कई शिलालेखों में पैशाची जैसी विशेषताएँ दृष्टिगोचर होती हैं- जैसे 'भगिनी' शब्द की जगह 'बकिनी'। उनके अनुसार बृहत्कथा की रचना को ईस्वी की पहली या दूसरी सदी में रखना चाहिए और वह उस कालखंड से मेल खाता है जब शक लोग सांस्कृतिक-राजनैतिक आधिपत्य के लिए सातवाहनों के साथ स्पर्धा कर रहे थे। पैशाची भाषा का अप्रचलन/पुरानापन शकों के पुरानापन/ अप्रचलन से मेल खाता है क्योंकि चन्द्रगुप्त द्वितीय ने (जो संस्कृत साहित्य-संस्कृति का संरक्षक था) चौथी सदी में अन्ततः शकों को परास्त कर दिया था।

एंड्रू ओलेट का यह भी अनुमान है कि पहली सदी में उदयन और नर वाहनदत्त से सम्बन्धित कहानियों के संग्रह की कल्पना करने पर वह भाषा एक ओर पालि की तरह रही होगी तथा दूसरी ओर समकालीन शिलालेखों की भाषा (जिसे पिशेल 'लेण-प्राकृत' कहते हैं) जैसी रही होगी। मगर वह भाषा (पैशाची) 'संस्कृत विश्व नगर' (cosmopolis) द्वारा पीछे छोड़ दी गयी क्योंकि इसने उसे (पैशाची को) मृत और भूतकालिक मान लिया। मगर वह भाषायी भूत के रूप में जीवित रही और बाद में अमानवीय भूतों की भाषा यानी पैशाची के रूप में पुनर्जीवित की गयी।

इस प्रकार हम पाते हैं कि 'पैशाची' भाषा कभी साहित्य में हाशिये पर (भाषात्रय से बाहर) रही, फिर मुख्य भाषाओं के समूह (षड्भाषा में एक या चौथी भाषा के रूप में) में शामिल हुई। अर्थात् भाषा-ज्ञान में परिवर्तन हुआ और पैशाची ने बोली से भाषा का दर्ज़ा हासिल किया। कभी वह अभिजन 'संस्कृत विश्व' द्वारा उपेक्षित थी और मृत (भूतकालिक) मान ली गयी, तो कालान्तर में पुनर्जीवित भी हुई। यद्यपि 'पैशाची' भाषा में लिखा गया मूल पाठ ('बृहत्कथा') काल के गाल में समा गया, मगर उसके कई खंडों के उद्धरणों का ग्रहण और उसका समूचा या आंशिक अनुवाद अथवा रूपान्तर संस्कृत, प्राकृत, अपभ्रंश और अन्य भाषाओं में समय-समय पर होता रहा। अर्थात् भाषा का उद्‌भव, उत्थान, पतन और पुनरुत्थान समय-समय पर होता है। दूसरे, यह ज़्यादा सम्भव है कि किसी स्थान विशेष के लोग किसी विशेष कालखंड में पैशाची भाषा बोलते रहे हों क्योंकि भाषा का निर्माण हमेशा जनता करती है भले बाद में उसका साहित्यिक परिष्कार साहित्यकार करें अथवा उसका व्याकरण

विद्वान वैयाकरण तैयार करें। यह मेरा मानना है (एक समाजशास्त्री के रूप में, न कि भाषाशास्त्री के रूप में) कि कोई भाषा अविकसित रूप में किसी ख़ास समुदाय द्वारा गढ़ी या निर्मित की जाती है, उसके प्रयोग धीरे-धीरे फैलते हैं, फिर उसमें भिन्नता पैदा होती है ('कोस-कोस पर पानी बदले, पाँच कोस पर बानी') और बाद में कुछ विद्वान जानकारों और भाषा वैज्ञानिकों द्वारा उसे एकरूपता (मानकीकरण) दी जाती है। तीसरे, सम्भवत: पैशाची भाषियों की अल्पसंख्या के कारण उन पर बहुसंख्यकों की भाषा (संस्कृत, प्राकृत, अपभ्रंश) ने आधिपत्य जमा लिया। चूँकि भाषा-साहित्य संस्कृति का प्रमुख अंग होता है, इसलिए 'महान संस्कृति' का 'लघु संस्कृति' पर विभिन्न रूपों में आधिपत्य और वर्चस्व बार-बार होता रहता है—उसकी उपेक्षा करके, कमतर/हीनतर दिखाने हेतु उसमें कई बड़े दोष निकाल करके, उसका दानवीकरण करके (जैसा 'असुर' का अर्थ बाद में राक्षस हो गया) या अन्ततः उसको नष्ट करने हेतु अपने में आत्मसात करके। अन्त में, कोई भाषा महज़ साहित्यिक उद्देश्य से विभिन्न कालखंडों में, विभिन्न रचनाकारों द्वारा, विभिन्न स्थलों पर कृत्रिम रूप से नहीं गढ़ी जा सकती और यदि ऐसा प्रयास किया भी जाय, तो वह क्षणिक प्रभाव वाला ही होगा जबकि पैशाची भाषा का काल अत्यन्त अल्प नहीं कहा जा सकता। नि:सन्देह, भाषाओं का जीवन-मरण होता है और यह बात यथार्थ के ज़्यादा निकट है कि कालान्तर में पारिस्थितिकीय परिवर्तन, आव्रजन, जनसंख्या में अतिशय ह्रास, बड़ी भाषा का दबाव, शासन-प्रशासन की उपेक्षा एवं विनाश की नीतियों आदि के कारण पैशाची भाषा काल के गाल में समा गयी। शायद इसीलिए दंडिन ने पैशाची भाषा को 'भूत भाषा' (मृतभाषा) कहा है। भूत भाषा का तात्पर्य भूत-पिशाचों की भाषा नहीं मानना चाहिए।

कुछ विद्वानों (डॉ. तारापोर वाला 'एलिमेंट्स ऑव साइंस ऑव लैंग्वेजेज') का मानना है कि पैशाची का प्रभाव समकालीन 'कोंकणी' भाषा (महाराष्ट्र, गोआ) पर है और कोंकणी में दरद भाषा-परिवार (कश्मीरी एवं पंजाबी) की कई विशेषताएँ पायी जाती हैं। इतिहासकार विश्वनाथ काशीनाथ राजवाड़े का दावा है कि कोंकणी की कतिपय रचनाओं ('क्रिस्ता पुराण', कृष्णदास कृत 'महाभारत') से सिद्ध होता है कि आधुनिक कोंकणी भाषा पुरानी पैशाची भाषा की उत्तराधिकारिणी है। फिर भी यह प्रस्थापना विशद् शोध की माँग करती है; परन्तु इतना निश्चित रूप से कहा जा सकता है कि पैशाची भाषा ने अपनी समकालीन भाषाओं से कुछ न कुछ (शब्द भंडार) अवश्य ग्रहण किया और कालान्तर में दूसरी भाषाओं को भी कुछ न कुछ अवश्य प्रदान किया। ऐसा हर कालखंड और स्थान विशेष में हर भाषा में उसके खुलेपन के कारण सदियों से होता रहा है और होता रहेगा।

अध्याय 6

लोकभाषाओं में लोक संस्कृति

लोक और शास्त्र दोनों भारतीय परम्परा के अभिन्न अंग रहे हैं—एक ओर दोनों में तनाव, विरोधाभास और टकराव रहे हैं, तो दूसरी ओर उनमें मेल-मिलाप और पूरकता भी रही है। लोक शब्द के कई अर्थ होते हैं : संस्कृत में इसकी उत्पत्ति के अनुसार 'लोक' शब्द का अर्थ है 'देखना'—देखने वाला जन-समष्टि। दूसरे, भारतीय संस्कृति में तीन लोक माने गये हैं : भूलोक, स्वर्ग लोक (देव लोक) और पाताल लोक। भूलोक ही इह लोक है जिससे विशेषण 'लौकिक' या 'इहलौकिक' (शब्द) बना है जिसका अर्थ है प्रत्यक्ष/वास्तविक। दूसरी ओर 'अलौकिक' का अर्थ है सामान्य दृष्टिगोचर यथार्थ से परे-वास्तविक दुनिया से परे। इसी प्रकार रामचन्द्र शुक्ल ने 'चिन्तामणि' में 'लोक मंगल' की अवधारणा पेश की है जिसका अर्थ है जन-साधारण का कल्याण। व्यवहार में 'लोकवेद' प्रचलित है अर्थात् लोक और वेद की परस्पर अन्तःक्रिया होती रही है। तुलसीदास ने भी लोकवेद की चर्चा की है। वास्तव में, लोकसाहित्य, लोक संस्कृति, लोक कलाएँ आदि लोक भाषा में ही व्यक्त होती हैं जिनकी कहन शैली अत्यन्त सहज, सारगर्भित, प्रभावोत्पादक और हृदय स्पर्शी होती है क्योंकि उनका कथ्य अत्यन्त मार्मिक, दुःखपूर्ण और कठिन जीवन-जगत से जुड़ा होता है।

आज से करीब ढाई हजार वर्ष पहले प्रसिद्ध राजनीतिशास्त्री एवं दार्शनिक अरस्तू ने कहा था—'मनुष्य एक सामाजिक प्राणी है' अर्थात् वह लोगों के समूह में रहना, काम करना, सीखना, भोगना-संक्षेप में, आम या ख़ास लोगों के साथ जीना एवं मरना चाहता है। शायद उसकी सामाजिकता, परस्पर-निर्भरता, लोक-लाज एवं डर उसे जानवरों से अलग करता है। यदि क्लिफर्ड गीर्त्ज के शब्दों में कहें, तो मनुष्य यन्त्र-निर्माता, बात करने वाला और प्रतीक गढ़नेवाला प्राणी है—वही हँसता है, वही सोचता है, वही बोलता है, और वही जानता है कि वह मर जायेगा तथा वह अपनी माँ-बहन के साथ यौन-सम्बन्ध बनाने से नफ़रत करता है क्योंकि संस्कृति एवं समाज निकट रक्त सम्बन्धियों (माँ, बहन, बेटी, बुआ) से यौन-सम्बन्ध बनाने

पर पूरी रोक लगाता है और अधिकतर समाजों-समुदायों में गोत्र के भीतर विवाह करने की मनाही है (क्लैन एक्जोगैमी)। एक वृहत्तर समूह में विवाह करने की छूट रहती है जिसे 'शादी करने योग्य समूह' (एंडोगैमस ग्रुप), जैसे जाति, कहा जाता है। उसके पास सिर्फ़ मानसिकता नहीं, चेतना भी होती है; सिर्फ़ आवश्यकताएँ नहीं, मूल्य भी होते हैं; सिर्फ़ भय नहीं, विवेक भी होता है; सिर्फ़ अतीत नहीं, इतिहास भी होता है। संक्षेप में, वही है जिसके पास साझी एवं खुली संस्कृति है। वासुदेव शरण अग्रवाल के अनुसार 'लोक हमारे जीवन का महासमुद्र है, जिसमें भूत, वर्तमान एवं भविष्य सुरक्षित है।'

भारत में लोक की कुछ विशेषताएँ इस प्रकार रही हैं :

पहली, लोक का आशय अपढ़/निरक्षर ग्रामीण समाज से ज़्यादा रहा है जो प्रायः गाँवों में रहते थे या अभी भी रहते हैं अथवा गाँवों से चलकर जीविका चलाने हेतु कस्बों या बड़े शहरों की परिधि पर अविकसित बस्तियों में बस गये हैं। किन्तु अपढ़ का तात्पर्य अज्ञानी नहीं है, बल्कि आधुनिक भाषा की साक्षरता पद्धति मात्र से वे अनजान रहे हैं। उनका देशज ज्ञान अनुभव—आधारित रहा है तथा उनकी अपनी स्थानीय भाषा की कहावतों, मुहावरों, पहेलियों, किस्सों, गीतों आदि में व्यक्त होता है। जैसे घाघ-भड्डरी की कहावतें।

दूसरी, उनमें सहजता और अकृत्रिमता होती है; अर्थात् वे बनावटी, दिखावटी एवं सजावटी नहीं होते—जो भीतर, वही बाहर; जो कथनी में, वही करनी में। वस्तुतः वे मनसा, वाचा, कर्मणा सच्चे होते हैं और बिना लाग-लपेट के अपनी राय, विचार, प्रतिक्रिया, अनुक्रिया आदि व्यक्त कर देते हैं।

तीसरी, लोक, प्रकृति के हमेशा नज़दीक मौजूद रहता है, उससे सीखता है, उससे संवाद करता है और उससे अपनी आवश्यकताओं की पूर्ति भी करता है, किन्तु उसका अतिशय शोषण करके उसे निर्मूल नहीं करता। वहाँ प्रकृति और समुदाय में एकता है, अतः लोग जन्मभूमि को माँ, भाषा को माँ (मातृभाषा), जननी को माँ, गाय को माँ और नदी (गंगा आदि) को माँ कहते हैं। वे वट वृक्ष, पीपल, नीम, आँवला, सुपाड़ी, शमी, केला आदि वृक्षों/पौधों में देवी-देवताओं का वास मानकर उनकी श्रद्धा एवं आस्था से पूजा करते हैं जिससे उनका प्रकृति से तादात्म्य स्थापित होता है। प्रकृति से समानुभूति के कारण लोक में प्रकृति के विभिन्न अवयवों के तमाम नाम अभिहित हैं और उन्हें 'पंच महाभूत' (क्षिति, जल, अग्नि, आकाश, वायु) कहा गया है।

चौथी, लोक में सामूहिक/सामुदायिक जीवन का ख़ास महत्त्व होता है। लोग सिर्फ़ निज़ी या अपने सगे भाई-बहनों, पिता-पुत्रों का ही ख़्याल नहीं रखते, बल्कि समग्र समुदाय, गाँव, पड़ोस आदि का भी ख़्याल रखते हैं। समुदाय में जो समष्टि

भाव होता है, वह संवादधर्मी होने के अलावा बहुआयामी तथा 'सर्वजन हिताय, सर्वजन सुखाय' होता है। लोग श्रम का भी विनिमय एक दूसरे की आवश्यक आवश्यकताओं की पूर्ति हेतु करते हैं। उ.प्र. में श्रम के विनिमय को 'हूँड़' कहा जाता रहा है। किन्तु आजकल कृषि कार्यों (जुताई, बुआई, कटाई, सिंचाई) के यन्त्रीकरण के कारण इसका अस्तित्व मिट रहा है। सामुदायिक जीवन में वस्तु-विनिमय प्रायः होता है और सामाजिक सम्बन्धों को हमेशा आर्थिक (बाज़ार) तराजू पर नहीं तौला जाता, बल्कि 'नैतिक अर्थव्यवस्था' बाज़ार से परे जाकर निःस्वार्थ भाव से दैनिक कार्य सम्पन्न करता है। सामूहिक/सामुदायिक जीवन में दैनिक कार्यकलापों से जुड़ी सामूहिक सृजनात्मकता लोक कलाओं का आधार होती है, अर्थात् साहित्यिक/कलात्मक रचनाओं का सृजन, बदलाव एवं पुनर्सृजन व्यक्तिगत न होकर सामूहिक होता है।

पाँचवीं, लोक में श्रम की गरिमा एवं महत्ता केन्द्र में होती है जहाँ श्रम के गीत-नृत्य-नाट्य स्वाभाविक रूप से रचकर सम्पन्न किये जाते हैं। खेतों में रोपनी (धान की रोपाई), निकाई (निकौनी), कटनी (कटाई) आदि के समय श्रमिक स्त्रियाँ गाती रहती हैं जिससे उनकी थकान मिटती जाती है और समवेत स्वर में मुस्कान/हास-परिहास दोहरा आनन्द देता है। इस प्रकार एक ओर जीवन के श्रमपूर्ण कार्य लोक संस्कृति में कुछ नया जोड़कर, पुराने में कुछ बदलाव कर अथवा पूर्णतः पुनर्सृजन कर उसे पुख़्ता बनाते हैं, वहीं दूसरी ओर लोक संस्कृति, लोक जीवन को मधुर और सक्रिय बनाती है। इस प्रकार लोक में प्रायः श्रमशील समुदायों द्वारा श्रम और मनोरंजन साथ-साथ किये जाते हैं जबकि आधुनिक या शास्त्रीय परम्परा में मनोरंजन के लिए श्रम (कार्य) को तिलांजलि देकर 'अवकाश' की ख़ास अवधि (फुर्सत) की तलाश की जाती है, अर्थात् लोक साहित्य/कला में श्रम और मनोरंजन में एकता और पूरकता का भाव होता है जबकि अभिजन शास्त्रीय परम्परा में इन दोनों में विरोध होता है। श्रम में प्रायः महिलाएँ आगे रहती हैं और ज़्यादा कष्टदायी जीवन जीने के कारण वे लोक साहित्य-संस्कृति में भी अग्रणी रहती हैं। जन्म, विवाह, त्योहार, गृह-प्रवेश आदि में महिलाएँ संस्कार गीतों और अनुष्ठानों से चार चाँद लगा देती हैं। अस्तु, लोक संस्कृति में स्त्रियों की वेदना और संवेदना, सामाजिक स्तरण और नकारात्मक समाजीकरण के विरुद्ध प्रतिरोध की आवाज़ भी उठती है जिसमें लड़कियों के साथ खेलकूद, शिक्षा, खान-पान, स्वास्थ्य-चिकित्सा, विवाह आदि के प्रचलित स्वरूपों और प्रतिरूपों पर प्रत्यक्ष और अप्रत्यक्ष रूप से सवाल भी उठाये जाते हैं, भले ये चिंगारियाँ शोले नहीं बन पातीं। इसके कुछ उदाहरण नीचे दिये जा रहे हैं :

1. जेहि दिन हे अम्मा भइया के जलमवा, सोने की छूरी कटइलो नार हो।
   जेहि दिन हे अम्मा भयो हमरो जलमवा, हँसुआ खोजइते हे अम्मा खुरपी

न भेटे।
मिटकी कटइले मोरि नार हो॥

2. काहे कइला हो बाबूजी जुलुम बतिया, भइया क देहला घोड़ा, हाथी, मोटर गाड़िया।
हमार बेरिया काहे गुड्डा पकड़वला हमार बेरिया।
भइया क भेजला स्कूल–कॉलेजवा हमार बेरिया, काहे चूल्हा फुँकवउला हमार बेरिया॥
3. काहे रे ब्याही विदेश रे लखिया बाबुल मोरे, हम तो बाबुल तोरे खूँटे की गइया, जित हाँको हँकि जाय हो लखिया।
हम तो बाबुल तोरे पिंजरे की मैना, भोर भये उड़ि जाय, सुन बाबुल मोरे।
भइया को दिहे बाबुल महला–दुमहला, हमको दिये परदेस, सुन बाबुल मोरे।।
4. जिनि काट्या बाबा दुआर के पेड़वा।
पेड़वा पै चिरई के बसेर।।

छठी, निरक्षरता के कारण लोक जीवन में वाचिक परम्परा (मौखिक) का बोलबाला होता है और इसका सकारात्मक पक्ष यह है कि उसके कई पाठ होते हैं और सबमें कुछ नया होता है अर्थात् लिखित की तरह मौखिक लोक–साहित्य को किसी एक मानक पाठ में न्यूनीकृत नहीं किया जाता, बल्कि जितने संवाद करने वाले कर्त्ता होते हैं, उतने ही पाठ भी होते हैं। यह पाठ–बहुलता बहुरंगी, बहुस्तरीय, बहुआयामी, बहुकालिक एवं बहुस्थानिक सृजनात्मकता का द्योतक है। जैसा कि कवि केदारनाथ अग्रवाल ने कहा है : 'फूल नहीं/रंग बोलते हैं।' सभी विकासशील समाजों में लोक की वाचिक परम्परा का स्वस्थ इतिहास रहा है। यह मूलतः सामुदायिक/सामूहिक स्मृति पर आधारित होती है जिसके कारण उसमें मुक्त सृजन की सम्भावना न क्षीण होती है और न बासी पड़ती है। किन्तु दूसरी ओर लिखित पद्धति एवं छापा—इलेक्ट्रॉनिक तकनीकी के प्रभाव के कारण स्मृति की उपेक्षा होने से लोक कला की वाचिक परम्परा के लुप्त होने का ख़तरा भी मँडराता रहता है। फिर भी लोकाचार और वाचिक परम्परा में घनिष्ठ सम्बन्ध रहने के कारण वाचिक परम्परा जल्दी ख़त्म नहीं हो सकती। वाचिक परम्परा के कारण व्यावहारिक जीवन की समस्याओं का निदान बड़े–बुजुर्ग वाद–विवाद–संवाद के ज़रिये अक्सर निकाल लेते हैं। यह वाचिक परम्परा का ही कमाल है कि भारतीय महिलाएँ विवाह के तमाम अनुष्ठान, रसोईघर में तमाम पकवान, बच्चों का पालन–पोषण, खेती के तमाम मौसमी कार्य समय पर, गुणवत्ता के साथ, सम्पन्न कर लेती हैं बिना सूची, तराजू,

लिखित निर्देश और पेशेवर प्रशिक्षण के। यह ज्ञान अनुभव और अनुमान पर आधारित होता है।

सातवीं, लोक साहित्य/कला में शब्दाडम्बर की बजाय जीवन के खुरदरे यथार्थों का सार वर्णित होता है जिसमें कला के जीवन की बजाय जीवन की कला रग-रग में, पग-पग पर, हर पल और हर कहन में मौजूद होती है। उसमें कलावाद की प्रतिष्ठा की जगह दैनिक जीवन और जगत की माटी की सोंधी खुशबू से लेकर खून-पसीने की सुगन्ध तक शामिल होती है। वहाँ 'बात निकलेगी, तो दूर तलक जायेगी' का आशय जीवन के हर प्रसंग-सन्दर्भ में चरितार्थ होता है।

किन्तु लोक संस्कृति में सब कुछ सर्वत्र एवं सर्वदा अच्छा ही नहीं होता। उसमें प्रायः तीन नकारात्मक प्रवृत्तियाँ होती हैं : पहली, लोक संस्कृति में भदेसपन या अश्लीलता भी होती है और विभिन्न पर्व-त्योहारों से लेकर शादी-ब्याह तक में इसके उदाहरण देखने को मिलते हैं। हर वर्ष होली पर्व के अवसर पर 'कबीरा' गायन इस भदेसपन की पराकाष्ठा (उ.प्र. और बिहार में) होती है। दूसरी, लोक में अन्धविश्वास एवं कुरीतियों (जादू-टोना, डाइन प्रथा, भूत-प्रेत, नियतिवाद, शाप) की भी भरमार होती है जिसके कारण उनका देशज ज्ञान दब जाता है और वे प्रगति में पिछड़ जाते हैं। इसी अन्धविश्वास एवं कुरीतियों के कारण लोक समाज में दो अतिध्रुवीय प्रक्रियाएँ कभी-कभी अलग-अलग और कभी-कभी एक साथ चलती हैं : दैवीकरण और दानवीकरण। एक ओर लोक ने 'सन्तोषी माता' को 1970 के दशक में गहन एवं विस्तृत प्रचार-प्रसार से (दीवार लेखन, पत्राचार, विज्ञापन, मन्दिर-निर्माण, फिल्म, धार्मिक पुस्तिका प्रकाशन) से नयी देवी बना दिया, वहीं दूसरी ओर भारत के कुछ प्रान्तों में (जैसे झारखंड) सबसे पहले लोहे को गलाकर कृषि के औजार बनाने वाले तथाकथित 'असुर' समुदाय का दानवीकरण कर दिया गया जिसे उपन्यासकार रणेन्द्र ने 'ग्लोबल गाँव के देवता' में बखूबी दिखाया है। तीसरी, लोक में अतीत-विरह (नोस्टालजिया) का भाव प्रायः अधिक होता है। इसलिए वे प्रायः अपने पूर्वजों के स्वर्णिम अतीत की याद करके आहें भरते हैं और वैसा जीवन जीने के लिए तरसते हैं जबकि सचाई यह है कि हर अतीत इतिहास नहीं होता और मानव इतिहास की प्रगति के पहिये को पीछे की ओर नहीं घुमाया जा सकता। किन्तु जैसा महाकवि कालिदास ने कहा है, न तो हर पुरानी चीज़ खराब होती है और न हर नयी चीज़ अच्छी होती है। विद्वान लोग अच्छे-खराब का निर्णय विवेक से करते हैं।

यह सर्वविदित है कि संस्कृति शब्द संस्कृत के 'संस्कार' से बना है। इसका तात्पर्य होता है सँवारना या परिष्कार करना, लेकिन क्या संस्कृति सिर्फ़ सँवारने तक ही सीमित रहती है अथवा उसमें कुछ आमूल परिवर्तनकारी तत्व भी निहित होते हैं

जो समग्र सक्रियता के साथ समाज की अन्य संरचनाओं, उप-व्यवस्थाओं और प्रक्रियाओं को प्रभावित करते हैं और बदले में उनसे भी प्रभावित होते हैं? दैनिक जीवन में हम देखते हैं कि गौरैया छोटे-छोटे तिनकों को अपनी चोंच से उठाकर लाती है और धीरे-धीरे खूबसूरत झोंझ बनाती है। इसी तरह कई मधुमक्खियाँ एक साथ मिलकर एक खूबसूरत छत्ता बनाती हैं। लेकिन क्या मधुमक्खियों द्वारा बनाया गया कलात्मक छत्ता या पक्षियों की बनायी हुई झोंझ संस्कृति का प्रतीक है? बिल्कुल नहीं- क्योंकि मनुष्य की कलात्मक एवं सांस्कृतिक अभिव्यक्ति में उसकी कल्पना और सोच-विचार भी समाहित होते हैं। इसीलिए कार्ल मार्क्स ने ठीक ही लिखा है—'जो चीज़ एक खराब से खराब वास्तुशिल्पी को अच्छी से अच्छी मधुमक्खी से भिन्न करती है, वह है मनुष्य की कल्पना। मनुष्य अपनी संरचना को असली रूप देने के पहले उसे कल्पना में बनाता है।' यह तो संस्कृति का कार्य हुआ। लेकिन, वास्तव में, संस्कृति है क्या? नि:सन्देह, संस्कृति प्रकृतिदत्त नहीं है। अँग्रेज़ी का 'कल्चर' शब्द 'नेचर' का बिल्कुल विपरीतार्थी है क्योंकि उसमें मनुष्य की निर्माण-प्रक्रिया शामिल होती है यानी संस्कृति को मनुष्य ही बनाता-बिगाड़ता है और दूसरी ओर यह भी सच है कि मनुष्य में संस्कृति की वज़ह से ही मनुष्यता पैदा होती है। संस्कृति की परिभाषा में मानवशास्त्रियों और समाजशास्त्रियों में व्यापक मतभेद हैं लेकिन सर्वाधिक मान्य परिभाषा टाइलर की है जिनके अनुसार संस्कृति एक ऐसा समग्र ढाँचा है जिसके अन्तर्गत भाषा, कला, रहन-सहन, पहनावा, साहित्य, नियम और मूल्य, परम्परा और रीति-रिवाज़ आदि निहित होते हैं। फिर कोई समाज अपनी संस्कृति भाषा के माध्यम से अभिव्यक्त करता है या प्रदर्शनकारी कलाओं के माध्यम से। चूँकि लोक संस्कृति ग्रामीण क्षेत्र के निरक्षर (या कम पढ़े-लिखे) लोगों में ज़्यादा प्रचलित होती है, अत: उसकी अभिव्यक्ति लोक भाषाओं में ही सहजता से होती है। संस्कृति ज़्यादा विस्तृत एवं खुली होती है जबकि पन्थ सीमित, संकुचित एवं संकीर्ण होता है। किसी संस्कृति के भीतर कई पन्थ (रेलिजन) हो सकते हैं या कोई भी पन्थ नहीं हो सकता। दूसरे, संस्कृति के आधार खान-पान, रहन-सहन, वेशभूषा, रीति रिवाज़, भाषा, कला, साहित्य आदि हैं जबकि पन्थ के आधार किसी अदृश्य सर्वशक्तिमान सत्ता में अटूट विश्वास, कर्मकांड और अतार्किक तथा अप्रश्नांकित हद तक असत्यापनीय चीज़ों(असत्य) को सत्य मानना है।

विभिन्न मानवशास्त्रियों और समाजशास्त्रियों ने सांस्कृतिक परम्पराओं और प्रक्रियाओं का अध्ययन किया है; कुछ ने संरचनात्मक दृष्टिकोण से, तो कुछ ने विशुद्ध मूल्यों/प्रकार्यों के दृष्टिकोण से, और कुछ ने आर्थिक दृष्टिकोण से। प्रसिद्ध समाजशास्त्री प्रो. एम.एन. श्रीनिवास ने भारतीय सांस्कृतिक परम्परा के अध्ययन करने के दौरान मुख्यत: दो मूल प्रक्रियाओं को रेखांकित किया है—पहला,

'संस्कृतीकरण' और दूसरा 'पश्चिमीकरण'। 'संस्कृतीकरण' से उनका तात्पर्य है— पिछड़ी एवं निम्न जातियों द्वारा अगड़ी जातियों के रीति-रिवाज़, जीवन-शैली आदि का अनुकरण : जैसे, जनेऊ पहनना, शादी-विवाह की पद्धति, धार्मिक अनुष्ठानों की पद्धति अपनाना आदि। कुछ मामलों में उन्होंने इस प्रक्रिया के विपरीत 'विसंस्कृतीकरण' भी पाया जहाँ निम्न जातियाँ उच्च जातियों के रीति-रिवाज़ों को नकार देती हैं किन्तु दूसरी तरफ उन्होंने पाया कि आधुनिक शिक्षा, भ्रमण, मुक्त बाज़ार आदि के कारण 'पश्चिमीकरण' की प्रक्रिया भी अस्तित्व में है। इसी तरह राबर्ट रेडफील्ड ने मेक्सिको में किये गये एक अध्ययन में 'लघु परम्परा' (लिटिल ट्रेडिशन) और 'महान परम्परा' (ग्रेट ट्रेडिशन) की अवधारणा दी है। बाद में उस अवधारणा के आधार पर मिल्टन सिंगर और मैकिम मेरियट जैसे समाजशास्त्रियों ने भारतीय समाज और संस्कृति का अध्ययन किया। इन विद्वानों के अनुसार भारतीय संस्कृति का विकास दो स्तरों पर होता है—

(क) देसी परम्परा के स्तर पर (ख) अन्य परम्परा के सम्पर्क के स्तर पर

उनके अनुसार देसी संस्कृति से बाह्य-भिन्नता की ओर परिवर्तन होता है यानी लोक संस्कृति से नागर संस्कृति की ओर परिवर्तन होता है और अन्ततः भूमंडलीय संस्कृति का विकास होता है। मैकिम मेरियट ने अपने अध्ययन में दो प्रक्रियाओं के सहअस्तित्व को रेखांकित किया: पहली प्रक्रिया 'सर्वव्यापीकरण' है जिसके तहत लघु परम्परा, रीति-रिवाज़ आदि संस्कृतीकरण के ज़रिये महान परम्परा की ओर अग्रसित होते हैं अर्थात् उनका विस्तार व्यापक फलक पर होता है। दूसरी प्रक्रिया है 'संकुचन' जहाँ महान परम्परा अपनी व्यापकता को घटाते-घटाते नीचे की ओर चली जाती है और लघु-परम्परा का अंग बन जाती है। लेकिन प्रसिद्ध भारतीय समाजशास्त्री प्रो.एस.सी.दुबे इस श्रेणीकरण से सहमत नहीं हैं। उन्होंने 'बहुल परम्परा' का सिद्धान्त प्रतिपादित किया है जिसमें न केवल ग्राम और शहर के स्तर पर भौगोलिक दृष्टि से, बल्कि स्वयं परम्परा की प्रकृति, रूप, और तत्व के स्तरों पर भी बहुलता होती है। उनके अनुसार भारतीय संस्कृति में छः परम्पराएँ समाहित हैं—

(क) शास्त्रीय परम्परा (ख) उभरती राष्ट्रीय परम्परा (ग) क्षेत्रीय परम्परा (घ) स्थानीय परम्परा (ङ) पश्चिमी परम्परा (च) स्थानीय उप-सांस्कृतिक परम्परा (समुदाय की परम्परा)

इस प्रकार स्पष्ट है कि इन परम्पराओं में भिन्न-भिन्न तत्वों, आयामों आदि पर जोर है किन्तु उनमें परस्पर मेल-मिलाप भी होता है। प्रसिद्ध समाजशास्त्री प्रो. योगेन्द्र सिंह भारतीय परम्परा की दो प्रमुख विशेषताएँ बताते हैं : सामूहिकता तथा लौकिक जीवन के बाद (ट्रांसेंडेंस) की चिन्ता करने के कारण आध्यात्मिकता। वह 'भारतीय परम्परा के आधुनिकीकरण' की बात करते हैं और भारतीय परम्पराओं को

विकास एवं प्रौद्योगिकी में अवरोधक नहीं मानते (जैसा गुन्नार मिर्डल, मैक्स वेबर आदि मानते रहे हैं)। उनके अनुसार आधुनिकीकरण महज़ पश्चिमीकरण नहीं है, इसलिए भारत में आधुनिकीकरण पश्चिम के आधुनिकीकरण से भिन्न होगा। किन्तु दूसरी ओर समाजशास्त्री प्रो. दीपंकर गुप्ता 'मिस्टेकेन माडर्निटी' की अवधारणा पेश करते हैं कि भारत में आधुनिकता को गलत ढंग से समझा गया जबकि 'आधुनिकता' एक सार्वभौमिक अवधारणा है जिसमें तीन तत्व शामिल हैं : लोकतन्त्र, पन्थ-निरपेक्षता, और सहभागी एवं स्वतन्त्र नागरिकता। मगर इन तीनों की कसौटी पर भारत पूर्णतः खरा नहीं उतरता। मेरी दृष्टि में दीपंकर गुप्ता औपनिवेशिकता के काले इतिहास को नज़रअंदाज कर देते हैं जबकि पूरे विश्व में (आधुनिकता की बज़ाय) आधुनिकीकरण 'गोरे लोगों का दायित्व' (व्हाइट मैन्स बर्डेन) था जिसे औपनिवेशिक ब्रिटिश साम्राज्य, पुर्तगाली साम्राज्य, स्पैनिश साम्राज्य, फ्रांसीसी साम्राज्य, अमरीकी साम्राज्य आदि अपने राजनैतिक और आर्थिक हितों की पूर्ति हेतु अपनी औपनिवेशिक भाषा (अँग्रेज़ी, फ्रांसीसी, पुर्तगाली, स्पैनिश) तथा ईसाई धर्म का बहुउद्देशीय उपयोग कर रहा था।

शास्त्रीय संगीत और शास्त्रीय नृत्य अभिजन शास्त्रीय परम्परा के ज्वलन्त उदाहरण हैं और जो लोक संस्कृति के प्रचलित स्वरूपों यथा लोक गीत (बिरहा, चैता, कहरवा, पंडवानी), लोक नाट्य (नौटंकी, विदेशिया, माचा) लोक नृत्य (छऊ, बिहू, गरबा), लोक चित्रकला (मधुबनी, जादोपटिया) आदि से भिन्न हैं क्योंकि शास्त्रीय संगीत और नृत्य प्रायः कुछ घरानों और राज दरबारों तक सीमित रहे हैं (दरभंगा घराना, बनारस घराना, लखनऊ घराना, आगरा घराना, ग्वालियर घराना, गया घराना, जयपुर घराना, कर्नाटक संगीत, हिन्दुस्तानी संगीत)। वहीं दूसरी ओर लोक गीत, लोक चित्रकला (जैसे आदिवासी चित्रकला), लोक नृत्य आदि समूची जनता के लिए खुले हैं और वह गुरु-शिष्य परम्परा तक सीमित और संकुचित नहीं है। लेकिन यह भी सच है कि इन दोनों परम्पराओं के मिलने से अर्धशास्त्रीय संस्कृति का विकास हुआ है। मुजरा, फिल्मी गीत आदि दोनों छोरों के बीच में हैं। इसके अलावा यह भी सच है कि लोक संस्कृति में भी विभिन्न समूहों एवं समुदायों के स्तर पर स्थानीय उप-सांस्कृतिक परम्पराएँ होती हैं—उदाहरण के तौर पर, मधुबनी चित्रकला में दलित जाति के कलाकारों द्वारा बनायी गयी चित्रकलाएँ उच्च एवं मध्यम जातियों के कलाकारों की चित्रकलाओं से भिन्न होती हैं क्योंकि दलित कलाकार कुछ रंगों का प्रयोग अपनी कला में नहीं करते और उनकी जगह गोबर के घोल का इस्तेमाल करते हैं। उनकी अभिव्यक्ति भी अन्य कलाकारों से कुछ भिन्न होती है।

ख़ैर, इतना तो तय है कि भारत में सांस्कृतिक बहुलता का वजूद है। न केवल

विभिन्न पन्थों/समुदायों की अपनी विशिष्ट परम्पराएँ हैं बल्कि प्रत्येक पन्थ पर अलग-अलग उप-सांस्कृतिक परम्पराएँ भी हैं। फिर किसी ख़ास स्थान में प्रचलित परम्परा उपरोक्त परम्पराओं को काट देती है। यह परम्परा इतिहास से भी प्रभावित होती है जिसके कारण एक अद्‌भुत, 'सामासिक संस्कृति' विकसित हुई है, जिसमें 'भिन्नता में एकता' के साथ-साथ 'एकता में भिन्नता' भी है और यही इसकी खूबसूरती, परिवर्तन एवं निरन्तरता की वज़ह है। जैसा कि निम्नवर्गीय अध्ययन पद्धति वाले इतिहासकारों-रंजीत गुहा, ज्ञानेन्द्र पाण्डेय और शाहिद अमीन- ने रेखांकित किया है कि भारतीय इतिहास में दो तरह के अभिजनवाद हैं—

(क) **बुर्जुआ अभिजनवाद** के अन्तर्गत ऐसे भारतीय इतिहासकार आते हैं जो देसी अभिजनों और संस्थाओं के नेतृत्व में राष्ट्रीयता के विकास का सिद्धान्त पेश करते हैं। वे देसी अभिजनों के करिश्मा आदि पर आवश्यकता से अधिक जोर भी देते हैं।

(ख) **उपनिवेशीय अभिजनवाद**—ब्रिटिश प्रशासन, संस्थाओं, नीतियों, कानूनों और औद्योगिकीकरण के कारण भारत में राष्ट्रीयता का विकास मानने वाले विदेशी इतिहासकार इस श्रेणी में आते हैं जिनकी धारणा है कि ब्रिटिश शिक्षा, कानून, यातायात आदि के विकास के कारण भारत में राष्ट्रीयता और एकता की भावना पैदा हुई अन्यथा वे सैकड़ों रियासतों में बँटे हुए, परस्पर युद्ध में फँसे हुए एवं प्रतिगामी संस्थाओं एवं परम्पराओं से आबद्ध राजा-प्रजा मात्र थे।

किन्तु ये दोनों प्रकार के अभिजनवाद भिन्न-भिन्न कारणों से पूर्वाग्रह से ग्रस्त होकर तोड़-मरोड़कर एवं एकांगी रूप से इतिहास की व्याख्या करते हैं। ठीक यही स्थिति भारतीय संस्कृति की भी है, जहाँ देसी अभिजनों ने नवजागरण आदि को ज़रूरत से ज़्यादा महिमामंडित किया है। दूसरी ओर उपनिवेशीय अभिजनवाद भारतीय सांस्कृतिक परम्पराओं को इसके औद्योगिक विकास में बाधक तथा पिछड़ेपन का कारक मानते हैं—पहली श्रेणी में कई कलाकार, संस्कृतिकर्मी, साहित्यकार एवं चिन्तक हैं, तो दूसरी ओर उपनिवेशीय अभिजनवादियों यथा गुन्नार मिर्डल के अनुसार भारत के पिछड़ेपन के कारण यहाँ का अन्धविश्वासी समाज, नरम राज्य, साम्प्रदायिकता, जातिप्रथा आदि हैं। यहाँ तक कि कार्ल मार्क्स जैसे महान चिन्तक ने भी भारत को समझने में भयंकर भूलें कीं और सीमित मात्रा में उपलब्ध छपी सामग्रियों के आधार पर वह यह मान बैठे कि भारतीय रीति-रिवाज़, परम्पराएँ आदि आर्थिक विकास में बाधक हैं तथा ब्रिटिश साम्राज्यवादी नीतियों, कानूनों और संचार के साधनों के प्रचार-प्रसार से ही भारत में राष्ट्रीय एकता की भावना पैदा हुई। उनका यह सोच उनके द्वन्द्वात्मक भौतिकवाद के सिद्धान्त के विरुद्ध है क्योंकि साहित्य, कला, संस्कृति आदि का अर्थव्यवस्था और राजनीति से द्वन्द्वात्मक सम्बन्ध होता है

जैसा कि उन्होंने अन्यत्र सुस्पष्ट किया था। मगर निम्नवर्गीय अध्ययन (सबाल्टर्न) वाले इतिहासकार तमाम राष्ट्रीय तत्वों एवं शक्तियों को नज़रअन्दाज़ करते हुए स्थानीय-क्षेत्रीय एवं तथाकथित पिछड़ी जातियों के अवदान को बढ़ा-चढ़ाकर पेश करते हैं। जैसे शाहिद अमीन ने चौरी-चौरा कांड के प्रसंग में एकपक्षीय ढंग से पेश किया है। भारतीय स्वतन्त्रता का प्रथम संग्राम सन् 1857 का विद्रोह माना जाता है जिसमें सभी धर्मों, जातियों और वर्गों के लोगों ने मिलकर अँग्रेजों के विरुद्ध जंग का ऐलान किया था और तब भारत में अँग्रेजों ने कोई संरचनात्मक आमूल परिवर्तन नहीं किया था। लोकभाषाओं (यथा भोजपुरी, अवधी, बुन्देलखंडी, ब्रज, मगही, आदि) में इन संघर्षों का विशद् वर्णन है। इतना ही नहीं, सन् 1857 के पूर्व भी भारत के विभिन्न भागों में क्षेत्रीय आन्दोलन अँग्रेजों के विरुद्ध होते रहे जिसमें सबसे महत्त्वपूर्ण सन्थाल विद्रोह 'हुल' है जिसे सन् 1855 में ही सन्थालों ने तत्कालीन बिहार (वर्तमान झारखंड के सन्थाल परगना क्षेत्र) में शुरू किया था और जो देशी महाजनों और विदेशी प्रशासन के शोषण के विरुद्ध बड़ा शंखनाद था, जिसमें कई लोग शहीद भी हो गये थे—खासकर सन्थाल नेता (तथा भाई गण) सिद्धो-कान्हो, चाँद और भैरव।

अभिजन बनाम लोक संस्कृति : यहाँ अभिजन संस्कृति और लोक संस्कृति में भेद करना आवश्यक है। संक्षेप में, इन अन्तरों को निम्नलिखित तालिका 1 से स्पष्ट किया जा सकता है—

तालिका 1 अभिजन संस्कृति एवं लोक संस्कृति में अन्तर

क्र.	अभिजन संस्कृति	लोक संस्कृति
1.	व्यक्ति केन्द्रित	समुदाय केन्द्रित
2.	प्राय: अमूर्त विषयक	प्राय: मूर्त विषयक (जन्म, मृत्यु, बीमारी, शोषण, खेती, गरीबी, दहेज आदि)
3.	नगर आधारित	गाँव आधारित
4.	केन्द्र की ओर झुकाव	परिधि की ओर झुकाव
5.	प्राय: सोपान-क्रम (गुरु-शिष्य परम्परा)	क्षैतिज खुलापन
6.	एक रचनाकार की रचना पर आधारित	सामूहिक रचना अथवा अज्ञात रचनाकार की रचनाएँ
7.	दर्शक/नर्तक/पाठक तथा रचनाकार में भेद	दर्शक/नर्तक/पाठक तथा लोक संस्कृति कर्मी में भेद नहीं
8.	सांस्कृतिक कार्य एक व्यवसाय के रूप में	कला/संस्कृति व्यवसाय की बज़ाय सामाजिक चेतना एवं परिवर्तन के साधन के रूप में।

9.	उच्च एवं दुर्लभ तकनीकों/साधनों का इस्तेमाल	साधारण एवं जनसुलभ तकनीकों एवं साधनों का इस्तेमाल
10.	दैनिक जीवन और कला के स्तरों पर विभाजन द्वैध	जीवन के साथ कला घुली-मिली-दोनों में एकता एवं पूरकता

उपर्युक्त तालिका के अवलोकन से स्पष्ट है कि विभिन्न आधारों पर अभिजन संस्कृति और लोक संस्कृति में व्यापक भेद हैं। ये भेद आज से नहीं, बल्कि ऐतिहासिक हैं। किन्तु उनमें परस्पर मिलन भी होते रहते हैं क्योंकि विरोध, टकराव एवं संघर्ष के साथ-साथ सहयोग, संवाद और संगम भी मानव-जीवन के शाश्वत नियम हैं। किन्तु इतना तय है कि दोनों के उद्देश्यों में फ़र्क होने के कारण वे दोनों पूर्णतः एक नहीं हो सकते। प्रायः सभी सत्ताधारी अभिजन लोक संस्कृति से स्वीकृति प्राप्त करना चाहते हैं क्योंकि सत्ता के भौतिक सुखों के बाद उनमें यह ललक होती है कि उनके द्वारा बरती जानेवाले अमानवीय कार्य-विधियों तथा शोषण के स्वरूपों और तरीकों का विरोध संस्कृतिकर्मियों द्वारा न किया जाय (क्योंकि संस्कृतिकर्मी स्वभाव से ही सत्ता के विरोधी होते हैं)। वे शोषण के विरुद्ध आवाज़ उठाते हैं और सक्रिय कार्यकर्त्ता के रूप में परिवर्तन के लिए जन-अभियान भी छेड़ते हैं। इसलिए अधिक से अधिक खूँखार सत्ता भी साहित्य, कला, और संस्कृति से डरती है क्योंकि वे गोलियों का मुकाबला तो कर सकते हैं लेकिन बोलियों, रंगों, शब्दों आदि का मुकाबला नहीं कर सकते क्योंकि उनसे लड़ने के लिए सत्ताधारियों के पास उतने ही धारदार और मारक अस्त्र-शस्त्र नहीं होते। हिटलर और स्टालिन के उदाहरण सामने हैं। इसके अलावा प्रसिद्ध अभिनेता और राजनीतिज्ञ एम.जी रामचन्द्रन के बारे में कहा जाता है कि वह दोहरा व्यक्तित्व जीते थे। उन्होंने फिल्मों में कुली, मजदूर, ठेला या रिक्शा चालक, मछुआरे आदि की भूमिकाएँ निभाकर आम जनता पर भावात्मक रूप से प्रभाव जमाया जिसके कारण उनके मरने पर उनके इकतीस अनुयायियों ने आत्महत्या कर ली थी किन्तु वास्तव में उन्होंने गरीब वर्गों के लिए संरचनात्मक परिवर्तनकारी कार्य नहीं किया, सिर्फ़ भावनाओं का दोहन किया। यही स्थिति बिहार और उ.प्र. में 'जंगल राज' और 'परिवार राज' के दौरान भी मौजूद थी। दरअसल लोक संस्कृति कर्मी राजपुत्र नहीं, बल्कि समाजपुत्र होता है, इसलिए उसकी कला, मौखिक साहित्य एवं सांस्कृतिक कार्य में समग्र समाज, विशेषकर वंचित वर्ग, की चिन्ता समाहित रहती है। यही ताकत उसे ऊर्जावान बनाये रखती है।

उपन्यास-सम्राट प्रेमचन्द ने ठीक ही कहा था 'साहित्य राजनीति के आगे चलने वाली मशाल है'। इससे कोई असहमत नहीं हो सकता लेकिन प्रसिद्ध कवि नरेश मेहता ने साहित्य (लोक साहित्य सहित) और राजनीति के उद्देश्यों व स्वरूपों को और ज़्यादा स्पष्ट किया है जो निम्नलिखित हैं—

(क) साहित्य व्यक्ति को उसके केन्द्र से निकालकर खुले आकाश में लाता है। साहित्यकार 'हम' की अभिव्यक्ति के लिए 'मैं' का प्रयोग करते हैं जबकि राजनीति 'मैं' की अभिव्यक्ति के लिए 'हम' का उपयोग करती है।

(ख) साहित्य केन्द्र से परिधि की ओर जाता है क्योंकि उन्मुक्ति उसकी शक्ति है जबकि राजनीति परिधि से केन्द्र की ओर जाती है क्योंकि संकुचन और सिमटना उसकी शक्ति है।

(ग) साहित्य का माध्यम भाषा है किंतु राजनीति का माध्यम भाषण है।

(घ) साहित्य की शक्ति का स्रोत प्रमुखतः उसकी वैचारिकता है, जबकि राजनीति की शक्ति का स्रोत सत्ता एवं धन है।

आज स्थिति और जटिल हो गयी है। नयी प्रौद्योगिकी के निरन्तर विकास के चलते लोक-संस्कृति के समक्ष एक बड़ी चुनौती पैदा हो गयी है। इलेक्ट्रॉनिक संचार माध्यमों, खासकर टेलिविजन की वज़ह से विभिन्न प्रकार की विद्रूपताएँ पैदा हो गयी हैं। पहला, वे प्रायः देश की अभिजन एवं मुख्यधारा की संस्कृति के वाहक हैं। दूसरे, वे विदेशी संस्कृति यथा पॉप एवं जॉज संगीत आदि का अंधाधुन्ध आयात करते हैं। तीसरे, वे लोक संस्कृति के परिवर्तनकामी एवं वृहत्तर मूल्यों तथा परम्पराओं को तोड़-मोड़कर 'रीमिक्स' के रूप में पेश करते हैं। उनकी भाषा, प्रस्तुति का तरीका एवं स्वयं अन्तर्वस्तु अवांछित होती है। उनका मुख्य उद्देश्य विज्ञापन से लाभ कमाना है। यही वज़ह है कि टेलिविजन के सभी चैनल वर्ष में करोड़ों-अरबों का लाभ विज्ञापन से कमा रहे हैं किन्तु इस तथाकथित लाभ के लिए मानवीय संवेदना को कुन्द करने की कीमत पर उनके द्वारा प्रसारित-प्रचारित उपभोक्तावादी संस्कृति ने सूचनाओं का आतंक एवं विस्फोट फैला दिया है जिससे भारतीय जनमानस आत्मकेन्द्रित और भोगवादी बन रहा है। ऐसे में सूचना-विस्फोट से पैदा होने वाले तत्व अधूरे एवं विद्रूप होते हैं जिनके भ्रमों के शिकार सारे दर्शक होते हैं। ये संचार माध्यम लोक संस्कृति के परस्पर एवं प्रत्यक्ष सम्प्रेषण का शमन करते हैं और रोक लगाते हैं। यहाँ तक कि यदि टी.वी. देखते समय कोई मित्र या मेहमान घर पर आ जाते हैं, तो लोग उनसे बात न कर मन ही मन उन्हें कोसते हैं और औपचारिकता निभाते हुए मनोरंजन का लुत्फ़ उठाने का आग्रह उनसे करते हैं। फिर उनकी मेहमाननवाज़ी का सवाल ही कहाँ! टेलिविजन के विज्ञापनों, सूचनाओं, मनोरंजनों और घटनाओं का ऐसा घालमेल हुआ है कि अब लोग बड़ी घटनाओं को भी सुनते समय संवेदनशील नहीं होते बल्कि वे देखना चाहते हैं कि किस तरह से उन्हें दृश्यांकित किया गया है और यहाँ तक कि दृश्यांकन के समय कुछ लोग मुस्कराकर हाथ उठाकर अपने चेहरे को टी.वी. में देखना चाहते हैं। जैसे, अमरीका ने जब इराक पर आक्रमण किया था, तो उसके लड़ाकू विमानों ने जिस रफ़्तार से और

जिस आक्रामकता के साथ प्रक्षेपास्त्र फेंके थे, उसे देखकर अधिकतर युवा दर्शक मुग्ध हो रहे थे। भले ही उसमें बूढ़े, बच्चे, जवानों और महिलाओं का कत्ल हो रहा था यानी सामूहिक कत्लों पर भी लोग संवेदनशील होते नहीं दिखायी देते। आजकल लोग एक दो फुटकर बलात्कारों, हत्याओं, दुर्घटनाओं में मरने वालों या घायल होने वालों पर ध्यान नहीं देते। सामूहिक बलात्कारों, हत्याओं और बड़ी दुर्घटनाओं पर ही वे थोड़ा बहुत प्रभावित होते हैं। एक दूसरा उदाहरण यह है कि दूरदर्शन पर बालश्रम के विरोध में यह सन्देश बार-बार प्रसारित किया जाता है कि 'इन नाजुक हाथों के ज़ख़्म अभी भी भरे जा सकते हैं अगर हम सभी मिलकर बाल-मजदूरी-प्रथा का विरोध करें', किन्तु अफ़सोस! उसी पर्दे पर अगले ही क्षण एक्शन ब्राण्ड के जूते का प्रचार आता है 'ए भाय जरा बच के चलो... ' जिसमें एक बच्चे को जूते को पॉलिश करते दिखाया गया है और वह बच्चा जूते को पॉलिश करने और गाने में अभिभूत प्रतीत होता है यद्यपि पेट की ज्वाला से त्रस्त बालश्रमिक का बचपन और मुस्कुराहट बहुत पहले ही सत्ता, पूँजीपति वर्ग और समाज द्वारा छीन ली गयी। इस प्रकार स्पष्ट है कि संचार माध्यमों की संस्कृति में एकतरफ़ा सूचना-प्रेषण होता है जबकि लोक संस्कृति में दोतरफ़ा सहज संवाद एवं सम्प्रेषण होता है। इसलिए उपभोक्तावादी संस्कृति से मनुष्य को हर पल और हर जगह ख़तरा है और लोकपन व लोकमन (लोक संस्कृति) को भी ख़तरा है। किन्तु इतना तय है कि उपभोक्तावादी अभिजन संस्कृति का बाँझपन अन्ततः सृज़नशील लोक संस्कृति के विशाल क्षितिज के आगे घुटने टेकेगा, भले इस संघर्ष में ज़्यादा समय लगे। यहाँ अन्तोनियो ग्राम्शी का 'सांस्कृतिक वर्चस्व' के बारे में यह कथन समीचीन है कि पूँजीवादी व्यवस्था से ज़्यादा मजबूत उसकी कथित संस्कृति होती है। जब तक इन सांस्कृतिक प्रतिरूपों को पराजित न कर दिया जाय, तब तक उस व्यवस्था को पूरी तरह से विजित नहीं मानना चाहिए। बड़े-बड़े पूँजीपति आजकल तथाकथित 'सृजनात्मक पूँजीवाद' की वकालत करते हैं जहाँ पूँजीवाद को थोड़ा नरम दिखाया जाता है किन्तु पूँजीवाद अन्ततः श्रम-विरोधी, सृजन-विरोधी और लोक संस्कृति विरोधी होता है। दूसरी ओर लोक गीत या लोक नृत्य, लोक नाट्य सामूहिक मन, वचन एवं कर्म के सौन्दर्य को सृजनात्मक रूप से व्यक्त करते हैं।

इलेक्ट्रॉनिक संचार माध्यमों की एक दूसरी विशेषता यह है कि वे छुपानेवाली चीज़ें खोल देते हैं और खोलने योग्य चीज़ें छुपा देते हैं अर्थात् अश्लील और भौंड़े प्रदर्शनों की ज़रूरत नहीं होने पर भी उन्हें बार-बार दिखाते हैं जबकि ज्वलन्त सचाई का महज़ एक अंश अथवा विद्रूप रूप अक्सर दिखाते हैं। तीसरे, संचार माध्यमों का प्रभाव प्रायः क्षणिक/तात्कालिक होता है जबकि लोक संस्कृति का प्रभाव स्थायी होता है जिससे एक मनुष्य में दूसरे मनुष्य के प्रति, दूसरे समूह के प्रति, दूसरे राष्ट्र-

राज्य के प्रति, और दूसरे समाज के प्रति आस्था विकसित होती है। भारत के विभिन्न राज्य नाना प्रकार के लोक नृत्यों से समृद्ध हैं जिसकी एक झलक तालिका 2 में देखी जा सकती है :

तालिका 2 : भारत में प्रसिद्ध लोकनृत्य

	भारत के राज्य	प्रसिद्ध लोकनृत्य
1.	उत्तर प्रदेश	भगत, रासलीला, स्वांग
2.	बिहार	विदापत, नेटुआ, डोमकच, जट-जटिन, झिझिया, करमा, जात्रा, विदेशिया
3.	पंजाब	भांगड़ा, गिद्धा, झूमर, करथी, किक्कली, सम्मी, डंडासा, लुडी
4.	जम्मू-कश्मीर	रोउफ, डमहल, कुद, भांडपाथर
5.	गुजरात	पाधार, गरबा, डांडिया रास, टिप्पनी
6.	राजस्थान	घूमर, कालबेलिया, भवई, कच्छी घोड़ी
7.	महाराष्ट्र	लावणी, माचा, पवरी, कोली
8.	छत्तीसगढ़	रावत या राउत नाच, पन्थी, गौर मारिया
9.	ओडिशा	घूमरा, छऊ, रुक मार नाचा, गोटी पुआ, बाघ नाच, दलखई, धाप, करमा
10.	केरल	तीरायत्तम, पुलिकली, मोहिनी अत्तम, कथकली, पदायनी, तेय्यम, ह्यतुल्लाल, ओप्पना, अर्वनमुट्टू, मर्गयकली, तितम्बू
11.	तमिलनाडु	काराकट्टम, चक्कईअत्तम, ओइलत्तम, वोम्मा-लत्तम, कालीअत्तम, पुलिअत्तम, कुम्भी, कोलत्तम, पाम्पूअत्तम, ओट्टन-कूथू, देबरत्तम, तेरूकूथू, थपात्तम
12.	झारखंड	छऊ, डोमकच, करमा, सरबुल, पैका, जादुर, जट-जटिन, सन्थाली
13.	प.बंगाल	छऊ, गम्भीरा, डोमनी, कालिकापताड़ी, अल्काप, सन्थाली
14.	आन्ध्रप्रदेश	वीरानाट्यम्, कोलात्तम, वीथिनाटकम्, बुर्राकथा, लम्बादी, कोया
15.	कर्नाटक	दोल्लूकुनिता, यक्षगान, वीरागस्से, बयालाटा
16.	म.प्र.	मटकी नृत्य, तरताली, माँच, जखड़ा, चरकुला, फूलपत्ती, निमाड़ी नृत्य, गणगौर नृत्य

17.	असम	बिहू, झूमर, बागुरुम्बा, अली अइ लिगंग, राखाल लीला, अंकिया नाट
18.	अरुणाचल प्रदेश	बारदो छाम, याक नृत्य
19.	हिमाचल प्रदेश	किन्नौरी नटी, नामगेन, भगत, करियाला
20.	मणिपुर	थांग टा, ढोल चोलोम
21.	सिक्किम	सिंघी छाम
22.	त्रिपुरा	होजागिरि
23.	हरियाणा	घूमर, स्वांग, नक्काल
24.	गोआ	कोली, फुगड़ी, दशावतार, कुनबी, ढालो, देखनी, तोन्या मेल, तलगडी
25.	पुडुचेरी	गराडी
26.	नागालैंड	चांगलो (सुआ लुआ)
27.	मिजोरम	चेराव
28.	तेलंगाना	बाथूकम्मा
29.	उत्तराखंड	छोलिया

लोक संस्कृति, कला एवं साहित्य की एक विशेषता यह भी है कि वे समता, स्वतन्त्रता, बन्धुत्व जैसे जनवादी मूल्यों के हिमायती हैं और ये विषमता, बन्धन, विलगाव आदि के विरुद्ध संघर्ष छेड़ते हैं। ये साहचर्य, समन्वय एवं सहयोग के ज़रिये धीरे-धीरे व्यवस्था में परिवर्तन चाहते हैं तथा उनका ध्येय है—'यद्यपि शुद्धम् लोक विरुद्धम् न करणीयम् न करणीयम्'। किन्तु अफ़सोस है कि आजकल लोक संस्कृति को सिर्फ़ 15 अगस्त और 26 जनवरी जैसे राष्ट्रीय पर्वों के अवसरों पर मात्र झाँकियाँ निकालने तक सीमित कर दिया गया है। जो थोड़ी-बहुत संस्थाएँ हैं भी, वे उतना नहीं कर पा रही हैं जितनी उनसे अपेक्षा है। कम्प्यूटर की विश्व प्रसिद्ध माइक्रोसॉफ्ट कम्पनी के मालिक बिल गेट्स के प्रथम भारत-भ्रमण पर परम अतिविशिष्ट व्यक्तियों यथा प्रधानमन्त्री, विपक्ष के नेता, मंत्रियों, सांसदों, अफ़सरों आदि ने भी उनकी मेहमाननवाजी की। उद्योगपतियों की तो बात ही क्या, जो उनके आगमन पर पलक-पाँवड़े बिछाये बैठे थे। दूसरी ओर बड़े से बड़े लोक-संस्कृतिकर्मी, लोक-कलाकार और लोक-साहित्यकार को उतनी तरज़ीह व्यवहार में देना तो दूर, सिद्धान्त में भी नहीं मिलती है। सवाल उठता है—क्या संस्कृतिकर्मी के लिए राज सत्ता सुविधाएँ दे? इसका उत्तर स्वीकारात्मक है क्योंकि यद्यपि लोक संस्कृति का उद्देश्य सत्ता का विरोध करना होता है किन्तु यदि 'निन्दक को नियरे' नहीं रखा गया, तो व्यवस्था और बीमार होती चली जायेगी तथा अन्ततः लाइलाज हो जायेगी। अतः बेहतर है कि समय रहते इसकी कमजोरियों और बीमारियों के निदान

का प्रयास किया जाय। दूसरे, इसलिए भी लोक-संस्कृतियों, कलाओं एवं साहित्यों का संरक्षण ज़रूरी है क्योंकि लोक साहित्य, कला एवं संस्कृति, किसी देश की अस्मिता का असली प्रतीक होती है। विदेशों में कालिदास, कबीर, सूरदास, तुलसी, मीरा, निराला, प्रेमचन्द, एम.एफ. हुसैन, सैयद रजा, मंजीत बावा, अमृता शेरगिल, मोहन राकेश, भिखारी ठाकुर, उपेन्द्र महारथी तथा मधुबनी चित्रकला, पटना कलम, दरभंगा, लखनऊ, ग्वालियर, आगरा, जयपुर जैसे संगीत-घराने भारत देश की पहचान के रूप में जाने जाते हैं। कुछ विद्वानों का मत है कि ऋग्वेद अभिजात/शिष्ट संस्कृति का प्रतीक है जबकि अथर्ववेद लोक संस्कृति का प्रतीक है। ऋग्वेद में यज्ञ का विधि-विधान है जबकि अथर्ववेद में संगीत, जादू-टोना, टोटका आदि का उल्लेख है। ऋग्वेद में प्रकृति की पूजा प्रमुख थी मगर वैदिक ऋषियों ने 'झंझा' को रुद्र का नाम दिया था जो लोक जीवन का शब्द है और जिसका अर्थ है 'तूफान' (प्रकृति का क्रोध)। वैदिक ऋषियों ने ऊँचे हिमशिखरों पर 'शिव' को देखा जबकि कालान्तर में लोक समाज ने 'बूढ़ा देव', 'डोंगर देव', 'प्रधान देव' आदि को वहाँ देखा। किन्तु यह भी मान्यता है कि औषधियों के तान्त्रिक प्रयोग प्राक् वैदिक काल की देन हैं। भरत के 'नाट्यशास्त्र' और व्यास के 'शतसाहस्त्री संहिता' में शास्त्रों की उक्तियों के साथ-साथ 'लोक' की प्रवृत्तियों का भी उल्लेख है। जैसा कि सर्वविदित है, भारत गाँवों का देश है और लोक संस्कृति मुख्यतः छः लाख गाँवों की संस्कृति है अर्थात् भारत विभिन्न लोक-संस्कृतियों का देश है। यहाँ की लगभग 65 प्रतिशत जनता गाँवों में रहती है। यहाँ की एक तिहाई आबादी गरीबी रेखा के नीचे है, इसलिए एक तिहाई आबादी टी.वी., रेडियो, पत्र-पत्रिका जैसे संचार माध्यमों को खरीदकर देख, पढ़, सुन नहीं सकती। ऐसे में भारतीय सांस्कृतिक परम्पराओं की सामान्यतया और लोक-संस्कृतियों की विशेष रूप से संरक्षण की आवश्यकता है जिससे टी.वी., केबल के ज़रिये परोसी जा रही प्रदूषित कला-संस्कृति का विकल्प प्रस्तुत किया जा सके एवं अपनी स्थानीय, क्षेत्रीय एवं राष्ट्रीय पहचान इतिहास से सीख लेकर, न कि विदेशों की नकल करके, कायम की जानी चाहिए। ऐसे में यदि कोई लोक-संस्कृति की प्रासंगिकता की बात करे, तो मुझे ऐसा लगेगा मानो कोई मुझसे पूछ रहा हो कि बोलने की प्रासंगिकता क्या है? अन्ततः मनुष्य की अभिव्यक्ति की परम आकांक्षा, परस्पर सहयोग तथा मनुष्यता को अक्षुण्ण रखने के लिए संस्कृति या लोक-संस्कृति उतनी ही ज़रूरी होगी जितना जीने के लिए ऑक्सीजन। विदेशों में साम्राज्यवादी एवं नवउपनिवेशवादी ताकतों के द्वारा तरह-तरह के दुष्प्रचार किये जा रहे हैं और 'विचारधारा का अन्त', 'इतिहास का अन्त', 'कविता का अन्त' आदि की चमत्कारी घोषणाएँ की जा रही हैं लेकिन 'गहन है यह अन्धकारा' और संकटों के बावजूद इनका अन्त नहीं हो सकता क्योंकि मनुष्य सोचता है, कल्पना करता है,

बोलता है, विरोध करता है और सृजन करता है जो संस्कृति की अमिट पहचान की मूलभूत विशेषताएँ है। निःसन्देह, लोकसंस्कृति मनुष्य को बेहतर तथा अधिक सामाजिक एवं संवेदनशील बनाती है।

अन्त में, लोकभाषाओं और लोक संस्कृति को बचाने के लिए राष्ट्रीय और प्रादेशिक स्तरों पर निम्नलिखित कार्रवाइयाँ करने की महती आवश्यकता है :

(क) सभी केन्द्रीय और राज्य विश्वविद्यालयों और बड़े महाविद्यालयों में लोकभाषा/लोक संस्कृति अध्ययन विभाग खोले जाएँ। कुँअर सिंह विश्वविद्यालय, आरा (बिहार) में लोक भाषा विभाग खुला है किन्तु सक्रिय नहीं है। लोकभाषाओं को प्रोत्साहित, संवर्धित और ऊर्जान्वित करने के लिए हर सम्भव उपाय किये जाएँ। जैसे शब्दकोश, अनुवाद, तुलनात्मक अध्ययन, शोध आदि।

(ख) लोकभाषाओं में और लोकसंस्कृति के सवालों पर फिल्में बनायी जाएँ जिनके लिए राष्ट्रीय और राज्य सरकारें पर्याप्त आर्थिक सहायता दें। दूसरी ओर फिल्म प्रभाग, मुम्बई, भारतीय बाल फिल्म सोसायटी, भारतीय फिल्म एवं टेलिविजन संस्थान, पुणे, सत्यजीत राय फिल्म एवं टेलिविजन संस्थान, कोलकाता आदि महत्त्वपूर्ण संस्थाएँ लोक-भाषाओं में फिल्में बनाने के लिए पर्याप्त समर्थन एवं सहायता दें।

(ग) जिला एवं उपजिला/ब्लॉक स्तर पर एक बड़ा भूभाग सांस्कृतिक परिसर के रूप में विकसित किया जाय जहाँ विभिन्न लोक कलाकार अपनी कलाओं का प्रदर्शन कर सकें तथा विभिन्न साजो-सामान से युक्त परिसरों में नयी पीढ़ी को अपने बारीक गुर सिखा भी सकें। सीखने वालों को छात्रवृत्तियाँ दी जाएँ और सिखाने वालों को वेतन आदि।

(घ) चूँकि कोई संस्कृति और लोक संस्कृति बिल्कुल शुद्ध (सोलह आने, 100 पैसे) कभी नहीं होती, इसलिए उसे शुद्ध बनाने या सीप में बन्द रखने की कोशिश नहीं की जानी चाहिए। कहने का आशय यह है कि लोक संस्कृति गतिशील होती है, इसलिए उसे संग्रहालय में 'वस्तु' के रूप में सँजोकर रखने की ज़रूरत नहीं है बल्कि उसका फैलाव बढ़ाने की ज़रूरत है। लोक कलाओं को विद्यालयों/महाविद्यालयों में ले जाने की विशेष ज़रूरत है जिससे बच्चे और किशोर ज़्यादा आनन्द लें, उनके प्रति संवेदनशील बन सकें, उनसे सीख सकें और कालान्तर में उन लोक कलाओं से विविध रूपों में जुड़ सकें।

(ङ) इन्दिरा गाँधी राष्ट्रीय कला केन्द्र (नयी दिल्ली) को और ज़्यादा सक्रिय, गहन तथा क्षैतिज होना चाहिए जिससे लोक कलाकारों को आगे बढ़ने का अधिक अवसर मिल सके। हाल में कुछ सराहनीय कार्यक्रम वहाँ प्रस्तुत किये गये हैं।

फिर भी जन-सामान्य को ज़्यादा सतर्क एवं सक्रिय होने की जरूरत है। लोक-संस्कृति को बढ़ावा देने के लिए।

अध्याय 7

स्थानीय-क्षेत्रीय भाषाओं की व्यथा-कथा

पूरे विश्व में कुल सात हजार भाषाएँ लिखित रूप से दर्ज़ की गयी हैं। पर उससे अधिक भाषाएँ प्रचलन में हैं क्योंकि दूरदराज के इलाकों में कम लोगों द्वारा बोली जाने वाली छोटी-छोटी भाषाएँ ऐसे भाषाई सर्वेक्षण में प्रायः शामिल नहीं हो पातीं। फिर यह भी देखा गया है कि आधुनिकता के तमाम सकारात्मक पक्षों के बावजूद यह अकाट्य तथ्य है कि मुख्यधारा में लाने के नाम पर, आधुनिक बनाने के नाम पर या सभ्य बनाने के नाम पर कई देशज बोलियों/स्थानीय भाषाओं का नामोनिशान मिट जाता है। आधुनिक राष्ट्र-राज्य से लेकर वैश्वीकरण तक की तमाम तथाकथित 'महान परम्पराएँ' स्थानीय स्तर की 'लघु परम्पराओं' को अपने में थोड़ा-बहुत मिला लेती हैं (जाने-अनजाने) अथवा पूरी दबंगई से उन्हें बर्बर, जंगली और असभ्य करार देकर समाप्त कर देती हैं। वैश्विक स्तर पर औसतन प्रत्येक दो सप्ताह में एक भाषा लुप्त हो जाती है। भारत के तमाम आदिवासी क्षेत्रों (उत्तर-पूर्व, झारखंड, छत्तीसगढ़, मध्य प्रदेश, ओडिशा, उत्तराखंड, प. बंगाल, अंडमान-निकोबार द्वीपसमूह आदि) में हिन्दी या अँग्रेजी ने स्थानीय भाषाओं के आत्मसातकरण की प्रक्रिया लागू की है। ईसाई मिशनरियों ने गोरों के दायित्व ('व्हाइट मैन्स बर्डन') के रूप में अँग्रेजी को आदिवासियों में न केवल प्रचलित किया बल्कि अपने धार्मिक विद्यालयों और छात्रावासों में भी बोलने को बाध्य कर दिया। प्रायः आदिवासी गाँवों में प्रकृतिपूजा (उदाहरणार्थ, झारखंड में 'सरना', 'करमा', 'सोहराई') की लम्बी और सुदृढ़ परम्परा सदियों से चली आ रही है मगर अब ईसाई धर्म के गिरिजाघर या हिन्दूधर्म के मन्दिर बन गये हैं। जहाँ-जहाँ ऐसा निर्माण नहीं हो सका है, वहाँ-वहाँ अलग-अलग धार्मिक पताकाएँ लहरा रही हैं। कहीं-कहीं कुछ आदिवासी युवा अपनी मौलिक भाषा, अपने मौलिक धर्म और अपनी मौलिक जीवन-शैली के प्रति जागरूक और संगठित हो रहे हैं। मगर सच्ची जागरूकता अभी भी बहुत कम है। अफ्रीका महाद्वीप, दक्षिणी अमरीका महाद्वीप, न्यूजीलैंड या आस्ट्रेलिया के मूल निवासी अपने देशज धर्म और भाषा को मजबूरन त्यागकर ईसाई या मुस्लिम बन

गये हैं तथा अपनी मातृभाषा का तर्पण करके अँग्रेजी को अपना लिये हैं। वे आदिवासी अपने को आदिवासी नहीं कहते और न चाहते हैं कि दूसरे उन्हें इस नाम से सम्बोधित करें। जब कुछ वर्ष पूर्व पोप बेनिडिक्ट 16वें ने वैटिकन सिटी में सर्वोच्च ईसाई धार्मिक सत्ता सँभाली, तो उन्होंने अपने उद्बोधन में कहा था कि ईसाई धर्म ने अफ्रीका और दक्षिणी अमरीका में अपना दायित्व पूरा कर लिया है, अब मात्र एशिया बचा है। ज़ाहिर है उनका संकेत धर्मान्तरण की ओर था जिसके साथ अँग्रेजी जुड़वा बहन की तरह स्वतः आ जाती है घर में, विद्यालय में, कार्यस्थल पर, त्योहारों में और यत्र-तत्र-सर्वत्र। क्रिसमस, नया साल, वेलेन्टाइन डे आदि इसके ज्वलन्त उदाहरण हैं।

यह उल्लेखनीय है कि भारत में 26 जनवरी, 2010 को जब समूचा राष्ट्र 'गणतन्त्र दिवस' पूरे जोश से मना रहा था और दिल्ली के राजपथ पर विभिन्न रंग-बिरंगी झाँकियाँ देश की प्रगति का बखान कर रही थीं (तथा राज्यों व संघ शासित क्षेत्रों की राजधानियों में वैसा ही समा बँधा था), तो सुदूर अंडमान द्वीप में 'बो' आदिवासी समुदाय की एक बुजुर्ग सदस्य बोआ सीनियर ने इस मायावी दुनिया को अलविदा कह दिया। सवाल उठ सकता है कि जिस महान भारत में हजारों लोग बीमारियों, कुपोषण, भुखमरी या दुर्घटनाओं में रोज़ाना मरते हैं, वहाँ एक बुजुर्ग महिला के (जिसकी आयु राष्ट्रीय औसत आयु से अधिक थी) मरने का विशिष्ट उल्लेख करने का क्या मकसद है? उसकी मृत्यु विशिष्ट इसलिए थी कि वह 'बो' भाषा बोलने वाली अन्तिम व्यक्ति थी। भाषाविद् अन्विता अब्बी के अनुसार वह भाषा 65 हजार वर्ष पुरानी थी। इतिहास गवाह है कि करीब एक सौ पचास वर्ष पूर्व अंडमान में दस भाषा समुदाय 'ग्रेट अंडमान' समुदाय के रूप में जाने जाते थे। उस समय उन सबकी आबादी करीब पाँच हजार थी मगर अब महज़ पचास है अर्थात् एक सौ पचास वर्षों में उनकी जनसंख्या घटकर मात्र एक फीसद हो गयी। ज़ाहिर है, इतनी ज़्यादा किसी समुदाय की मृत्युदर नहीं है। दूसरी दुःखद बात यह है कि एक सौ पचास वर्षों पूर्व जो दस आदिवासी भाषाएँ ग्रेट अंडमानी समुदाय में मौजूद थीं, वे अब (बो भाषा के ख़त्म होने के साथ) घटकर मात्र तीन रह गयी हैं। अर्थात् डेढ़ सदी में सत्तर फीसद स्थानीय आदिवासी भाषाएँ लुप्त हो गयीं। बोआ सीनियर की मौत की चुप्पी की आवाज़ सुनने की नितान्त आवश्यकता है, क्योंकि कोई भी भाषा मानव इतिहास की धरोहर होती है। उनकी मौत की ख़बर भारतीय भाषाविद् डॉ. अन्विता अब्बी (जो उस क्षेत्र में कई वर्षों से कार्यरत हैं) ने संचार माध्यमों को सबसे पहले दी तथा लन्दन के 'सर्वाइवल इंटरनेशनल' ने भी इसे प्रचारित किया। मगर स्थानीय शासन-प्रशासन से कोई संवेदनशील प्रतिक्रिया सामने नहीं आयी कि 'बो' भाषा को बचाने के लिए उन्होंने क्या कार्रवाई की है और आगे की क्या योजना है?

पंकज सेक्सरिया से सूचना मिली थी कि आदिवासी कल्याण विभाग या अंडमान आदिम जनजाति विकास समिति ने भी शोक मनाने की औपचारिकता तक नहीं निभाई और न किसी राजनैतिक दल या संगठन ने ही शोक-संवेदना व्यक्त की। ज्ञातव्य है कि अंडमान द्वीपसमूह में ग्रेट अंडमानी, जारवा, ओंगे तथा सेंटिनली समुदाय और निकोबार द्वीपसमूह में निकोबारी समुदाय व शोम्पेन समुदाय करीब पचास हजार वर्षों से रह रहे हैं। मगर उनकी संख्या दिनोंदिन घटती जा रही है। 1901 में ओंगे समुदाय की आबादी करीब छः सौ थी, मगर अब मात्र एक सौ रह गयी है। नेताजी सुभाष चन्द्र बोस ने दशकों पूर्व माँग की थी कि अंडमान द्वीप समूह को 'शहीद' द्वीप समूह और निकोबार द्वीप समूह को 'स्वराज' द्वीप समूह का नाम दे दिया जाय। फारवर्ड ब्लॉक तथा अन्य कुछ संगठन आज भी ऐसी माँग करते हैं, क्योंकि 1857 से 1947 तक वह तमाम जुझारू स्वतन्त्रता सेनानियों का निवास-स्थल था जिसे अँग्रेज शासक-प्रशासक 'कालापानी' (सेलुलर जेल) कहा करते थे उनके कानूनों की दृष्टि में अपराधियों को दंड देने के रूप में। मगर एक साहित्यकार-समाजशास्त्री होने के नाते मेरी अपील है कि नये नामकरण से ज़्यादा महत्त्वपूर्ण कार्य वहाँ के देशज समुदायों के जीवन, भाषा और संस्कृति को बचाना है। फिर भी यदि स्थानीय समुदायों की सहमति हो, तो शहीद-स्वराज द्वीप समूह या अन्य उपयुक्त नामकरण किया जा एकता है।

अंडमान द्वीपसमूह में जारवा आदिम जनजाति की जनसंख्या पिछले 150 वर्षों में घट कर एक-तिहाई हो गयी है। 1860 में मानवशास्त्रियों के एक अनुमान के अनुसार वहाँ उनकी संख्या 1000-1200 थी किन्तु अँग्रेजों ने 1860-1921 के दौरान उन पर नाना प्रकार के जुल्म ढाए जिसके कारण जनगणना के उपाधीक्षक बोनिंगटन के अनुसार उनकी जनसंख्या 1921 में घटकर मात्र 114 रह गयी और 1931 में पुनः घटकर 70 रह गयी। तीस वर्षों बाद 1961 में उनकी आबादी, अंडमान एवं निकोबार द्वीपसमूह प्रशासन के अनुसार, 500 हो गयी तथा 1999 में पुनः घटकर लगभग 260-270 हो गयी (आदिवासी विभाग के अनुसार मात्र 200 रह गयी)। किन्तु 2010 में अंडमान जनजाति विकास समिति के अनुसार उनकी आबादी बढ़कर 360 हो गयी जिनमें दस वर्ष तक की आबादी 123 थी; 10-20 वर्ष की आबादी 115 थी; 20-30 वर्ष की आबादी 47 थी; 30-40 वर्ष की आबादी 37 थी; 40-50 वर्ष की आबादी 28 थी; 50 वर्ष के ऊपर की आबादी मात्र 11 थी। इस प्रकार स्पष्ट है कि उनकी मृत्यु दर काफ़ी अधिक है और औसत आयु 40-45 वर्ष है जो राष्ट्रीय औसत आयु से काफ़ी कम है। मध्य अंडमान के कदमतला में कुल 143 जारवा हैं (77 पुरुष, 66 स्त्रियाँ), दक्षिण अंडमान के मिडिल स्ट्रेट में 124 जारवा हैं (64 पुरुष, 60 स्त्रियाँ) और दक्षिण अंडमान के

तिरूर में 93 जारवा हैं (46 पुरुष, 47 स्त्रियाँ)। इस प्रकार जारवा की कुल आबादी में 52 प्रतिशत पुरुष और 48 प्रतिशत स्त्रियाँ हैं। जारवा लोग जारवा भाषा बोलते हैं किन्तु उनकी कोई लिपि नहीं है। वे कतिपय शब्दों का प्रयोग करते हैं, और हाव-भाव से अपनी बात अभिव्यक्त करते हैं। उनकी भाषा कुछ हद तक वहाँ की ओंगे आदिवासियों की 'ओंगे' भाषा से मिलती-जुलती है अर्थात् दोनों में सांस्कृतिक समानता है, किन्तु ग्रेट अंडमानी आदिवासियों की 'ग्रेट अंडमानी' भाषा से उनकी समानता नगण्य है। कुछ लोगों का अनुमान है कि जारवा भाषा की समानता फिलीपाइंस के 'ऐता' आदिवासी समुदाय की भाषा तथा मलेशिया के सेमांग आदिवासी समुदाय की भाषा से है किन्तु पर्याप्त शोध के बाद ही इस बाबत सही निष्कर्ष निकाला जा सकता है। इस प्रसंग में हिन्दी, जारवा, ओंगे और ग्रेट अंडमानी भाषाओं के कुछ शब्दों का तुलनात्मक विवरण तालिका 1 में नीचे दिया जा रहा है (रतन चन्द्र कर की पुस्तक के आधार पर) :

तालिका 1 : हिन्दी, जारवा, ओंगे और ग्रेट अंडमानी भाषाओं की तुलना

	चने गये हिन्दी शब्द	जारवा शब्द	ओंगे शब्द	ग्रेट अंडमानी शब्द
1.	मैं	मी	मी	दोल्ला
2.	तुम	नी	नी	अ़गरदुरु
3.	मेरा	माइ	मी	दिया
4.	भाई	ऐकोता	मैकता	अर-दो आतिंगा/अर -चाबित-एन्तोबारे
5.	पिता	ओवामुमे	ओमोवाय	अब -मैला/ओर-अदिंगा/अब-चाबू
6.	माता	अकाये	कयार	अब-एतिंगा/अब-वजिंगा/अब-वेजेरिंगा
7.	बच्चा	एचेले	चेलेले/अले	अब-लिगा
8.	मित्र	मीताजुले	मेजेजेले	अकान-जेगेंगा/ओको-दूबा
9.	पानी	इन्न	इंगे	इना
10.	हाँ	अनदेया	बानगागे	ओनो
11.	नहीं	नदेम	नरेमा	याबा
12.	नाम	अतिबा/एओन	अतिबा	ओत -ति ंग
13.	मधु	लेहो	तन्जा	आजा/आजा-आना/तोबुल/तोबुलाना

14. समुद्र	उलेले	एँगेले	जुरु/ जुरु-चान/ जुरु-चानाग
15. केला	चोने	केल	—
16. अच्छा	शेयो	गिब्बारो	बेरिंगा/आ-बेरिंगा
17. पक्षी	नोहा	तुगी	चुला
18. खून	चिंगदी	चिंगे	ति
19. मछली	नाफो	चेगेग	याद
20. झोपड़ी	चड्डा	कोराले	बुद
21. लहरें	तोपीचाइ	तोलोते	पतारा
22. प्रकाश	पोने	बोने	तापी/वोमा
23. कुत्ता	ओम	ओमे	बीबी
24. लकड़ी	नाम	नामे	पुतू
25. गाना गाना	गेगामा	गेगावाब	रमित-तोयू
26. नाचना	बालो	गोयनगाले	आरकोइ
27. बुरा	पितीपिती	गबेती	अब-जबेग/जबेग
28. कछुआ	उकेले	नारेलांगे	एरम -ताउ
29. सभ्य पुरुष	इनेन	इनेन्द	—
30. टोपी	एनोथनपिका	अनोताकान्के	—
31. जाल	बोथो	चेकुवे	कुद
32. मृत	पइचामे	बइचामे	ओको-तिरे
33. उँगली	ओनो	ओनोनाद	ओंगकोरो
34. एक	उइआ	एकोय	उबा-तुल/उबा-दोगा
35. आओ	आयोबा	चेरा	ओन
36. चलना	चालय	बुज़ायेये	नाउ
37. तीर	पाथो	कुरंगे	देल्ता
38. धनुष	अवाब	आ	करामा/चोकिओ
39. झूठ	अहुला	अलावआु	आ-तेदी
40. जंगल	कोया	गइबोरातो	एरन
41. पत्थर	उलिओ	कुगे	तैली
42. यहाँ	लिहाय	एचे कारेकामिनकारिन	
43. वहाँ	लहायु	बालिचने किताओ	
44. जड़ी-बूटी	तिगुल	तोमोजा	—
45. देगची	बुचू	बुचू	—

इस प्रकार हम पाते हैं कि हिन्दी का 'केला' शब्द और 'ओंगे' भाषा का

'केल' शब्द मिलता-जुलता है। फिर जारवा भाषा का 'मी' और 'ओंगे' भाषा का 'मी', मराठी के 'मी' शब्द के समान है और दोनों का अर्थ होता है 'मैं'। अँग्रेजी के 'मी' का अर्थ है 'मुझे'। जारवा भाषा का 'चालय' हिन्दी के 'चलना' शब्द के बिलकुल करीब है। फिर जारवा भाषा का 'आयोबा' शब्द हिन्दी के 'आओ' के करीब है। डॉ. रतन चन्द्र कर ने जारवा भाषा के 400 शब्दों को खोजा है जो उनके दैनिक कार्यों में प्रयुक्त होते हैं। उन्होंने जारवा पर बंगला और अँग्रेजी में किताबें लिखी हैं जो उनके द्वारा जारवा के इलाज करने तथा प्रत्यक्ष सम्पर्क करने के परिश्रम का परिणाम है। इसके अलावा अन्य जनजातियों की तरह जारवा जनजाति के लोग भी गीत-संगीत-नृत्य के काफ़ी शौकीन हैं और कुछ जारवा युवा हिन्दी गीतों को सुन-सुनकर सीख गये हैं और उन्हें गाते हुए नाचते हैं। 'हम काले हैं तो क्या, मगर दिलवाले हैं।' उन्हें बेहद प्रिय है। कुछ जारवा युवा 'वन्दे मातरम्' और 'भारत माता की जय' भी बोलते हैं। उनमें से कुछ टूटी-फूटी हिन्दी या बंगला में प्राथमिक स्वास्थ्य केन्द्र के चिकित्सक, नर्स आदि से अपनी बीमारी के बारे में बताते हैं। किन्तु दिनांक 2 जुलाई, 2016 को मुझे ज्ञात हुआ कि अन्य आदिवासी समाजों की तरह वे बाहरी व्यक्तियों को 'तवांग' कहते हैं जैसे झारखंड के आदिवासी बाहरी व्यक्तियों को 'दिकू' कहते हैं और चम्पारण (बिहार) के थारू आदिवासी बाहरी लोगों को 'बाजी' कहते हैं। उन्हें लाल रंग सबसे ज़्यादा पसन्द है। वे प्रायः लाल रंग की पट्टी माथे पर बाँधते हैं और लाल कपड़े आदि वे कमर पर भी बाँधते हैं। कुछ जारवा युवकों ने बंगला के भी कुछ शब्द और वाक्य तथा गीत सीख लिये हैं। ज्ञातव्य है कि अंडमान एवं निकोबार द्वीपसमूह की सबसे बड़ी आबादी बंगला भाषियों की है (23%) जबकि हिन्दी भाषी 18%, मूलभाषी 19%, तेलुगु भाषी 12%, मलयालम भाषी 9%, सभी स्थानीय आदिवासी भाषाओं को बोलने वाले 9%, झारखंड (विशेषकर राँची) के मूल आदिवासियों द्वारा बोली जाने वाली भाषाओं (यथा कुडुख) को बोलने वाले 5% तथा अन्य भाषाएँ (बर्मी, अँग्रेजी) बोलने वाले 5% हैं। ज्ञातव्य है कि वहाँ केरल के मोपला विद्रोहियों, श्री लंका के तमिल विद्रोहियों, म्याँमार (बर्मा) के विद्रोहियों, 1857-1947 तक के विद्रोहों-संग्रामों के विद्रोहियों और स्वतन्त्रता सेनानियों, तेलुगु भाषी मजदूरों, बंगला देश के शरणार्थियों आदि को या तो 'कालापानी' के रूप में दंडित किया गया था या काम करने के लिए लाया गया था या बाद में बसाया गया था। इक्कीसवीं सदी में मुख्यधारा के लोगों से उनकी अन्तः क्रिया होने के कारण जारवा युवकों ने कुछ अँग्रेजी शब्दों को भी सीख लिया है। वे चिकित्सालय (अस्पताल) को हॉस्पिटल या मेडिकल चड्डा, स्कूल को स्कूल, डॉक्टर को डॉक्टर, टी.वी. को टी.वी., आदि कहते हैं। धीरे-धीरे बाहरी लोगों से सम्पर्क होने के कारण उनकी 'अन्य' के प्रति कटुता और शत्रुता काफ़ी कम

हो रही है। 1996 के उत्तरार्ध में 15-16 वर्ष का एक जारवा लड़का 'एनमेई' मध्य अंडमान के कदमतला जंगल में एक नाले में गिरा हुआ कराह रहा था क्योंकि उसका पैर टूट गया था। उसे कुछ लोग उठाकर कदमतला अस्पताल ले गये। वहाँ उसका प्राथमिक उपचार किया गया और जी.बी.पन्त अस्पताल, पोर्ट ब्लेयर में रिफर कर दिया गया। उसका वहाँ पूरा इलाज हुआ और वह पूरी तरह स्वस्थ हो गया। एनमेई को अच्छा खाना मिला और अच्छा कपड़ा-लत्ता भी दिया गया। उसे शहर में घूमने का मौका भी दिया गया जिसे वह जिज्ञासा और आश्चर्य से देखता रहा। वहाँ से जंगल में वापस जाने पर वह मुख्य धारा का राजदूत-सा बन गया। इसके फलस्वरूप 1997 से कई जारवा लोग जंगल से बाहर आने लगे और बाहरी व्यक्तियों के प्रति उनकी कटुता एवं शत्रुता कम होने लगी। हिन्दी और जारवा भाषा के कुछ प्रचलित वाक्यों का तुलनात्मक प्रयोग अगली तालिका 2 में दिया जा रहा है (रतन चन्द्र कर की पुस्तक के आधार पर):

तालिका 2 : हिन्दी और जारवा भाषा के कुछ वाक्यों की तुलना

हिन्दी वाक्य	जारवा वाक्य
1. क्या आप ठीक-ठीक हैं?	नी तोमोहो?
2. क्या आप बीमार हैं?	नी उलेदा?
3. मैं भूखा हूँ।	मी मनगिया चू।
4. मैं अपने घर जाऊँगा।	मी माइ चड्डा बोते।
5. आप मेरे घर आओगे।	नी माइ चड्डा अलेमा।
6. आप गाओ।	नी गेगामा।
7. आप नाचो।	नी बालो।
8. आप अच्छे हैं।	नी शेयो।
9. आप बुरे हैं।	नी पितीपिती।
10. वहाँ मेरी मातृभमि है।	लुहाय माइ ओलोकोथे।
11. यहाँ मेरी झोपड़ी है।	लिहाय माइ चड्डा।
12. मैं कै कर दूँगा।	मी अपूलो।
13. ओहामे मर गया है।	ओहामे पइचामे।
14. क्या आपका बच्चा ठीक-ठाक है?	नी एचेले तोमोहो?
15. भूकम्प शुरू हो गया है।	पेलाब होचाहोयाय।
16. ओ बच्चा! मत रो।	एचेले! ओवाना नदेम।
17. ओ बच्चा! मत हँस।	एचेले! एयाना नदेम।
18. झूठ मत बोलो।	अहुला अतिबा नदेम।

19. पानी के जहाज पर चढ़ना बहुत अच्छा है।	फुटुटान चापते शेयो शेयो।
20. मेरे पिता बहुत नाराज हैं।	माइ ओवामुमे मेरो उथू।
21. समुद्र में ज्वार आयेगा।	उलेले ओलोगो अलेमा।
22. तुम रुपये-पैसे दो।	नी पेपे हिया।
23. डॉक्टर मेरा प्रिय मित्र है।	डॉक्टर माइ माइमा।
24. घबराओ मत।	उनपत्ता नदेम।
25. लाल रंग का कपड़ा अच्छा है।	ओरकेदू कंगापू शेयो।

जारवा भाषा की यौगिक शब्द-सम्पदा भले कम हो किन्तु कई सम्बन्धों के लिए इसमें तमाम भिन्न शब्द हैं। जैसे, पहले विवाह में पति को 'ओतेले' कहा जाता है और पत्नी को 'लोके' कहा जाता है। किन्तु दूसरे विवाह में पति को भले 'ओतेले' कहा जाता है किन्तु पत्नी को 'उगोनारे' कहा जाता है। यह उगोनारे पूर्व से विधवा होती है। पहले विवाह के दम्पती से उत्पन्न सन्तानों में विभिन्न पुत्रों और पुत्रियों के लिए जारवा भाषा में अलग-अलग शब्द हैं। पहले पुत्र के लिए 'ताल', दूसरे पुत्र के लिए 'तंगना' तथा तीसरे पुत्र के लिए 'ताहलो' शब्द प्रयुक्त होता है और पहली पुत्री के लिए 'स्याका', दूसरी पुत्री के लिए 'उगो' तथा तीसरी पुत्री के लिए 'तैलोहाने' शब्द का प्रयोग होता है। हिन्दी में सबसे बड़े बेटे के लिए 'ज्येष्ठ' (या जेठ), दूसरे बेटे के लिए 'मँझला' और तीसरे बेटे के लिए कनिष्ठ' (या छोटा) शब्द प्रयुक्त होता है। हिन्दी में तीन बेटियों के लिए क्रमशः जेठी, मँझली और छोटी (छोटकी/छुटकी) शब्द प्रयुक्त होते हैं। जारवा समुदाय घास को कूँची की तरह बाँधकर एक सिरे में आग जलाकर टॉर्च या बत्ती (प्रकाश) का काम लेता है जिसे वे 'पुने' कहते हैं।

बो भाषा की तरह मेक्सिको की एक पुरानी भाषा 'अयापनेको' 2012 में विलुप्त हो गयी क्योंकि उस समय वह भाषा बोलने वाले मात्र दो लोग बचे थे और वे आपस में उस भाषा में बातचीत नहीं करते थे। अयापनेको भाषा का ऐतिहासिक महत्त्व रहा है क्योंकि उसे मेक्सिको पर स्पैनिश विजय का गवाह माना जाता है। फिर भी इंडियाना विश्वविद्यालय के भाषा मानवशास्त्री ने उस भाषा का एक शब्दकोश तैयार किया है। संयुक्त राष्ट्र के एक अध्ययन के अनुसार 2001 में विश्व की विलुप्तप्राय भाषाओं की संख्या लगभग 900 थी जो एक दशक बाद बढ़कर 2700 हो गयी। विश्व की 199 भाषाओं के बोलने-लिखने वालों की संख्या एक दर्ज़न से कम (प्रत्येक में) है। यूक्रेन की 'कैरेम' भाषा बोलने वाले मात्र छः लोग बचे हैं। ओकलाहामा में 'विचिता' भाषा बोलने वालों की संख्या सिर्फ़ दस है और

इंडोनेशिया में 'लैंगिलू' बोलने वालों की संख्या सिर्फ़ चार है। विश्व की 178 भाषाएँ बोलने वालों की संख्या मात्र डेढ़ सौ (प्रत्येक) रह गयी है। भारत में 196 भाषाओं का अस्तित्व ख़तरे में है। प्रसिद्ध मराठी साहित्यकार भालचन्द्र नेमाड़े के पैतृक गाँव (जो महाराष्ट्र, म.प्र. और गुजरात की सीमा पर स्थित है) में उनके बचपन में पाँच भाषाएँ और सात बोलियाँ थीं, जिन्हें लगभग सभी लोग समझते थे मगर अब अधिकतर बोलियाँ लुप्त हो गयी हैं। 1770 के दशक में सियेरा नेवादा में 1000 स्थानीय इंडियंस तुबातुलाबल भाषा बोलते थे और अठारहवीं सदी तक कुपेनो बोली जाती थी मगर बाद में सिमटकर सान लुई रे के छोटे भूभाग तक सीमित हो गयी। सोलहवीं सदी के मध्य में उत्तरी-पश्चिमी निकारागुआ में और वर्तमान होंडुरास में मातागल्पा भाषा प्रचलित थी, मगर अब लुप्तप्राय है। उत्तरी मेक्सिको और प्रशान्त तट के किनारे प्रचलित पुरानी भाषाएँ यथा टोमाटेका, ककोमा, कुचारेटे लुप्त हो गईं। इस बाबत जॉर्ज स्टेनर ने विशेषकर अफ्रीका, भारत और दक्षिण अमरीका के सन्दर्भ में ठीक कहा है : 'बार-बार भाषायी भिन्नताएँ और मनुष्यों की एक-दूसरे को समझने की अगाध पीड़ादायक अक्षमता ने घृणा और परस्पर अवमानना पैदा की है।... विजेताओं और आधुनिक सभ्यता द्वारा उनकी अपनी भाषा ज़बर्दस्ती छीन लिये जाने पर कई अविकसित संस्कृतियाँ अपनी शक्तिशाली पहचान पुनः प्राप्त नहीं कर सकी हैं। संक्षेप में, समग्र मानव इतिहास में भाषाएँ दूसरे लोगों के लिए खामोशी के क्षेत्र और विभाजन के बहुत बड़े संकट रही हैं।' ऐसी ख़तरे वाली भाषाओं की सूची में संयुक्त राज्य अमेरिका दूसरे नम्बर पर और इंडोनेशिया तीसरे नम्बर पर है। इस प्रकार विलुप्त या ख़तरे में पड़ी भाषाओं के प्रमुख कारण वनों का विनाश (जहाँ आदिवासी रहते रहे हैं), अँग्रेजी का नव साम्राज्यवादी वर्चस्व तथा राष्ट्रीय/प्रादेशिक शासन-प्रशासन में इच्छा-शक्ति का अभाव मुख्य रूप से हैं।

दूसरा महत्त्वपूर्ण भाषाई मुद्दा उत्तरपूर्व क्षेत्र, विशेषकर अरुणाचल प्रदेश, का है। अरुणाचल प्रदेश में एक सौ बीस से अधिक समुदाय हैं और वहाँ एक सौ बीस बोलियाँ (स्थानीय भाषाएँ) बोली जाती रही हैं। यह सुखद आश्चर्य है कि नेशनल जियोग्राफिक सोसायटी की एक भाषाई संरक्षण परियोजना के तहत ग्रेगोरी एंडरसन (सलेम, ओरेगन) तथा के. डेविड हैरिसन (स्वार्थमोर कॉलेज, पेनसिल्बेनिया) तथा गणेश मुर्मू (राँची विश्वविद्यालय) ने 2008 में अरुणाचल प्रदेश के किचंग गाँव में एक नयी भाषा 'कोरो' की खोज की जो अभी तक एक अलग भाषा के रूप में दर्ज़ नहीं थी। ज्ञातव्य है कि किचंग गाँव में सिर्फ़ चार घर हैं जो बाँस के बने हुए हैं। वे सुअर पालते हैं और धान, जौ तथा नारंगी उगाते हैं। उनके आस-पास के गाँवों के लोग 'अका' या 'मिजी' भाषा बोलते हैं। घर-घर सर्वेक्षण के दौरान शोधार्थियों

ने पाया कि उस गाँव की एक महिला (काचिम) दूसरी भाषा बोल रही है। बचपन में उसे बेच दिया गया था और उस (ससुराल) नये अपनाये गये गाँव में वह खुश नहीं है, क्योंकि वहाँ एक ओर कोई उसका परिचित नहीं है, तो दूसरी ओर वहाँ की बोली-बानी भिन्न है। शोधार्थियों को पहले लगा कि वह 'अका' भाषा की उपभाषा बोल रही है मगर उसकी बोली के शब्द, संरचना तथा ध्वनि अलग थी। उदाहरण के तौर पर, 'पहाड़' को अका भाषा में 'फू' कहा जाता है जबकि 'कोरो' भाषा में उसे 'न्गू' कहा जाता है। सुअर को अका भाषा में 'वो' कहा जाता है जबकि कोरो भाषा में 'लेले' कहा जाता है। कोरो भाषा में 'हेलो' को 'कपलये' कहा जाता है। तुलनात्मक अध्ययन करने पर इन शोधार्थियों ने पाया कि 'अका' और कोरो' भाषाओं में सिर्फ़ नौ प्रतिशत शब्द साझे हैं, शेष भिन्न-भिन्न हैं। फिर भी दोनों भाषाओं के बोलने वालों का पहनावा और खान-पान एक है तथा दोनों समुदायों के लोग परस्पर विवाह भी करते हैं। कहने का आशय यह है कि जिस तरह अँग्रेजी भाषा जापानी भाषा से भिन्न है, ठीक उसी तरह कोरो भाषा अका भाषा से भिन्न है। खोज-बीन करने पर यह तथ्य भी प्रकाश में आया कि अरुणाचल प्रदेश में कोरो भाषा बोलने वालों की संख्या करीब आठ सौ मात्र है यानी यह भाषा ख़तरे के क्षेत्र में है। दूसरी ओर अका भाषा बोलने वालों की संख्या दस हजार है मगर अका और कोरो भाषा बोलने वालों के बीच सहनशीलता एवं तालमेल है जिससे सामान्यत: जातीय भिन्नता नहीं दिखाई देती। शोधार्थियों ने यह भी पाया कि कोरो भाषा तिब्बती-बर्मी भाषा समूह का अंग है जिसमें कुल चार सौ बोलियाँ शामिल हैं। इन चार सौ बोलियों में से करीब एक सौ बीस बोलियाँ भारत में बोली जाती हैं। मगर भारत में जनगणना/भाषा सर्वेक्षण में कोरो को कभी अलग या स्वतन्त्र भाषा/बोली के रूप में दर्ज़ नहीं किया गया। शोधार्थियों ने यह भी पाया कि कोरो भाषा के अस्तित्व पर ख़तरा मँडरा रहा है क्योंकि ज़्यादातर लोग इसकी जगह या तो हिन्दी बोलने लगे हैं अथवा अँग्रेजी। उदाहरणार्थ, एक बुजुर्ग कटिया यामे कोरो भाषा बोलता है और उस भाषा को बचाने के लिए प्रयास भी करता रहा है, मगर उसके बेटे सुनील यामे ने हिन्दी भाषा अपना ली है। इसकी वज़ह यह है कि विद्यालय, अड़ोस-पड़ोस, बाजार और संचार-माध्यमों में हिन्दी या अँग्रेजी भाषाओं का ही प्रचलन है। ज्ञातव्य है कि अरुणाचल प्रदेश की राजभाषा अँग्रेजी है मगर प्रचलन में हिन्दी आम बोलचाल के साथ ही सम्पर्क भाषा का काम बखूबी करती है। एक और समस्या उल्लेखनीय है। कोरो भाषा की सिर्फ़ मौखिक परम्परा है, उसकी लिखित (लिपि एवं साहित्य) परम्परा नहीं है। यही हाल अरुणाचल प्रदेश की तमाम अन्य बोलियों का है जैसा कि शेष भारत और विश्व की अधिकतर बोलियों का है। फिर भी यह मौखिक साहित्य/परम्परा विश्व की अमूल्य धरोहर है जिसे संरक्षित एवं

संवर्धित करने की ज़रूरत है।

मगर ऐसा भी देखा गया है कि कुछ बोलियाँ समय के साथ-साथ जागरूकता होने के कारण क्षेत्रीय भाषाओं का रूप भी ले लेती हैं। जैसे, मैथिली और भोजपुरी ने हिन्दी भाषा की बोली के अधीनस्थ रूप से हटकर क्षेत्रीय भाषा का रूप ले लिया है। फिर भी यह तथ्य विशेष रूप से उल्लेखनीय है कि इन भाषाओं के बोलने वालों की संख्या करोड़ों में है। मैथिली और भोजपुरी की पढ़ाई बिहार के कई विद्‌यालयों और विश्व विद्‌यालयों में हो रही है मगर रोज़गार के सुअवसर उपलब्ध नहीं होने के कारण बहुत कम विद्यार्थी इन विभागों में दाखिला लेते हैं। कभी-कभी तो छात्रों-की संख्या से अध्यापकों की संख्या ही अधिक होती है। जैसे पटना विश्वविद्‌यालय में मैथिली विभाग में। भारत कई क्षेत्रीय-स्थानीय भाषाओं की विविधता के कारण सांस्कृतिक रूप से समृद्ध देश रहा है मगर यह दुःखद है कि तमाम आदिवासी क्षेत्र की स्थानीय भाषाएँ/बोलियाँ मरती जा रही हैं। भारतीय भाषाओं को बचाने के लिए मार्च 2010 में गणेश देवी के नेतृत्व में 'भारत भाषा संगम', बड़ोदरा में सम्पन्न हुआ था जिसमें भारत में बोली जाने वाली 320 भाषाओं के बोलने वालों ने हिस्सा लिया था। वहाँ यह बात खुलकर सामने आई कि एक ओर अँग्रेजी सभी भारतीय भाषाओं पर शासन कर रही है, वहीं दूसरी ओर कुछ बड़ी भाषाएँ छोटी भाषाओं को दबा रही हैं। इसलिए भारतीय भाषाओं का नया एवं समावेशी सर्वेक्षण होना ज़रूरी है। सही लोकतन्त्र के लिए बहुभाषा वाला नागरिक समाज होना ज़रूरी है। किन्तु पूरे विश्व में सात हजार दर्ज़ भाषाओं में से आधी भाषाएँ ख़तरे में है और यदि उन्हें बचाने, संवर्द्धित एवं विकसित करने के समुचित उपाय (मानवीय, शैक्षिक, रोज़गार के अवसर, पर्यटन, व तकनीकी) समय पर नहीं किये गये, तो वे इस सदी के अन्त तक लुप्त हो सकती हैं। किसी भाषा का उद्‌भव और विकास होने में कई सदियाँ लग जाती हैं क्योंकि शब्दों को गढ़ना, उन्हें अर्थ देना, परस्पर विनिमय करना, उन्हें विस्तार देना और फिर उसे उत्तम संचार एवं अध्ययन/लेखन का माध्यम बनाना अत्यन्त कठिन, श्रमसाध्य, धनसाध्य एवं समयसाध्य काम है। जैसे पहले वस्तु-विनिमय (मुद्रा के प्रचलन के अभाव में) की प्रक्रिया सभी मानव-समाजों में प्रचलित थी। यद्यपि शराब पीने की लत हिन्दी समाज में बहुत पहले से है मगर इक्कीसवीं सदी में ही शराब से जुड़े दो नये शब्द गढ़े गये—'रसरंजन' (अशोक वाजपेयी के सौजन्य से) और 'दारूकुट्टा' (प्रभाष जोशी के सौजन्य से)। पहला प्रचलित हो गया शिक्षित समाज में मगर दूसरा प्रचलन में नहीं आया। इसी तरह कम्प्यूटर के आने पर हिन्दी में 'संगणक' शब्द गढ़ा गया। मगर कठिन होने के नाते वह प्रचलित नहीं हो सका। इसी तरह 'मोबाइल' के लिए अभी कोई विशिष्ट हिन्दी शब्द प्रचलन में नहीं आया है। यूँ इसके लिए विभिन्न क्षेत्रों में कुछ शब्द

छिटपुट प्रयोग में लाये जा रहे हैं; यथा—'चलबोला', 'चलभाष', 'चलन्तभाष' आदि। वैसे मानकीकरण के बिना 'मोबाइल' शब्द पूर्णत: गतिशील प्रतीत होता है। सो जब कोई भाषा मरती है, तो एक मानव-समाज मरता है जो अन्तत: समग्र मानवता के लिए कलंक एवं मरण का द्योतक है। अफ़सोस यह है कि विभिन्न साहित्यकारगण, विभिन्न भाषाओं के शिक्षकगण, भाषा-वैज्ञानिक, समाजशास्त्री, मानवशास्त्री, राजनैतिक दल, गैर-सरकारी संगठन, शासन-प्रशासन आदि भाषाओं पर मँडराते ख़तरे और विलुप्ति जैसे बड़े संकटों से या तो अनजान हैं अथवा जड़ता/उदासीनता के कारण नयी पहल करने के लिए तैयार नहीं है। यदि यही उदासीनता आगे भी बरकरार रही, तो हमें भाषा-क्षति और विलुप्ति के लिये न तो इतिहास माफ़ करेगा, और न हमारी भावी पीढ़ियाँ हमें माफ़ करेंगी।

अध्याय 8

भारत में हिन्दी भाषा : दशा एवं दिशा

भाषा सम्प्रेषण और संवाद का माध्यम होने के साथ-साथ मानव-समुदाय की अस्मिता का प्रतीक भी है और हमारी सृजनशीलता को अभिव्यक्त भी करती है। अर्थात् भाषा ऐतिहासिक रूप से गतिशील, सामाजिक एवं सांस्कृतिक प्रक्रिया होने के कारण यथार्थ का अंग होती है। प्रत्येक मनुष्य में भाषा सीखने की जन्मजात क्षमता होती है, जैसा कि नोम चोम्स्की ने कहा है।

हिन्दी भाषा की दशा और दिशा पर चर्चा कई दृष्टिकोणों और उद्‌देश्यों से की जा सकती है। इसलिए बेहतर होगा कि शुरू में ही अपना नज़रिया स्पष्ट कर दिया जाए अन्यथा इस विशाल सवाल का फलक विस्तृत होने के कारण इसे एक अध्याय में समेटना मुश्किल होगा। यहाँ निम्नलिखित आयामों पर प्रकाश डाला जाएगा :

(क) संविधान और शासन-प्रशासन की हिन्दी भाषा नीति और उद्‌देश्य क्या हैं और उनकी प्राप्ति कहाँ तक हुई?

(ख) यदि उन उद्‌देश्यों की प्राप्ति नहीं हुई, तो उसके क्या कारण रहे हैं?

(ग) हिन्दीभाषी जनता और हिन्दी के लेखकों ने हिन्दी भाषा के प्रति क्या रुख़ अपनाया है?

(घ) संचार माध्यमों ने हिन्दी भाषा को आगे बढ़ाने में कैसा एवं कितना योगदान दिया है?

(ङ) दूसरी भाषाओं और उनके बोलने वालों तथा लेखकों का हिन्दी के प्रति क्या रुख़ रहा है?

पहला मुद्‌दा शुरू करने से पहले बेहतर होगा कि हम संक्षेप में पराधीन भारत में हिन्दी की दुर्दशा पर विचार कर लें। जिस हिन्दी को हिन्दी के प्रथम महाकवि चन्दबरदाई ('पृथ्वीराज रासो' के रचयिता) ने 'षट्भाषा' की संज्ञा दी थी (क्योंकि यह विभिन्न स्त्रोतों से बनी सामाजिक भाषा रही है) और जिसका आधार पुराण और कुरान दोनों रहे है—"षट्भाषा पुराणं च कुराणं कथितं मया"; जिसे कबीर ने

“भाखा बहता नीर” कहा था और तुलसी ने “भाषा भनिति भोरि मति छोरी” कहा था, जिसे अमीर खुसरो ने फारसी के साथ मिलाकर सोने में सुहागा (मसनवियों के रूप में) जोड़ा था, जिसमें रहीम और रसखान ने क्रमशः दोहों और सवैयों की लोकप्रिय रचना की थी, जिसमें भूषण ने वीर रस में ओजपूर्ण कविताओं की रचना की थी, जिसमें सूरदास ने कृष्ण के प्रति माँ यशोदा के वात्सल्य-प्रेम की अनुपम अभिव्यक्ति की थी, जिसमें मीरा ने अपने कृष्ण-प्रेम को जताने के लिए घर-बार त्याग दिया था, उसकी स्थिति ब्रिटिश शासन के दौरान अत्यन्त दयनीय बना दी गयी। मोटे तौर पर हिन्दी को अपमानित करने में दो विदेशियों की प्रमुख भूमिका रही है—जॉर्ज अब्राहम ग्रियर्सन और लॉर्ड मैकाले।

सन् 1868 में ग्रियर्सन ने राबर्ट एटकिंसन से संस्कृत सीखी थी और संस्कृत भाषा व भाषा-साहित्य से काफ़ी प्रभावित हुए थे। उन्होंने भारत में भाषाई सर्वेक्षण कराया और 11 खंडों में ‘लिंग्विस्टिक सर्वे ऑव इंडिया’ के रूप में प्रकाशित कराया। उसके साम्राज्यवादी सोच ने भाषा पर छह मुख्य स्थापनाएँ दीं जो निम्नलिखित हैं :

(क) फारसी की तरह संस्कृत भी विदेशी भाषा है।

(ख) देवनागरी लिपि की जगह रोमन लिपि स्वीकार कर ली जानी चाहिए।

(ग) मागधी प्राकृत से चार भाषाएँ प्राप्त हुईं- बिहारी, बांग्ला, उड़िया और असमिया। बिहारी (भोजपुरी, मैथिली, मगही) भाषा की प्रकृति हिन्दी से अलग है और बांग्ला व उड़िया के अधिक निकट है।

(घ) उत्तर भारत की भाषाएँ ‘वर्नाकुलर’ (देसी बोलियाँ) हैं और उन सबमें एक ही महत्त्वपूर्ण कवि तुलसीदास हैं जो अवधी और ब्रज के कवि हैं (मॉडर्न वर्नाकुलर लिटरेचर ऑव नार्दर्न हिन्दुस्तान, 1889)

(ङ) उत्तर भारत की भाषाएँ आर्य परिवार की और दक्षिण भारत की भाषाएँ द्रविड़ परिवार की हैं।

(च) हिन्दी हिन्दुओं की भाषा है और उर्दू मुसलमानों की भाषा है।

इन छह स्थापनाओं की प्रखर आलोचना किशोरीदास वाजपेयी, महावीर प्रसाद द्विवेदी, डॉ. रामविलास शर्मा आदि विद्वानों ने बखूबी की है और उसकी भेदनीति का भंडाफोड़ किया है, इसलिए इसके विस्तार में जाने की ज़रूरत नहीं है। मगर शब्द की अपनी सत्ता होती है और कोई झूठ सौ बार बोलने पर सच-सा लगता है, सो इन भ्रान्तियों के शिकार भारत के कई हिन्दी विद्वान, भाषा वैज्ञानिक, इतिहासकार यथा सुनीति कुमार चटर्जी, मुल्कराज आनन्द, चित्त बसु, गौरीकान्त, ई. एच. हाल आदि हुए। यहाँ यह कहना अप्रासंगिक नहीं है कि ग्रियर्सन की स्थापनाओं का उद्देश्य संस्कृत और हिन्दी भाषाओं की कमर तोड़ना था, उत्तर और दक्षिण के

भाषा-भाषियों में विलगाव-भाव पैदा करना था और भोजपुरी पट्टी (गोरखपुर-बनारस से लेकर सारण, शाहाबाद, चम्पारण, पलामू एवं पटना तक) तथा मिथिलांचल को अलग करना था। ग्रियर्सन ने यह तथ्य नज़रअंदाज़ किया कि बिहार में कई बोलियाँ हैं और एक बोली के कई स्थानीय रूप हैं। मसलन आरा की भोजपुरी, छपरा की भोजपुरी (जिसे 'छपरहिया' भी कहते हैं) और सासाराम की भोजपुरी में कुछ अन्तर है, वैसे ही मधुबनी और सहरसा की मैथिली में भी कुछ अन्तर है। फिर वज्जिका, अंगिका, नागपुरी, मगही, कुडुख, हो, मुंडारी, खोरठा, सन्थाली आदि दर्जनों भाषाएँ-उपभाषाएँ बिहार तथा झारखंड (जो बिहार से कटकर 2000 में नया राज्य बना) में हैं अर्थात् स्वयं तथाकथित 'बिहारी' भाषा में एकरूपता नहीं है और हो भी नहीं सकती क्योंकि पानी, प्रकृति, सम्पर्क (पड़ोस) और पहचान के कारण भिन्नता होना स्वाभाविक है। फिर भी उनमें आधारभूत समानता है। हमारे पुरखों ने ठीक ही कहा है—'कोस-कोस पर पानी बदले, पाँच कोस पर बानी।' मगर ग्रियर्सन का 'भिन्नता' पर अत्यधिक जोर आज के प्रचलित 'उत्तर-आधुनिकतावाद' की याद दिलाता है जो भिन्नता को तो देखता-दिखाता है मगर एकता और साझापन के तत्वों की उपेक्षा करता है, अत: यह एकांगी दर्शन है।

लॉर्ड मैकाले का भारतीय भाषाओं का तिरस्कार उसके इस कथन से स्वत: स्पष्ट है : "हिन्दुस्तान की भाषाएँ गयी-गुजरी और कर्कश हैं।" उसका साम्राज्यवादी सोच था कि एक अच्छे यूरोपीय पुस्तकालय की एक अलमारी समूचे अरब और भारत के साहित्य का सामना करने के लिए पर्याप्त है : "संस्कृत भाषा में लिखी सम्पूर्ण पुस्तकों से जो ऐतिहासिक तथ्य प्राप्त होते हैं, वे इंग्लैंड की प्राथमिक पाठशालाओं में प्रयुक्त की जाने वाली पुस्तकों के अत्यन्त साधारण संक्षेपों में मिलने वाली सामग्री से भी कम मूल्यवान हैं।" यह उसके अहंकार और अज्ञानता का अद्भुत उदाहरण है। उसे नहीं पता कि दशमलव की खोज, खगोल विद्या, वैदिक गणित के मन्त्रनुमा सूत्र, शून्य की खोज, षट्-दर्शन (चार्वाक, वेदान्त, मीमांसा, सांख्य, योग, न्याय), पंचतन्त्र, महाभारत, रामायण आदि संस्कृत की ही देन हैं। 'अग्निपुराण' में भूकम्प का पूर्वाभास जानवरों के व्यवहार से जानने की बात कही गयी है जिसे चीन के वैज्ञानिकों ने तिब्बती बौद्ध ग्रन्थों के ज़रिये सीखा है और सफलतापूर्वक विकसित किया है। प्राच्यविद्या के समर्थक एच.टी. प्रिंसेप ने मैकाले की उपनिवेशवादी योजना का विरोध किया था और भारत की लोक भाषाओं को आर्थिक सहायता देने का मत किया था किन्तु लार्ड विलियम बैंटिक ने मैकाले का पक्ष लिया और आदेश दिया—'सम्पूर्ण कोष को अँग्रेज़ी शिक्षा पर ही व्यय करना सर्वोत्तम होगा।'

सो मैकाले जैसे ब्रिटिश शासकों ने भारत के लोगों को 'सभ्य' बनाने के

उद्देश्य से (सभ्य बनाना गौरांग महाप्रभुओं का दायित्व था, जिसे 'ह्वाइट मैन्स बर्डेन' कहा जाता था) अँग्रेज़ी शिक्षा अनिवार्य कर दी जिससे भारत में वृहत् साम्राज्य के प्रशासन को चलाने के लिए निचले स्तर पर किरानी तैयार हो सकें यानी खून और रूप-रंग में वे भारतीय भले रहें, पर व्यवहार, रुख़ और दृष्टिकोण में अँग्रेज-सा हो सकें। इस काली करतूत का खुलासा मैकाले ने कलकत्ता से अपने पिता को लिखे एक पत्र में किया था जिसमें खुले तौर पर धर्म-परिवर्तन कराने की बज़ाय अँग्रेज़ी शिक्षा के माध्यम से वही उद्देश्य आसानी से हासिल करना अभीष्ट था : ''हमारे अँग्रेज़ी स्कूलों की बड़ी आश्चर्यजनक प्रगति हो रही है। ज़रूरत भर के लोगों को अँग्रेज़ी शिक्षा देने की बहुत कोशिश हम कर रहे हैं—कहीं-कहीं यह कार्य मध्यम ही कहा जा सकता है। केवल हुगली नामक एक शहर में डेढ़ हजार लड़कों को अँग्रेज़ी शिक्षा दी जाती है। हिन्दुओं पर इस शिक्षा का गहरा और व्यापक प्रभाव पड़ रहा है। अँग्रेज़ी शिक्षा प्राप्त कोई भी हिन्दू अपने धर्म में विश्वास नहीं रखता। केवल इने-गिने लोग दिखावटी तौर पर विश्वास रखते हैं। यद्यपि बहुत-से लोग अपने को आस्तिक कहते हैं लेकिन कुछ ईसाई धर्म में दीक्षित भी हैं। यदि हमारी शिक्षा योजना मजबूती के साथ प्रचलित रहेगी, तो तीस साल के अन्दर बंगाल के प्रतिष्ठित परिवारों में कोई मूर्तिपूजक नहीं रह जाएगा, इसका मुझे अटल विश्वास है। धर्म-परिवर्तन की योजना के बिना ही यह सब सिद्ध कर सकते हैं। ज्ञान और मनन से भी यह अनायास सिद्ध हो सकता है। धार्मिक स्वतन्त्रता से इसका कोई विरोध नहीं होगा। सुदूर भविष्य की इस सम्भावना से मैं हार्दिक आनन्द का अनुभव कर रहा हूँ।'' कई यूरोपीय विद्वानों ने भारतीय भाषाओं का व्याकरण, शब्दकोश, अनुवाद आदि औपनिवेशिक उद्देश्यों से किया क्योंकि वे इन पर सांस्कृतिक आधिपत्य जमाना चाहते थे। इसीलिए बंगाल में 1800 में फोर्ट विलियम कॉलेज की स्थापना की गयी थी। इसी तरह स्पेन और पुर्तगाल के साम्राज्यवाद ने दक्षिण-केन्द्रीय अमरीका की सैकड़ों भाषाओं को ख़त्म करके स्पेनी या पुर्तगाली भाषा थोप दिया था।

इस पृष्ठभूमि में आजाद भारत में काफ़ी जद्दोजहद के बाद हिन्दी को संघ की राजभाषा के रूप में स्वीकार किया गया। भारत के संविधान (जो 1950 में 26 जनवरी को लागू हुआ) की धारा 343(1) में लिखा है: ''संघ की राजभाषा हिन्दी होगी और उसकी लिपि देवनागरी होगी।'' धारा 343(2) के अनुसार संविधान लागू होने से 15 वर्षों तक संघ के प्रशासनिक कार्यों हेतु अँग्रेज़ी भाषा का प्रयोग किया जाता रहेगा। आगे धारा 351 में उल्लेख है कि संघ का दायित्व है कि वह हिन्दी को 'भारत की सामासिक संस्कृति के सभी तत्त्वों की अभिव्यक्ति का माध्यम' बनाने के लिए प्रचार-प्रसार बढ़ाए। राजभाषा अधिनियम 1949 में यह

प्रावधान किया गया कि सन् 1965 तक अँग्रेज़ी राजकाज की भाषा के रूप में प्रयुक्त होती रहेगी और उसके बाद हिन्दी व्यवहार में लायी जाएगी। लेकिन 1965 आने के पूर्व 1963 में ही उसमें जो संशोधन किया गया, उसके अनुसार जब तक सभी राज्य स्वेच्छा से हिन्दी को राष्ट्रभाषा मान नहीं लेते, तब तक अँग्रेज़ी उसके साथ-साथ राजकाज की सह-भाषा बनी रहेगी। हिन्दी की दुर्दशा का यह प्रमुख कारण है। वास्तव में, अँग्रेज़ी भले 'तात्कालिक सफलता' की भाषा है, मगर हिन्दी स्थायी सार्थकता की भाषा है जिसमें राष्ट्रीय स्वाभिमान, देशज अस्मिता, संघर्ष और नैतिकता के मूल्य पिरोये गये हैं।

18 जनवरी, 1968 को संसद के दोनों सदनों द्वारा भाषा नीति सम्बन्धी एक संकल्प पारित किया गया जिसमें चार बिन्दु शामिल थे :

(क) हिन्दी के प्रचार-प्रसार, विकास की गति बढ़ाने और संघ के राजकीय प्रयोजनों के लिए उत्तरोत्तर प्रयोग हेतु भारत सरकार द्वारा गहन और व्यापक कार्यक्रम तैयार कर कार्यान्वित किया जाएगा और उसकी वार्षिक रिपोर्ट संसद में पेश की जाएगी।

(ख) संविधान की आठवीं अनुसूची में हिन्दी के अतिरिक्त भारत की अन्य (अब कुल 22 भाषाएँ) भाषाओं का विकास किया जाएगा।

(ग) एकता की भावना के संवर्धन व देश के विभिन्न भागों में संचार की सुविधा के लिए 'त्रिभाषा सूत्र' (अँग्रेज़ी, हिन्दी एवं क्षेत्रीय भाषा) को सभी राज्यों में लागू किया जाएगा।

(घ) संघ की लोक सेवाओं के विषय में देश के विभिन्न भागों के लोगों के न्यायोचित दावों और हितों का पूर्ण परित्राण किया जाएगा—हिन्दी या अँग्रेज़ी में से एक का ज्ञान अनिवार्य होगा तथा संघीय सेवा की परीक्षाओं के लिए सभी (22) भाषाओं को वैकल्पिक माध्यम के रूप में रखने की छूट होगी।

हिन्दी राजभाषा के रूप में

इन उद्देश्यों की प्राप्ति और भाषा नीति का कार्यान्वयन कहाँ तक हुआ, इसका आकलन करने के लिए हमें कार्यपालिका, विधायिका और न्यायपालिका के हिन्दी सम्बन्धी कार्यों की समीक्षा करनी होगी। संसद ने हिन्दी (और अन्य भारतीय भाषाओं) के विकास के लिए कानून तो बना दिया मगर खुद संसद में हिन्दी का इस्तेमाल सन्तोषजनक नहीं रहा है। पहला कार्य संसदीय राजभाषा समिति का गठन रहा है। विभिन्न मन्त्रालय/विभाग हिन्दी का प्रयोग करने की सूचना इस समिति को समय-समय पर देते हैं किन्तु व्यवहार में अँग्रेज़ी में फाइल पर टिप्पणी देने तथा

अँग्रेज़ी में तैयार करके उसका हिन्दी अनुवाद कराने का रिवाज़ अभी भी कायम है। इस समिति ने मोटे तौर पर विभिन्न क्षेत्रों में भ्रमण पर ज़्यादा और ठोस कार्य पर कम ध्यान दिया है।

दूसरे, संसदीय सचिवालय में हिन्दी पुस्तकों/पत्रिकाओं के प्रकाशन में भेदभाव बरता जाता है यानी किसी विषय की पत्रिका/पुस्तिका यदि अँग्रेज़ी संस्करण में एक रुपए में मिलती है, तो उसका हिन्दी संस्करण 10 रुपए में मिलता है। इसकी एक झलक तालिका संख्या 1 से मिलती है :

तालिका 1 : संसदीय सचिवालय की हिन्दी व अँग्रेज़ी पत्रिकाओं/पुस्तिकाओं का तुलनात्मक मूल्य

	पुस्तिका/पत्रिका का नाम	अँग्रेज़ी संस्करण का मूल्य (रु. में)	हिन्दी संस्करण का मूल्य (रु. में)	दोनों मूल्यों में अन्तर
1.	पार्लियामेंटरी डाकूमेंटेशन	10	200	20 गुणा
2.	संसदीय सूचना (पत्रिका)	16	60	3.5 गुणा
3.	सरकारी उपक्रम- समाचार विचार सारांश	5	50	10 गुणा
4.	राजनीतिक घटनाओं की डायरी	5	50	10 गुणा
5.	विज्ञान और तकनोलॉजीः समाचार संक्षेपिका	15	150	10 गुणा
6.	संसदीय पत्रिका	8	30	4 गुणा
7.	केन्द्रीय अधिनियम सार	8	30	4 गुणा
8.	समाचार मंजूषा	5	40	8 गुणा

हमें हिन्दी के विकास के विभिन्न आयामों को समझने के लिये निम्नलिखित बिन्दुओं पर भी ध्यान देना होगा :

(क) हिन्दी प्रशिक्षण योजना एवं राजभाषा अधिकारी का पद-सृजन (मानव संसाधन पक्ष)।

(ख) वैज्ञानिक शब्दावली, विश्वकोश निर्माण (अन्तर्वस्तु पक्ष)।

(ग) पुस्तकालय विकास एवं प्रकाशन (प्रचार-प्रसार पक्ष)।

(घ) शिक्षा पद्धति एवं परीक्षा का माध्यम (भावी पीढ़ी-निर्माण पक्ष)।

(ङ) विभिन्न विभागों में हिन्दी प्रयोग (व्यावहारिक पक्ष)।

भारत के राष्ट्रपति के 27 अप्रैल, 1960 के आदेश से संघ सरकार के चतुर्थ श्रेणी के कर्मचारियों को छोड़कर अन्य सभी कर्मचारियों के लिए हिन्दी का सेवाकालीन प्रशिक्षण अनिवार्य कर दिया गया है। उसके बाद हिन्दी टंकण और

आशुलिपि प्रशिक्षण की भी व्यवस्था कर दी गयी है। हिन्दी शिक्षण के तीन पाठ्यक्रम हैं—प्रबोध, प्रवीण और प्राज्ञ। यदि कोई प्राज्ञ परीक्षा पास कर लेता है, तो उसे हिन्दी का कार्यसाधक ज्ञान वाला मान लिया जाता है। वस्तुस्थिति ऐसी है कि हजारों सरकारी कर्मचारी ये परीक्षाएँ पास कर वेतन वृद्धि एवं प्रोन्नति प्राप्त कर लिए हैं लेकिन व्यवहार में या तो उनसे हिन्दी में काम नहीं लिया जाता अथवा वे हिन्दी में काम करने के योग्य ही नहीं हैं। दूसरे, उनकी नियुक्ति की शर्तों में हिन्दी का कार्यसाधक ज्ञान हो, यह शर्त शामिल नहीं है। तीसरे, अर्द्ध सरकारी लोक उपक्रमों आदि को सरकारी विभागों के कर्मचारियों की तरह निःशुल्क पाठ्यपुस्तकें नहीं दी जातीं जिसके कारण वे निजी प्रकाशकों से वैसी ही किताबें महँगे दामों पर खरीदने को मजबूर होते हैं। चौथे, प्रशिक्षण शुरू होने के समय ही सारे परीक्षा फार्म भरवा लिए जाते हैं और जो अनुत्तीर्ण हो जाते हैं, उन्हें भी अगली परीक्षा में बैठने की अनुमति दे दी जाती है। इससे इन परीक्षाओं को अधिकतर कर्मचारी गम्भीरता से नहीं लेते।

इसके अलावा आजादी के बाद भारत सरकार के सभी विभागों/अर्द्ध सरकारी लोक उपक्रमों में हिन्दी के सम्यक् प्रचार-प्रसार एवं प्रयोग के लिए राजभाषा अधिकारी/सहायक राजभाषा अधिकारी के पद सृजित किए गये हैं जो सम्बन्धित विभाग में तकनीकी शब्दों, संकल्पों, परिपत्रों, सरकारी आदेशों का हिन्दी अनुवाद करते हैं। किन्तु मेरा अनुभव इस बाबत अत्यन्त कटु है क्योंकि अधिकतर सरकारी अनुवादक/राजभाषा अधिकारी अत्यन्त क्लिष्ट अनुवाद करते हैं जिसे समझना कठिन होता है। फिर उनके अनुवाद में वाक्य-रचना बेसिर पैर की होती है जिसका कोई अर्थ नहीं निकलता अथवा उल्टा-पुल्टा अर्थ निकलता है। उनके किताबी या शब्दकोशीय अनुवादों ने हिन्दी की काफ़ी क्षति की है तथा हिन्दी के प्रचार-प्रसार में गाड़ी के आगे काठ रखने का काम किया है। यह मजेदार तथ्य है कि एक सरकारी अनुवादक के अनुवाद को दूसरा सरकारी अनुवादक नहीं समझ पाता। मगर यह हिन्दी क्षेत्र और वहाँ के नागरिकों की उदारता है कि वे इन गये-गुजरे अनुवादकों को ढोते और सहन करते हैं। यह कैसा विरोधाभास है कि केन्द्र में प्रत्येक विभाग में हिन्दी सलाहकार समिति होती है जिसके अध्यक्ष विभागीय मन्त्री होते हैं और उन्हें सलाह देनी है जबकि दूसरी ओर कार्यपालक प्रधान होने के नाते उसके कार्यान्वयन की ज़िम्मेदारी उन्हीं पर है! केन्द्र स्तर पर जो माननीय सांसदों की राजभाषा समिति गठित है, वह भी सक्रिय नहीं है बल्कि उसके सरोकार भ्रमण-उपहार तक सीमित हैं। प्रधानमन्त्री की अध्यक्षता में गठित हिन्दी सलाहकार समिति की बैठक कई सालों तक नहीं होती, ऐसा प्रो. केदारनाथ सिंह (सदस्य) का कहना है। जहाँ तक हिन्दी शब्द-भंडार बढ़ाने की बात है, इस बाबत केन्द्र सरकार ने वैज्ञानिक एवं

तकनीकी शब्दावली आयोग का गठन किया था और उसने पाँच लाख से अधिक वैज्ञानिक शब्द तैयार किए जिनमें वृहत् पारिभाषिक शब्द संग्रह (विज्ञान) के 1,30,000 शब्द, वृहत् पारिभाषिक शब्द संग्रह (आयुर्विज्ञान) के 50,000 शब्द, वृहत् पारिभाषिक शब्द संग्रह (इंजीनियरिंग) के 30,000 शब्द और वृहत् पारिभाषिक शब्द संग्रह (कृषि) के 10,000 शब्द शामिल हैं। इसके अलावा केन्द्रीय हिन्दी निदेशालय (नयी दिल्ली) ने वानिकी शब्दावली, रक्षा शब्दावली, प्रशासन शब्दावली, रेल शब्दावली, डाक-तार शब्दावली, खेलकूद शब्दावली, अन्तरिक्ष विज्ञान शब्दावली आदि प्रकाशित कर सराहनीय कार्य किया है। इसके अतिरिक्त भौतिक परिभाषा कोश, रसायन परिभाषा कोश, वाणिज्य परिभाषा कोश आदि भी बनाए गये हैं। मगर इनके शब्द अत्यन्त कठिन होने के कारण वे प्रायः प्रचलन में नहीं आ पाये बल्कि उपहास के पात्र बन गये हैं।

जहाँ तक प्रकाशन की बात है, मानव संसाधन विकास मन्त्रालय के अधीन राष्ट्रीय पुस्तक न्यास(नेशनल बुक ट्रस्ट) एवं साहित्य अकादमी, और सूचना एवं प्रसारण मन्त्रालय के अधीन प्रकाशन विभाग की महत्त्वपूर्ण भूमिका रही है। इसके अलावा 'योजना', 'कुरुक्षेत्र', आजकल, 'बाल भारती', 'रोज़गार समाचार' आदि विभागीय पत्र-पत्रिकाएँ हिन्दी (और कुछ अँग्रेज़ी में) में नियमित रूप से प्रकाशित होती रही हैं। किन्तु यह भी सच है कि नेशनल बुक ट्रस्ट सामान्यतः अँग्रेज़ी की अपेक्षा हिन्दी में कम पुस्तकें प्रकाशित करता है।

फिर भारत में पुस्तकालयों के संवर्द्धन की स्थिति सन्तोषजनक नहीं है। भारत में एकमात्र राष्ट्रीय पुस्तकालय कोलकाता में है जहाँ हिन्दी भाषा-साहित्य की दयनीय स्थिति निम्नलिखित तथ्यों से स्वतः स्पष्ट हो जाती है :

(क) हिन्दी पाठकों का वाचनालय जर्जर दीवारों से घिरा है और प्रशासनिक कार्यस्थल सीढ़ी के नज़दीक स्थित होने से शोरगुल होता है।

(ख) जीर्ण-शीर्ण पुस्तकों का रख-रखाव व देख-रेख ठीक से नहीं होती।

(ग) हिन्दी की महत्त्वपूर्ण पुस्तकें यथा कोश, वाङ्मय, शब्दावली, रचनावली, वार्षिकी, थिसारस आदि धूल-धक्कड़ से युक्त हैं, वे बेतरतीब रखे हुए हैं और उनकी नियमित सफाई नहीं होती।

(घ) हिन्दी पुस्तकों की ख़रीद नगण्य होती है। सचाई यह है कि सार्वजनिक पुस्तकालय अधिनियम 1954 के तहत प्रकाशकों से अनिवार्यतः मुफ्त प्राप्त पुस्तकें/पत्रिकाएँ ही हिन्दी अनुभाग में अधिक हैं।

(ङ) हिन्दी की प्राप्त पुस्तकों के सूचीबद्ध होने में कई वर्षों का समय लगता है जिससे सुधी पाठक उनसे लाभ उठाने से वंचित रहते हैं।

(च) हिन्दी की तमाम पत्रिकाएँ प्रायः वाचनालय की बजाय गोदाम की शोभा बढ़ाती हैं।

कुछ वर्ष पूर्व जब राष्ट्रीय पुस्तकालय के तत्कालीन अध्यक्ष प्रो. नामवर सिंह थे, तो सांसद सुश्री गीता मुखर्जी ने किताबों के क्रय आदि के बारे में लोकसभा में सवाल पूछकर काफ़ी विवाद पैदा किया था जिसमें, अन्य मुद्दों के अलावा, एक मुख्य मुद्दा यह भी था कि पूर्व की परम्परा से हटकर हिन्दी की अपेक्षाकृत ज़्यादा पुस्तकें क्यों ख़रीदी गयी थीं। यह हिन्दी के प्रति दूसरी भाषाओं का नकारात्मक रवैया सिद्ध करता है। राज्य स्तरीय और जिला स्तरीय पुस्तकालयों की स्थिति अत्यन्त दयनीय है क्योंकि उन्हें पुस्तकें ख़रीदने के लिए आवश्यक राशि उपलब्ध नहीं करायी जाती अथवा उन्हें पुस्तकें ख़रीदकर नहीं भेजी जातीं। जो पुस्तकें ख़रीदी जाती हैं, उनकी गुणवत्ता/उपयोगिता उपयोग किये गये काग़ज़ से कम होती है।

जहाँ तक शिक्षा पद्धति में हिन्दी माध्यम लागू करने का सवाल है, सभी हिन्दी राज्यों के प्राय: सभी विश्वविद्यालयों/महाविद्यालयों में अँग्रेज़ी के अतिरिक्त हिन्दी माध्यम प्रचलित है। कई विश्वविद्यालयों यथा दिल्ली, बनारस आदि ने हिन्दी कार्यान्वयन निदेशालय के ज़रिये महत्त्वपूर्ण पाठ्यपुस्तकों का हिन्दी अनुवाद सुलभ कराया है। इसके अलावा राज्यों की अन्य संस्थाओं यथा बिहार राष्ट्रभाषा परिषद्, हरियाणा हिन्दी अकादमी आदि ने भी महत्त्वपूर्ण पुस्तकें हिन्दी में मूल रूप से प्रकाशित की हैं। लेकिन दुर्भाग्य है कि अभी भी इंजीनियरिंग, मेडिकल, प्रौद्योगिकी आदि की पढ़ाई एवं तकनीकी शोध का माध्यम प्राय: अँग्रेज़ी ही है। देश के प्रसिद्ध भारतीय प्रौद्योगिकी संस्थान (आई.आई.टी.) और भारतीय प्रबन्धन संस्थान (आई.आई.एम.) में अभी भी पाठ्यक्रम अमरीका से तय और आयात किए जाते हैं और ये अँग्रेज़ी में हैं। 1999 में (संघ लोक सेवा आयोग द्वारा आयोजित) प्रशासनिक सेवा परीक्षा में कुल 478 वर्ग एक श्रेणी के सफल उम्मीदवारों में से 170 उम्मीदवार (35 प्रतिशत) इंजीनियरिंग पृष्ठभूमि के थे जो बढ़कर 60 प्रतिशत हो गया है। ज्ञातव्य है कि सन् 1979 से संघ की प्रशासनिक सेवाओं की परीक्षाओं में भारतीय भाषाओं में से किसी को माध्यम बनाने का विकल्प दिया गया था और 1982 में 850 सफल उम्मीदवारों में से 91 (10 प्रतिशत) व्यक्ति भारतीय भाषाओं को माध्यम के रूप में लिए थे और उसमें तीन–चौथाई हिन्दी माध्यम से थे। इक्कीसवीं सदी के दूसरे दशक से 'सी–सैट' (सिविल सर्विसेज एप्टीट्यूड टेस्ट) लागू किया गया जिसमें सामान्य ज्ञान को (चार प्रश्न पत्र) प्राथमिकता तथा अँग्रेज़ी में उत्तीर्ण होने को अनिवार्य बना दिया गया। यह हिन्दी भाषा की उपेक्षा का सूचक है।

जहाँ तक विभिन्न विभागों में हिन्दी के प्रयोग का सवाल है, यह स्थिति भी सन्तोषजनक नहीं है। राजभाषा संसदीय समिति ने पाया था कि अप्रैल 1991 से सितम्बर 1991 तक विभिन्न मन्त्रालयों/विभागों से हिन्दी में कुल 1,75,866 पत्र

प्राप्त हुए जिनमें से सिर्फ़91,457 पत्रों के ज़वाब हिन्दी में दिए गये। बाद के वर्षों में स्थिति बेहतर नहीं हुई। दूसरे, केन्द्र सरकार में मुख्यतः हिन्दी में मूल रूप से सारे काम नहीं होते बल्कि अँग्रेज़ी में सम्पन्न होते हैं। 14 प्रकार के सरकारी काग़ज़ात यथा संकल्प, परिपत्र, अधिसूचना, सामान्य आदेश, सूचना, प्रशासनिक रपट, संसदीय प्रश्नोत्तर आदि का अँग्रेज़ी से हिन्दी अनुवाद करने की परम्परा है। वस्तुस्थिति यह है कि सांसदों से जो पत्र हिन्दी में प्राप्त होते हैं, उन्हें पहले अँग्रेज़ी में अनुवाद कर फाइल (पत्रावली, संचिका) में पेश किया जाता है और उस पर निर्णय अँग्रेज़ी भाषा में होकर अँग्रेज़ी प्रारूप अनुमोदित होता है और उसका पुनः हिन्दी में अनुवाद होता है। यानी हिन्दी–अँग्रेज़ी–हिन्दी! यह सचाई हिन्दी के प्रति सरकारी अधिकारियों–कर्मचारियों की असंवेदनशीलता तथा अप्रतिबद्धता का द्योतक है। यूँ कई अधिकारी–कर्मचारी राजभाषा समिति के कार्य कलापों पर उँगली उठाते हैं क्योंकि कई सदस्य अपनी पत्नियों (या पतियों) को साथ ले जाते हैं तथा सरकारी अधिकारियों पर महँगे उपहार देने हेतु दबाव डालते हैं।

इसके अलावा सरकारी हिन्दी ने हिन्दी की दुर्दशा करके उसकी 'चिन्दी' बना दी है। इसके समर्थन में सिर्फ़ चार–पाँच उदाहरण देना पर्याप्त होगा। पहला उदाहरण जल भूतल मन्त्रालय से लें। वहाँ प्रयुक्त हिन्दी के चार छोटे–छोटे नमूने पेश हैं :

(क) "क्या आवेदक आपके सर्वोत्तम निर्णय के अनुसार अपस्मार, भ्रमि या किसी ऐसे मानसिक रोग के अध्यधीन है जिससे उसकी चालन क्षमता पर प्रभाव पड़ने की सम्भावना है?"

(ख) "मैंने... रूपए की विहित फीस का सन्दाय कर दिया है।"

(ग) "क्या आप किसी चालन अनुज्ञप्ति या शिक्षार्थी अनुज्ञप्ति धारण करने के लिए निरर्हित हुए हैं?"

(घ) "क्या दृष्टि में कोई दोष है?"

यदि पहले नमूने (क) में 'अपस्मार' की जगह 'मिरगी' लिखा होता, तो डॉक्टर के साथ–साथ जनता की भी समझ में आता। यदि 'अध्यधीन' की जगह 'ग्रस्त' या 'पीड़ित' होता, तो समझने में दिक्कत नहीं होती। यदि 'सर्वोत्तम निर्णय' की बज़ाय 'राय' होता, तो बेहतर होता। दूसरे नमूने (ख) में 'सन्दाय' की जगह 'भुगतान' उपयुक्त होता। तीसरे नमूने (ग) में 'चालन अनुज्ञप्ति' की जगह 'मोटर गाड़ी चलाने का लाइसेंस', 'शिक्षार्थी अनुज्ञप्ति' की जगह 'सीखने का लाइसेंस' और 'निरर्हित' की जगह 'अयोग्य' शब्द उचित होते। चौथे नमूने (घ) में 'दृष्टि में दोष', की जगह 'आँख में गड़बड़ी' पद ज़्यादा स्पष्ट एवं सटीक होता। मगर उन हिन्दी अधिकारियों ने शब्दकोश से शब्दशः खड़ा अनुवाद करके अर्थ का अनर्थ कर दिया है जिसे समझने के लिए किसी सुयोग्य भाषाविद् की ज़रूरत पड़ेगी।

दूसरा उदाहरण सूचना एवं प्रसारण मन्त्रालय के अधीन तथाकथित स्वायत्त शासी निकाय 'प्रसार भारती' के तहत दूरदर्शन पर बोली जाने वाली हिन्दी का लें जिसमें उच्चारण-दोष होने से कभी-कभी बात स्पष्ट नहीं हो पाती और दूसरे आम लोग, विशेषकर विद्यार्थी, नवसाक्षर और अहिन्दीभाषी, उसी गलत उच्चारण की नकल कर वैसा ही गलत प्रयोग करते हैं। विशेषकर समाचार पढ़ते समय समाचार वाचकों का गलत उच्चारण बहुत खटकता है जिसका एक नमूना तालिका संख्या दो में देखा जा सकता है :

तालिका 2 : दूरदर्शन पर हिन्दी समाचार वाचन में उच्चारण-दोष

समाचार वाचक	सही हिन्दी शब्द	गलत उच्चरित शब्द
शम्मी नारंग	उत्तर प्रदेश, श्रीलंका,अध्ययन, संवाददाता, न्यायालय, कर्मचारी, हथियार।	उत्तर पदेश, शीलंका,अध्येन, संवादाता, न्यायाला, करमचारी हत्यार।
सलमा सुल्तान	भारतीय, न्यायालय, हवाई अड्डा, कांग्रेस आई, विश्वनाथ, उधर, अन्तरराष्ट्रीय, पर्यावरण, युवकों, सामर्थ्य, विश्व।	भान्तीय, न्याले, हवा अड्डा, कांसआई, विश्नाथ, उदर, अन्तरराष्ट्रिय, पर्यवरण, जुवकों, सामर्थ, विष।
अविनाश कौर सरीन	प्रस्तुति, प्रधान मन्त्री, प्रसारण, जाति, राष्ट्रपति।	प्रस्तुती, परधान मन्त्री, परसारण, जाती, राष्ट्रपती।
अंजलि राय	विज्ञप्ति।	विज्ञापती।
वेद प्रकाश	नेपाल।	नॉयपाल।
मंजरी जोशी	दृष्टि, बढ़ावा।	दिरष्टी, भड़ावा।
चमन गुप्ता	अनुसूचित, भारत।	अनुसूचित्त, भारत्त।
सरला महेश्वरी	भारत, प्रधानमन्त्री, विधान सभा।	बारत, प्रदानमन्त्री, विदान सबा।

स्रोत : 'नवभारत टाइम्स', दि. 22/11/90 एवं 'हिन्दुस्तान', दि. 12/8/90

तीसरा उदाहरण केन्द्र सरकार और विभिन्न राज्य सरकारों द्वारा तकनीकी शब्दों का भिन्न-भिन्न एवं क्लिष्ट रूपान्तर प्रयोग में लाना है जो आम लोगों द्वारा प्रचलन में नहीं लाया जाता अथवा जिसे आम लोग समझ ही नहीं पाते। ऐसे शब्दों का 'बहुल मानकीकरण' ज़रूरी है, क्योंकि किसी भाषा के प्रचार-प्रसार एवं संवर्द्धन के लिए बहुल मानकीकरण जनहितैषी होने के कारण बेहतर होगा। जैसे अमरीका, इंग्लैंड, आस्ट्रेलिया, स्कॉटलैंड और न्यूजीलैंड की अँग्रेज़ी में भिन्नता है

यानी कई प्रकार की 'अंग्रेजियाँ' हैं वैसे दक्खिनी, मुम्बइया, हरियाणवी, देहलवी, बिहारी और कलकतिया 'हिन्दियों' में फ़र्क होना स्वाभाविक है। एकल मानकीकरण और भाषायी आत्मसातकरण के कारण भारत की तमाम स्थानीय भाषाएँ और उपभाषाएँ या तो लुप्त हो गयीं या हाशिये पर हैं। जैसे, कुनबी, गोंडी, सूरजपुरिया, तुलु, हो, हलबी, खानदेशी, थाडो, दिमाशा आदि। एक अनुमान के मुताबिक 2100 ई. तक विश्व में 50 प्रतिशत भाषाएँ और 2 प्रतिशत जैव प्रजातियाँ विलुप्त हो जायेंगी जो अत्यन्त चिन्ता एवं चिन्तन का विषय है। ख़ैर... तालिका सं. 3 में कृत्रिम सरकारी और उपयुक्त शब्दों की झलक देखी जा सकती है :

तालिका 3 : तकनीकी शब्दों के लिए कठिन हिन्दी शब्द प्रयोग

अँग्रेज़ी तकनीकी शब्द	सरकारी शब्द	उपयुक्त शब्द
Authorised authority	शक्तिमान प्राधिकारी (बिहार)	अधिकृत अधिकारी
Agreement	समझौता, सन्धि, राजीनामा	करार
Arrest	प्रग्रहण	गिरफ़्तार
By this notice	यूँ बज़रिये नोटिस (बिहार)	इस सूचना के द्वारा
Black Marketing	काला बाजारी	चोर बाजारी
Bureaucracy	नौकरशाही (हिन्दी, गुजराती) अमलातन्त्र (बांग्ला)	दफ़्तरशाही
Block	विकास-खंड (उ.प्र.) प्रखंड (बिहार)	प्रखंड
Constable	आरक्षी (बिहार), आरक्षक (म.प्र.)	सिपाही
Cement	वज्रचूर्ण	सीमेंट
Computer	संगणक, अभिकलित्र	कम्प्यूटर
Costly	कीमती	महँगा
District officer	जिला पदाधिकारी (बिहार) जिलाधीश/जिलाधिकारी (उ.प्र.)	जिलाधिकारी
Director	संचालक (म.प्र.) प्रबन्धक, निदेशक, (बिहार)	निर्देशक
Diary	दैनन्दिनी	डायरी
Ernest money	अग्रिम धनराशि	बयाना
Engineer	अभियन्ता (बिहार, उ.प्र.), यन्त्री (म.प्र.)	अभियन्ता

Executive (Engineer)	अधिशासी (उ.प्र., दिल्ली) कार्यपालक (बिहार)	कार्यपालक
Earmarked	कर्णांकित (बिहार)	निमित्त, मदचिह्नित
Entry	अमलदरामद (उ.प्र.), प्रविष्टि (बिहार)	प्रविष्टि
File	संचिका (बिहार), पत्रावली, मिसिल (उ.प्र.)	फाइल
Grassroots	तृणमूल (प. बंगाल, उ.प्र.)	सरज़मीनी
Highway	उच्चपथ (बिहार) राजमार्ग (भारत सरकार)	राजमार्ग
Implied	विवक्षित (बिहार)	अन्तर्निहित, उपलक्षित
Licence	अनुज्ञप्ति, अनुज्ञा-पत्र (बिहार)	लाइसेंस
Marketing officer	पणन पदाधिकारी (बिहार)	बाजार अधिकारी
Magistrate	दंडाधिकारी	मजिस्ट्रेट
Misplaced	पथान्तर, पथभ्रष्ट (बिहार)	स्थानच्युत
Mutation	ख़ारिज़-दाखिल (उ.प्र. एवं बिहार) इंतकाल (हरियाणा)	नामान्तरण
Medical science	चिकित्साशास्त्र	आयुर्विज्ञान
Officer	पदाधिकारी (बिहार)	अधिकारी
Outley	परिव्यय, उद्व्यय (बिहार)	उद्व्यय
Patrolling	रक्षाभ्रमण	गश्ती
Provisional	औपबन्धिक	कामचलाऊ (अस्थायी)
Partly	भागतः (भारत सरकार), अंशतः (बिहार)	अंशतः
Personnel	सेविवर्ग (बिहार)	कर्मचारी वर्ग
Police	आरक्षी (बिहार)	पुलिस
Pay and account office	वेतन और लेखा कार्यालय	भुगतान एवं लेखा कार्यालय
Reminder	अनुस्मारक (भारत सरकार) स्मारक (उ.प्र.) स्मार-पत्र (बिहार)	स्मार-पत्र
Report	आख्या (उ.प्र.), प्रतिवेदन (बिहार)	रपट, प्रतिवेदन
Restoration	प्रत्यास्थापन	पुनःस्थापन (पुनर्बहाली)
Relevant	आधिकारिक, प्रासंगिक (बिहार)	सार्थक
Reverted	प्रत्यावर्तित	पूर्व की स्थिति में

Redtapism	लालफीताशाही	विलम्बन प्रक्रिया (विलम्बवाद)
Remoteness	दूरवर्तिता (बिहार)	दूरी
Registration	निबन्धन (बिहार) पंजीकरण, पंजीयन (उ.प्र.)	पंजीयन
Registered sale deed	निबन्धित केवाला (बिहार), बयनामा दस्तावेज़ (उ.प्र.)	बिक्री दस्तावेज़
Supersession	अवक्रमण	क्रमच्युति
Soil	मृदा	मिट्टी
Special rationing officer	विशिष्ट अनुभाजन पदाधिकारी (बिहार)	विशेष रसद अधिकारी
Steel	वज्रायस	स्टील
Secretary General	सामान्य सचिव	महासचिव
Technology	तकनीक, प्रावैधिकी, प्रौद्योगिकी	प्रौद्योगिकी
Train	लौहपथगामिनी	रेलगाड़ी
Timebarred	काल-तिरोहित	कालबाधित
Terribly upset	भयानक रूप से परेशान	बेहद परेशान
Upgradation	उत्क्रमण (बिहार)	उच्चीकरण
Uniform	गणवेश	वर्दी, पोशाक
Yours faithfully	विश्वासभाजन (बिहार)	आपका विश्वासी

तालिका 3 के अवलोकन से स्पष्ट है कि हिन्दी के क्लिष्ट शब्द एवं अँग्रेज़ी के अक्षरशः अनूदित शब्द यथा शक्तिमान प्राधिकारी, प्रग्रहण, वज्रचूर्ण, संगणक, दैनन्दिनी, कर्णांकित, तृणमूल, उच्चपथ, विवक्षित, पणन, पथान्तर, भागतः, सेवि वर्ग, आरक्षी, गणवेश, प्रत्यास्थापन, प्रत्यावर्तित, दूरवर्तिता, अवक्रमण, मृदा, अनुभाजन, वज्रायस, उत्क्रमण आदि सामान्य हिन्दीभाषियों की समझ से परे हैं और इन शब्दों वाला कोई पत्र/अर्जी समझने के लिए अँग्रेज़ी शब्दों को टटोलना पड़ता है। मुझे अपने विद्यार्थी जीवन की एक घटना याद आती है। उत्तर प्रदेश में कक्षा आठ की परीक्षा में (जिला परिषद द्वारा आयोजित) कृषि विषय में एक सवाल पूछा गया था- "मृदा क्या है? इसके कितने प्रकार हैं?" सारे विद्यार्थी उलझन में पड़ गये और यह सवाल हल नहीं कर सके। यदि उसमें अँग्रेज़ी शब्द कोष्ठक में दिया होता, तो भी सहूलियत होती। परीक्षा ख़त्म होने के बाद शिक्षक से ज्ञात हुआ कि 'मृदा' तो अपनी मिट्टी ही है। वाह रे हिन्दी के विधाता! जिस मिट्टी में हम लोग पले-बढ़े थे, जिसमें खेती किया करते थे, जिसे रट डाले थे, उसी के बारे में सिर्फ़ शब्द के

हेर-फेर से हम कुछ न लिख सके। क्लिष्ट शब्दों का यह आतंक मेरे मानस-पटल पर अभी भी छाया हुआ है।

चौथा उदाहरण संचार मन्त्रालय के डाक-तार विभाग का है। आजादी के पूर्व तक जारी 282 भारतीय डाक टिकटों तथा 150 सरकारी डाक टिकटों में ब्रिटिश हुकूमत ने हिन्दी का प्रयोग नहीं किया था। 15 अगस्त, 1947 को पहली बार 'जय हिन्दी' शब्द डाक टिकटों पर हिन्दी में लिखे गये। आज़ादी की पहली वर्षगाँठ पर महात्मा गाँधी के नाम चार डाक टिकटों में हिन्दी के साथ-साथ उर्दू का भी प्रयोग हुआ जो हमारी सामासिकता एवं सद्‌भाव का सूचक है। इसके बाद 1 अक्टूबर, 1952 को छः डाक टिकट हिन्दी में ज़ारी हुए जो सन्तों और कवियों की याद में थे। 17 जनवरी, 1963 से ज़ारी सभी डाक टिकटों में 'इंडिया' के साथ 'भारत' लिखा जाने लगा। 4 जनवरी, 1964 से भारत सरकार ने प्रत्येक डाक टिकट पर अँग्रेज़ी के साथ-साथ उसका हिन्दी अनुवाद लिखना अनिवार्य कर दिया। मगर यह भी कटु सचाई है कि रजिस्ट्री, टेलिफोन बिल एवं कनेक्शन आदि की रसीदें प्रायः अँग्रेज़ी में ही निर्गत होती हैं।

पाँचवाँ उदाहरण बैंकिंग (वित्त सेवा) विभाग (वित्त मन्त्रालय) से लें। रिजर्व बैंक अधिकारी (श्रेणी प्रथम) की जनवरी 1990 में हुई परीक्षा में प्रश्नपत्र हिन्दी और अँग्रेज़ी दोनों में छपे थे मगर हिन्दी शब्द या तो अशुद्ध छपे थे अथवा गलत अनुवाद किए गये थे। मसलन विद्यार्थियों की जगह, 'विद्यार्थीयों', समिति का 'समिती', अग्नि का 'अग्नी', उद्‌देश्य का 'उद्‌देश', नीति का 'नीती', पंचवर्षीय का 'पंचवार्षिक', परीक्षार्थी का 'परिक्षार्थी' आदि छपा था। इसी प्रकार 'कम्युनलिज्म' का हिन्दी अनुवाद 'जातीयतावादी' छपा था।

यद्यपि अन्तरजाल (इंटरनेट) पर हिन्दी में कुछ चीज़ें उपलब्ध करायी जा रही हैं, मगर स्थिति सन्तोषजनक नहीं है। पूरी दुनिया में अन्तरजाल पर उपलब्ध सूचनाओं में से 35 प्रतिशत अँग्रेज़ी में हैं, 35 प्रतिशत अन्य यूरोपीय भाषाओं में हैं और शेष 30 प्रतिशत में विश्व की अन्य सभी भाषाएँ (हिन्दी सहित) शामिल हैं। इसके अलावा कई जानकारियों का हिन्दी अनुवाद सटीक नहीं है। इसके अलावा हिन्दी फिल्मों में पहले हिन्दी-उर्दू भाषाओं का समावेश होता था जिससे संवाद ज़्यादा असरदार और कर्णप्रिय होते थे मगर आजकल भदेस शब्दों का प्रयोग ज़्यादा होता है। हिन्दी फिल्मी गीत 1960 और 1970 के दशकों में अत्यन्त सारगर्भित, सदाशयी और सार्थक होते थे, किन्तु अब नहीं।

विधायिका और कार्यपालिका में हिन्दी की स्थिति की झलक देख लेने के बाद हम न्यायपालिका में हिन्दी की स्थिति पर संक्षेप में विचार कर लें। न्यायालयों में, खासकर उच्चतर न्यायालयों में—हिन्दी अछूत की-सी स्थिति में है। अधिवक्ताओं

का एक तबका इस कोशिश में सफल रहा है कि उसके मुवक्किल मुकदमों की अर्जियों, शपथपत्रों आदि में लिखी चीज़ें न समझें वरना असलियत जानकर उन्हें महत्त्व न देंगे। कुछ वर्ष पूर्व की घटना है। मैं अपने गाँव गया था। मेरे हलवाहे ने मुझसे चुपके से बताया कि उसके भाई के लड़के ने एक लड़की (परित्यक्ता ब्याहता) से 'कोर्ट मैरिज' कर ली है परन्तु थाना वाले पैसा माँग रहे हैं और तंग कर रहे हैं। फिर उसने बताया कि 'कोर्ट मैरिज' कराने में लिखा-पढ़ी में गाँव के एक वकील ने एक हजार रुपए ले लिए। बाद में जब मैंने काग़ज़ात पढ़ा, तो पाया कि वह तो एक पृष्ठ का महज़ शपथ-पत्र है। यानी उसमें बीस-पच्चीस रुपए की जगह एक हजार का ख़र्च 'अँग्रेज़ी' भाषा ने करवाया। आज़ादी के बाद उत्तर प्रदेश में निचली अदालतों में हिन्दी में काम होता था मगर मार्च 1995 में इलाहाबाद उच्च न्यायालय ने आदेश पारित कर दिया कि जुलाई 1995 से जिला की अदालतों में अँग्रेज़ी में आदेश पारित किया जाए। शायद उल्टी गंगा ऐसे ही बहती है। कुछ उच्च न्यायालयों में हिन्दी में भी बहस की अनुमति दी गयी है।

हिन्दी की दुर्दशा के कारण

हिन्दी के प्रचार-प्रसार और राजभाषा के रूप में प्रयोग करने के उद्देश्यों की पूर्ति न होने के कई कारण हैं जिनका उल्लेख संक्षेप में नीचे किया जा रहा है :

पहला कारण यह है कि हिन्दी के अधिकांश प्रचारकों-साहित्यकारों व विद्यार्थियों ने कालान्तर में संस्कृत को पारम्परिक, क्लिष्ट और धर्म की भाषा समझकर उसके विशाल भंडार से पर्याप्त शब्द-ग्रहण नहीं किया जबकि संस्कृत की 500 धातुओं तथा उपसर्गों व प्रत्ययों की सहायता से हिन्दी के पाँच लाख शब्दों का निर्माण हुआ है। उदाहरणार्थ, अँग्रेज़ी के 'मिथ' शब्द का समानार्थी हिन्दी में उपलब्ध नहीं था। सो हजारी प्रसाद द्विवेदी ने मिथ में 'क्' प्रत्यय जोड़कर 'मिथक' शब्द बना दिया जो धड़ल्ले से चल रहा है। फिर भी संस्कृत की उपेक्षा सरकारें भी करती हैं जिसका एक उदाहरण यह है कि संस्कृत के करीब सात हजार संस्थानों में से सिर्फ़700 को अनुदान मिलता है और उन्हें भी एक साल के लिए कुल 50 लाख रुपए मात्र दिए जाते हैं। वस्तुस्थिति यह है कि भारत में अभी भी 2 लाख से ज़्यादा लोग संस्कृत ही बोलते हैं। कर्नाटक के शिमोगा जिले के एक गाँव में सारे लोग सिर्फ़संस्कृत ही बोलते हैं। अमरीका में नासा के वैज्ञानिक डॉ. रिक ब्रिक्स ने 1985 में लिखा था कि संस्कृत कम्प्यूटर प्रयोग के लिए एकमात्र शुद्ध भाषा है और महान संस्कृत वैयाकरण पाणिनि मानव कम्प्यूटर थे। अगस्त 1990 में आयोजित एक अन्तरराष्ट्रीय हिन्दी सम्मेलन में एक प्रोफेसर ने प्रस्ताव रखा था कि भारत में संस्कृत को हिन्दी के साथ-साथ राजकाज की दूसरी भाषा बना दी जानी चाहिए। परन्तु

क्लिष्टता नहीं होनी चाहिए। कहने की ज़रूरत नहीं कि हिन्दी, बांग्ला, असमिया, ओडिया आदि तथाकथित आर्य भाषा परिवार की भाषाओं के अलावा तथाकथित द्रविड़ भाषा परिवार की तमिल, तेलुगु, कन्नड़, मलयालम आदि भाषाएँ भी संस्कृत के नज़दीक हैं। तेलुगु में एक फिल्म का नाम था ''अलादीन अद्भुत दीपम् '' (न कि अलादीन का जादुई चिराग) यानी संस्कृतनिष्ठ संज्ञाएँ वहाँ भी ज़्यादा समझ में आती हैं। तमिल, संस्कृत और हिन्दी तीनों भाषाओं में 'नीर' शब्द पानी के अर्थ में प्रचलित है। 'नमस्कार' शब्द तेलुगु, मलयालम और कन्नड़ में भी प्रचलित है। इसी प्रकार हिन्दी ने अन्य भारतीय भाषाओं से भी पर्याप्त शब्द नहीं लिए। इसने खुद अपनी सभी 49 बोलियों से भी पर्याप्त शब्द नहीं लिए। जिन्हें हम हिन्दी की बोलियाँ या उपभाषाएँ कहते हैं, असल में वे हिन्दी की माताएँ हैं। और बेटी को जब भी कोई दिक्कत होती है, वह झटपट अपनी माँ से सलाह-मशविरा लेती है और बिना बुलाये अपने 'मायके' चली जाती है तथा लौटते समय अपने आँचल (कोंछ) में माँ के प्रेम-स्वरूप चावल और हल्दी की सौगात ले आती है। इसलिए हिन्दी के शिक्षकों, विद्यार्थियों, बुद्धिजीवियों, भाषावैज्ञानिकों तथा जन-साधारण को हिन्दी के अधिकाधिक उत्थान के लिये हिन्दी की माताओं के पास बराबर जाना चाहिए। दरअसल भाषा-विज्ञान का यह मूल सिद्धान्त है कि अन्य भाषाओं के शब्द समुचित रूप से लिए बिना कोई भाषा अबाध गति से पल्लवित- पुष्पित नहीं हो सकती।

दूसरे, हिन्दी को विश्व स्तर पर विश्व भाषा की मान्यता संयुक्त राष्ट्रसंघ में नहीं मिली है जबकि संख्या की दृष्टि से समूचे विश्व में चीनी भाषा का प्रथम, हिन्दी भाषा का द्वितीय एवं अँग्रेज़ी भाषा का तृतीय स्थान है। फ्रांसीसी, जर्मन जैसी भाषाएँ बोलने वाले लोगों की संख्या कम है, फिर भी उन्हें मान्यता मिली है। डॉ. विद्यानिवास मिश्र के अनुसार विश्व भाषा की तीन अपेक्षाएँ हिन्दी पूरा करती है :

(1) उस भाषा को बोलने वालों और समझने वालों का क्षेत्र विस्तृत हो- हिन्दी यह शर्त पूरा करती है। आज नेपाल, भूटान, सिंगापुर, मलेशिया, मॉरिशस, त्रिनिदाद, थाइलैंड, हांगकांग, फिजी, गुयाना, सूरीनाम, इंग्लैंड, कनाडा और अमरीका में हिन्दी भाषा बोलने वालों की संख्या पर्याप्त है।

(2) वह लचीली हो, उसमें विभिन्न सन्दर्भों की अभिव्यक्ति की क्षमता हो, प्रयुक्ति के स्तर हों, उपमानकों की परस्पर सम्प्रेषणीयता स्वीकृत मानक के ज़रिये बनी हो। हिन्दी अनेक बोलियों पर आधारित शब्दावली, मुहावरे तथा विस्तृत सन्दर्भों के कारण यह क्षमता रखती है। 1857 की क्रान्ति, स्वाधीनता आन्दोलन, अवध किसान आन्दोलन आदि की अभिव्यक्ति हिन्दी में बखूबी हुई है।

(3) उस भाषा में विश्व मन के लिए भीतर का भाव हो, खुलापन स्वीकार करने का भाव होना चाहिए। अर्थात् लोग प्रान्तीयता/क्षेत्रीयता से ऊपर उठे हों और विश्व मन को सम्बोधित साहित्य की विशाल परम्परा हो। हिन्दी भाषा के ज़रिये फिजी, दक्षिण अफ्रीका, मॉरिशस जैसे देशों की स्वाधीनता की आवाज़ पं. तोताराम सनाढ्य, भवानी दयाल, नरदेव शास्त्री, बनारसीदास चतुर्वेदी आदि ने सबसे पहले उठाई। हिन्दी में विश्व-साहित्य के प्रचुर अनुवाद हुए हैं और हिन्दी-साहित्य भी विश्व-साहित्य में अनूदित किया गया है।

हिन्दी की असन्तोषजनक प्रगति का तीसरा कारण हिन्दी के शब्द-भण्डारण में क्लिष्ट शब्दों की भरमार और इसको किताबी और सरकारी अनुवाद की भाषा बनाया जाना है। डॉ. रघुवीर, पुरुषोत्तमदास टंडन, सेठ गोविन्द दास आदि विद्वान क्लिष्ट संस्कृतनिष्ठ हिन्दी के हिमायती रहे हैं जबकि जवाहर लाल नेहरू, मौलाना अबुल कलाम आज़ाद, सरदार पटेल आदि 'हिन्दुस्तानी' के पक्षधर थे। नेहरूजी यहाँ तक कहते थे कि 'आकाशवाणी' से जो हिन्दी प्रसारित की जाती है, वह उनकी समझ में नहीं आती। यद्यपि "पत्रिका का अंक छप रहा है" ज़्यादा बोधगम्य है मगर सरकारी महकमों में "अंक मुद्रणाधीन है" लिखा रहता है। इसी प्रकार 'चेंजिंग इक्वेशन' का भोंडा अनुवाद 'बदलता समीकरण' है। इसका नतीज़ा यह होता है कि अहिन्दीभाषियों के लिए ये क्लिष्ट शब्द बोधगम्य नहीं होते और एक प्रकार की हीनभावना पैदा होने से हिन्दी के प्रति तिरस्कार और उदासीनता पैदा होती है। ऐसा लगता है कि भाषा ही अपने-आप में साध्य बन जाती है जबकि भाषा संवाद का माध्यम होती है और इसलिए दो व्यक्तियों, समूहों, संस्थाओं, संस्कृतियों और समाजों के बीच परस्पर संवादधर्मिता कायम करने के लिए हिन्दी को अनावश्यक रूप से 'शास्त्रीय' न बनाया जाए। हाँ, साहित्यिक भाषा जनभाषा से अलग हो सकती है और गूढ़ सन्दर्भों के लिए वांछनीय भी हो सकती है। मगर अँग्रेज़ी के प्रभुत्व के लिए यह कहना उचित नहीं कि "हिन्दी डे के फंक्शन में कई लोगों ने पार्टीसिपेट किया" या "क्वेश्चन पेपर इतना टॅफऔर आउट ऑफकोर्स था कि कोई स्टूडेंट उसे टोटली सॉल्व नहीं कर सका", या "आजकल के न्यूजपेपरों की क्वालिटी इतनी डिटरिओरेट हो गयी है कि मॉर्निंग में उसे रीड करने का मन नहीं करता।" इसलिए प्रमुख कवि-पत्रकार रघुवीर सहाय ने ठीक ही कहा था कि 'दासी हिन्दी' वह है जो अनुवादी हिन्दी है और यह 'देसी हिन्दी' के विरुद्ध है। इस तरह अँग्रेज़ी की सौतन या स्टेपनी बनकर रहने से हिन्दी का संवर्द्धन नहीं हो सकता। यहाँ तक कि किसान नेता चौधरी चरण सिंह ने, जो गाँव और खेती के पक्षधर रहे हैं, जिन्होंने 'अँग्रेज़ी हटाओ आन्दोलन' में प्रमुख भूमिका भी निभाई थी, अपनी पहली

बड़ी किताब अँग्रेज़ी में छपवाई। हिन्दी में 49 बोलियों और उर्दू के शब्दों को सहजता से मिलाकर प्रयोग करने से भाषा की लय और रवानगी में चार चाँद लग जाता है। मगर आजकल उपभोक्तावाद के कारण 'फास्ट फूड' की प्रवृत्ति हिन्दी भाषा को सतही और खोखला बना रही है।

हिन्दी की दुर्गति का चौथा महत्त्वपूर्ण कारण है—शासन-प्रशासन की इच्छाशक्ति में कमी। यद्यपि नेहरूअहिन्दी क्षेत्रों एवं भाषियों के प्रति उदार थे और विश्व स्तर के स्थापित विद्वान राजनेता थे किन्तु हिन्दी लागू करने में उनकी ढिलाई अभिशाप सिद्ध हुई। उन्होंने उद्योगों का जाल बिछाया और उन्हें 'आधुनिक मन्दिर' की संज्ञा दी मगर उनके 'ऊपर से नीचे की ओर विकास' के रिसाव सिद्धान्त के ज़रिये अँग्रेज़ी का वर्चस्व कायम रहा जबकि वे भली-भाँति परिचित थे कि रूस, चीन, जापान जैसे देश अपनी राष्ट्रभाषा के ज़रिये प्रगति की सीढ़ी पर निरन्तर आगे बढ़ रहे हैं। 1921 में आयरलैंड में आयरिश भाषा सिर्फ़3 प्रतिशत लोग बोलते थे और मात्र 12 प्रतिशत लोग समझते थे, फिर भी उसे राजभाषा के रूप में लागू किया गया और वहाँ के राजनेताओं, प्रशासकों और न्यायाधीशों को गाँव-गाँव जाकर आयरिश भाषा सीखनी पड़ी थी। दूसरा माकूल उदाहरण तुर्की का है। जब तुर्की अँग्रेज़ी सत्ता से मुक्त हुआ, तो वहाँ के तमाम विशेषज्ञों ने तुर्की के शासनाध्यक्ष कमाल पाशा से कहा कि तुर्की भाषा अपनाने के लिए दस वर्ष लगेंगे, तो उसके ज़वाब में कमाल पाशा ने कहा, "दस साल इसी समय पूरे समझे जाएँ। अँग्रेजों के साथ अँग्रेज़ी को विदाई लेनी पड़ेगी।" अफ़सोस है कि ऐसी दृढ़ इच्छा-शक्ति भारत के शासकों-प्रशासकों में नहीं रही है। हालाँकि महात्मा गाँधी ने भारत के आज़ाद होने पर बी.बी.सी. पर सार्वजनिक घोषणा की थी—"दुनिया से कह दो-गाँधी अँग्रेज़ी नहीं जानता।" मगर भाषा-नीति-निर्धारण आदि में उनकी एक न चली।

ज़्यादा चिन्ता का विषय यह है कि जो शासक-प्रशासक हिन्दी क्षेत्र में जन्मे हैं, हिन्दी बोलते, पढ़ते, समझते हैं, वे भी हिन्दी में बोलना व लिखना अपमान समझते हैं। इसीलिए वे या तो अँग्रेज़ी में बोलते हैं अथवा हिन्दी की क्रियाओं के साथ अँग्रेज़ी शब्दों का छौंका लगाते रहते हैं। कुछ वर्ष पहले का एक वाकया गौरतलब है। बिहार के श्रम, नियोजन और प्रशिक्षण विभाग के एक अधिकारी ने भारत सरकार के ग्रामीण विकास विभाग के उच्चतर अधिकारियों से (1999) अनुरोध किया कि चार-पाँच आवश्यक पत्रों का ज़वाब केन्द्र सरकार से नहीं मिला है। इस पर वहाँ की एक महिला संयुक्त सचिव ने अँग्रेज़ी में पूछा, "क्या वे पत्र हिन्दी में थे?" "जी हाँ"—बिहार के उस अधिकारी ने ज़वाब दिया। "यदि आपके सचिव को कोई कठिनाई न हो, तो उनसे कहिए कि अँग्रेज़ी में पत्र लिखा करें। दरअसल क्षेत्रीय भाषाओं में पत्र आने से दिक्कत होती है। देखिए, यदि कोई

पंजाबी में पत्र लिखे, तो हम उसका ज़वाब कैसे दे पाएँगे?''—संयुक्त सचिव ने कहा। इससे तीन चीज़ें ध्वनित होती हैं। पहला, अँग्रेज़ी में काम करना आसान है। दूसरा, हिन्दी, पंजाबी की तरह एक क्षेत्रीय भाषा मात्र है! तीसरा, यदि हिन्दी में सरकारी पत्राचार होता रहा, तो उसका ज़वाब देना ज़रूरी नहीं। अब उन दो भद्र महिलाओं को कौन बताए कि सन् 1949 से कानूनी रूप से भारत संघ की राजभाषा हिन्दी घोषित है और उसकी लिपि देवनागरी है, कि बिहार (अन्य हिन्दीभाषी क्षेत्रों की तरह) समूह 'क' (हिन्दी भाषी क्षेत्र)क्षेत्र में है जिसका भारत सरकार से पत्राचार हिन्दी में होना है। कई लोगों को भ्रम है कि हिन्दी विचार की भाषा नहीं है, इसलिए गणित, भौतिक विज्ञान, रसायन विज्ञान, अन्तरिक्ष विज्ञान, जीवविज्ञान आदि की पढ़ाई हिन्दी माध्यम से समुचित रूप से नहीं हो सकती किन्तु विभिन्न शोधों में पाया गया है कि यह हिन्दी भाषा की कमी नहीं है बल्कि उपरोक्त विज्ञानों के शिक्षकों (खासकर हिन्दी क्षेत्र के) की कमी है, जो बच्चों को विज्ञान, गणित आदि हिन्दी माध्यम से पढ़ाने में अक्षम हैं। एक बार प्रसिद्ध वैज्ञानिक डॉ. दौलत सिंह कोठारी ने एक व्याख्यान में अँग्रेज़ी में बोलते-बोलते अचानक हिन्दी में बोलना शुरू कर दिया था और सही कहा था—'मौलिक विचार अपनी मातृभाषा में ही सही ढंग से व्यक्त होते हैं।'

हिन्दी के प्रचार-प्रसार एवं सर्वव्यापकता में कमी का पाँचवाँ कारण हिन्दी सेवी संस्थाओं एवं शिक्षण संस्थाओं की उदासीनता, निष्क्रियता और विफलता है। मुख्यत: ये संस्थाएँ चार तरह की हैं :

(क) **स्वयंसेवी हिन्दी सेवी संस्थाएँ**—मन्दार विद्यापीठ (बिहार), हिन्दी साहित्य सम्मेलन, प्रयाग (1910 से), नागरी प्रचारिणी सभा, वाराणसी (1893 से)।

(ख) **केन्द्र/राज्य द्वारा स्थापित/संचालित संस्थाएँ**—साहित्य अकादमी (नयी दिल्ली), राष्ट्रीय पुस्तक न्यास, बिहार राष्ट्रभाषा परिषद, केन्द्रीय हिन्दी संस्थान, आगरा, उ.प्र. हिन्दी संस्थान, म.प्र. साहित्य परिषद, भारत भवन (भोपाल), हिन्दी अकादमी, दिल्ली, दक्षिण भारत हिन्दी प्रचार सभा, चेन्नई आदि।

(ग) **अनुदान पर आश्रित संस्थाएँ**—हिन्दुस्तानी अकादमी, इलाहाबाद।

(घ) शिक्षण संस्थाएँ।

लेकिन इनमें से अधिकांश संस्थाएँ अपने उद्‌देश्यों से विचलित हो गयी हैं। मसलन, हिन्दी साहित्य सम्मेलन, प्रयाग, जिसका उद्‌देश्य हिन्दी का प्रचार-प्रसार, हिन्दी ज्ञान की परीक्षा संचालित करना, और योग्य हिन्दी सेवियों को पुरस्कृत करना रहा है, आज इन उद्‌देश्यों के अलावा सब-कुछ कर रहा है। इसने इतनी ज़्यादा

तादाद में फर्जी डिग्रियाँ/सनदें बेचीं कि भारतीय चिकित्सा केन्द्रीय परिषद्, नयी दिल्ली ने इसके द्वारा दी जाने वाली 'आयुर्वेद रत्न' (आयुर्वेद स्नातक) की उपाधि की मान्यता (शायद 1967 से) ख़त्म कर दी। इस संस्था के पास अकूत धनराशि है, चल-अचल सम्पत्ति है किन्तु इसकी एक शाखा (कदमकुआँ, पटना) सब्जी की दुकानों और कटी-फटी साड़ियों की 'सेल' के लिए ज़्यादा मशहूर है। इसके स्वामित्व को लेकर कई गुटों में स्पर्धा, तनाव एवं संघर्ष होते रहते हैं। इन संस्थाओं के पास कोई ठोस योजना नहीं है, कोई अन्तर्दृष्टि नहीं है और जनता के प्रति प्रतिबद्धता नहीं है। ठीक इसी प्रकार कई विश्वविद्यालयों के हिन्दी विभाग मठाधीशों के चंगुल में हैं जो अपने मित्रों-परिचितों, संगठनों के सदस्यों पर शोध करवा रहे हैं, भाई-भतीजावाद, मित्रवाद और दामादवाद कर रहे हैं या अपने आदमियों को पुरस्कार देकर उपकृत कर रहे हैं। अन्तरराष्ट्रीय हिन्दी विश्वविद्यालय, वर्धा को छोड़कर शायद ही भारत के किसी विश्वविद्यालय के हिन्दी विभाग से कोई स्तरीय पत्रिका निकलती हो। अन्तर-ज्ञानानुशासन की दृष्टि से शोध या सेमिनार/गोष्ठियों में विचार-मीमांसा लगभग नहीं हो रही है। अफ़सोस है कि साहित्येतर विषयों पर हिन्दी में कम लिखा जा रहा है जिसके कारण नयी पीढ़ी अपनी मातृभाषा में मौलिक ज्ञान प्राप्त करने से वंचित हो रही है। इसलिए प्रसिद्ध हिन्दी साहित्यकार राजेन्द्र यादव ने भारत के विश्वविद्यालयों/महाविद्यालयों को 'उच्च शिक्षा का रेगिस्तान' कहा था।

हिन्दी के प्रति हिन्दी वालों का रुख

हिन्दी भाषा की दशा और दिशा समझने के लिए यह भी आवश्यक है कि शिक्षित हिन्दीभाषी जनता और लेखकों का हिन्दी के प्रति क्या रुख़ रहा है, इस पर थोड़ी चर्चा की जाए। जहाँ तक शिक्षित हिन्दीभाषी जनता का सवाल है, हिन्दी भाषा के प्रति उसका रुख़ प्रायः नकारात्मक रहा है: पहला, हिन्दीभाषियों में भाषा के प्रति अपनापन/लगाव उतना नहीं है जितना रूसी, फ्रांसीसी, बांग्ला, मराठी, मलयालम या मैथिलीभाषियों का अपनी-अपनी भाषा के प्रति है। एक बंगाली दूसरे बंगाली से अमरीका में भी मिलने पर (या दूरभाष पर) अपनी मातृभाषा में बात करता है। हिन्दीभाषियों में ऐसा नहीं है। दूसरे, जब कोई हिन्दीभाषी उच्च शिक्षा प्राप्त कर लेता है या उच्च सेवा या अन्य उच्च रोज़गार पा जाता है, तो हिन्दी में बोलना अपनी तौहीन समझता है। इसलिए वह अँग्रेज़ी में बोलने की हरसम्भव कोशिश करेगा, भले टूटी-फूटी, व्याकरण की दृष्टि से अशुद्ध अँग्रेज़ी बोलने में उसकी आँत ही बाहर आ जाए। तीसरे, हिन्दी क्षेत्र में अँग्रेज़ी माध्यम से किसी अँग्रेज नामधारी विद्यालय खोलने तथा उसमें पढ़ने-पढ़ाने की होड़ लग गयी है। कुकुरमुत्ते की तरह

फैले ऐसे अधिकतर विद्यालयों में प्रशिक्षित शिक्षक, समुचित भवन, उपस्कर, पर्याप्त वेतन, वैज्ञानिक शिक्षण-पद्धति, प्रयोगशाला, पुस्तकालय, खेलने की सुविधाओं आदि का अभाव रहता है। फिर भी हम लोग अपने बच्चों को इन्हीं विद्यालयों में पढ़ाने के लिए अभिशप्त होते हैं क्योंकि ये विद्यालय कम से कम नियमित रूप से खुलते हैं और उनमें अनुशासन के कारण शिक्षक भौतिक रूप से मौजूद रहते हैं और बच्चों पर अपेक्षाकृत व्यक्तिगत ध्यान देते हैं जबकि अधिकांश सरकारी विद्यालयों में यह भी मयस्सर नहीं होता। मगर इन विद्यालयों में हिन्दी में बोलना भी दंडनीय है। इसी भाषाई गुलामी पर कटाक्ष करते हुए पूर्व राष्ट्रपति ज्ञानी जैल सिंह ने कहा था, ''अँग्रेज़ी इस देश में नौकरानी बनकर आई थी और अब मालकिन बनकर बैठ गयी है।'' चौथे, हम हिन्दीभाषी सामान्यत: श्रेष्ठ रचनाशीलता का सम्मान नहीं करते। हिन्दी के महत्त्वपूर्ण लेखकों की पुस्तकें ख़रीदकर पढ़ना, उन्हें भेंट देना और श्रेष्ठ साहित्यकारों के जन्म-दिवस को उत्सव-सा मनाने की परम्परा हमारी आदत में शुमार नहीं है। हिन्दी क्षेत्र में व्यक्तिगत रूप से पुस्तकों के क्रय के लिए पारिवारिक बजट में कोई स्थान नहीं होता। इधर पुस्तक मेलों में पुस्तकों के क्रय की प्रवृत्ति कुछ हद तक बढ़ी है। फिर भी हिन्दी क्षेत्र के लोगों में स्वाभिमान नहीं जगा है। 'स्वामी भाषा' अँग्रेज़ी का दासत्व स्वीकार करने वाले हिन्दीभाषियों के बारे में रघुवीर सहाय ने बिलकुल ठीक ही कहा है—''भारत में सत्ता के सबसे ऊपर का दर्ज़ा अँग्रेज़ी में राज करता है, इसके नीचे के दर्ज़े मिली-जुली भाषा में। सबसे नीचे वाले राज नहीं करते। बस हिन्दी बोलते हैं।'' भारत में विभिन्न भाषाओं की स्थिति सोपान क्रम के रूप में है; जैसे सबसे ऊपर अँग्रेज़ी, उसके नीचे हिन्दी, उसके नीचे उर्दू, संस्कृत, तमिल, तेलुगु, मलयालम, कन्नड़, मराठी, बांग्ला, असमिया, ओडिया, बोडो, गुजराती, कोंकणी, नेपाली, मैथिली, सन्थाली, डोगरी, कश्मीरी, पंजाबी, आदि 22 अनुसूचित (अनुसूची 8 में) भाषाएँ, उसके नीचे अनुसूचित भाषाओं की बोलियाँ (65), उसके नीचे अनुसूची 8 से बाहर की भाषाएँ (92), उसके नीचे गैर-अनुसूचित भाषाओं की बोलियाँ, और सबसे नीचे अवर्गीकृत भाषाएँ [10,000 से कम बोलने वालों (प्रत्येक में) की भाषाएँ]।

हिन्दी लेखकों को बाहर से सम्मान कम मिलने का एक कारण यह भी है कि वे प्राय: आत्म-सम्मान की परवाह नहीं करते और उनमें इतनी ज़्यादा गुटबाजी एवं ईर्ष्या है कि बड़े शहरों में हरेक गुट के लेखक (और कुछ बँधे-बँधाये, श्रोता भी) चिह्नित एवं घोषित हैं जो दूसरे गुट के लेखकों पर कीचड़ उछालते रहते हैं या विरोधी गुट के लेखक का पुरस्कार आदि कटवाने में लगे रहते हैं और फिर भी पुरस्कार मिल जाने पर नाना प्रकार की फब्तियाँ कसते रहते हैं। एक गुट वाले दूसरे गुट के साहित्यकारों की पुस्तकें अपनी संस्थाओं में नहीं खरीदते और न पाठ्यक्रमों में

शामिल करते हैं। उपेक्षा, उदासीनता, विरोध आदि तमाम विश्वविद्यालयों में दिखता है। इसके अलावा हिन्दी लेखकों को अभिशाप है कि वे हिन्दी में कहानी, कविता, उपन्यास, संस्मरण, आलोचना तक ही सीमित रहें और साहित्येतर विषयों पर अध्ययन एवं लेखन न करें। वैसे रघुवीर सहाय, सर्वेश्वर दयाल सक्सेना, राहुल सांकृत्यायन, डॉ. रामविलास शर्मा, महावीर प्रसाद द्विवेदी, रामचन्द्र शुक्ल आदि विद्वान लेखकों ने साहित्येतर विषयों पर भी गहराई से लिखा है। पर इस परम्परा को आगे बढ़ाने का काम लगभग नगण्य है। इतना ही नहीं, हिन्दी के शब्द-भंडार बढ़ाने का कार्य भी मन्द गति से चल रहा है जिसका कारण लेखकों की उदासीनता, संकीर्णता तथा अन्य भाषा-साहित्यों की जानकारी न होना है। आज एक बड़े भू-भाग में हिन्दी के पक्ष में कोई सकारात्मक आन्दोलन न होने का एक कारण यह भी है कि जब डॉ. राममनोहर लोहिया ने 'अँग्रेज़ी हटाओ आन्दोलन' चलाया था, तो उन पर लोगों का विश्वास था क्योंकि तीन विदेशी भाषाओं (अँग्रेज़ी, फ्रांसीसी और जर्मन) के ज्ञाता होने के बावजूद (उन्होंने अपनी पीएच.डी. की डिग्री का शोध प्रबन्ध जर्मन भाषा में लिखा था) वे हिन्दी के पक्षधर थे। आज यदि कोई हिन्दी की वकालत करता मिल भी जाए, तो मुमकिन है कि वह हिन्दी के अलावा दूसरी कोई भाषा (भारतीय भाषा सहित) नहीं जानता अर्थात् हिन्दी-हिन्दी की 'तोता रटन्त' उसकी मजबूरी है। विश्वविद्यालयों के शिक्षक, परीक्षक के रूप में हिन्दी भाषा-साहित्य के छात्रों को कम अंक देते हैं जबकि उसी तरह के उत्तर अँग्रेज़ी में लिखने पर ज़्यादा अंक मिलते हैं। इसके कारण हिन्दी विषय ज़्यादा विद्यार्थियों में लोकप्रिय नहीं हो पाता।

भूमंडलीकरण के दौर में हिन्दी

अब अगला सवाल उठता है कि आज के भूमंडलीकरण के युग में संचार माध्यमों यथा अख़बार, पत्रिका, टेलिविजन, रेडियो, सिनेमा आदि की हिन्दी प्रचार-प्रसार में क्या भूमिका है? चूँकि हिन्दीभाषियों की जनसंख्या बहुत अधिक है, इसलिए शिक्षा का प्रतिशत कम होने के बावजूद हिन्दी में अख़बारों-पत्रिकाओं की संख्या अधिक है। कुछ चुने हुए हिन्दी अख़बारों की प्रसार संख्या निम्नलिखित रही है (तालिका 4) :

तालिका 4 : हिन्दी अख़बारों की प्रसार स्थिति

अख़बार का नाम (सभी संस्करण)	प्रसार संख्या (2014-15)
1. दैनिक भास्कर (38 संस्करण)	36,91,700
2. दैनिक जागरण (26 संस्करण)	34,92,174
3. रविवारीय हिन्दुस्तान (18 संस्करण)	25,50,879

4.	हिन्दुस्तान (17 संस्करण)	21,21,470
5.	राजस्थान पत्रिका (14 संस्करण)	16,49,470
6.	पंजाब केसरी (4 संस्करण)	12,34,190
7.	नवभारत टाइम्स (2 संस्करण)	8,11,659
8.	हमारा महानगर (3 संस्करण)	4,79,084

भारत में 1994 तक सवा दो लाख अख़बार पंजीकृत थे, उसी साल 2026 नये पत्र-पत्रिकाओं का पंजीकरण किया गया। कुल पंजीकृत पत्र-पत्रिकाओं में से 4155 दैनिक अख़बार, 12,250 साप्ताहिक, 5052 पाक्षिक और 11,240 मासिक पत्र शेष अन्य थे। ख़बरों से जुड़े अख़बारों की प्रसार संख्या 1993 में 6 करोड़ 76 लाख थी। 2014-15 में कुल पंजीकृत अख़बारों/पत्रिकाओं की संख्या 1,05,443 थी जिनमें से अधिकतम हिन्दी में (42493) पंजीकृत थे। विभिन्न भाषाओं में प्रसार संख्या की दृष्टि से 'हिन्दी' का पहला स्थान रहा और उ.प्र. में 2014-15 सबसे ज़्यादा पंजीकृत अख़बारों की संख्या (16130) थी और उनकी प्रसार संख्या उत्तर प्रदेश में सर्वाधिक पाई गयी। 2014-15 में सभी पंजीकृत अख़बारों-पत्रिकाओं की प्रसार संख्या 57.05 करोड़ दर्ज़ की गयी थी जिनमें हिन्दी पत्र-पत्रिकाओं की कुल प्रसार संख्या सर्वाधिक 25.776 करोड़ थी, अँग्रेज़ी पत्र-पत्रिकाओं की कुल प्रसार संख्या 6.266 करोड़ थी और उर्दू पत्र-पत्रिकाओं की कुल प्रसार संख्या 4.127 करोड़ थी। किन्तु यह भी सच है कि जहाँ 100 शिक्षित बंगलाभाषियों में 54 अख़बार पढ़ते हैं, वहीं 100 हिन्दी भाषियों में मात्र 15 अख़बार पढ़ते हैं। यूँ बिहार में अख़बार पढ़ने वालों की तादाद काफ़ी है। वस्तुतः इन अख़बारों का मुख्य उद्देश्य अब लाभ कमाना रह गया है और विज्ञापन के लिए समाचारों की बलि दे दी जाती है। दूसरे, राजनीतिक समाचारों, सनसनीखेज़ समाचारों को मसालेदार ढंग से पेश किया जाता है जबकि साहित्यिक एवं कला-सांस्कृतिक समाचारों को दोयम दर्ज़े का समझकर कम जगहों में और गौण तरीके से छापा जाता है। उस पर भी पहले क्रिकेट, फुटबाल आदि खेलों के विश्वकप जैसे अवसरों पर साहित्य, कला, संस्कृति का पन्ना बिलकुल बन्द कर दिया जाता था और साहित्य-संस्कृति के पृष्ठ नगण्य हैं। 'जनसत्ता' जैसा एक मात्र बौद्धिक अख़बार है किन्तु विगत कुछ वर्षों में उसका स्वरूप साहित्यिक-बौद्धिक कम हो गया। तीसरे, ये अख़बार भाषाई (शाब्दिक, वर्तनी, व्याकरण) अशुद्धियाँ जाने-अनजाने रोज़ाना छापते रहते हैं क्योंकि इनमें से अधिकतर योग्य पत्रकारों को नहीं रखते और दो कौड़ी के अर्धशिक्षित बेरोज़गारों से आकस्मिक व्यवस्था के तहत कार्य लेते हैं। 'आज' अख़बार में कार्रवाई की जगह 'काररवाई' रोज़ाना छपता है और दो शब्दों को मिला दिया जाता है जैसे 'भारत का' को 'भारतका' छापा जाता है। इसके दस संस्करणों में स्थानीय सम्पादकों का नाम

तक नहीं छपता जिससे उनकी प्रतिबद्धता अपेक्षाकृत कम होती है। चौथे, हिन्दी के कई प्रतिष्ठित अख़बार जैसे 'नवभारत टाइम्स', (पटना), 'आर्यावर्त' (पटना) तथा 'पाटलिपुत्र टाइम्स' बिलकुल बन्द कर दिये गये जबकि इनके पत्रकारों की अच्छी टीम के कारण ये भाषा-साहित्य में काफ़ी योगदान देते थे। इसके अलावा सारिका, दिनमान, धर्मयुग, रविवार, गंगा, साप्ताहिक हिन्दुस्तान, जैसी प्रतिष्ठित पत्रिकाएँ भी बन्द हो गईं जो अज्ञेय, रघुवीर सहाय, धर्मवीर भारती, सुरेन्द्र प्रताप सिंह, उदयन शर्मा, कमलेश्वर, सर्वेश्वर दयाल सक्सेना आदि यशस्वी लेखकों-पत्रकारों के मार्गदर्शन में नामी-गिरामी प्रतिष्ठानों से सोद्देश्य निकलती थीं। किन्तु अफ़सोस! हिन्दी पट्टी में कोई आन्दोलन इस पर नहीं हुआ जिसका परिणाम यह हुआ कि अँग्रेज़ी में प्रकाशित 'इंडिया टुडे' और 'आउटलुक' के हिन्दी संस्करण उसी नाम से (मानो उनके समानार्थी शब्द हिन्दी में नहीं हैं—क्रमशः 'आज का भारत', 'दृष्टिकोण' क्या खराब नाम हैं?) छप-बिक रहे हैं, अँग्रेज़ी के जूठन के रूप में। पाँचवें, यह भी पुख़्ता सूचना है कि कुछ हिन्दी अख़बार अपने क्षेत्रीय संवाददाताओं को विज्ञापन बटोरने का वित्तीय लक्ष्य बाँध देते हैं जिसकी वज़ह से वे स्थानीय उद्योगपतियों/व्यापारियों/अधिकारियों से विज्ञापन लेकर उपकृत होते हैं और उनकी कारगुजारियों को नज़रअंदाज़ कर देते हैं जिससे तमाम महत्त्वपूर्ण घटनाएँ तक नहीं छपतीं। उल्टे येन-केन-प्रकारेण कुछ का कुछ छपता रहता है, पीत-पत्रकारिता की हद तक। अब तो कई पत्रकारों द्वारा छापी गयी 'पेड न्यूज' (पैसा लेकर ख़बर छापना) चर्चा का विषय बन गयी है, विशेषकर चुनावों के दौरान।

जहाँ तक रेडियो-टेलिविजन-केबल की बात है, तो इतना सहज ढंग से कहा जा सकता है कि इन संचार माध्यमों ने हिन्दी का प्रचार-प्रसार करने में योगदान दिया है। मसलन रेडियो और टी.वी. के चैनलों के ज़रिये हिन्दी माध्यम से समाचार, विज्ञापन, सीरियल, फिल्में आदि देश के दूर-दराज गाँवों और पहाड़ियों तक पहुँच जाती हैं। पहले रेडियो और दूरदर्शन पर समाचार सुनकर हम लोग अच्छी हिन्दी (विशेषकर उच्चारण) सीखते थे। 'अब आप देवकीनन्दन पाण्डेय से समाचार सुनिये।' प्रायः यही रेडियो समाचार की शुरुआत् होती थी। किन्तु अब वह अन्दाज़ और तहज़ीब नहीं है। जो हिन्दी फिल्में मुम्बई में रिलीज होती हैं, उनका कैसेट अधिकांश शहरों-कस्बों में पहले ही पहुँच जाता है। यह फिल्म संसार का प्रभाव है कि मुम्बई जैसे महानगर में 'बम्बइया हिन्दी' ही मुख्य रूप से बोली जाती है। चाहे तमिलनाडु के कलाकार श्रमिक या उद्यमी हों या असम या गुजरात के हों या जम्मू-कश्मीर के, सभी इसी जुबान में बोलते हैं—'बाईजी, मेरे को जाना माँगता है', 'ओ भइया! मेरे बाजू में खड़े होने का नहीं' आदि। हिन्दी की फिल्में सभी शहरों-कस्बों और गाँवों में शौक से देखी जाती हैं। 'शोले' फिल्म के गब्बर सिंह का डायलॉग

(संवाद) हो या 'पूरब और पश्चिम' में देशभक्ति के गीत हों या 'चोली के पीछे क्या है?', 'माई नेम इज शीला, शीला की जवानी', 'अँटरिया पे लूटन कबूतर' आदि द्विअर्थी गीत—ये सारे देश में ही नहीं, विदेशों में भी प्रचलित हैं। कुछ वर्ष पहले इंग्लैंड में 'एशिया चैनल' पर एक दिन मैंने देखा कि एक अँग्रेज पत्रकार-समीक्षक सुभाष घई से मुस्कराते हुए पूछ रहा था कि "चोली के पीछे क्या है? में आपका मकसद क्या था?"। घई ज़वाब दे रहे थे कि उनका मकसद दिल से था जो उसी गीत की अगली पंक्तियों में आया है और कुछ लोग उसे अलानाहक अश्लील समझते हैं।

दूसरा उदाहरण है पश्चिमी अफ्रीकी देश गाम्बिया का। दिसम्बर 1997 में मैं वहाँ एक अध्ययन-यात्रा में गया था। उस टीम में एक दर्ज़न देशों के 30-35 लोग थे। भारत के छह लोग थे। हम तीन भारतीय अटलांटिक समुद्र के तट पर टहलते हुए आनन्द ले रहे थे। कुछ सीपियाँ और शंख बटोर रहे थे। कुछ देर बाद मैंने कहा—"चलिए।" तुरन्त पास खड़े एक गाम्बियाई लड़के ने कहा, "यू आर स्पीकिंग हिन्दी।" मैंने अँग्रेज़ी में हुँकारी भरी और पूछा कि क्या वह हिन्दी समझता है, तो उसने हामी भरी और कहा कि "यू वेयर सेइंग लेट अस गो।" हम तीनों अवाक्! एक सुदूर अफ्रीकी देश में हिन्दी समझने वाला एक 14-15 वर्ष का लड़का। फिर हम सभी हँसने लगे। फिर मैंने उससे अँग्रेज़ी-हिन्दी (मिश्रित) में पूछा कि उसने हिन्दी कैसे सीखी? उसने तपाक् से कहा—"आई सी हिन्दी फिल्म्स। आई लाइक हिन्दी फिल्म्स!" फिर उसने अमिताभ बच्चन, रेखा, शाहरुख़ खान, शशि कपूर, धर्मेन्द्र आदि सितारों के नाम गिनाए। हमें सुखद आश्चर्य हुआ। उसने बताया कि हिन्दी फिल्में वहाँ वीडियो कैसेट के ज़रिये खूब प्रचलित हैं। हिन्दी क्षेत्र की समस्याएँ वहाँ की समस्याओं से मिलती-जुलती भी हैं।

तीसरा उदाहरण वहीं गाम्बिया का है। हम लोग बस से किसी गाँव में अध्ययन के लिए जा रहे थे। मिनी बस में अँग्रेज़ी गाने का कैसेट चल रहा था। बार-बार अँग्रेज़ी गाने के बाद हम लोग ऊब गये। हम भारतीयों ने ड्राइवर से अँग्रेज़ी में बोलते हुए कोई अच्छा कैसेट लगाने को कहा। तब उसने एक नया कैसेट लगाया जिसके बोल थे "बलमा बड़ा नादान रे!" हम लोग हँसते-हँसते झूम उठे। बगल में बैठे अमरीकी और ब्रिटिश लोगों ने उस बोल का अर्थ पूछा। मैंने अँग्रेज़ी में बताया कि नवविवाहिता कह रही है कि उसका पति अभी जवान नहीं है। इस पर उन लोगों ने पूछा कि पति क्या कह रहा है। मैंने मनोरंजन के लिए कह दिया कि वह कह रहा है कि जब मौका मिलेगा, तो वह सिद्ध कर देगा कि वह जवान है। इस पर लड़के-लड़कियाँ खूब हँसने लगे। बाद में उस ड्राइवर ने पूछने पर बताया कि उसे हिन्दी गाने बहुत पसन्द हैं और किसी भारतीय यात्री ने उसे वह कैसेट उपहार में दे दिया

था। इसके अलावा इंग्लैंड के मैनचेस्टर शहर में 'एशियन साउंड रेडियो' (निजी चैनल) ने हिन्दी, उर्दू, बांग्ला, गुजराती, पंजाबी आदि भाषाओं में कार्यक्रम देकर अपना महत्त्वपूर्ण योगदान दिया है।

ये उदाहरण सिद्ध करते हैं कि इलेक्ट्रॉनिक संचार माध्यमों से हिन्दी खूब फैल रही है किन्तु समृद्ध नहीं हो रही है क्योंकि उसमें अशुद्धियाँ अधिक रहती हैं और तथ्यों से ज़्यादा भावुकता व सतही आकर्षण को प्राथमिकता दी जाती है। जैसे, धुलाई के पाउडर का एक विज्ञापन 'सफेदी की चमकार' कहता है, न कि चमक क्योंकि उसकी निगाह में 'चमकार' शब्द में ज़्यादा वजन एवं आकर्षण है। भले वह अशुद्ध है। इसके अलावा हिन्दी को बाजार में खपाने के लिहाज़ से तमाम वस्तुओं के विज्ञापन हिन्दी में, किन्तु रोमन लिपि में, छापे जाते हैं जिससे उसका दायरा बढ़े। जहाँ तक दूसरी भाषाओं का हिन्दी के प्रति रुख़ का सवाल है, यह मिला-जुला है। कई अँग्रेज़ी लेखकों के रुख़ अभी भी नकारात्मक है। प्रसिद्ध भारतीय अँग्रेज़ी लेखक सलमान रुश्दी ने एक बयान में भारतीय भाषाओं के साहित्य को अँग्रेज़ी के मुकाबले महत्त्वहीन और दो कौड़ी का घोषित किया था। यह उनकी अज्ञानता और संकीर्णता का द्योतक है क्योंकि उन्होंने भारतीय भाषाओं की महत्त्वपूर्ण कृतियों को शायद पढ़ा नहीं है और यदि पढ़ा भी है, तो समझा नहीं है।

दूसरे, कई अँग्रेज़ी लेखक हिन्दी के शब्दों की टाँग-पसली ऐसे तोड़ते हैं कि वे अँग्रेज़ीनुमा (हिंगलिश) हो जाते हैं। योग को 'योगा', कोणार्क को 'कोणार्का', कृष्ण को 'कृष्णा', राम को 'रामा' के रूप में प्रचलित कर दिया गया है जैसे खोटे सिक्के (मुद्रा) असली सिक्कों को प्रचलन से बाहर कर देते हैं (अर्थशास्त्र में ग्रेशम का नियम), ठीक वैसे ही अशुद्ध एवं विकृत शब्दों ने सही शब्दों को प्रचलन से बाहर कर दिया है। बंगलादेश ने तो अँग्रेजों द्वारा विकृत किए गये शब्द 'डाक्का' को बदलकर सही शब्द 'ढाका' कर लिया मगर हम भारतीय अभी भी दिल्ली को 'डेल्ही' (Delhi), हावड़ा को 'होवारह' (Howrah), लखनऊ को 'लकनाऊ' (Lucknow), मुंगेर को 'मोंघीर' (Monghyr), मैसूर को 'माईसोर' (Mysore), ब्राह्मण को 'ब्राहमिन'(Brahmin), आरा को 'अर्राह' (Arrah) आदि लिखने को अभिशप्त हैं। प्रो. सुधीश पचौरी की हिन्दी रचनाओं में अँग्रेज़ी शब्दों की भरमार रहती है मानो उन शब्दों के बिना वे अपनी बात नहीं कह सकते यद्यपि उन अँग्रेज़ी शब्दों के पर्याय हिन्दी में बखूबी उपलब्ध हैं। इसीलिए प्रो. मैनेजर पाण्डेय ने लिखा है कि वह 'हिन्दी के नहीं, नागरी लिपि के लेखक हैं, जो अँग्रेज़ी के शब्द नागरी लिपि में लिखते हैं। यह हीनता ग्रन्थि और अपने को विशिष्ट दिखाने की मानसिकता है।' फैशन ने हिन्दी में अँग्रेज़ी शब्दों को इतना घुसेड़ा है कि 'हिंग्लिश' ने जन्म ले लिया है जिसे विशेषकर हिन्दी फिल्मों (बॉलीवुड), एफ.एम. रेडियो, विभिन्न

निजी/बहुराष्ट्रीय कम्पनियों के आकर्षक विज्ञापनों आदि में बखूबी देखा जा सकता है। 'पान पराग' का विज्ञापन यूँ होता है: 'यह बना है लेजर टेक्नोलॉजी से, इसका इमिटेशन है इम्पासिबल और इसे खोलिये स्टाइल से।'

तीसरे, अभी भी कई भारतीय अँग्रेज़ी लेखक मुहावरों की पुरानी परम्पराओं से आगे नहीं बढ़ पाए हैं। शिकार, हरम, अर्दली, महाराजा आदि हिन्दी-उर्दू शब्दों को भारतीय अँग्रेज़ी लेखक (जार्ज पंचम के ज़माने से लेकर आज तक) धड़ल्ले से इस्तेमाल करते हैं। यानी आज की बदली हुई परिस्थिति से वे वाकिफ़ नहीं हैं।

चौथे, भारतीय अँग्रेज़ी लेखकों में विदेशों की नकल करने की काफ़ी प्रवृत्ति है। जिस प्रकार अमरीका और यूरोप में मुक्त बाज़ार और मुक्त यौन-सम्बन्धों की परम्परा है, उसकी डींग हाँकने में भारतीय अँग्रेज़ी लेखक जरा भी पीछे नहीं हटता। इस पर हिन्दी लेखक (स्व.) मुद्राराक्षस ने ठीक ही कहा है : "हिन्दुस्तानी अँग्रेज़ी लेखक हर दूसरे मिनट आपको बताता हुआ मिलेगा कि वह बहुत-सी औरतों के साथ सो चुका है। यह बात भी अँग्रेज़ी में बताएगा, वेब्सटर की डिक्शनरी, जिसे वो ज़रूर अपने पास रखता है, से मुहावरा उद्धृत करते हुए।..." हिन्दुस्तानी अँग्रेज़ी का साहित्य मज़ेदार चीज़ है। वह साहित्य लिखा ही इसीलिए जाता है कि अँग्रेज़ी साहित्यकार अपनी मर्दानगी साबित कर सके। उदाहरण के तौर पर अरुंधती राय के उपन्यास 'गॉड ऑव स्माल थिंग्स' में कम्युनिज्म पर फिकरे, समलैंगिकता एवं अन्तरजातीय यौन-सम्बन्ध मुख्य रूप से चित्रित हैं।

अँग्रेज़ी के एक अन्य लेखक-पत्रकार (स्व.) खुशवन्त सिंह भी हिन्दी की अपेक्षा अँग्रेज़ी भाषा, रुतबा, सुरा-सुन्दरी आदि के हिमायती थे। उनके कॉलम में इन्हीं विदेशी चीज़ों की पूजा ज़्यादा होती थी। उनके अनुसार दस महत्त्वपूर्ण व्यक्तियों में से नौ अँग्रेज़ी में अच्छा बोलने वाले ही होते हैं और अँग्रेज़ी अन्य सभी भारतीय भाषाओं पर अकेली ही भारी पड़ती है तथा अँग्रेज़ी ही तकनीकी/वैज्ञानिक बारीकियों को समर्थशाली ढंग से व्यक्त कर सकती है। एक बार उन्होंने लिखा था कि उपन्यास में यौन-सम्बन्धों का वर्णन नितान्त आवश्यक है। ऐसा न होने पर वह उपन्यास नहीं कहा जा सकता। इतिहासकार शाहिद अमीन के अनुसार हिन्दी के पिछड़ेपन का कारण है कि उसमें उर्दू के शब्दों में नुक्ते का प्रयोग नहीं होता। अँग्रेज़ी के ही पत्रकार एम.बी. कामथ का मानना है कि चूँकि भारत एक बहुभाषाई और बहुसांस्कृतिक देश है, इसलिए अँग्रेज़ी ही सम्पर्क भाषा की भूमिका निभा सकती है। अँग्रेज़ी उपन्यासकार उपमन्यु चटर्जी ने 23 फरवरी, 1993 को इंडिया इंटरनेशनल सेंटर, नयी दिल्ली के एक सेमिनार में हिन्दी को 'पान वालों और मजदूरों की भाषा' कहकर व्यंग्य किया था जिसका विरोध होना चाहिए था। लेकिन इन दलीलों में दम नहीं है क्योंकि भारत में अँग्रेज़ी की जड़ें उपनिवेशी शासन से जुड़ी रही हैं और भारतीय भाषाओं के बीच 'बाँटो और राज करो' की नीति शुरू से रही है। दूसरे,

जैसा कि डॉ. राम मनोहर लोहिया जी कहा करते थे, अँग्रेज़ी को हटाने का कारण उसका सिर्फ़ विदेशी होना नहीं है, बल्कि वह अविद्या और गरीबी का भी कारण है। अँग्रेज़ी भाषा ने देश को दो वर्गों अभिजात (शासक) और साधारण जनता (शासित) में बाँट दिया है। तीसरे, यह सच है कि दक्षिण भारत में भी स्थित किसी कारखाने में यदि कई क्षेत्रों (पूरब, पश्चिम, उत्तर, दक्षिण भारत) के श्रमिक काम करते हैं, तो वे एक-दूसरे से हिन्दी में ही बोलते-समझते हैं क्योंकि अधिकांश श्रमिक अँग्रेज़ी नहीं जानते। चौथे, विभिन्न क्षेत्रों के लोग दूसरे क्षेत्रों में धार्मिक तीर्थ या व्यापार के लिए सदियों से भ्रमण करते रहे हैं और हिन्दी (टूटी-फूटी ही सही) ही स्वतः स्फूर्त सम्पर्क भाषा के रूप में काम करती रही है और बहुतेरे पंडों और व्यवसायियों (मारवाड़ियों ने विशेष रूप से) दुभाषियों या बहुभाषियों की भूमिका अच्छी तरह निभाई है। चेन्नई में किसी दुकान पर जब कोई हिन्दी भाषी ख़रीदार पहुँचता है, तो स्थानीय दुकानदार उसे पहचानकर हिन्दी में ही बातचीत शुरू करता है। इसी प्रकार उत्तर और पूर्वी भारत के लोग वेल्लौर, चेन्नई, हैदराबाद, विशाखापट्टनम आदि दक्षिण भारत के शहरों में इलाज कराने जाते हैं और अँग्रेज़ी न जानने वाले लोग हिन्दी में बोलकर अपना काम पूरी तरह चला लेते हैं।

फिर भी राजनीतिक कारणों से तमिलनाडु में हिन्दी का विरोध होता रहा है जिसे समय-समय पर राजनीतिक दलों यथा डी.एम.के. और ए.आई.ए.डी.एम.के. ने उछाला है। वहाँ त्रिभाषा सूत्र लागू नहीं किया गया। मुलायम सिंह यादव (तब उ.प्र. के पहले-पहल बने मुख्यमन्त्री) ने जब दक्षिण भारत के मुख्यमन्त्रियों को हिन्दी में पत्र लिखा था, तो उसका ज़वाब विरोधस्वरूप दक्षिण की भाषाओं में आया था। इस पर मुलायम सिंह ने स्पष्ट किया था कि उनका विरोध अँग्रेज़ी से है, न कि अन्य भारतीय भाषाओं से। लेकिन कर्नाटक ने त्रिभाषा सूत्र अक्षरशः अपनाया और स्वेच्छा से पढ़ने-पढ़ाने का माहौल भी बनाया। एक से दसवीं कक्षा तक कन्नड़ भाषा की पढ़ाई वहाँ अनिवार्य है और पाँचवीं कक्षा से दसवीं तक हिन्दी पढ़ाई जाती है। हिन्दी को अँग्रेज़ी और राज्यभाषा कन्नड़ के बराबर दर्जा मिला है। इसके अलावा मैसूर विश्वविद्यालय में 25 वर्ष की उम्र होने पर कोई भी हिन्दी के एम.ए. पाठ्यक्रम में सीधे प्रवेश ले सकता है। इसके अलावा वहाँ हिन्दी से कन्नड़ और कन्नड़ से हिन्दी में अनुवाद करने का प्रशिक्षण भी दिया जाता है और स्तरीय रचनाओं के प्रकाशन के लिए वित्तीय सहायता भी दी जाती है। इसके फलस्वरूप वहाँ हिन्दी की काफ़ी प्रगति हुई है।* 2004 में कुछ स्थानीय नेताओं ने हिन्दी फिल्मों के दिखाये

---

* मगर 2017 में कुछ संगठनों ने हिन्दी का विरोध किया और मेट्रो स्टेशन का नाम हिन्दी में लिखे जाने के कारण उस पर कालिख पोत दी। फिर भी शासन प्रकाशन ने उन असामाजिक तत्वों के खिलाफ़ कानूनी कार्रवाई नहीं की।

जाने का यह कहकर विरोध किया कि उससे कन्नड़ फिल्में नहीं दिखायी जातीं। इसके अलावा हिन्दी की प्रारम्भिक परीक्षा में 1994 में दक्षिण के 4 प्रान्तों के पाँच लाख परीक्षार्थी शामिल हुए जिनमें से दो लाख तमिलनाडु के थे जहाँ 1970 से प्राथमिक शिक्षा से हिन्दी हटा दी गयी है। वस्तुस्थिति यह है कि चेन्नई में पाँच लाख हिन्दीभाषी हैं किन्तु वहाँ किसी को हिन्दी दैनिक या पत्रिकाएँ प्रकाशित नहीं करने दिया जाता।

पूर्वी भारत में असम, बंगाल, ओडिशा, अरुणाचल प्रदेश, सिक्किम, त्रिपुरा आदि में हिन्दी के प्रति उतना विरोध नहीं है। पश्चिम भारत, खासकर महाराष्ट्र और गुजरात में, हिन्दी का प्रचलन काफ़ी है जिसकी वज़ह गाँधीजी का उस क्षेत्र का होना, शाकाहार, व्यापारी वर्ग की बहुलता और खुलापन है। कुछ लोग हिन्दी और उर्दू के बीच झगड़ा कराते रहते हैं। मगर सचाई यह है कि दोनों की उत्पत्ति 'भाखा' शब्द से हुई। जैसे कि डॉ. रामविलास शर्मा ने अपनी पुस्तकों में स्पष्ट किया है, दोनों एक ही जाति की हैं और जुड़वा बहनें हैं। फिर भी दोनों के बीच किसी न किसी रूप में कटुता फैलाई जाती रही है। इसका प्रमुख कारण अँग्रेज़ी शासन था जहाँ प्रशासन में भाषा के माध्यम का सवाल उठा। एफ.एच. ग्राउन्च ने संस्कृतनिष्ठ हिन्दी का पक्ष लिया जबकि ग्राहम बेली ने फसीद उर्दू का पक्ष लिया। दोनों ने अपने-अपने तर्क देकर विवाद खड़ा कर दिया। इसका बुरा असर पड़ा। सर सैयद अहमद ने हिन्दी को 'गँवारों की भाषा' कहा और उसके ज़वाब में भारतेन्दु हरिश्चन्द्र ने उर्दू को 'रंडी-भँड़ुओं की भाषा' कहा। भारतेन्दु ने अँग्रेज़ी और उर्दू दोनों के अतिवाद का विरोध करते हुए कहा :

''निज भाषा उन्नति अहै, सब उन्नति को मूल।
बिन निज भाषा ज्ञान के, मिटे न हिय को सूल।।
अँग्रेज़ी पढ़ि के जदपि, सब गुन होत प्रवीन।
पै निज भाषा ज्ञान बिन, रहत हीन के हीन।।

दोनों में कटुता की दूसरी वज़ह है कि उर्दू वाले हिन्दी से क्रियाएँ तो बेशक लिए हैं मगर संज्ञा नहीं लेना चाहते। वे उपन्यास न कहकर 'नावेल', भूगोल की बज़ाय 'जुगराफिया', कला न कहकर 'आर्ट' कहते हैं। इस पर मुझे एक घटना याद आती है। सन् 1990 में सासाराम (बिहार) में प्रगतिशील लेखक संघ के एक आयोजन में मैंने अपनी कहानी 'फ़रिश्ते' का पाठ किया था जिसकी तारीफ़ वहाँ मौजूद प्रसिद्ध उर्दू शायर कैफ़ी आज़मी ने यह कहते हुए की थी कि सन्तानहीन बुढ़िया के द्वारा एक गुमनाम बच्चे के मुँह में अपना स्तन डालना सचमुच 'आर्ट' है। मैंने देखा कि उन्होंने 'आर्ट' शब्द कई बार दुहराया लेकिन 'कला' एक बार भी नहीं कहा। मगर कैफ़ी आज़मी प्रगतिशील शायर रहे हैं और सामासिक संस्कृति के

पैरोकार रहे हैं।

तीसरे, कुछ हिन्दी प्रदेशों में राजनेताओं ने हिन्दी-उर्दू की कटुता उर्दू को दूसरी राजभाषा घोषित करके बढ़ा दी है। बिहार और उत्तर प्रदेश इसके प्रमुख उदाहरण हैं। अगली कड़ी में दिल्ली है जहाँ पंजाबी को दूसरी राजभाषा घोषित की जाए या उर्दू को, इस पर विवाद होता रहा है। अन्ततः कांग्रेस की सरकार ने उर्दू को दिल्ली की दूसरी भाषा घोषित कर दी। दिल्ली में आम आदमी पार्टी (आप) की सरकार ने उन विद्यालयों में भी उर्दू और पंजाबी शिक्षकों का नव-पदस्थापन किया जहाँ उर्दूभाषी या पंजाबी भाषी बच्चे पढ़ते ही नहीं हैं। इसलिए विपक्षी दलों ने इसे 'वोट की राजनीति' का पैंतरा कहा है। बिहार में ब्लॉक स्तर पर उर्दू टंककों की नियुक्ति हुई मगर उन्हें उर्दू टंकण यन्त्र नहीं दिया गया। कई वर्षों से वे उर्दू के विकास की सिवाय दूसरा कार्य कर रहे हैं। यानी इससे उर्दू का विकास नहीं हुआ, बल्कि उर्दू के नाम पर कुछ लोगों को नौकरी मिल गयी जैसे हिन्दी के नाम पर कुछ लोगों को राजभाषा अधिकारी का पद हासिल हो गया। मगर उर्दू शायर हाली ने ठीक ही कहा था कि हिन्दी-उर्दू की सांस्कृतिक विरासत और सामाजिक पृष्ठभूमि एक ही है, अतः दोनों में अलगाववाद के बीज बोना गलत है। डॉ. राम विलास शर्मा हिन्दी-उर्दू को सगी बहनें मानते हैं किन्तु नामवर सिंह का मानना है कि उर्दू का उत्थान हिन्दी की कीमत पर नहीं होना चाहिए—उनके शब्दों में, 'बासी भात में ख़ुदा का साझा नहीं होना चाहिए।' हमें हिन्दी और उर्दू के बीच फाँक नहीं करके उन्हें एक दूसरे के पूरक बनाना चाहिए जिससे जीवन्तता और शब्द-सम्पदा में वृद्धि हो। इस प्रसंग में डॉ. कृष्णदत्त पालीवाल ने ठीक ही कहा है: "तमाम उर्दू साहित्य आज हिन्दी जाति की विरासत है, गालिब, मोमिन के बिना भारतेन्दु अधूरे दिखाई देते हैं। यह बात मैथिलीशरण गुप्त समझते थे। उन्होंने 'भारत-भारती' की रचनात्मक प्रेरणा, मौलाना हाली के 'मुकद्दस' से ली थी, यह जगज़ाहिर बात है। यदि हिन्दी से उर्दू को अलग करने वाली बात होती, तो मैथिलीशरण गुप्त के साथ मुंशी अजमेरी न होते।" लेकिन 1857 की प्रथम क्रान्ति में हिन्दू-मुस्लिम एकता से घबराकर कोलकता में स्थापित फोर्ट विलियम कॉलेज के जॉन गिलक्राइस्ट ने हिन्दी और उर्दू को धर्म से जोड़ा तथा उर्दू में अरबी-फारसी के शब्दों की भरमार कर दी गयी। यूँ दैनिक जीवन में लोग प्रायः हिन्दी-उर्दू एक साथ बोलते हैं और वे उन दोनों में भेद नहीं करते। उर्दू को मुसलमानों की भाषा कहना बिल्कुल गलत है क्योंकि भाषा क्षेत्र (स्थान) से गहराई से जुड़ी होती है, धर्म-सम्प्रदाय-जाति से नहीं।

इसके अलावा भाषा के आधार पर गठित राज्यों का एक परिणाम यह हुआ कि कमोबेश राजनीति की शिकार हिन्दी हुई। जिस पंजाब से पाकिस्तानी पंजाब अलग हुआ, उसी से बाद में हिन्दीभाषियों का हरियाणा और हिमाचल प्रदेश भी अलग

हुआ। जब 1985–90 के दौरान पंजाब में उग्रवाद की विजयपताका फहरा रही थी, तो उसकी शिकार हिन्दी भाषा भी हुई। उग्रपन्थियों ने हिन्दी अख़बारों के सम्पादकों और पत्रकारों की हत्या कर दी; हिन्दी अख़बारों के बेचने में बाधा डाली; हिन्दी विभाग में नामपट्टियाँ भी हिन्दी की बजाय पंजाबी या अँग्रेज़ी में लिखने को मजबूर कर दिया; सरकारी दफ़्तरों और संस्थानों में हिन्दी अख़बारों की ख़रीद रोक दी गयी थी। यहाँ तक कि सन् 1990 में चंडीगढ़ और जालन्धर आकाशवाणी केन्द्रों से हिन्दी सेवा बन्द करा दी गयी थी और चंडीगढ़ के केन्द्र निदेशक आर.के. तालिब की हत्या आतंकवादियों के द्वारा कर दी गयी थी। इतना ही नहीं, पंजाबी भाषा में से हिन्दी शब्द बाहर निकाले जाने लगे और शुद्धतावाद की प्रवृत्ति बढ़ी। 'पवित्र' शब्द से बने पंजाबी शब्द 'पवित्तर' की जगह उर्दू शब्द 'मुकद्दस' ने ले ली। लेकिन आतंकवाद से पंजाबी का फ़ायदा नहीं हुआ। उसने पंजाबी के क्रान्तिकारी कवि पाश को भी नहीं बख़्शा जिन्हें हिन्दी जगत उतना ही चाहता रहा है जितना पंजाबी जगत।

एक अन्तिम, पर सबसे महत्त्वपूर्ण मुद्दा है हिन्दी से उसकी तमाम उपभाषाओं (बल्कि माताओं) को अलग करने का अभियान। उदाहरणार्थ, भोजपुरी और राजस्थानी को आठवीं अनुसूची में शामिल करने की माँग और छिटपुट आन्दोलन होते रहे हैं, विशेषकर जनसंख्या के आधार पर। राजनीतिक क्षेत्र में छोटे राज्यों के गठन की माँगें किसी न किसी रूप में भाषा से जुड़ती हैं क्योंकि भारत में भाषा के आधार पर राज्यों का गठन हुआ था। इस सम्बन्ध में आलोक पाण्डेय के निम्नलिखित तर्कध्यान देने योग्य हैं (हंस, जनवरी 2011) :

(क) बोलियों को आठवीं अनुसूची में शामिल करने की माँगों के पीछे कौन है? क्या उसमें राजनीतिक महत्त्वाकांक्षा और फोर्ड फाउंडेशन (अमरीका) से प्रत्यक्ष-अप्रत्यक्ष अनुदान का हाथ है? जयपुर लिटरेरी फेस्टिवल की पृष्ठभूमि में कौन लोग और क्यों हैं?

(ख) दलितों में जोर-शोर से अँग्रेज़ी-प्रेम कौन जगा रहा है?

(ग) भोजपुरी सिनेमा हिन्दी क्षेत्र में ही सफलता के झंडे गाड़ रहा है और बोलियों का विकास सरकारी सहयोग का मोहताज नहीं हैं। विभिन्न साहित्यिक विधाओं में विभिन्न बोलियों के साहित्यकार हिन्दी पाठ्यक्रम में पहले से ही शामिल हैं। 'अनुदानों, पुरस्कारों या सत्ता समर्थन से बोलियों के मनीप्लांट लग सकते हैं पर भाषा के बरगद नहीं।'

(घ) भारत की देसी रियासतों ने प्रायः जोर-जुल्म किया और सामान्यतः उनके सपने में मुकम्मल भारत की तस्वीर नहीं थी। क्या बोलियों की मानसिकता रियासतों की मानसिकता नहीं है?

(ङ) हिन्दी ने जो भावात्मक एकता पैदा की या राष्ट्र की छवि बनायी, क्या

बोलियों के आन्दोलन उन्हें कमजोर नहीं करेंगे?

(च) बोलियों के आठवीं अनुसूची में शामिल होने से हिन्दी का संख्या बल ज़रूर कमजोर होगा जो उसे राजभाषा के पद पर बैठाये हुए है। कालान्तर में अँग्रेज़ी खुलकर राजभाषा बन जायेगी।

(छ) अनेक कारणों से अपने ही लोगों से कटे हुए हिन्दी के अध्यापक, साहित्यकार और बुद्धिजीवी जरा सोचें कि उन्होंने क्या खोया और क्या पाया है। 'बिकने के बाद बेचने के लिये कुछ नहीं रह जाता। राजनीति के आगे चलने वाली मशाल में कब का पानी भर चुका है। तेल उन्होंने कहीं और ख़र्च कर दिया। नेताओं को सब पता है।'

(ज) हिन्दी के महानुभावो! 'अपने भाँति-भाँति के अखाड़ों से बाहर निकल जनता के पास जाइये और उसे बताइये कि हिन्दी इस देश को क्यों चाहिए। किसी देश के लिए राष्ट्रभाषा राजभाषा नहीं होती। और यदि हो पाये तो खुद भी समझिये और उन्हें भी समझाइये कि वह गुलामी सबसे ख़तरनाक होती है, जहाँ गुलामों को अपनी गुलामी का अहसास नहीं होता है।'

इसलिए हिन्दी की उपभाषाओं, जो लोकभाषाएँ हैं, तथा अन्य लोकभाषाओं को अनुसूची-गैर-अनुसूची में भेद किये बिना समृद्ध और उन्नत करने की ज़रूरत है। सभी लोकभाषाओं में पुरस्कार दिये जायें तथा सभी लोकभाषाओं में प्राथमिक स्तर तक पढ़ाई की सर्वत्र व्यवस्था हो जिससे उनमें लिखने वाले प्रोत्साहित हों तथा ये लोकभाषाएँ जीवन्त रूप में दीर्घजीवी हो सकें क्योंकि लोकभाषाओं में प्रतिरोध ज़्यादा मुखर होता है।

फिर भी यह सच है कि हिन्दी प्रदेशों ने भी त्रिभाषा सूत्र को अमली जामा नहीं पहनाया। यदि वे एक-एक दक्षिण भारतीय भाषा अपनाते और दक्षिण वाले हिन्दी अपनाते तथा परस्पर सहयोग करते, तो उत्तर-दक्षिण की भाषाई खाई बहुत पहले ही पट गयी होती। जैसा कि तेलुगु मातृभाषा वाले सामाजिक कार्यकर्त्ता स्वामी अग्निवेश, गुजरातीभाषी गाँधी,और पटेल ने अपने हृदय की विशालता का परिचय देते हुए हिन्दी अपनाई; मराठीभाषी लोकमान्य तिलक ने इसे 'राष्ट्रवाणी' कहा; बंगाल के राजा राममोहन राय, केशवचन्द्र सेन, ईश्वरचन्द्र विद्यासागर, सुभाष चन्द्र बोस आदि ने इसे 'सम्पर्क भाषा' माना; गुजरात के स्वामी दयानन्द सरस्वती ने 'सत्यार्थ प्रकाश' नामक महान ग्रन्थ हिन्दी में लिखा; तमिलनाडु में जन्मे राष्ट्रकवि सुब्रह्मण्यम भारती और द्रविड़ मुनेत्र कडगम के जनक रामास्वामी नायकर ने भारत की एकता के लिए हिन्दी का शिक्षण-प्रशिक्षण ज़रूरी माना, और मराठी भाषी भीमराव अम्बेडकर की अध्यक्षता में ही हिन्दी को राजभाषा का दर्ज़ा दिया गया।

इसलिए वांछनीय है कि राज्यों में राजकाज एवं जीवन के सभी क्षेत्रों में त्रिभाषा सूत्र सही ढंग से लागू किया जाय और संघ में हिन्दी को केन्द्रीय भूमिका मिले। अँग्रेज़ी अधिक से अधिक समाजरूपी घर में एक खिड़की की तरह हो परन्तु मुख्य द्वार हिन्दी हो। पर अँग्रेज़ी को सत्ता से हटाने का अर्थ यह कदापि नहीं है कि अँग्रेज़ी को जड़ से मिटा दिया जाए बल्कि उसकी सत्ता, स्वामित्व एवं वर्चस्व को हटाकर वहाँ हिन्दी को खुलेपन से स्थापित किया जाना चाहिए। यानी अँग्रेज़ी अन्तरराष्ट्रीय भाषा के रूप में मान्य हो, न कि राष्ट्रभाषा-राजभाषा-सहभाषा के रूप में। ऐसा तभी हो सकता है जब सरकार, जनता, लेखक, प्रशासक, संचार माध्यमों के नियन्ता एवं पत्रकार तथा सरकारी व स्वयंसेवी संस्थाएँ एकजुट होकर राष्ट्र की अस्मिता के लिए सच्चा प्रयास करें और जापान, रूस, तुर्की व चीन की तरह अपनी मातृभाषा (हिन्दी) के माध्यम से शिक्षण-प्रशिक्षण, शोध एवं विकास, नीति एवं कार्यक्रम कार्यान्वयन आदि के ज़रिये सुखी समाज एवं मानव का अन्तिम लक्ष्य प्राप्त करने के लिए अग्रसर हों। तभी हिन्दी को राजभाषा से बढ़कर राष्ट्रभाषा और राष्ट्रवाणी की हैसियत नसीब होगी और हमारे राष्ट्रपिता का पुराना सपना साकार होगा जिन्होंने बहुत पहले ही कहा था : ''अगर स्वराज्य अँग्रेज़ी बोलने वाले भारतीयों का और उन्हीं के लिए होने वाला हो, तो निश्चित ही अँग्रेज़ी ही राष्ट्रभाषा होगी। लेकिन यदि स्वराज्य करोड़ों निरक्षरों, निरक्षर बहनों और दलितों व अन्त्यजों का हो और इन सबके लिए होने वाला हो, तो हिन्दी ही एकमात्र राष्ट्रभाषा हो सकती है।''

दुर्भाग्यवश, हिन्दी और अन्य भारतीय भाषाओं की दुर्गति भूमंडलीकरण की आँधी के कारण भी हो रही है जो बाजार की माँग के अनुसार हिन्दी शब्दों को रोमन लिपि में लिखवाती है, शब्दों को तोड़-मरोड़कर पेश करती है, हिन्दी वाक्यों में अँग्रेज़ी शब्दों की भरमार संज्ञा से लेकर क्रिया और क्रिया-विशेषण तक में बखूबी होती है आदि। इसलिए हिन्दी भाषियों, लेखकों और बुद्धिजीवियों को पग-पग पर इसके छल-छद्म को समझने के लिए जागरूक रहने की ज़रूरत है।

अध्याय 9

जीवन की भाषा और भाषा का जीवन

नि:सन्देह, जनता मानव जीवन के किसी देशकाल में भाषा गढ़ती है, उसके शब्दकोश में श्रीवृद्धि करती है, उसका परिष्कार विद्वान-मंडली करती है, तथा उसके व्याकरण के नियम भी बनाती है और अन्ततः उसका 'मानकीकरण' भी करती है। कार्ल मार्क्स एवं फ्रेडरिक एंगेल्स ('जर्मन विचार धारा') ने बिल्कुल ठीक कहा है: 'भाषा उतनी ही पुरानी है जितनी चेतना; भाषा व्यावहारिक, वास्तविक चेतना है।' उल्लेखनीय है कि भारत के संविधान की आठवीं अनुसूची में 22 भाषाओं को मान्यता दी गयी है। इसके अतिरिक्त भारत सरकार ने छः भारतीय भाषाओं को 'शास्त्रीय भाषा' का दर्ज़ा दिया है: संस्कृत, तमिल, तेलुगु, कन्नड़, मलयालम एवं ओडिया। बंगाली भाषी पहले ओडिया और असमिया को बंगला भाषा की बोलियाँ (उपभाषाएँ) ही मानते थे किन्तु कालान्तर में ये दोनों स्वतन्त्र भाषाएँ बनीं और पल्लवित-पुष्पित भी हुईं। हिन्दी भाषा का उत्तरोत्तर विकास उसकी 49 स्थानीय-क्षेत्रीय भाषाओं(बोलियों) के परस्पर सम्पर्क , संसर्ग, सहयोग, संवाद और सहयोजन से हआ। भारत के तमाम राज्यों (उ.प्र., बिहार, म.प्र., हिमाचल प्रदेश, राजस्थान, छत्तीसगढ़, झारखंड, उत्तराखंड, दिल्ली, हरियाणा) में हिन्दी राजभाषा के साथ-साथ आम लोगों की सामान्य बोलचाल की भाषा भी है। इसके अलावा गुजरात, महाराष्ट्र, ओडिशा, बंगाल, असम, त्रिपुरा, अरुणाचल प्रदेश, सिक्किम, गोआ आदि में हिन्दी कमोबेश प्रचलित है। किन्तु तमिलनाडु, आन्ध्र प्रदेश, तेलंगाना (हैदराबाद को छोड़कर), कर्नाटक और केरल में हिन्दी का प्रचलन नगण्य है—विशेषकर तमिलनाडु में हिन्दी का विरोध सभी द्रविड़ राजनैतिक दल वोट की राजनीति के लिए करते हैं और प्राय: भारतीय के पहले द्रविड़ पहचान स्थापित करते हैं। मैं उच्चतर अध्ययन के लिए इंग्लैंड के मैनचेस्टर विश्वविद्यालय गया था। दूसरे दिन चेन्नई से एक अधिकारी उसी कार्यक्रम में अध्ययन के लिए वहाँ पहुँचे और एक गोरे अँग्रेज ने जब उनका परिचय पूछा तो उन्होंने अपने को 'चेन्नई' का वासी बताया, न कि भारत का। इसके पूर्व सभी भारतीयों ने वहाँ पर 'भारत' से आने का प्रथम

परिचय दिया था। यह दक्षिण भारत का 'सापेक्ष संकुचन' (संकीर्णता) माना जा सकता है।

ख़ैर...हिन्दी की तमाम बोलियाँ, जिन्हें लोकभाषाएँ या स्थानीय-क्षेत्रीय भाषाएँ कहना ज़्यादा उपयुक्त है, हिन्दी भाषा के प्रयोग पर किसी ख़ास क्षेत्र में अपनी विशिष्ट छाप छोड़ती हैं। इसके कुछ उदाहरण बिहार, उ.प्र., हिमाचल प्रदेश, हरियाणा, म.प्र., छत्तीसगढ़, झारखंड आदि राज्यों से दिये जाएँगे किन्तु इस अध्याय का केन्द्रण विशेषतः बिहार, झारखंड और हिमाचल प्रदेश होगा। यह 'वर्णनात्मक भाषाविज्ञान' के विषय में शामिल किया जा सकता है। प्रसिद्ध दार्शनिक विल डूराँ (Will Durant) ने अपनी पुस्तक 'हिस्ट्री ऑव सिविलाइजेशन' में एक प्रस्थापना दी है: 'सभ्यता व्यवस्था (ऑर्डर) से शुरू होती है, स्वतन्त्रता के साथ-साथ बढ़ती है और अव्यवस्था (केओस) के साथ मर जाती है।' भाषा के सन्दर्भ में यह कथन कितना सही है, इसे हम आगे परखेंगे अपने अनुभव से, अध्ययन से, सह-अध्ययन से, तथा दूसरों के साथ अन्तःक्रिया के आधार पर। हम हिन्दी के बारे में प्रचलित कुछ गलत धारणाओं को साक्ष्य के आधार पर ध्वस्त करेंगे और सच को सच की तरह कहेंगे, भले कुछ भाषावैज्ञानिकों, बुद्धिजीवियों या पाठकों को मेरा कटु वचन अन्यथा लगे। किसी ने ठीक ही कहा है:

हम सच कहेंगे, मुकदमा हार जाएँगे।
वह झूठ भी बोलेगा, लाज़वाब कर देगा।।

ख़ैर...बिहार, झारखंड में पच्चीस वर्षों से अधिक समय तक रहने और कार्य करने का सौभाग्य मुझे मिला और उ.प्र. के सुल्तानपुर और इलाहाबाद, तथा दिल्ली में रहने-बढ़ने और पढ़ने-लिखने के कारण अनायास तुलनात्मक भाषा-प्रयोग पर मेरा ध्यान जाता रहा। इसके फलस्वरूप कई विशिष्ट भाषाई लक्षण एवं विशेषताएँ मुझे बिहार में देखने-सुनने-गुनने-समझने-बूझने को मिलीं जिनमें से प्रमुख इस प्रकार हैं।

पहली विशेषता यह है कि बिहार में संज्ञा एवं क्रिया के 'अतिशय पुल्लिंगीकरण' की परिपाटी व्यवहार में प्रचलित है। जैसे, जिसे उ.प्र., हरियाणा, म.प्र., छत्तीसगढ़, उत्तराखंड, हिमाचल प्रदेश, दिल्ली और राजस्थान में सामान्यतः 'धूप' कहा जाता है, उसे बिहार में प्रायः 'धूपा' कहा जाता है अर्थात् धूप+अ क्योंकि हिन्दी में 'अ' जोड़कर पुल्लिंग बनाने की परिपाटी रही है। यूँ अवधी और भोजपुरी जैसी लोकभाषाओं में इसे 'घाम' कहा जाता है जो ज़्यादा जीवन्त और खुला शब्द है। उ.प्र. में जिसे 'लौकी' कहते हैं, बिहार में उसे 'लौआ' कहते हैं। अन्य हिन्दी प्रदेशों में मनुष्यों को सामान्यतः भूख 'लगती' है किन्तु बिहार में उन्हें भूख 'लगता' है (मुझे भूख लगा है)। इसी तरह अन्य शब्दों में भी अतिशय पुल्लिंगीकरण बिहार में प्रचलित है

जिनके कुछ प्रमुख उदाहरण निम्नलिखित हैं (तालिका 1) :

तालिका 1 : बिहार तथा अन्य हिन्दी प्रदेशों में शब्दों के लिंग की तुलना

बिहार	अन्य हिन्दी प्रदेश (उ.प्र.)
1. जाँता	जाँत
2. हँसुआ	हँसिया
3. सूपा	सूप
4. लौआ	लौकी
5. गैंता	गैंती
6. पोखरा	पोखर (तालाब)
7. चैता	चैती
8. रेता	रेत
9. बतवा	बात
10. मूसा	मूस

'अतिशय पुल्लिंगीकरण' प्रयोग करने का एक कारण ज़्यादा ताकत लेना है क्योंकि मर्दवादी सोच और पितृसत्तात्मक व्यवस्था पुरुष को 'सबल' और स्त्री को 'अबला' (जो स्त्री का पर्यायवाची शब्द गढ़ा गया है) खुल्लम खुल्ला घोषित करती है।

मगर बिहार में सब चीज़ों का 'अतिशय पुल्लिंगीकरण' नहीं है, बल्कि कई चीज़ों का 'अतिशय स्त्रीकरण' भी है। यह संज्ञा और क्रिया दोनों में प्रचलित है। जैसे 'संज्ञा के अतिशय स्त्रीलिंगीकरण' के निम्नलिखित उदाहरण ध्यातव्य हैं : जिसे उ.प्र. में 'पछुआँ' ('पश्चिमी हवा' जिसे पी.बी.शेली ने 'द वेस्ट विंड' नामक मशहूर कविता में क्रान्तिकारी माना है) कहते हैं, उसे बिहार में 'पछिया' (जैसे बछिया की तर्ज़ पर) कहते हैं। उ.प्र. में विभिन्न देवालयों में पूजा-आरती-हवन-व्रत-कथा आदि के बाद वहाँ उपस्थित सज्जनों/श्रोताओं/दर्शकों को 'प्रसाद' (कृपा के अर्थ में फल, मिठाई, अन्न आदि) दिया जाता है मगर बिहार में ऐसे अवसरों पर 'प्रसादी' (या परसादी) दी जाती है। फिर उ.प्र. में खेत/क्यारी में 'कुदाल' से गुड़ाई (गोड़ना) की जाती है मगर बिहार में उसकी 'कुदाली' से कोड़ाई ('कोड़ना') की जाती है। इसी प्रकार अन्य हिन्दी राज्यों में आँख में पैदा होने वाली सफेद मैल को सामान्यतः 'कीचड़' कहा जाता है मगर बिहार में इसे 'कींची' कहा जाता है। अतिशय स्त्रीलिंगीकरण की पराकाष्ठा तब हो गयी जब 'महुआ' (भोजपुरी) चैनल पर 'भौजी नं.1' कार्यक्रम में प्रस्तोता (एंकर) हर एपिसोड में 'भौजी लोगिन' बार-बार कहता था। 'लोग' शब्द स्वतः बहुवचन है जिसमें स्त्री-पुरुष-अन्य अर्थात् सभी लिंगों के सदस्य शामिल होते हैं, तो उस बहुवचन का स्त्रीलिंग 'लोगिन' कैसे

होगा? क्या जनता का स्त्रीलिंग 'जनती' हो सकता है? किन्तु बिहार में अतिशय स्त्रीलिंगीकरण सिर्फ़ संज्ञाओं तक सीमित नहीं है, बल्कि क्रियाएँ भी इसका शिकार हुई हैं। जैसे, 'पानी गिर रही है', 'खेत सूख गयी है' आदि।

तीसरी विशेषता है वाक्यों में कर्त्ता के बाद 'ने' का प्रयोग प्रायः नहीं करना। बिहार में सामान्यतः'हम कहा' (हमने कहा), 'वह कहा' (उसने कहा) या 'मैं देखा' (मैंने देखा) का ज़्यादा प्रचलन है। दूसरी ओर दिल्ली, पंजाब, हरियाणा आदि में 'ने' का ज़्यादा प्रयोग होता है जैसे 'मैंने बस से उतरना है' (मुझे), 'मैंने बाजार जाना है' (मुझे) 'मैंने दवा खरीदनी है' (मुझे) आदि।

चौथी विशेषता है—संख्या के अन्त में 'गो' प्रत्यय जोड़ना। जैसे, एक के लिये 'एगो', दो के लिये 'दूगो', तीन के लिए 'तीनगो' आदि। वाक्य-संरचना में इसका प्रयोग ज़्यादा सटीक माना जाता है: 'एगो निहोरा बा' (एक निवेदन है)। लगभग यही प्रवृत्ति बंगला और मैथिली में भी है: एकटा, दुइटा, तीनटा आदि। अर्थात् इन दो भाषाओं में (जिनकी साझी उत्पत्ति मानी जाती है और दोनों भाषाओं के विद्वान, शिक्षक, विद्यार्थी आदि विद्यापति को आदि कवि मानते हैं) 'टा' प्रत्यय संख्या के बाद जोड़ा जाता है। ठीक इसी तरह अवधी भाषा में संख्या के अन्त में 'ठी' प्रत्यय जोड़ा जाता है—एकठी, दुइठी, तीनठी आदि।

पाँचवीं विशेषता है क्रियापद के प्रथम अक्षर में छोटी 'इ' (ह्रस्व) की मात्रा अनावश्यक रूप से लगाना। जैसे ''साहब अभी 'निहा' रहे हैं'', ''खाना 'चिबा-चिबाकर' खाना चाहिए'' आदि। यहाँ बंगला भाषा का असर दिखता है।

छठी विशेषता है पूर्णता दिखाने हेतु 'भर' प्रत्यय को मूल संज्ञा (शब्द) के पहले प्रयोग करना। जैसे, 'भर दिन' 'भर रात', 'भरपेट' आदि। दूसरी ओर अन्य हिन्दी प्रदेशों में 'भर' प्रत्यय को मूल संज्ञा के बाद रखा जाता है, जैसे, 'दिन भर', 'रात भर', 'पेट भर' (खाना) आदि।

सातवीं विशेषता है—अँग्रेज़ी के 'वी' का उच्चारण 'भ' करना। जैसे 'भाइस चांसलर' (वाइस चांसलर), 'भैन' या 'भान' (वैन), 'भोल्यूम' (वोल्यूम), 'भाल्व' (वाल्व), 'भैकुम' (वैकुम), 'भर्टिकल' (वर्टिकल), 'भोट' (वोट), 'भेटिंग' (वेटिंग) आदि। यहाँ बंगला भाषियों के अँग्रेज़ी उच्चारण का अनुकरण/प्रभाव प्रत्यक्षतः दिखता है।

आठवीं विशेषता है—जोर देने के लिए वाक्य में दोहरा नकार। जैसे, 'नहीं न' का प्रयोग—'वह घर नहीं न गया था।' इसका आशय है कि दोहरे नकार से नकरात्मक प्रश्न-उत्तर ज़्यादा स्पष्ट और तीक्ष्ण होगा।

नौवीं विशेषता है—प्रायः एक सवाल का ज़वाब दूसरे सवाल से देना। जैसे, 'क्या आप कल बाजार गये थे?' इस वाक्य को सुनने पर दूसरा व्यक्ति प्रायः यूँ

ज़वाब देता है : 'कहाँ गये?' अर्थात् वह बाजार नहीं गया था। 'क्या तुमने खाना खा लिया?' उत्तर—'कहाँ खाये?' यानी प्रति प्रश्नीकरण की व्यापकता बिहार के समाज में है जो एक ओर परोक्षता (सीधे 'नहीं' न कहना) और दूसरी ओर 'कहाँ' के अतिशय प्रयोग का सूचक है।

दसवीं विशेषता है—'तो' का अत्यधिक, अनावश्यक और बार-बार प्रयोग जिससे पुनरुक्ति-दोष, शब्द-स्फीति-दोष और निरर्थकता-दोष उत्पन्न होते हैं। बिहार से सटे पूर्वी उ.प्र. में भी ऐसा प्रचलन है। वहाँ की एक कहानीकार (अल्पना मिश्र) की एक कहानी ('इन दिनों'—'नया ज्ञानोदय', जनवरी 2016) में तीन दर्ज़न बार 'तो' का प्रयोग किया गया है जो बार-बार भात-दाल में कंकड़ की तरह किटकिटाता और खटकता है। मेरे ख़्याल से 'तो' का प्रयोग तीन प्रकार से ही किया जाना समीचीन है :

(क) वाक्य में जोर देने के लिए—'वह जाता तो है।'

(ख) कोई शर्त कायम करने के लिए—'यदि आप आएँगे, तो मैं आप के साथ चलूँगा।'

(ग) ख़ास समय बताने के लिए—'जब मैं स्टेशन पहुँचा, तो गाड़ी जा चुकी थी।'

ग्यारहवीं विशेषता है कि लोच लाने के लिए या प्रभाव जमाने के लिये बोलते समय अधिकतर लोग वाक्यों/शब्दों को झूला झुलाते हुए, संगीत की-सी बहार का आनन्द लेते हुए, गेय वृत्ति से शब्दों को तोड़-मरोड़कर भुर्त्ता (चोखा) बना देते हैं। जैसे—'ऊ तो अइसा कहबै करेगा', 'ई तो हइयै है', 'आपका परमोशन होइबै करेगा', 'वह आपका बात मनबै नहीं करेगा' आदि। इस प्रकार उपरोक्त वाक्यों में 'कहेगा ही' की जगह 'कहबै करेगा', 'है ही' की जगह 'हइयै है', 'होगा ही' की जगह 'होइबै करेगा' और 'नहीं मानेगा' की जगह 'मनबै नहीं करेगा' बिहार के आम लोगों के कहन की ख़ास शैली है। किसी ने ठीक ही कहा है—'स्टाइल इज द मैन हिमसेल्फ'।

बारहवीं विशेषता है कि वहाँ अँग्रेज़ी शब्दों को संज्ञा से लेकर क्रिया तक में एक ख़ास अन्दाज़ में ज़्यादातर घुसाया जाता है। जैसे, ''रमेश के पिता कल 'डेड' कर गये'', ''रोड एक्सीडेंट' में दो आदमी 'स्पाटे' पे मर गये'', ''इस बार बोर्ड की परीक्षा में सैकड़ों विद्यार्थी 'फेल कर' गये'' आदि। दूसरे राज्यों में स्वाभाविक रूप से मौत 'होती' है, अथवा विद्यार्थी फेल 'होते' हैं जबकि बिहार में क्रमशः लोग 'डेड करते' हैं और विद्यार्थी 'फेल करते' हैं। क्या 'होने' और 'करने' में कोई फ़र्क नहीं है? मेरे ख्याल से होने की क्रिया में कर्त्ता का वश नहीं चलता जबकि 'करने' में कर्त्ता कारगर भूमिका निभाता है। बिहार में 'अभी हम बेडै पर हैं' सुनने को बराबर

मिलता है जिसमें 'बेडै' का आशय है 'बेड ही'। इसके अलावा बिहार में हताश कहने की बजाय प्राय: आम लोग कहते हैं—'वह नरभसा गया।' यानी अँग्रेज़ी के 'नर्वस' शब्द का उच्चारण 'नरभस' और उससे क्रिया बनायी—'नरभसाना'। एक बार व्यंग्यकार शरद जोशी बिहार गये थे और 'नरभसाना' सुनकर उसकी खिल्ली उन्होंने उड़ायी थी अपने स्तम्भ ('नवभारत टाइम्स') में। मैंने उसका विधिवत् प्रतिकार 'सम्भव' के सम्पादकीय में किया था जिसकी भूरि-भूरि प्रशंसा ज्ञानरंजन (सम्पादक 'पहल') ने मुझे पत्र लिखकर की थी और स्पष्ट लिखा था कि शरद जोशी ने गलत ढंग से बिहार में प्रचलित लोकभाषा का उपहास उड़ाया है तथा उनकी जगह हरिशंकर परसाई में व्यंग्य की सही और गम्भीर समझ है। बिहार में भाषा के स्तर पर जोड़-तोड़, घिसावट, मिलावट आदि विविधता का सूचक है, न कि भाषाई दोष का।

तेरहवीं विशेषता है—शब्दों और वाक्यों का संक्षिप्तीकरण। उदाहरण के तौर पर अन्य राज्यों में 'क्या चीज़' पूछने का प्रचलन है मगर बिहार में उसकी जगह 'कौन चीज़' कहा जाता रहा है जो धीरे-धीरे घिसकर या न्यूनीकृत (प्रयत्नलाघव) होकर 'कौंची' या 'कोंची' के रूप में ही अब बचा है। ठीक इसी प्रकार बिहार में एक और शब्द संक्षिप्त रूप में खूब धूमधाम से प्रचलित है—'अबर'—जिसके लिए अन्य हिन्दी राज्यों में 'अबकी बार' (अबकी बार... सरकार) या 'इस बार' पद प्रचलित है। इसी तरह बिहार में कर्त्ता-कर्म-क्रिया सहित समूचे वाक्य का भी संक्षिप्तीकरण ('सकेंगे') प्रचलित है। उदाहरणार्थ, दूसरे हिन्दी राज्यों में प्राय: कहा जाता है : 'क्या आप यह काम कर सकेंगे?' बिहार में इस पूरे वाक्य को पूरी सामर्थ्य के साथ एक मात्र शब्द व्यक्त करता है : 'सकेंगे?' इसी तरह भोजपुरी में एक वाक्य के लिए सिर्फ़ एक शब्द प्रचलित है : 'ढुकीं?' अर्थात् क्या मैं अन्दर आ सकता हूँ? इस प्रकार स्पष्ट है कि किसी भाषा में संक्षिप्तीकरण एक ओर छोटे रास्ते का सूचक है, तो दूसरी ओर 'गागर में सागर भरने' की सामर्थ्य का भी सूचक है। करीब-करीब सभी जीवन्त भाषाओं में शाब्दिक या वाक्यीय दीर्घता से संक्षिप्तता ('प्रयत्नलाघव') की ओर यात्रा होती है।

चौदहवीं विशेषता है—बिहार में कुछ ख़ास शब्द तकियाकलाम की तरह विभिन्न प्रसंगों में बोले जाते हैं। पंजाब में 'मतलब' को 'मतबल' प्राय: और बार-बार कहते हैं। उ.प्र. में 'मल्लब' (मतलब), 'जो है कि', 'जो है सो', 'क्या कहते हैं', 'ओथुआ', 'जवन नाहीं तवन' (बनारस-चन्दौली में) आदि प्राय: बोले जाते हैं। इसी प्रकार म.प्र. के मालवा क्षेत्र (इन्दौर) में 'एसा हे' (ऐसा है) का खूब प्रचलन बात-बात में है। दूसरी ओर बिहार में 'एथी' शब्द कभी भी, किसी भी जगह, किसी के भी साथ और किसी भी चीज़ का नाम तुरन्त याद न आने पर कहा

जाता है। जैसे भारत के राष्ट्रपति का क्या नाम है? उत्तर—'एथी'। भारत में कितने राज्य हैं? उत्तर—'एथी'। आपने टाइप क्यों नहीं किया? उत्तर—'एथी खराब है।' अर्थात् 'एथी' शब्द बहु-उद्देश्यीय काम चलाऊ पद है जो अर्थशास्त्र में ग्रेशम के नियम के अनुसार खोटे सिक्के की तरह ज़्यादा प्रचलन में रहता है। दूसरे, कोई काम न करने, बहाना बनाने, उपेक्षित करने, भूल जाने या छोड़ने के लिए प्रचलित शब्द है 'महटियाना' (या मटियाना)। 'अरे, उसे महटियाइये' (या संक्षेप में 'मटियाइये')। उ.प्र. में इसका पर्यायवाची है 'बहटियाना' किन्तु वह बहाना बनाने तक ही सीमित है जबकि महटियाना या मटियाना ज़्यादा व्यापक, केन्द्रित, प्रभावी और अचूक लक्ष्यवेधी-सा है—यानी इसकी बात कुछ और है। तीसरा बहुप्रचलित और मारक शब्द है 'घोरमट्ठा' अर्थात् कई चीज़ों का ऐसा घाल-मेल कर दिया जाय कि मूल आशय स्पष्ट न हो और भ्रमपूर्ण स्थिति पैदा हो जाय। जैसे दही को मथनी से मथकर और पानी डालकर मट्ठा बनाया जाता है, ठीक वैसी स्थिति। घोरमट्ठा के समकक्ष कोई दूसरा सटीक हिन्दी शब्द याद नहीं आ रहा है; घालमेल (या मिलावट) उसका छोटा भाई लगता है। बिहार में चौथा बहुप्रचलित शब्द है 'गछना' (स्वीकार करना)—''वह अपना अपराध नहीं न 'गछ' रहा है।'' जो एक बार कोई बात 'गछ' लेता है, उसे वह निभानी पड़ती है। पाँचवा बहुप्रचलित शब्द है 'महकना'। उ.प्र. तथा अन्य हिन्दी प्रदेशों में 'सुगन्ध' (महकना) और 'दुर्गन्ध' (बदबू करना) में छत्तीस का रिश्ता है (अर्थात् दोनों परस्पर विरोधी हैं क्योंकि सुगन्ध सकारात्मक महक का सूचक है जबकि दुर्गन्ध नकारात्मक—बदबू-का सूचक है मगर बिहार में दोनों के लिए एक ही शब्द प्रयुक्त होता है—'महकना'। 'कुछ महक रहा है' पद के दोनों अर्थ हो सकते हैं—सुगन्ध और दुर्गन्ध। शायद इस प्रयोग पर बंगला भाषा का प्रभाव है जहाँ 'गन्ध' शब्द दोनों विशेषताओं के लिए प्रयुक्त होता है। छठा बहुप्रचलित शब्द है 'थेथर' जिसका समकक्ष अन्य हिन्दी राज्यों में प्रयुक्त 'हिकना' शब्द है जिसका अर्थ ऐसा गया—गुजरा व्यक्ति है जिसके सुधरने की अब कोई उम्मीद न हो। उ.प्र. में कहते हैं—'हिकना के चूतड़ पर रुख़ (पेड़) जमा, तो उसको छाँह मिल गयी!' मगर 'थेथर' शब्द ज़्यादा मारक, लक्ष्यवेधी और प्रभावी प्रतीत होता है और उसकी भाववाचक संज्ञा है 'थेथरई' जो थेथर होने का व्यापक भाव (हिकनापन) है।

पन्द्रहवीं विशेषता है बहुवचन बनाने के लिए किसी एकवचन संज्ञा के साथ 'लोग' शब्द (प्रत्यय के रूप में) जोड़ना। उदाहरणार्थ, बच्चा शब्द का सही बहुवचन है बच्चे (या बच्चों) मगर बिहार में इसकी बज़ाय 'बच्चा लोग' कहने की परिपाटी है। इसी प्रकार 'विद्यार्थी लोग', 'शिक्षक लोग', 'अफसर लोग', 'नेता लोग' आदि शब्द प्रचलित हैं। दूसरी ओर तमाम हिन्दी राज्यों में लोग शब्द

बहुवचन होने के बावजूद 'लोगों' के रूप में प्रचलन में है जबकि बिहार में 'लोग' शब्द ही चलन में है—'हम लोग ने कहा' (बिहार) बनाम 'हम लोगों ने कहा' (अन्य हिन्दी राज्य)। यहाँ बिहार का प्रयोग ही उचित एवं सार्थक है।

सोलहवीं विशेषता है कि बिहार में एकवचन कर्त्ता के बाद 'ने' का प्रयोग होने पर भी वह कर्त्ता मूल रूप में (एकवचन) ही रहता है जबकि अन्य हिन्दी राज्यों में कर्त्ता के अन्तिम अक्षर (अकारान्त) को एकारान्त में बदल दिया जाता है। जैसे,

(क) लड़का ने कहा। (बिहार)

(ख) लड़के ने कहा। (अन्य हिन्दी राज्य)

इसके अलावा कर्त्ता और क्रिया के बीच आने वाला क्रिया-विशेषण बिहार में मूल रूप (एकवचन) में रहता है जबकि अन्य हिन्दी राज्यों में क्रिया-विशेषण अकारान्त से एकारान्त में बदल जाता है। जैसे,

(क) लड़का खड़ा-खड़ा काम कर रहा था। (बिहार) या
लड़का खड़ा होकर काम कर रहा था। (बिहार)।

(ख) लड़का खड़े-खड़े काम कर रहा था। (अन्य हिन्दी राज्य) या
लड़का खड़े होकर काम कर रहा था। (अन्य हिन्दी राज्य)।

तीसरा उदाहरण और आश्चर्यजनक है। बिहार में ऐसे वाक्य प्रयोग में मिलते हैं—'आइये, साहब खड़ा हैं।' जबकि उ.प्र. में कहा जाता है—'आइये, साहब खड़े हैं।'

सत्रहवीं विशेषता है कि बिहार में मात्रा, आकार, संख्या आदि को सूचित करने वाले शब्दों को एक दूसरे की जगह बिना किसी रोकटोक के प्रयोग किया जाता है। जैसे, ''शिक्षक ने एक विद्यार्थी को 'बड़ी' मार मारा'' (बिहार) जबकि दूसरे हिन्दी राज्यों में इसे यूँ कहा—लिखा जाता है—'शिक्षक ने एक विद्यार्थी को बहुत मारा।' यहाँ बिहार में 'बड़ी मार' आकार सूचक होने के कारण अनुपयुक्त है जबकि 'बहुत मारना' मात्रा (ज़्यादा) के अर्थ में होने के कारण उपयुक्त है।

अठारहवीं विशेषता है कि बिहार में बड़ों को, अतिथियों को, अधिकारियों—जनप्रतिनिधियों को काफ़ी सम्मान दिया जाता है। अस्तु, सम्मान देने हेतु अक्सर वाक्य कर्तृ वाच्य की जगह कर्म वाच्य (पैसिव वायस) में लिखे जाते हैं। दिल्ली में वरिष्ठ अधिकारियों को भी 'आओ, खाओ, जाओ, पढ़ो' आदि आज्ञासूचक शब्द कनिष्ठ व्यक्तियों/स्टॉफों द्वारा कहे जाते हैं, भले उसके आगे या पीछे 'सर' भी लगा देते हैं। बिहार में बड़ों के लिए ऐसा सोच भी नहीं सकते। बिहार और अन्य हिन्दी प्रदेशों में वरिष्ठ, समकक्ष और कनिष्ठ स्टॉफ को किस तरह किसी कार्य हेतु कहा जाता है, इसे निम्नलिखित तालिका 2 में देखा जा सकता है :

तालिका 2 : बिहार एवं अन्य हिन्दी प्रदेशों में कार्य कराने हेतु वार्तालाप की तुलना

श्रेणी	बिहार	अन्य हिन्दी प्रदेश
1. कनिष्ठ स्टॉफ को	मेज साफ़करो/करिये।	मेज साफ़करो।
2. समकक्ष को या एक पद क्रम नीचे को	फाइल लाइये।	फाइल लायें (उ.प्र.)। फाइल लाओ (दिल्ली, हरियाणा)।
3. वरिष्ठ को	i) कृपया कार्यालय का निरीक्षण किया जाय।	i) कृपया कार्यालय का निरीक्षण कीजिए (उ.प्र.)। कार्यालय का निरीक्षण कर लो (दिल्ली)।
	ii) कृपया आया जाय।	ii) कृपया आइये (उ.प्र.)। आओ जी (दिल्ली)।

उन्नीसवीं विशेषता है कि बिहार में छोटी तथा बड़ी मात्राओं में अक्सर उलटफेर किया जाता है। उदाहरणार्थ, ''वह मुझे आज रास्ते में 'मील' गये'' ('मिल गये' की जगह)। दूसरी ओर वह काँवर झील को नष्ट करके 'झिल' लिख देते हैं। इसी प्रकार धूप शब्द को 'धुप' लिखना और चुप शब्द को 'चूप' लिखना अक्सर देखने को मिलता है। एक बार मैं पटना के एक उच्च विद्यालय में निरीक्षण करने गया था। वहाँ श्याम पट्ट पर शिक्षिका ने लिखा था 'धातू'। मैंने उसे सुधारा—'धातु'। इस पर कई विद्यार्थी हँसने लगे अर्थात् वह मेरे द्वारा लिखी गयी सही वर्तनी को गलत मान रहे थे और पूर्व में लिखी गयी गलत वर्तनी को सही मान रहे थे। मगर शिक्षिका ने हँसते हुए विद्यार्थियों को टोका—'बड़ों पर नहीं हँसते।' इससे स्पष्ट है कि उस शिक्षिका को भी 'धातु' की सही वर्तनी नहीं मालूम थी। मैंने बिहार विद्यालय परीक्षा समिति के अध्यक्ष की हैसियत से तमाम विद्यार्थियों की उत्तर पुस्तिकाएँ मूल्यांकन/पुनर्मूल्यांकन के दौरान देखी थीं और हिन्दी में उनके लिखे गये उत्तरों में अक्सर शब्दों की वर्तनी और वाक्य-संरचना गलत होती थी, फिर भी परीक्षक उन्हें पूरे अंक दिये रहते थे। एक बार मैंने एक परीक्षक से पूछा—'ऐसा क्यों?' उसने ज़वाब दिया—'वहाँ सम्बन्धित विषय के ज्ञान की परीक्षा होती है, हिन्दी भाषा की नहीं।' मगर मेरा मानना है कि यदि माध्यम (भाषा) में सही अभिव्यक्ति नहीं हो, तो उसे सही कैसे माना जा सकता है? यूँ अनौपचारिक अन्तः क्रिया में उसे अनदेखा किया जा सकता है।

बीसवीं विशेषता है कि बिहार में परिवार के सदस्यों के लिए लिंग के आधार पर हिगराने हेतु अलग-अलग शब्द प्रचलित हैं। जैसे बेटे के बेटे को 'पोता', और बेटे की बेटी को 'पोती' कहते हैं किन्तु बेटी के बेटे को 'नाती' तथा बेटी की बेटी को 'नातिन' कहते हैं जबकि उ.प्र. में बेटी और बेटे दोनों के बेटे को 'नाती' और बेटी तथा बेटे दोनों की बेटी को 'नातिन' कहते हैं। मगर इस लिंग-आधारित भिन्नता को भेदभाव नहीं मानना चाहिए क्योंकि जैविक भिन्नता नहीं, बल्कि लिंगभेद की सामाजिक निर्मिति ख़तरनाक होती है।

बिहार में शब्दों के उच्चारण, वर्तनी, व्याकरण आदि में उलटफेर या मिश्रण या बेरोकटोक आवाजाही के कई कारण हैं जिनमें प्रमुख हैं विभिन्न भाषाओं के मिश्रण जो प्रमुखतः तीन प्रकार के होते हैं :

(क) स्थानीय भाषाओं और हिन्दी का मिश्रण/परस्पर प्रभाव—बिहार में भोजपुरी, मगही, अंगिका, मैथिली, वज्जिका जैसी कई क्षेत्रीय भाषाओं का प्रचलन है जो हिन्दी के साथ घुलमिल जाती हैं।

(ख) स्थानीय भाषाओं, हिन्दी और बंगला भाषा का मिश्रण/परस्पर प्रभाव।

(ग) स्थानीय भाषाओं, हिन्दी और अँग्रेज़ी का मिश्रण/परस्पर प्रभाव।

ध्यातव्य है कि 1911 तक बिहार, उड़ीसा और बंगाल एक समेकित प्रान्त (बंगाल) के हिस्से थे और उसकी राजधानी कलकत्ता (अब कोलकाता) थी तथा मोटे तौर पर (जिसे बंगलाभाषी 'मोटा-मोटी' कहते हैं) बंगाली भाषियों का वर्चस्व शिक्षा, असैनिक सेवा, स्वास्थ्य, जमींदारी, साहित्य-कला-संगीत, फौज आदि में था जिसके कारण सिद्धान्त एवं व्यवहार में बंगाली भद्रलोक बिहारी बन्धुओं के 'सन्दर्भ-समूह' (रेफरेंस ग्रुप) थे। चूँकि बंगाली लोग सही-सही हिन्दी नहीं बोल पाते थे बल्कि बंगला या अँग्रेज़ी मिश्रित हिन्दी बोलते थे, इसलिए अधिकतर जनता उस वर्तनी, उच्चारण, शैली, लिखावट, लहज़े आदि का अनुकरण करती थी। इसका असर बिहार में कई पीढ़ियों से पड़ता रहा है। दूसरे, बिहार में अधिकतर विद्यालय शिक्षक व्याकरण की दृष्टि से अशुद्ध हिन्दी भाषा बोलते-लिखते हैं, इसलिए उनके विद्यार्थी भी उनकी गलतियों की हूबहू नकल करते हैं क्योंकि शिक्षक विद्यार्थियों के आदर्श होते हैं। तीसरे, बिहार में युवा वर्ग में महत्त्वाकांक्षा एवं अपेक्षाओं का उभार काफ़ी अधिक है जिसके कारण सामान्य लोग भी अँग्रेज़ी शब्दों का प्रयोग अधिक से अधिक करना चाहते हैं और संचित ज्ञान तथा बढ़ती अपेक्षा में फ़र्क होने के कारण अँग्रेज़ी शब्दों का उच्चारण, वर्तनी, प्रयोग आदि में भाषा-दोष होना स्वाभाविक है। चौथे, बिहार के आम लोगों के जीवन में आर्थिक, सामाजिक, राजनीतिक एवं सांस्कृतिक समस्याएँ काफ़ी जटिल रही हैं और प्रायः कई समस्याएँ परस्पर जुड़ी भी रही हैं तथा उनसे निजात पाने के लिए वे

निरन्तर संघर्ष करते रहते हैं, इसलिए भाषा (सांस्कृतिक पक्ष) सुधारने की बज़ाय वे आर्थिक, राजनीतिक एवं सामाजिक समस्याओं को दूर करने को उच्च प्राथमिकता देते हैं। बिहार में उच्च कोटि के साहित्यकार उन्नीसवीं-बीसवीं सदी में रहे हैं और वर्तमान में भी कई ऐसे साहित्यकार बिहार में विद्यमान हैं। ज्ञातव्य है कि 'देहाती दुनिया' नामक उपन्यास के रचनाकार शिवपूजन सहाय ने जयशंकर प्रसाद की 'कामायनी' की भाषा शुद्ध की थी और उसका विधिवत् सम्पादन किया था। इसी प्रकार रेणु, दिनकर, नलिन विलोचन शर्मा, जानकी वल्लभ शास्त्री, नागार्जुन आदि प्रसिद्ध साहित्यकार राष्ट्रीय स्तर पर समादृत हुए। मगर यह कटु यथार्थ है कि बिहार के श्रेष्ठ साहित्यकारों और बुद्धिजीवियों ने इस दिशा में कोई सार्थक प्रयास नहीं किया। यूँ ऐसी बड़ी समस्या के बाबत साहित्यकारों का छिटपुट सत्प्रयास समुद्र में सत्तू घोलने जैसा ही होता। फिर भी यह विशेष रूप से उल्लेखनीय है कि बिहार की तमाम स्थानीय-क्षेत्रीय भाषाओं की शब्द-सम्पदा काफ़ी समृद्ध है। जैसे, भोजपुरी भाषा में लाठी के आधे दर्ज़न नाम विभन्न उपयोगों के आधार पर हैं : (क) लउर—पशुओं को हाँकते समय, (ख) गोजी-हाथ में लेकर चलने पर, (ग) लाठी-मारपीट में प्रयुक्त, (घ) बोंग-डराने-धमकाने के लिए, (ङ) बासमती-तेल पिलाकर और धुँआ खिलाकर लाल की गयी दिखाने की लाठी, (च) पटकन-घास को पीटने के लिए प्रयुक्त। इसी प्रकार गाय की विभिन्न अवस्थाओं और लक्षणों के आधार पर उसके एक दर्ज़न नाम भोजपुरी भाषा में प्रचलित हैं (दिवाकर पाण्डेय) :

1. बहिला—जो बच्चा देने के काबिल न हो।
2. कलोर—युवा गाय जो गर्भ धारण के योग्य हो गयी हो।
3. बरदाइल—सद्यः गर्भिणी गाय (वरदाना से वरदाइल या बरदा/बर्धा से गर्भ धारण करने वाली गाय)
4. गाभिन—गर्भधारण कर चुकी हो।
5. बाहल—जो अब बाँझ नहीं है।
6. धेनु—जो हाल में ब्यायी हुई हो और भरपूर दूध देती हो।
7. बिसूखी—जिसने दूध देना बन्द कर दिया हो।
8. नाठा—जिसका दूध नष्ट हो गया हो। उसके दूध न देने से सुख-चैन नष्ट हो गया हो।
9. बकेन—जिसने दूध देना कम कर दिया हो।
10. आँकर—जिसने पहली बार बच्चा दिया हो।
11. धनपुरही—जो दूध देते हुए गाभिन हो जाय और बिसूखते-बिसूखते बच्चा दे दे।
12. बाछी—गाय की बच्ची (मादा शिशु)।

भोजपुरी भाषा की मूल लिपि 'कैथी' थी और राजस्व विभाग के कई महत्त्वपूर्ण कार्य जैसे ज़मीन का रजिस्ट्री 'केवाला' (बिक्रीपत्र) 'कैथी' लिपि में ही लिखा जाता था मगर अब कैथी लिपि लगभग समाप्त है और ये काग़ज़ात देवनागरी लिपि में लिखे जाते हैं। इसी प्रकार बिहार की दूसरी क्षेत्रीय भाषा मैथिली की मूल लिपि 'तिरत्तिया' समाप्त हो गयी और अब भोजपुरी तथा मैथिली भाषाएँ देवनागरी लिपि में ही लिखी जाती हैं। माना जाता है कि कुटिल लिपि से नागरी लिपि, नागरी लिपि से शारदा और कैथी लिपियाँ निकलीं। ग्यारहवीं सदी में बिहार में कैथी लिपि का विकास शुरू हुआ और 1540 ई. से शेरशाह सूरी ने उसे मान्यता दी। बिहार में कैथी में ज़मीन दस्तावेज़ (केवाला) लिखने का काम 1960-1970 तक होता रहा।

[II]

बिहार के अलावा झारखंड और हिमाचल प्रदेश में हिन्दी एवं स्थानीय भाषाओं की स्थिति का विश्लेषण करने से अन्य आयामों का भी खुलासा होगा। ये दोनों हिन्दी प्रदेश अभी भी भाषा की दृष्टि से काफ़ी समृद्ध हैं। पहले झारखंड राज्य की भाषा-स्थिति पर विचार करेंगे। झारखंड राज्य आदिवासी-बहुल है और यह बहुभाषी एवं बहुसांस्कृतिक राज्य है। वहाँ अभी 34 जनजातियाँ रहती हैं। इनमें मुंडा, उराँव, सन्थाल, पहाड़िया, कोरवा, असुर, बेदिया, बैगा, चेरो, चिक बड़ाइक, खरवार, लोहरा, बिरजिया, गोंड, कोल, बंजारी, गोड़ाइत, कावर, बंजारा, बिरहोर आदि प्रमुख हैं। झारखंड की विभिन्न भाषाओं को तीन भाषा-परिवारों में बाँटा गया है जो निम्नलिखित है (तालिका 3) :

तालिका 3 : झारखंड के भाषा-परिवार

भाषा परिवार	शामिल भाषाएँ
1. आग्नेय या ऑस्ट्रो-एशियाटिक भाषा-परिवार	मुंडारी, सन्थाली, हो, खड़िया, असुरी, कोल, कोरवा, महली आदि।
2. आर्य भाषा-परिवार	खोरठा, सादरी या नागपुरी, पंचपरगनिया, कुरमाली, पलमुआ (भोजपुरी-मगही मिश्रित), कावरासी, भोजपुरी, हिन्दी, मैथिली, मगही, बंगाली, ओडिया आदि।
3. द्रविड़ भाषा-परिवार	कुड़ुख, मालतो, गोंडी आदि।

यहाँ उल्लेखनीय है कि एक ओर तमाम आदिवासी लोग कई आर्य भाषाएँ (सदानी) बोलते हैं और दूसरी ओर तमाम 'सदान' (झारखंड में सदियों से रहने वाले विभिन्न जातियों के लोग) भी कई आदिवासी भाषाएँ बोलते हैं। यह अत्यन्त

रोचक तथ्य है कि जिस क्षेत्र में दो भिन्न भाषाएँ एक-दूसरे के सम्पर्क में आती हैं, वहाँ लोग सहूलियत के लिए तीसरी भाषा गढ़ लेते हैं। इस प्रकार भाषाई विविधता और बहुलता अव्यवस्था नहीं पैदा करती, बल्कि विभिन्न भाषाओं की अन्तः क्रिया से एक नयी 'सम्पर्क भाषा' पैदा हो जाती है जो संघर्ष और टकराव की धारा को मोड़कर सहयोग और साहचर्य में बदल देती है। जैसे, झारखंड में नागपुरी तथा बंगला की सीमा पर 'पंचपरगनिया' भाषा विकसित हुई। दूसरे, मगही और नागपुरी की सीमा पर 'खोरठा' भाषा विकसित हुई। तीसरे, आग्नेय और द्रविड़ भाषा-परिवारों में एक परिवार की भाषा होने के बावजूद एक भाषा को दूसरी भाषा के बोलने वाले लोग नहीं समझ पाते। जैसे, एक 'मुंडारी' भाषी 'खड़िया' भाषा को नहीं समझ पाता या एक 'सन्थाली' भाषी 'हो' भाषा को नहीं समझ पाता या एक 'कुड़ुख' भाषी 'मालतो' (पहाड़िया) भाषा को नहीं समझ पाता। इसलिए इन लोगों ने नागपुरी क्षेत्र में नागपुरी भाषा को 'सम्पर्क भाषा' बना लिया है। दूसरी ओर आर्य भाषा-परिवार के लोग उस परिवार की भाषाएँ (खोरठा, नागपुरी, पंचपरगनिया, कुरमाली, पलमुआ, भोजपुरी, मगही, मैथिली, कावरासी आदि) कमोबेश समझ लेते हैं। फिर भी झारखंड में चार प्रमुख भाषाई क्षेत्र प्रत्यक्षत : विद्यमान हैं :

(क) **नागपुरी क्षेत्र**—नागपुरी भाषा कमोबेश पूरे दक्षिणी छोटा नागपुर की 'क्षेत्रीय सम्पर्क भाषा' है—राँची, खूँटी, पूर्वी एवं पश्चिमी सिंहभूम, गुमला, लोहरदगा, सिमडेगा आदि जिलों में प्रचलित कुड़ुख, मुंडारी, खड़िया, हो, कोरवा, गोंडी, असुरी, आदि आदिवासी भाषाओं के बीच नागपुरी भाषा 'क्षेत्रीय सम्पर्क भाषा' के रूप में प्रचलन में है। यूँ वहाँ राज्य और राष्ट्र स्तरों पर हिन्दी वृहत्तर सम्पर्क भाषा बनी हुई है।

(ख) **खोरठा क्षेत्र**—खोरठा भाषा कमोबेश पूरे उत्तरी छोटा नागपुर में 'क्षेत्रीय सम्पर्क भाषा' के रूप में प्रचलित है—अर्थात् हजारीबाग, गिरिडीह, धनबाद, बोकारो, कोडरमा, चतरा आदि जिलों में प्रचलित विभिन्न भाषाओं (मालतो, कोल, महली, मुंडारी, कुड़ुख आदि) के बीच 'क्षेत्रीय सम्पर्क भाषा' के रूप में खोरठा भाषा बोली जाती है। यूँ हिन्दी राज्य और राष्ट्र स्तरों पर वृहत्तर सम्पर्क भाषा बनी हुई है।

(ग) **सन्थाली क्षेत्र**—सन्थाली भाषा समूचे सन्थाल परगना (साहेबगंज, पाकुड़, गोड्डा, देवघर, दुमका, जामताड़ा) में बोली जाती है। इसके अलावा वहाँ कोल, मालतो, कोरवा, करमाली, महली, मुंडारी भाषाएँ भी बोली जाती हैं। यूँ वहाँ भी राज्य और राष्ट्र स्तरों पर हिन्दी वृहत्तर सम्पर्क भाषा बनी हुई है।

(घ) **पलमुआ (भोजपुरी-मगही मिश्रित) क्षेत्र**—यह पलामू प्रमंडल क्षेत्र

के अन्तर्गत मेदिनीगंज, गढ़वा, और लातेहार जिलों में विभिन्न स्थानीय आदिवासियों यथा चेरो, चिक बड़ाइक, गोंड, खरवार, किसान, कोरवा, लोहरा, मुंडा, उराँव, पहाड़िया, बिरहोर आदि तथा सदानों के बीच 'क्षेत्रीय सम्पर्क भाषा' के रूप मे प्रचलित है। यूँ राज्य और राष्ट्र स्तरों पर हिन्दी वृहत्तर सम्पर्क भाषा बनी हुई है।

झारखंड में हिन्दी राजभाषा घोषित है तथा ग्यारह स्थानीय भाषाओं, 5 आदिवासी भाषाओं (यथा मुंडारी, सन्थाली, हो, खड़िया, कुडुख) एवं छः गैर-आदिवासी भाषाओं (यथा खोरठा, नागपुरी, पंचपरगनिया, बंगाली, ओडिया, कुरमाली) को राज्य सरकार की ओर से द्वितीय भाषा का दर्ज़ा दिया गया है और इन नौ भाषाओं की पढ़ाई विद्यालय से लेकर विश्वविद्यालय तक होती है। राँची और खूँटी जिलों में मुंडारी भाषा भाषियों की संख्या काफ़ी है। इसी प्रकार सन्थाल परगना में सन्थाली भाषा का बाहुल्य है। सिंहभूम (कोल्हान) में 'हो' भाषा का प्रचलन काफ़ी है। सिमडेगा जिले में 'खड़िया' भाषा का बाहुल्य है और गुमला-लोहरदगा में कुडुख भाषा का बाहुल्य है। मुंडारी भाषा में गाँव के लिए 'हातू', और 'बुरु' शब्द प्रयुक्त होते हैं। जैसे, जोजोहातू, उलीहातू, मराडबुरु, किरीबुरु (हाथियों का गाँव) आदि। दूसरी ओर सदानों में गाँव के सूचक के रूप में अन्त में 'पुर' और 'डीह' शब्द लगाये जाते हैं। जैसे, रामपुर, चैनपुर, विश्रामपुर, जसीडीह, रायडीह, गिरिडीह आदि। यह भी उल्लेखनीय है कि पलामू (जो पहले दक्षिणी छोटा नागपुर प्रमंडल में सम्मिलित था) जिले में जंगलों के बीच एक आदिवासी गाँव स्थित है 'कुंजर' जो संस्कृत के 'कुंजरि' का घिसा हुआ रूप है जिसका अर्थ है हाथी। अर्थात् कालान्तर में आदिवासी लोगों ने भी संस्कृत नाम अपनाये और सदानों ने भी कुछ आदिवासी नाम अपनाये। यह भाषिक अन्तः क्रिया और स्वस्थ आदान-प्रदान का सटीक उदाहरण है। संस्कृत और हिन्दी जैसी आर्य भाषाओं ने झारखंड की द्रविड़ और आग्नेय भाषाओं का कभी अनिष्ट नहीं किया बल्कि उपनिवेशी सत्ता और उसकी ईसाई मिशनरियों ने तमाम आदिवासी भाषाओं के लिए एक ओर अँग्रेज़ी में उनका शब्दकोश और व्याकरण-शास्त्र तैयार किया, जो सारतः 'मानकीकरण' का सूचक है, तो दूसरी ओर उनकी लिपियों को नष्ट-भ्रष्ट भी किया तथा उन्हें रोमन (अँग्रेज़ी) में न्यूनीकृत कर दिया। उदाहरण के तौर पर जब-जब सन्थाल परगना में सूखा-अकाल जैसी आपदाएँ आयीं, वहाँ की ईसाई मिशनरियों ने पहाड़िया आदिम जनजाति के लोगों को सहायता देकर उन्हें ईसाई धर्म में धर्मान्तरित किया और उनकी 'मालतो' भाषा (जो उनका उपनाम—'सरनेम'-भी है) की लिपि 'रोमन' (अँग्रेज़ी) निर्धारित कर दी जो सांस्कृतिक आक्रमण का द्योतक है। बाद में उसे पुनः देवनागरी लिपि में बहाल किया गया। पं. रघुनाथ मुर्मू ने सन्थाली भाषा के लिए

1950-60 के दशकों में 'ओलचिकी' लिपि का विकास किया जो उनकी संस्कृति को आसानी से अभिव्यक्त कर सके। उन्होंने कई किताबें लिखीं और उन्हें 'ओलचिकी' लिपि में प्रकाशित किया। इसके लिए उन्होंने छापाखाना में जाकर अक्षरों के सेट तैयार किये। उनके प्रयास का विरोध अँग्रेज़ी वर्चस्व कायम करने वाली और रोमन लिपि की पक्षधर ईसाई मिशनरियों और उनके सहयोगियों ने किया।

झारखंड क्षेत्र में उ.प्र. तथा उत्तर बिहार के तमाम दबंग लोगों/समूहों ने कोयला खानों, पत्थर की खदानों आदि पर राष्ट्रीयकरण के बावजूद व्यावहारिक रूप से आधिपत्य जमा लिया जिसके कारण स्थानीय आदिवासी और सदान लोगों का काफ़ी शोषण (आर्थिक, शारीरिक, मानसिक, यौन, राजनैतिक, सामाजिक-सांस्कृतिक) उन बाहरी लोगों ने किया जिनमें राजपूत और भूमिहार जातियों का वर्चस्व कथित रूप से सबसे ज़्यादा रहा। मगर 1990 में एकीकृत बिहार का नेतृत्व पिछड़ी जातियों (विशेषतः यादव-मुस्लिम) के हाथ में आया और शोषण की पराकाष्ठा 'चारा घोटाले' के रूप में हुई जिसमें खजाना लूटने वाले प्रायः उत्तर बिहार के नेता, अफसर, पशुपालन विभाग के पशु चिकित्सक, आपूर्तिकर्त्ता आदि थे और यह लूट झारखंड क्षेत्र में सर्वाधिक हुई थी। इसलिए आदिवासियों ने बाहरी व्यक्तियों को 'दिकू' (बाहरी) की नकारात्मक संज्ञा दी जो शोषण, 'अन्यत्व' तथा घृणा का प्रतीक माना जाने लगा। झारखंड आन्दोलन इन सबके ख़िलाफ़ झारखंडी अस्मिता का एक संगठित आन्दोलन था जो 1980 और 1990 के दशकों में जनाक्रोश और जन-समर्थन के कारण काफ़ी आक्रामक, व्यापक और गहन बन गया जिसके फलस्वरूप नवम्बर 2000 में झारखंड राज्य बिहार राज्य से अलग कर दिया गया। अब झारखंड में रहने वालों की तीन प्रमुख श्रेणियाँ हैं : आदिवासी, सदान (सदियों से रहने वाले गैर-आदिवासी) तथा 'दिकू'। वहाँ सेवा तथा उद्योग आदिक्षेत्रों में स्थानीय लोगों को प्राथमिकता देने हेतु 'पक्की रिहायश' या 'स्थायी अधिवास' (डोमिसाइल) का सवाल काफ़ी जटिल बना हुआ है। बिहार में रहते हुए झारखंड की तमाम आदिवासी और सदान भाषाओं का पतन हो रहा था क्योंकि न तो उन्हें शिक्षा के क्षेत्र में (अध्ययन-अध्यापन) महत्त्व दिया गया, न साहित्य-कला-संस्कृति के लेखन-प्रदर्शन आदि में, और न ही शासन-प्रशासन में सहभाषा या द्वितीय भाषा के रूप में प्रतिष्ठापित किया गया। नया झारखंड राज्य बनने के बाद इन आदिवासी और सदान भाषाओं (ग्यारह) में शिक्षा की व्यवस्था विद्यालय से विश्वविद्यालय तक की गयी और शासन-प्रशासन में मान्यता दी गयी किन्तु साहित्य-कला-संस्कृति में इन्हें सही प्राथमिकता देना अभी बाकी है। फिर भी इन भाषाओं ने वहाँ के निवासियों को स्वतन्त्र अस्मिता-बोध प्रदान किया है जो सुदृढ़ लोकतन्त्रीकरण का सूचक है। यूँ 2003 में सन्थाली भाषा को (डोगरी, बोडो और

मैथिली भाषाओं के साथ) भारतीय संविधान की आठवीं अनुसूची में शामिल करके संवैधानिक मान्यता दी गयी तथा तब से प्रतिवर्ष सन्थाली भाषा-साहित्य के एक साहित्यकार को साहित्य अकादमी पुरस्कार दिया जाता है। अभी भारत में मात्र दो आदिवासी भाषाओं (सन्थाली तथा बोडो) को आठवीं अनुसूची में शामिल किया गया है। किन्तु निकोबार द्वीपसमूह में निकोबारी भाषा बोलने वालों की संख्या साठ फ़ीसद होने के बावजूद उसे राजभाषा का दर्ज़ा नहीं दिया गया है। ज्ञातव्य है कि अगस्त 1961 में भारत के सभी मुख्यमन्त्रियों का सम्मेलन हुआ था जिसमें सर्वसम्मति से निर्णय लिया गया था कि जिस जिले में किसी भाषा के बोलने वालों की संख्या साठ प्रतिशत से अधिक हो, उसे दूसरी राजभाषा का दर्ज़ा दिया जाय। मगर सभी राज्यों/संघ शासित क्षेत्रों में इसे लागू नहीं किया गया। निकोबार में निकोबारी भाषा में शिक्षा प्राप्त करने की सीमित व्यवस्था है और उस भाषा में लिखे गये आवेदन सरकारी कार्यालयों में स्वीकार किये जाते हैं। बाद में उसका अनुवाद कर निर्णय लिया जाता है। इसके अलावा झारखंड में कुछ ख़ास शब्द बोले जाते हैं : जैसे, 'चूल' (सिर का बाल), 'चास' (खेती),'बिठलाहा' आदि। चूल और चास पर बंगाली का असर है। सन्थाल परगना में सन्थाल आदिवासियों के बीच 'बिठलाहा' शब्द प्रचलित है जिसका सन्दर्भ और अर्थ इस प्रकार है: यदि कोई बाहरी व्यक्ति ('दिकू') किसी सन्थाल व्यक्ति के विरुद्ध अपराध करता है अथवा उस पर ऐसी शंका बलवती होती है, तो उसे अनौपचारिक रूप से समूचा आदिवासी समुदाय कठोर दंड स्वत: देता है जो काफ़ी उदाहरणीय होता है—मनुष्य को जान से मार देना, घर-बार, पशु आदि को नष्ट करना या जला देना।

[III]

इस खंड में मैं हिमाचल प्रदेश की तमाम पहाड़ी भाषाओं की चर्चा करूँगा और भ्रम का निवारण करूँगा क्योंकि वहाँ 'हिमाचली भाषा' जैसी कोई भाषा नहीं है (यद्यपि बाहर के कई लोग ऐसा भ्रम पाले हुए हैं)। वहाँ 'पहाड़ी (हिन्दी) भाषा' कमोबेश क्षेत्रीय सम्पर्क भाषा है और दो दर्ज़न से अधिक स्थानीय-क्षेत्रीय भाषाएँ(बोलियाँ) प्रचलित हैं और अकेले 'किन्नौरी' भाषा की पाँच उपभाषाएँ हैं। हिमाचल प्रदेश के विशिष्ट क्षेत्रों में प्रचलित प्रमुख विशिष्ट क्षेत्रीय/स्थानीय भाषाओं को तालिका 4 में देखा जा सकता है :

तालिका 4 : हिमाचल प्रदेश में क्षेत्रवार प्रचलित स्थानीय-क्षेत्रीय भाषाएँ

विशिष्ट क्षेत्र	प्रचलित स्थानीय-क्षेत्रीय भाषा
1. मंडी	मडियाली
2. कुल्लू	कुल्लुवी, सराजी
3. लाहौल	लाहौली, भोटी (तिब्बती)

4. कांगड़ा	कांगड़ी
5. चम्बा	चम्बियाली
6. पांगी (जिला चम्बा)	पंगवाली (पश्चिमी हिमालयी हिन्दी)
7. शिमला	महासुई
8. सिरमौर	सिरमौरी
9. किन्नौर	किन्नौरी (क्षेत्र विशेष में 5 उपभाषाएँ-हम्सकद, जङ रामकद, सुमछोकद, सुमनमकद, छितकुलकद)
10. सीमावर्ती लाहौल (तिब्बत की सीमा पर)	पहाड़ी हिन्दी (बाहरी शिल्पकार समुदाय-डोमबा (लोहार), शिप्पी-चिनाल (खेती), हेसी
11. भरमौर (गदेरण)	पहाड़ी हिन्दी (गद्दी-अर्ध घुमन्तू जनजाति)
12. बंजार (कुल्लू की तहसील)	सराजी
13. किन्नौर में बाहर से आकर बसे 'बाहिरू' शिल्पकार-डोमङ—लोहार, चमङ-जुलाहा, चलालङ—चिनाल, ओरस—बढ़ई)	पहाड़ी हिन्दी
14. ऊपरी किन्नौर, स्पीति, रंगलो-खोकसर, तोद, पतनम (लाहौल)	त्रम्सकद (तिब्बत की भोटी भाषा का उपभेद)

मनुष्य अपनी धार्मिक इच्छाओं, आकांक्षाओं आदि की पूर्ति के लिए तथा भय एवं आपदा में प्रतीकात्मक सहारा पाने के लिए नाना प्रकार के देवी-देवताओं का सृजन करता रहा है जिसका जीवन्त उदाहरण हिमाचल प्रदेश है। हिमाचल प्रदेश में देवताओं का 'मानवीकरण' और मानव का 'दैवीकरण' व्यापकता और गहनता से हुआ है जिसकी प्रमुख विशेषताएँ निम्नलिखित हैं :

(क) देवताओं की संख्या सैकड़ों में है (देव-बहुलता अन्ततः लोकतन्त्रीकरण का प्रतीक)

(ख) देवताओं की बाक़ायदा जमींदारी होती है।

(ग) देवताओं की बाक़ायदा रिश्तेदारी होती है।

(घ) देवात्मा 'देवगुर' के शरीर में प्रवेश करती है और अपने अनुयायियों को उसके माध्यम से सन्देश देती है।

(ङ) देवताओं को विधिवत् भोग लगता है—रोटी, दाल, भात आदि उन्हें खिलाया जाता है और 'रोटी खाने चलो' देवताओं से जुड़ा एक महत्त्वपूर्ण पर्व है।

(च) 'देवगुर' या 'गुर' देवता द्वारा चयनित व्यक्ति माना जाता है जिस पर देवता की छाया प्रकट होती है और उसका स्थान देवता और उसे मानने वाले व्यक्तियों के बीच होता है। उसे 'अतिविशिष्ट व्यक्ति' का सम्मान दिया जाता है। उसकी शक्तियों के साथ-साथ कुछ वर्जनाएँ भी होती हैं—घर में मृत्यु होने पर भोजन नहीं करना, शराब नहीं पीना, जूठन नहीं खाना, अश्लील शब्द नहीं कहना।

(छ) हार/हारु देवता की प्रजा होते हैं।

(ज) देवताओं को प्रसन्न करने के लिए जानवरों की बलि देने की प्रथा रही है।

ऐसे दैवी छाया (जिसे देव-देवी का घोड़ा उ.प्र. में कहा जाता है) के तमाम दृष्टान्त उ.प्र., बिहार, झारखंड, छत्तीसगढ़, उत्तराखंड, म.प्र. आदि हिन्दी इलाकों में प्राय: देखने को मिलते हैं जिनसे जनता अपने व्यक्तिगत दु:खों से लेकर सामूहिक/सामुदायिक समस्याओं तक की फरियाद करती है, तथा भय, विकल्पहीनता और आदर के कारण दैवी छाया के निर्देशों पर पूजा, धार्मिक अनुष्ठान आदि समय-समय पर सम्पन्न किये जाते हैं।

हिमाचल प्रदेश में कुछ भाषाओं में कई ऐसे शब्द हैं जो हूबहू हिन्दी भाषा के हैं मगर अर्थ में काफ़ी अन्तर है। जैसे भोजन, तीथ, दान आदि। हिन्दी में 'भोजन' का अर्थ है 'खाना' (आहार) जबकि हिमाचल प्रदेश के कुल्लू जिले की बंजार तहसील में प्रचलित 'सराजी' भाषा में वह देवताओं को चढ़ाये जाने वाले 'प्रसाद' (भोग) के अर्थ में प्रयुक्त होता है। इसी प्रकार सराजी भाषा का 'तीथ' शब्द हिन्दी के 'तिथि' (दिनांक) के काफ़ी नज़दीक है मगर हर दिन (तिथि) को 'तीथ' नहीं कहा जाता बल्कि जिस दिन धार्मिक पर्व/त्योहार हो, सिर्फ़ उसे ही 'तीथ' कहते हैं। इसके अतिरिक्त हिन्दी में 'दान' शब्द पुण्य हेतु भेंट दिये जाने के अर्थ में प्रयुक्त होता है जबकि सराजी भाषा में 'दान' का अर्थ है किसी देवता के अनुयायियों को सामूहिक भोजन हेतु निमन्त्रण देना। इसी के साथ 'उल्टा दान' और 'सुल्टा दान' शब्द भी वहाँ प्रचलित हैं। 'उल्टा दान' घर में किसी की मृत्यु होने पर 'उल्टे हाथ से' अन्न भेंट करना (मानक एक सेर) होता है जबकि 'सुल्टा दान' मृत्यु के एक वर्ष के भीतर कभी भी अपने समुदाय को 'सीधे हाथ से' भोजन खिलाना होता है। इसके अलावा ऊँची डींग हाँकने या सफेद झूठ बोलने को सराजी में 'द्वाड़े' कहते हैं और दामाद को 'ज़ोईं' (जमाई से मिलता-जुलता) कहते हैं तथा ब्राह्मणों को सम्मान के साथ 'भट' ब्राह्मण कहते हैं जिसे अन्य हिन्दी क्षेत्र एवं कश्मीर में 'भट्ट' (विद्वान) कहते हैं। यह विशेष रूप से उल्लेखनीय है कि सराजी भाषा में 'बेरोज़गार' के लिए कोई शब्द ही नहीं है अर्थात् पहले वहाँ की आत्म-निर्भर अर्थ-व्यवस्था में

शायद कोई भी रोज़गारविहीन नहीं था। इतना ही नहीं, अवधी भाषा की तरह सराजी भाषा में भी सिर को 'मुंड', बाल को 'जटा', दरवाज़ा को 'दुआर' और दीवार को 'भीत' कहने की परिपाटी है। इस प्रकार हिमाचल प्रदेश की दर्ज़नों भाषाओं में हिन्दी भाषा से समानता और भिन्नता दोनों है।

बहुलता कभी-कभी अराजक भी हो जाती है किन्तु उसे अव्यवस्था मानकर नकारा नहीं जा सकता। फिर भी वह भाषायी और सांस्कृतिक संकीर्णता, संकुचन, एकरूपता, अन्यत्व एवं बहिराव जैसी नकारात्मक अवधारणाओं से लाख गुना बेहतर है। यह कारगर एवं स्वस्थ लोकतन्त्र का तकाज़ा है कि वह अल्पसंख्यक व्यक्ति, समूह, भाषा-संस्कृति आदि को बहुआयामी विकास हेतु पूरा अवसर दे तथा उन्हें 'अन्य' मानकर उनकी आवाज़ को कदापि नहीं दबाये बल्कि उन्हें असहमति और अस्वीकृति अभिव्यक्त करने का मौका दे। कोई व्यक्ति, समूह, समुदाय, नस्ल आदि अपने जीवन और जगत की अभिव्यकित किसी भाषा में ही कर सकता है। अस्तु, भाषा के बाबत विल डूराँ का कथन स्वीकार्य नहीं है क्योंकि विभिन्न विचारधाराओं, भाषाओं और संस्कृतियों के बीच टकराव होने पर कुछ तत्व ख़त्म हो जाते हैं और दूसरे (नये) तत्वों का उदय होता है। द्वन्द्व और संघर्ष जीवन के अंग हैं तथा भाषा इसका अपवाद नहीं है क्योंकि प्रत्येक समुदाय के जीवन की सामूहिक/ सामुदायिक भाषा होती है और उस भाषा का भी अपना जीवन होता है जिसमें समय-समय पर उतार-चढ़ाव होते रहते हैं।

अध्याय 10

भाषाई विविधता प्राकृतिक विविधता जितनी ज़रूरी है

यद्यपि संयुक्त राष्ट्र ने 21 फरवरी को 'अन्तरराष्ट्रीय मातृभाषा दिवस' घोषित किया है मगर विश्व की साढ़े सात सौ करोड़ जनसंख्या में से एक फ़ीसद भी न तो उसकी जानकारी रखती है और न उसे हर वर्ष मनाती है। विश्व में कुल छः हजार नौ सौ बारह भाषाएँ दर्ज़ हैं। कुछ भाषाविदों ने चिन्ता व्यक्त की है कि सन् 2100 तक इन भाषाओं की संख्या घट कर आधी हो जायेगी। भाषाविद् के. डेविड हैरिसन ('व्हेन लैंग्वेजेज डाइ') के अनुसार 2005 में 204 भाषाओं के बोलने वालों की संख्या (प्रत्येक में) दस से भी कम थी और 344 भाषाओं (प्रत्येक में) के बोलने वालों की संख्या दस से 99 के बीच थी। इस प्रकार 548 भाषाओं के बोलने वालों की संख्या 99 (प्रत्येक में) से कम थी। जब किसी भाषा के बोलने वालों की संख्या दस या उससे कम होती है, तो उसे बोलने वाले अपने को अलग-थलग पाते हैं, वे हीनग्रन्थि के शिकार हो जाते हैं तथा उनकी भाषा दूसरी भाषाओं के बीच दब जाती है। इस प्रकार ऐसी छोटी भाषा के मुहावरे, व्याकरण, शब्दकोश अभ्यास के घटने से निरन्तर कम होते जाते हैं। इस प्रकार औसतन प्रत्येक दस लाख की आबादी पर एक भाषा दर्ज़ है। मगर औसत गणना से वास्तविकता परिलक्षित नहीं होती क्योंकि कुछ बड़ी भाषाओं (हिन्दी, अँग्रेज़ी, चीनी आदि) के बोलने वालों की संख्या करोड़ों में है जबकि कुछ छोटी स्थानीय भाषाओं के बोलने वालों की संख्या महज़ एक दर्ज़न या उससे भी कम है। जैसे इंडोनेशिया में 'लेंगिलू' भाषा बोलने वालों की संख्या मात्र चार थी, यूक्रेन में 'कैरेम' भाषा बोलने वालों की संख्या मात्र छः थी, और ओकलाहोमा में 'विचिता' भाषा बोलने वालों की संख्या मात्र दस थी। विश्व की दस सबसे बड़ी भाषाएँ आधी आबादी द्वारा बोली जाने वाली भाषाएँ हैं। दूसरी ओर 3586 भाषाओं को बोलने वाले (80 लाख) दुनिया की आबादी का मात्र 0.2% हिस्सा हैं। फिर 120 करोड़ लोग (20.4%) 2935 भाषाएँ बोलते हैं और 450

करोड़ लोग (79.5%) 83 बड़ी भाषाएँ बोलते हैं। इससे दो बातें ज़ाहिर होती हैं : पहली, जैव-विविधता की तरह सांस्कृतिक एवं भाषाई विविधता ज़रूरी होती है। दुनिया में विचार की एक नहीं, अनेक परम्पराएँ होती हैं और उन परम्पराओं की अभिव्यक्ति, विकास एवं अनुपालन की अलग-अलग भाषाएँ भी होती हैं। हर भाषा का एक प्रारम्भिक मौलिक उद्‌गम क्षेत्र होता है और वहाँ के लोग जहाँ-जहाँ जाते हैं, वे अपनी संस्कृति एवं सम्प्रेषण के माध्यम के रूप में अपनी भाषा भी ले जाते हैं। नये स्थल पर कुछ नये शब्द जुड़ जाते हैं और कुछ पुराने शब्द अप्रचलित हो जाते हैं। जैसे, मॉरिशस में भारतीय मूल के लोग भोजपुरी भाषा को ले गये और वहाँ की क्रियोल (मिश्रित) भाषा में भोजपुरी के कुछ शब्द जुड़ गये हैं और भोजपुरी में भी क्रियोल के कुछ शब्द जुड़ गये हैं। भाषाओं के बीच आवाजाही कमोबेश स्वतन्त्र एवं सहज रूप से होती रहती है। दूसरी, संख्या घटने से कोई भाषा मृत्यु की ओर अग्रसर होती है। जैसे रूस के साइबेरिया में चौवन वर्षीय वास्य गाबोव अपनी मातृभाषा 'ओस' प्रवाहपूर्ण तरीके से बोलने वाले सबसे कम उम्र के थे! महज़ तीस व्यक्ति 'ओस' भाषा बोलने वाले बचे थे और सम्भवतः 2015 में यह भाषा लुप्त हो गयी। अमरीका के ओकेहाकिंग लेनापे नामक भारतीय आदिवासियों को ज़बर्दस्ती डेलावेअर घाटी से विस्थापित करके ओकलाहोमा में पुनर्वासित किया गया जिसके कारण 2004 में उनकी भाषा 'लेनापे' बोलने वाला कोई नहीं बचा जबकि बीसवीं सदी के मध्य में उस भाषा के बोलने वालों की संख्या 10,500 दर्ज़ थी। विश्व में 40 प्रतिशत से अधिक भाषाएँ ख़तरे में हैं जबकि मात्र 5% मछलियाँ, 8% पौधे, 11 प्रतिशत चिड़ियाँ और 18 प्रतिशत स्तनपायी जीव ख़तरे में हैं। मगर भाषाओं के बारे में वैचारिक धरातल एवं आन्दोलन दोनों स्तरों पर उतनी गहमागहमी नहीं है, जितनी जीव-जन्तुओं और पौधों के लिए है। प्रसिद्ध भाषाविद् केन हेल (Ken Hale) ने एक बार सही कहा था : ''जब आप एक भाषा खोते हैं, तो एक संस्कृति, बौद्धिक धन, कलाकृति को खो देते हैं। यह खोना लुवर संग्रहालय (पेरिस) पर बम फेंकने जैसा है।'' क्योंकि लुप्त भाषाओं को व्यवहार में लाना या पुनर्जीवित करना अत्यन्त कठिन है।

प्रायः ऐसा होता है कि एक गाँव के विद्यालय में स्थानीय भाषा को शिक्षा का माध्यम नहीं बनाकर किसी क्षेत्रीय या प्रादेशिक भाषा या राष्ट्रभाषा या अन्तरराष्ट्रीय भाषा को माध्यम बनाया जाता है। उदाहरणार्थ, झारखंड के सन्थाल परगना प्रमंडल के साहेबगंज जिले में पहाड़िया नामक आदिम जनजाति की 'मालतो' भाषा में शिक्षा देने की व्यवस्था नहीं की गयी, बल्कि सरकारी विद्यालयों में हिन्दी पढ़ायी गयी और मिशनरियों के विद्यालयों में अँग्रेज़ी पढ़ायी गयी। इसके कारण 'मालतो' भाषा लगभग विलुप्त हो रही है। इसी प्रकार रूस के साइबेरिया में 'तोफा' भाषा में शिक्षा

देने की व्यवस्था नहीं की गयी बल्कि रूसी भाषा में ही ज़बर्दस्ती शिक्षा दी जाती रही, इसलिए तोफा भाषा विलुप्ति के कगार पर है। इसलिए कहा जा सकता है कि शिक्षा की वर्तमान प्रणाली एक ओर ज्ञान का प्रचुर भंडार खोलने का दावा करती है, मगर दूसरी ओर जनता की भाषा में ज्ञान मुहैया न कराकर उस पर पर्दा डालती है जैसे अचल मूर्तियों के समक्ष 'छप्पन भोग' चढ़ाया जाता है और मान लिया जाता है कि उन मूर्तियों ने उसे ग्रहण कर लिया। अभी सन्थाली भाषा देवनागरी लिपि में लिखी जाती है। सन्थाली समुदाय के पंडित रघुनाथ मुर्मू ने 'ओल चिकी' लिपि सन्थाली के लिए बनायी मगर वह प्रचलित नहीं हुई। झारखंड में अभी हिन्दी राजभाषा है और बंगाली, ओडिया, हो, कुड़ुख, पंचपरगनिया, नागपुरी(सादरी) खड़िया, सन्थाली आदि द्वितीय राजभाषाएँ मान्य हैं। झारखंड के मुंडा आदिवासियों की 'हो' भाषा दो लिपियों में लिखी जाती है: देवनागरी और 'वरांग क्षिति' (जिसे मुंडा समुदाय के लाको बोदरा ने निर्मित एवं विकसित किया था) में। 'हो' भाषा बोलने वालों की संख्या 38.03 लाख है मगर इसके बोलने वालों की संख्या घटने से भाषाविदों ने आशंका व्यक्त की है कि सन् 2100 तक यह भाषा विलुप्त हो जायेगी। इसी प्रकार भारत की 'गोरुम' भाषा (जिसे बोलने वाले मात्र 300 बचे हैं) ख़तरे में है। यह शंका व्यक्त की जा रही है कि 2100 तक विश्व की 3500 भाषाएँ विलुप्त जो जायेंगी। इसलिए इन्हें बचाने के लिए के. डेविड हैरिसन के नेतृत्व में एक दल ने आठ 'बोलते शब्दकोश' तैयार किए हैं। इन डिजिटल शब्दकोशों में 32000 लिखित शब्द और 24000 श्रव्य रिकार्डिंग इन संकटग्रस्त भाषाओं से दर्ज़ की गयी हैं। आशा है कि जिन भाषाओं के बोलने वाले मात्र कुछ दर्ज़न बचे हैं, उन्हें डिजिटल माध्यम से सुना और बचाया जा सकेगा। मगर ऐसी विलुप्त हो रही भाषाओं के बारे में उन भाषाओं के बोलने वालों के मत भिन्न-भिन्न हैं। पहली श्रेणी में वे हैं जो ऐसी विलुप्ति को लेकर चिन्तित एवं भावुक हैं मगर कुछ न कर पाने की स्थिति में हैं। दूसरी श्रेणी में वे लोग हैं जो ऐसे भाषा-परिवर्तन को प्रगति का सूचक मानते हैं तथा वे नहीं चाहते कि उनकी अगली पीढ़ी एक पुरानी, गयी-गुजरी, पतनशील एवं निम्नतर भाषा बोले जिसका आर्थिक रोज़गार, राजनैतिक भागीदारी या सामाजिक प्रतिष्ठा के मामले में कोई सकारात्मक भविष्य नहीं है। के. डेविड हैरिसन ने पाया है कि वनुआतू के 65 द्वीप समूहों की 2.05 लाख आबादी के पास 109 स्थानीय भाषाएँ हैं अर्थात् प्रत्येक 1880 व्यक्तियों पर एक भाषा प्रचलित है। इसी प्रकार चाड में 98 लाख की आबादी के पास 132 भाषाएँ हैं अर्थात् प्रत्येक 74000 लोगों पर एक भाषा है। इसी तरह संयुक्त राज्य अमरीका के अलास्का में 86000 देशज आबादी के पास 21 भाषाएँ हैं तथा शेष 6.40 लाख आबादी अँग्रेज़ी बोलती है। इस प्रकार वनुआतू, चाड और अलास्का में समृद्ध भाषाई विविधता है।

मगर दूसरी ओर पश्चिमी यूरोप के देशों में भाषाई विविधता नगण्य है। मुख्यधारा में लाने के नाम पर भाषाई एकरूपता की प्रवृत्ति प्राकृतिक और सांस्कृतिक विविधता के मौलिक गुण के विपरीत है। जैसा कि प्रकृतिवादी विद्वान जोहान क्रिश्चियन फेब्रिसियस ने सही कहा था—"यदि नाम लुप्त हो जाते हैं, तो हमारा ज्ञान भी मर जाता है।" बोत्स्वाना के गाना लोगों (कुल 800 लोग) में जीवित चीज़ों के लिए कोई सामान्य (उत्पत्तिमूलक) शब्द नहीं है तथा वे वनस्पति तथा पशु के बीच शाब्दिक भेद नहीं करते। वे वनस्पतियों और जानवरों को तीन श्रेणियों में बाँटते है : (क) क्सूक्सो (खाने वाली चीज़ें), (ख) पाक्सो (दाँत से काटने वाली चीज़ें), (ग) गूवाहाक्सो (बेकार चीज़ें)। खाने वाली चीज़ें मनुष्यों के खाने योग्य होती हैं, दाँत से काटने वाली चीज़ें उनके लिए हानिप्रद होती हैं और बेकार चीज़ें न खाने योग्य और न हानिप्रद होती हैं।

इसी प्रकार सोलोमन द्वीप समूह में पश्चिमी न्गेला लोग समुद्री जीवों के बारे में काफ़ी ज्ञान रखते हैं। तमाम जीव वैज्ञानिकों ने स्वीकार किया है कि न्गेला लोगों ने मछलियों के 350 नाम रखे हैं जिनकी जानकारी वैज्ञानिकों को नहीं है। इन नामों में 70 प्रतिशत नाम ऐसे हैं जो बताते हैं कि वे लोग मछलियों का अवलोकन कैसे करते हैं तथा किन विशेषताओं को महत्त्व देते हैं। जैसे, कैसे मछली पकड़ी जाती है, उसका नरम मांस, किस मछली को पक्षी खाते हैं 'माला बुलुआ माला' (स्थानक्रम), 'बुला' (लघु ज्वार-भाटा में पाल पर प्रकाश डालना और सतह से मछली पकड़ना), 'रोसो तरंगुआ रोसो' (नरम मांस वाला छोटा नारियल),'तरंगाऊ' (मछ़ली जिसे पक्षी खाते हैं) आदि। दूसरी ओर वेनेजुएला के 'बारी' भाषा बोलने वालों (1500 लोग) का वनस्पति-ज्ञान अद्भुत है मगर एक पीढ़ी से अगली पीढ़ी को दिये गये स्थानिक वनस्पति (एथनोबॉटनी) ज्ञान में 40 प्रतिशत से 60 प्रतिशत तक नुकसान हो रहा है (नयी पीढ़ी पेड़-पौधे के नाम भूल रही है) क्योंकि वनों से स्थानीय लोगों की दैनिक अन्तः क्रिया कम हो गयी है। इसी प्रकार पापुआ न्यू गिनिआ के रोफैफो (आखेट-संग्रह करने वाला समुदाय) लोग तमाम जंगली जीवों का वर्गीकरण भूल रहे हैं। नार्वे के सामी समुदाय (जो रेनडियर पालक हैं) रेनडियर, समुद्री स्तनपायी जीवों और सियारों की उम्र एवं उनके लिंग पर आधारित वर्गीकरण भूल गये हैं जबकि 1756 में उनकी पूर्ववर्ती पीढ़ी को इसका विशद् ज्ञान था। एस्किमो भाषा में 'बर्फ़' के एक सौ पर्यायवाची हैं। अरबी भाषा में 'तलवार' के 100 पर्यायवाची हैं। राजस्थानी (हिन्दी की क्षेत्रीय भाषा) में 'बादल' के तीन दर्ज़न नाम हैं। हिन्दी में पानी, सूरज, बादल, पृथ्वी, आकाश आदि के दर्ज़न भर पर्यायवाची हैं जबकि अँग्रेज़ी में एक या दो शब्द ही हैं। संस्कृत और हिन्दी में विष्णु के एक हजार नाम हैं! यह तथ्य भाषा की समृद्धि का सूचक है।

एक अत्यन्त लोकप्रिय अँग्रेज़ी शब्द है 'अंकल'। आजकल महानगरों से लेकर कस्बों और विकसित गाँवों में यह शब्द धड़ल्ले से प्रयुक्त होता है जो कम उम्र वाले बालकों/बालिकाओं द्वारा अधिक उम्र वाले पुरुषों को सम्बोधित होता है। अर्थात् यह महज़ उम्रबोधक शब्द बन गया है। दूसरी ओर हिन्दी की समृद्धि इस तथ्य से झलकती है कि उम्रबोधक, सम्बन्ध बोधक तथा आदरबोधक शब्द भिन्न-भिन्न हैं। अपने पिता की उम्र से कम उनके भाइयों को चाचा या काका (चचा, कका, चच्चा, कक्का, चच्चू सहित) कहा जाता है ; पिता से अधिक उम्र वाले पुरुषों को (जो पिता के भाई होते हैं या रिश्ते में लगते हैं) दादा (दद्दा) या ताऊ कहा जाता है। फिर माँ के भाई को मामा (मातुल भी) कहा जाता है। माँ की बहन के पति को मौसा कहा जाता है। पिता की बहन के पति को फूफा कहा जाता है। इस प्रकार पाँच सम्बन्धों (चाचा, दादा, मामा, मौसा एवं फूफा) के लिए गरीब अँग्रेज़ी भाषा में महज़ एक शब्द 'अंकल' है जिसके कहने से सम्बन्ध स्पष्ट नहीं होता। इधर मेरे गाँव में मेरे चचेरे भाई के पोते मुझे 'अंकल' कह रहे हैं और मेरे एतराज़ करने पर कहते हैं कि 'बाबा' (पिता के पिता या चाचा) अत्यधिक पुराना और बुढ़ापे का सूचक है जबकि 'अंकल' आधुनिक एवं जवानी का सूचक है। इसी प्रकार अँग्रेज़ी के 'आंटी' शब्द से सम्बन्ध स्पष्ट नहीं होते। हिन्दी में कई शब्द विभिन्न नारी सम्बन्धों को प्रकट करते है: मौसी (माँ की बहन), चाची या काकी (माँ की देवरानी), ताई या बड़ी माँ (माँ की जेठानी), बुआ, फुआ या फूफी (पिता की बहन), मामी (माँ की भाभी या मामा की पत्नी)। इसी तरह अँग्रेज़ी के 'ब्रदर', 'सिस्टर' और 'कजन' शब्दों के लिए हिन्दी में तमाम शब्द हैं जो भिन्न-भिन्न सम्बन्ध दर्शाते है : सगा भाई, चचेरा भाई, ममेरा भाई, फुफेरा भाई, मौसेरा भाई, साढू भाई आदि। फिर सगी बहन, चचेरी बहन, ममेरी बहन, फुफेरी बहन, मौसेरी बहन। 'ब्रदर-इन-ला' या 'सिस्टर-इन-ला' कहने से कई सम्बन्ध स्पष्ट नहीं होते, सो हिन्दी में कई स्पष्ट शब्द प्रयुक्त होते हैं : 'ब्रदर-इन-ला' के लिए साला (पत्नी का भाई), बहनोई (जीजा यानी-बहन का पति); साढू (साली का पति) आदि शब्द हैं। इसी प्रकार 'सिस्टर-इन-ला' के लिए साली-पत्नी की बहन, ननद-पति की बहन, भाभी-भाई की पत्नी, देवरानी-देवर की पत्नी, जेठानी-जेठ की पत्नी आदि कई शब्द हैं। इस प्रकार विभिन्न सम्बन्धों के लिए विभिन्न नामों का होना हिन्दी भाषा की ज्ञान-सम्पदा एवं समृद्धि का सूचक है। फिर भी आजकल भारत में विभिन्न रक्त एवं विवाह सम्बन्धों को गरीब अँग्रेज़ी के शब्दों के ज़रिये प्रकट किया जाता है और दुर्भाग्यवश हीन ग्रन्थि के कारण अथवा अति-आधुनिकता दर्शाने के लिए अँग्रेज़ी शब्दों के साथ 'जी' जोड़ दिया जाता है : पापाजी, मम्मीजी, मैडमजी, सरजी, अंकलजी, आंटीजी आदि। यह भी विडम्बना है कि तमाम लड़के लड़कियों

को मम्मी की वर्तनी नहीं मालूम।

के. डेविड हैरिसन ने एक अध्ययन में बताया है कि रूस के साइबेरिया क्षेत्र में तोफा भाषा में एक शक्तिशाली शब्द है—'दून्गूर' (dongur) जिसका अर्थ है 'पालतू नर रेनडियर जो तीन साल का है और पहली प्रजनन ऋतु में है किन्तु प्रजनन के लिए तैयार नहीं है।' इस प्रकार महज़ एक शब्द समूचे वाक्य के लिए पर्याप्त है। इसी प्रकार अँग्रेज़ी के पूरे वाक्य 'मे आइ कम इन, सर?' की जगह हिन्दी में संक्षेप में कहा जा सकता है:'आऊँ, श्रीमान्?' इसे भोजपुरी में मात्र एक शब्द में कह सकते है: 'ढुकीं?' फिर हिन्दी में 'गादर' शब्द ऐसे बैल के लिए प्रयुक्त होता है जो शरीर से स्वस्थ और तगड़ा होता है मगर जुताई आदि कार्यों में आगे नहीं बढ़ता। यह शब्द दूसरे जानवरों के लिए नहीं प्रयुक्त होता।

जैसा कि सर्वविदित है, करीब बारह हजार वर्ष पहले जब लोग आखेट युग में रहते थे, तो प्राकृतिक चक्र के अनुसार अपनी जीवन-चर्या ढाल लेते थे। मसलन, कनाडा के नुनावुट प्रान्त के 'इनुइट' लोगों के पास शुरू में पंचांग (तिथि-पत्री) नहीं था, इसलिए वे चन्द्रमा के बढ़ते-घटते स्वरूप के आधार पर ऋतुओं को जानते थे। एलेक्जेंडर मारशॉक की खोज के अनुसार तीस हजार वर्ष पहले फ्रांस में बाज की हड्डी पर बनाये गये कटाव चन्द्रमा के चक्रों को दर्ज़ करते थे। इनके अनुसार कृषि शुरू होने के बीस हजार वर्ष पहले हिम युग के लोग समय के चक्र से परिचित थे। मगर जब से सात दिवसीय सप्ताह, तीस-इकतीस दिवसीय माह, और तीन सौ पैंसठ दिवसीय वर्ष प्रचलित हुए, तब से पुराने पंचांग लुप्त हो गये जो फसलों की बुआई, सिंचाई, पकाई और कटाई से जुड़े थे। उनमें जीवन की भी लय थी, महज़ श्रम-गीतों की ही नहीं। आज की कई बड़ी भाषाओं, खासकर अँग्रेज़ी, में पंचांग का 'मानकीकरण' हो गया है जिसमें लचीले सप्ताह और लचीले माह की धारणाएँ सिरे से गायब हैं। के. डेविड हैरिसन ने पारम्परिक एवं आधुनिक पंचांग का तुलनात्मक अध्ययन करके निम्नलिखित निष्कर्ष निकाले हैं :

(क) आधुनिक काल गणना में एक घंटे में साठ मिनट होते हैं और एक मिनट में साठ सेकंड होते हैं जबकि पारम्परिक काल गणना में भौतिक प्रक्रियाएँ समय निर्धारित करती हैं। जैसे, पानी गरम करने में लगता समय या सूर्य की बदलती स्थिति।

(ख) आधुनिक काल गणना में एक दिन में चौबीस घंटे होते हैं जबकि पारम्परिक काल गणना में एक दिन का अर्थ प्राय: एक रात होती है अथवा सोने का समय भर होता है।

(ग) आधुनिक काल गणना में एक सप्ताह में सात दिन होते हैं जबकि पारम्परिक काल गणना में एक सप्ताह में चार से नौ दिन तक होते हैं

जो 'आज' पर केन्द्रित होते हैं (यानी कुछ दिन बीते हुए और कुछ दिन आने वाले)।

(घ) आधुनिक काल गणना में एक महीना सूर्य वर्ष का बारहवाँ हिस्सा होता है जबकि पारम्परिक काल गणना में चन्द्रमास का पूरा चक्र एक माह के बराबर होता है।

(ङ) आधुनिक काल गणना में एक वर्ष में बारह सूर्य मास होते हैं जबकि पारम्परिक काल गणना में करीब तेरह चन्द्र मास होते हैं और वे लचीली अवधि के होते हैं तथा प्राय: पर्यावरणीय चक्र से जुड़े होते हैं।

(च) आधुनिक काल गणना में मानव युग वर्षों और महीनों में गिने जाते हैं जबकि पारम्परिक काल गणना में मानव युग अनुक्रमिक जीवन-चरणों में गिने जाते हैं।

ज़ाहिर है कि आजकल मनुष्य घड़ियों (मोबाइल, टी.वी. के पर्दे पर भी) पर समय जानने के लिए निर्भर हो गया है जबकि हमारे पूर्वज चन्द्रमा या सूरज के बदलते रूपों को जाँचते-परखते थे तथा मानसिक पंचांग के सहारे अपना कार्य-निष्पादित करते थे। जब लिखने का अविष्कार नहीं हो पाया था (पच्चीस हजार वर्ष पहले), तो लोग उँगलियों के सहारे गणना करते थे। उसके बाद 'सूत्र' (मन्त्र सहित) और 'पहाड़ा' का विकास हुआ जिनसे काल तथा अन्य गणनाएँ मुँहजबानी हो जाती थीं। वैदिक गणित (पाटी गणित) तथा गणित के महापंडित आर्यभट्ट के 'आर्यभटीयम्' में गणना के कई सूत्र उपलब्ध हैं। ज़ाहिर है कि 'मौखिक परम्परा' के काफ़ी बाद 'लिखित परम्परा' का विकास हुआ। फिलीपाइन्स के इफुगाओ समुदाय के लोग चन्द्रमा के बदलते आकार को कई चरणों में रूपक के रूप में मानते थे जैसे नये चाँद के सबसे पतले मोम को 'धागा चाँद' (थ्रेड मून) कहते थे; उसका अगला चरण 'चाकू चाँद' (नाइफ मून) के नाम से जाना जाता था, (जो धान की फसल की कटाई में प्रयुक्त हँसिया की तरह होता था); उसके अगले चरणों के भिन्न-भिन्न नाम थे—'आधा चाँद' (हाफ मून), 'फूला हुआ आधा चाँद' (स्वोलेन हाफ मून) तथा 'दो-तिहाई चाँद' (टू-थर्ड्स मून)। साइबेरिया के तोफा लोग पहले जून महीने को 'खाने योग्य कुमुदिनी कन्द' (एडिबल लिली बल्ब) कहते थे मगर बाद में रूसी भाषा के वर्चस्व के कारण वह नाम भूलकर वे रूसी 'ई यून' (ee yoon) नाम से सम्बोधित करने लगे। तोफा समुदाय के आखेट पंचांग और संग्रहण पंचांग इस प्रकार थे (तालिका 1) :

तालिका 1 : साइबेरिया के तोफा समुदाय के आखेट एवं संग्रहण पंचांग

अँग्रेज़ी माह	आखेट पंचांग	संग्रहण पंचांग
1. जनवरी	महान श्वेत माह	खाली माह
2. फरवरी	लघु श्वेत माह	बड़ा लट्ठा माह
3. मार्च	कुत्तों के साथ शिकार का माह	वृक्ष की कोंपल का माह
4. अप्रैल	वृक्ष की कोंपल का माह	अच्छे भोजवृक्ष की छाल के संग्रह क ामाह
5. मई	तैगा माह में शिकार	सरंकी की जड़ खोदने का माह
6. जून	(याद नहीं)	खराब भोजवृक्ष की छाल के संग्रह का माह
7. जुलाई	सूखी घास कटाई का माह	सूखी घास कटाई का माह
8. अगस्त	(याद नहीं)	सरंकी के संग्रह का माह
9. सितम्बर	चमड़ा तैयारी का माह	चमड़ा तैयारी का माह
10. अक्तूबर	नर हिरण पकड़ने का माह	पतझड़ की ओर बढ़ने का माह
11. नवम्बर	नेवले की प्रजाति के एक जानवर के शिकार का माह	शिकार का माह
12. दिसम्बर	जाड़े का माह	रस्सी बटने का माह

उपरोक्त तालिका से स्पष्ट है कि तोफा समुदाय के पंचांग उनकी दो मुख्य आजीविकाओं (आखेट एवं संग्रहण) से जुड़े रहे हैं जो ज़्यादा मूर्त एवं यथार्थपरक हैं। साइबेरिया के चुकची (chukchee) लोग अप्रैल माह को 'ग्रा–आ–अलिज्न' कहते हैं जब रेनडियर के बच्चे पैदा होते हैं मगर यदि चन्द्र में परिवर्तन के कारण रेनडियर के बच्चे मई माह में पैदा होते हैं, तो वे लोग मई माह को 'ग्रा–आ–अलिज्न' कहते हैं। इसी प्रकार भारत में भी देशज पंचांग खेती के विभिन्न चरणों से जुड़े हैं तथा उनमें समय बदलता रहता है। जैसे, चैत्र (या चैत) माह रबी फसलों की कटाई का महीना है, विशेषकर मटर, चना, मसूर, अरहर (तूर), सरसों, गेहूँ, जौ आदि का। उत्तर भारत के गाँवों में यह कहावत प्रसिद्ध है 'चैत लगना' (कटनी) अर्थात् फसलों के खेतों से काटकर खलिहान या घर–द्वार पर लाना अर्थात् समृद्धि का माह। भारतीय हिन्दू चैत्र (शुक्ल पक्ष) से नये वर्ष की शुरुआत् मानते हैं, न कि

जनवरी से। बैसाख महीने का मतलब फसलों की मड़ाई करके अनाज को घर पर रखना। बंगाली और पंजाबी समाज 'बैसाख' से नये वर्ष की शुरुआत मानता है, इसलिए 'बैसाखी' पर्व धूमधाम से मनाया जाता है। जेठ में तपती दुपहरी खेती के लिए कम उपयुक्त है। फिर भी नदी, झील, समुद्र, तालाब आदि के पास के इलाकों में ककड़ी, खीरा, मक्का, गरमा धान (जायद) आदि की बुआई की जाती है। आषाढ़ माह वर्षा की शुरुआत् का सूचक है और इसके साथ-साथ खरीफ की फसल की बुआई का भी सूचक है। कहावत है—'तेरह कातिक, तीन असाढ़' अर्थात् कार्तिक महीने में रबी की बुआई तेरह-चौदह दिनों तक चलती है जबकि आषाढ़ में खरीफ की बुआई (या धान की रोपनी) तीन-चार दिनों में पूरी हो जाती है क्योंकि धान समय पर लगने पर बरसात के पानी का लगातार फ़ायदा पायेगा और पैदावार भी ज़्यादा होगी। सावन-भादों माह वर्षा के प्रतीक हैं और कला-साहित्य में यह बिम्ब सौन्दर्य, शृंगार एवं समृद्धि के लिए ही नहीं, करुणा के लिए भी प्रयुक्त होता है। एक प्रसिद्ध गीत है: 'मेरे नैना सावन-भादों, फिर भी मेरा मन प्यासा'। फिर क्वार या आश्विन माह में खरीफ की फसलों (विशेषकर धान) की कटाई-मड़ाई होती है और दूसरी ओर खेतों की जुताई आगामी रबी की फसलों हेतु भी की जाती है। 'नवरात्रि', 'दुर्गापूजा' और 'दशहरा' जैसे महत्त्वपूर्ण त्योहार इस माह में मनाये जाते हैं। कार्तिक माह में रबी की बुआई होती है। अब गुलाबी जाड़ा शुरू हो जाता है। इस माह में 'दीवाली' का महापर्व हर्षोल्लास से मनाया जाता है। अगहन माह में फसलों की सिंचाई की जाती है। पूस (पौष) माह किसानों के लिए खाली समय होता है और खूब जाड़ा पड़ता है तथा विशेषकर खेतिहर मजदूरों को काम नहीं मिलता, तो मजदूरी नहीं मिलती अर्थात् अलाभकर माह होता है। इस दौरान मजदूर दूसरे रोज़गार की तलाश में किसी महानगर-शहर-कस्बे की ओर पलायन करते हैं। यह भीषण सर्दी और बेरोज़गारी/विपन्नता का महीना होता है। प्रेमचन्द की मशहूर कहानी 'पूस की रात' इस माहौल का कटु यथार्थपरक चित्रण करती है। माघ महीना हरी फसलों और पीले फूलों (सरसों, राई आदि) का मौसम होता है और इसे शुभ भी माना जाता है लोहड़ी, मकरसंक्रान्ति या ओणम और वसन्त पंचमी जैसे पर्व मनाकर। फाल्गुन माह समृद्धि एवं उल्लास का प्रतीक है क्योंकि फसलें पकने लगती हैं और 'होली' का त्योहार धूमधाम से मनाया जाता है रंग-गुलाल-अबीर लगाकर। इस प्रकार भारत में देशज पंचांग में खेती जैसी मूल आजीविका के साथ-साथ सामाजिक-धार्मिक पर्व-त्योहार भी जुड़े हैं। उल्लेखनीय है कि भारत में विक्रम सम्वत् ईसा पंचांग वर्ष के 57 वर्ष पूर्व से शुरू हुआ था और शक सम्वत् उसके काफ़ी बाद (78 वर्ष बाद)। इस प्रकार ईसा वर्ष सबसे पुराना पंचांग वर्ष नहीं है। अब ईस्वी (ए.डी.) की जगह 'कॉमन एरा' साझा या समान युग कहा जाता है।

अँग्रेज़ी पंचांग (कैलेंडर) के माह बेतरतीब तरीके से लैटिन भाषा में गिने गये हैं अथवा रोमन देवताओं और राजाओं के नाम पर हैं मगर वे जीविका से सीधे जुड़े नहीं हैं। भारतीय पंचांग और उससे जुड़े कार्यों एवं पर्वों को तालिका 2 में देखा जा सकता है :

तालिका 2 : भारत में पंचांग, खेती के कार्य एवं पर्व-त्योहार

पंचांग	मौसम	खेती के कार्य	पर्व-त्योहार/विवाहलग्न
1. चैत्र (चैत)	गर्मी (शुरुआत)	रबी फसलों की कटाई नवरात्र, रामनवमी,	विवाह मुहूर्त (शुक्लपक्ष)
2. बैसाख	गर्मी (मध्यम)	कटाई-मड़ाई	बैसाखी, विवाह मुहूर्त
3. ज्येष्ठ (जेठ)	गर्मी (भीषण)	आम का पकना	गंगा दशहरा, विवाह मुहूर्त
4. आषाढ़	वर्षा	खरीफ की बुआई	विवाह मुहूर्त
5. सावन	वर्षा	निकाई (निकौनी)	तीज, नाग पंचमी
6. भादों	अंशतः वर्षा, अंशतः शरद	फसलों का पकना	छठ, कृष्ण जन्माष्टमी, गणेशचतुर्थी
7. क्वार (आश्विन)	शरद	खरीफ फसलों की कटाई	नवरात्रि, दुर्गापूजा, दशहरा
8. कार्तिक	हेमन्त	रबी की बुआई	दीपावली, एकादशी
9. अगहन (मार्गशीर्ष)	हेमन्त	गन्ना की पेराई/अन्य फसलों की सिंचाई	विवाह मुहूर्त
10. पौष (पूस)	शिशिर	खाली समय (खेती का काम नगण्य)	खरमास (अशुभ समय)
11. माघ	शिशिर	फसलों में फूल, आम में मंजर/टिकोला	विवाह मुहूर्त
12. फाल्गुन	वसन्त	सरसों की कटाई	महाशिवरात्रि, होली, विवाह मुहूर्त

भारत में शतायु होने के लिए बड़े-बुजुर्गों द्वारा 'जीवेम् शरदः शतम्' (सौ शरद जियो) का आशीर्वाद दिया जाता रहा है अर्थात् 'शरद' से लोग गहरे जुड़े थे और कहने का आशय था कि अमुक व्यक्ति एक सौ शरद (जाड़ा) सह सके क्योंकि जाड़ा सहना बुढ़ापे में मुश्किल होता है। अँग्रेज़ी पंचांग में मात्र चार ऋतुएँ वर्णित हैं : गर्मी, वर्षा, पतझड़, वसन्त। मगर भारत में छः ऋतुएँ होती हैं : गर्मी, वर्षा, शरद, शिशिर, हेमन्त एवं वसन्त। इसी तरह भारत में दस दिशाएँ और 49 प्रकार की हवाएँ गिनाई गयी हैं।

सामान्यतः भारतीय चन्द्र मास 28 से तीस दिनों के चक्र के होते हैं जिनमें

15–15 दिनों के क्रमशः कृष्ण पक्ष और शुक्ल पक्ष होते हैं। मगर दोनों पक्षों में अन्तिम (पन्द्रहवीं) तिथि का नाम भिन्न होता है—कृष्ण पक्ष की अन्तिम (पन्द्रहवीं) तिथि को 'अमावस्या' कहा जाता है जिस रात चन्द्रमा पूर्णतः काला होता है (निम्नतम एवं न्यूनतम कला) और शुक्ल पक्ष की अन्तिम तिथि को 'पूर्णिमा' (पूर्णमासी या पूनम) कहा जाता है जिस रात चन्द्रमा पूर्णतः उजला (उच्चतम कला) होता है। मगर यह भी सच है कि ये दोनों पक्ष लचीले होते हैं प्रत्येक तिथि में चौबीस घंटे का होना ज़रूरी नहीं। कभी-कभी एक ही दिन में दो तिथियाँ अंशतः होती हैं। फिर तोफा समुदाय की तरह भारतीय पंचांग में भी किसी-किसी वर्ष तेरह माह होते हैं और भारत में तेरहवाँ माह 'मलमास' या 'अधिक मास' कहलाता है जो कई माहों से कुछ-कुछ दिन काटकर यह माह बनता है और अशुभ होता है। इसलिए इस दौरान विवाह, गृह-प्रवेश आदि सम्पन्न नहीं होते। साइबेरिया के 'कोरयाक' समुदाय में एक सूर्य मास में दो वर्ष होते थे—जाड़ा वर्ष और गर्मी वर्ष। ये प्रायः प्रवास की प्रवृत्ति, वर्षा या शुष्क ऋतु तथा जीविका के कार्यों से जुड़े होते थे। ब्राजील के 'जवान्ते' (Xavante), जिनकी संख्या मात्र 8000 है, एक वर्ष को 'वर्षा' तथा 'शुष्क ऋतु' में बाँटते हैं तथा विभिन्न उम्र-समूहों यथा बचपन, किशोरावस्था, विवाहित अवस्था तथा वृद्धावस्था में सामूहिक कर्मकांड सम्पन्न होते हैं। यद्यपि प्रत्येक 'जवान्ते' व्यक्ति अपनी उम्र वर्षों में नहीं जानता, मगर इतना ज़रूर जानता है कि वह किस उम्र-समूह में है। प्राचीन भारत में मानव जीवन को चार बड़े आश्रमों में बाँटा गया था—ब्रह्मचर्य (विद्यार्थी जीवन), गृहस्थ (वैवाहिक जीवन), वानप्रस्थ (धीरे-धीरे सांसारिक सुखों से अपने को अलग करना, भले गृहस्थ के रूप में रहना), एवं संन्यास (सांसारिक जीवन से अलग वैराग्य लेना)। प्रत्येक आश्रम का काल खंड 25-25 वर्ष निर्धारित किया गया था। यहाँ यह भी उल्लेखनीय है कि भारतीय पंचांग अवधारणा में दिन और रात अलग-अलग होकर भी सम्बद्ध हैं। दिन का तात्पर्य सूर्योदय से सूर्यास्त के बीच का समय है जब सूरज का उजाला रहता है और रात का मतलब सूर्यास्त से अगले सूर्योदय के बीच का समय होता है जब चन्द्रमा का धीरे-धीरे ज़्यादा और बढ़ता उजाला हो सकता है (शुक्ल पक्ष) या चन्द्रमा का कम उजाला और बढ़ता अँधेरा (कृष्ण पक्ष) हो सकता है। यूँ विज्ञान में सूरज उगने और अस्त होने की अवधारणा मान्य नहीं है।

दुर्भाग्यवश पाश्चात्य मानकीकरण प्रतिमानों के कारण तमाम देशों के देशज प्रतिमान प्रचलन से गायब हो रहे हैं। जैसे दूरी का पैमाना, काल का पैमाना, वजन का पैमाना, द्रव का पैमाना आदि। पहले दूरी के पैमाने की बात करें। प्राचीन भारत में 'योजन' (चार कोस), कोस, फर्लांग आदि का पैमाना प्रचलित था। कई भारतीय ग्रन्थों में वर्णित है कि गिद्ध चार 'योजन' (4×4) अर्थात् सोलह कोस तक देख

सकता है। एक कोस करीब तीन किमी और दो मील के बराबर होता है। नये पैमाने (किमी) के आने से दो स्थानों के बीच की दूरी यथावत् रहने के बावजूद यह आभास देती है कि वह ज़्यादा है। उदाहरणार्थ, रामपुर से गोपालपुर की दूरी एक कोस और पुरानी पीढ़ी के लोग कहते हैं कि 'एड़ी उठाओ, तो रामपुर से गोपालपुर दिखता है' (जिसे भोजपुरी भाषी कहते हैं—'एड़िया उठावा बाबू लउकत बा')। मगर अब उसे नयी पीढ़ी 'तीन किमी' की दूरी कहकर तिगुनी दूरी का अहसास कराती है। पहले तीन-चार कोस की दूरी पर स्थित हाट-बाजार, मेला आदि लोग सहर्ष पैदल जाते थे गाते हुए, बतलाते हुए। मगर अब गाँव के बाहर नित्यकर्म करने के लिए भी नयी पीढ़ी सायकिल/मोटर सायकिल से जाती है। इसी प्रकार काल का पैमाना भी बदल गया है। पहले भारत में 'पहर' और 'घड़ी' का पैमाना प्रचलित था। सूरदास के एक पद में कृष्ण अपनी माँ यशोदा से कहते हैं :

'मैया मोरि मैं नहिं माखन खायो।
भोर भयो गैयन के पीछे मधुवन मोंहि पठायो।
चार पहर बंसी बट भटक्यो साँझ पर्‌यो घर आयो।।

इसमें 'पहर' शब्द के साथ-साथ 'चार' शब्द भी प्रयुक्त है। दूसरे, यह भी कहा गया है कि भोर होते ही वह गाय चराने चले जाते हैं और साँझ को घर वापस आते हैं; इस प्रकार चार पहर यानी पूरा दिन वह घर से बाहर रहते हैं, तो उन्होंने मक्खन की चोरी कब, कहाँ और कैसे की? स्पष्टतः चार पहर का आशय सूर्योदय से सूर्यास्त तक है—सुबह में पहला पहर, दोपहर में दूसरा पहर, अपराह्न में तीसरा पहर और सूर्यास्त के समय (गोधूलि) चौथा पहर। मगर अब नयी पीढ़ी घंटों, मिनटों और सेकंडों में समय नापने का पैमाना अपनाती है। 'एक सेकंड रुकना', 'दो सेकंड में आता हूँ' आदि प्रचलित वार्तालाप के उदाहरण हैं। पाश्चात्य परम्परा में मात्र चार दिशाएँ प्रचलित हैं—पूरब, पश्चिम, उत्तर, दक्षिण। मगर भारतीय संस्कृति में दस दिशाएँ प्रचलित हैः पूरब, पश्चिम, उत्तर, दक्षिण, ईशान, आग्नेय, नैऋत्य, वायव्य, ऊर्ध्व एवं भूमि। भारत के ग्रन्थों यथा 'रामचरित मानस' (तुलसीदास) में उनचास प्रकार की हवाओं का वर्णन (बह्यो पवन उनचास) अन्यत्र दुर्लभ है। फिर भारत में शीतल, मन्द, सुगन्ध हवा को उत्तम माना गया है। अब तो पाश्चात्य विद्वानों ने भी स्वीकार कर लिया है कि चौथी शताब्दी ई.पू. में पाणिनि के 'अष्टाध्यायी' से विश्व में भाषाशास्त्र की शुरुआत् होती है क्योंकि उनके व्याकरण से भाषा को स्थायी और हस्तान्तरणीय बनाया जा सकता है। किन्तु उसके बाद प्रगति सन्तोषजनक नहीं है, इसलिए अतीतजीवी और पश्चगामी होने से नुकसान होगा।

यह तथ्य अत्यन्त मजेदार है कि अमेजन के 'बोरोरो' लोग (जिनकी संख्या अब महज़ 850 है) सूरज के दिन में बढ़ते जाने को अपने चेहरे और सिर से संकेत

करके समय बताते हैं। सूरज की सीधी किरण शरीर के जिन ऊपरी भागों पर पड़ती है, उससे वे काल-निर्धारण करते हैं : मुँह का तात्पर्य सूर्योदय के ठीक बाद, 'आँख के स्तर' का मतलब भोर (अर्ली मार्निंग), 'माथा' का अर्थ मध्य-सुबह, और 'सिर के पिछले भाग' का आशय है शुरुआती अपराह्न (अर्ली आफ्टरनून)। पापुआ न्यू गिनिआ के 'केवा' लोगों (जिनकी संख्या मात्र 35000 है) के पास वर्ष की कोई इकाई नहीं थी, इसलिए वे अपने हाथ की दसों उँगलियों को गिनने के बाद, कलाई और दाहिनी कोहनी गिनकर बारह गिनती पूरी करते थे और तब उनके 'राके' उत्सव का समय होता था। इसी प्रकार वे विभिन्न अंगों को गिनकर 15वें माह में 'मेना रुडुपु' (सुअर उत्सव), 24वें महीने में जानवर के अंगों के बाहरी कवच और सुअर उत्सव, 33वें माह में 'रागुना यस' नृत्य (बड़े टोप के साथ), 36वें माह में 'केगा योगो लापो' (सब्जी उत्सव), 40वें माह में शिशु को जेब में रखने वाले जानवरों के भोजन का उत्सव तथा 47वें माह में 'मेना लाई' (सुअर मारने का उत्सव) मनाते थे। पापुआ न्यू गिनिआ के उष्ण कटिबन्धीय खेतिहर 'कालुली' समुदाय के लोग (संख्या 2000 मात्र) खेती के चक्रों के आधार पर मात्र तीन ऋतुएँ मनाते हैं : मैग्नोलिया वृक्षों में फल लगना, वृक्षों की जड़ों के पास पत्तियों का गिरना, तथा मरिटा फल का पकना। फिर ऑस्ट्रेलिया के 'यानयुवा' समुदाय में ऋतुओं को जानने में उनके आने की तारीख़ से ज़्यादा महत्त्वपूर्ण उनका क्रम है। मेरे प्राथमिक विद्यालय शाहपुर नानेमऊ (सुल्तानपुर, उ.प्र.) के पूर्व प्रधानाध्यापक सूरज की रोशनी से विद्यालय शुरू करने, मध्याह्न अवकाश करने और शाम को छुट्टी करने का निर्णय लेते थे। फिर ज़मीन में लकड़ी गाड़कर धूप से उसकी परछाई का आकलन करके भी समय का निर्धारण भारत में होता रहा है। जयपुर और दिल्ली में बने 'जन्तर-मन्तर' (यन्त्र-मन्त्र) के ज़रिये धूप के द्वारा बनने वाले कोण से भी भारत में लम्बे अरसे से काल-निर्धारण होता रहा है।

एक और मुद्दा है सप्ताह का। क्या सभी संस्कृतियों/भाषाओं में 'सप्ताह' के लिए शब्द मौजूद रहे हैं? नहीं, अधिकतर में नहीं है। फिर भाषाविद् रे जैकनडॉफ मानते हैं कि यदि किसी भाषा में सप्ताह के लिए कोई शब्द नहीं है, तो उनमें यह अवधारणा मौजूद नहीं रही है क्योंकि यह पूर्णतः अमूर्त अवधारणा है। उदाहरणार्थ, साइबेरिया के 'युकाघिर' समुदाय में सप्ताह के लिए कोई शब्द नहीं था, सो उन्होंने रूसी शब्द अपना लिया। फिनलैंड के सामी रेनडियर पालकों में सप्ताह के लिए कोई शब्द नहीं था, सो उन्होंने फिन्न तथा रूसी भाषाओं से यह अवधारणा उधार ले ली और कहते हैं : सप्ताह का पहला दिन, सप्ताह का दूसरा दिन आदि। इसी प्रकार अरिजोना के 'ओधम' समुदाय, जो 13 चन्द्रमास मानता है, ने स्पैनिश शब्दों को काट-छाँटकर अपना लिया—स्पैनिश डोमिंगो (रविवार) से उन्होंने 'डोमिग' शब्द

गढ़ा, लुनेस (सोमवार) से 'लुहनास' शब्द गढ़ा, मार्टेस (मंगलवार) से 'माह्लटिस' शब्द गढ़ा आदि। कैलिफोर्निया (संयुक्त राज्य अमरीका) के 'युकी' इंडियंस (जिनकी संख्या मात्र छः बची थी और शायद अब ख़त्म हो गयी) ने अँग्रेज़ी सीखने के बाद दिनों के सृजनात्मक युकी नाम दियेः जैसे, सोमवार के लिए 'काम शुरू करने का दिन', मंगलवार के लिए 'काम का दूसरा दिन', बुधवार के लिए 'काम का तीसरा दिन', बृहस्पतिवार के लिए 'काम का चौथा दिन', शुक्रवार के लिए 'काम का पाँचवाँ दिन', शनिवार के लिए 'काम के लिए एक दिन बचा' और रविवार के लिए 'काम से अवकाश का दिन'। युकी इंडियंस आज के लिए 'का इनाई' शब्द का इस्तेमाल करते हैं, आने वाले कल के लिए 'हाओ' शब्द का प्रयोग करते हैं, उसके अगले दिन के लिए 'वांक हाओ' शब्द का प्रयोग करते हैं, बीते कल के लिए 'सुम' शब्द और उसके एक दिन पहले के लिए 'हुसम' शब्द का प्रयोग करते हैं। इस प्रकार वे एक समय कुल पाँच दिनों के लिए अलग-अलग शब्द का प्रयोग करते हैं। वनुआतू की एनीत्यूम भाषा (जिसे बोलने वाले मात्र 600 हैं) दर्पण पद्धति का प्रयोग करती है जहाँ आज के लिए 'इनपिन' शब्द, 'बीते कल के एक दिन पहले' और 'आने वाले कल के एक दिन बाद' के लिए 'इनविड' शब्द तथा 'बीते तीन दिन पहले' और आज के 'तीन दिन बाद के लिए' 'होविड' शब्द का प्रयोग करते हैं। इस प्रकार सन्दर्भ से भूत और भविष्य काल का निर्धारण होता है। भारत में हिन्दी भाषा में बीते समय और आने वाले समय के लिए कल, परसों, नरसों और तरसों शब्दों का प्रयोग होता है जिससे एक साथ 'आज' के चार दिन पहले और चार दिन बाद के लिए समान शब्द प्रयुक्त होते हैं और उनकी क्रिया के सन्दर्भ से ज्ञात होता है कि वे बीते समय के लिए प्रयुक्त हैं अथवा आने वाले समय के लिए। इसी प्रकार वनुआतू के 'साइ' समुदाय के लोग आज के चार दिन पहले और चार दिन बाद के लिए समान नाम प्रयोग करते हैं मगर दोनों को हिगराने के लिए भूतकाल वाले शब्द के पहले एक उपसर्ग जोड़ देते हैं। जैसे, 'विम्पे' का तात्पर्य 'आज से चार दिन बाद'; 'नो विम्पे' का मतलब 'आज से चार दिन पहले'। मगर जब वे मिशनरियों के सम्पर्क में आये, तो उन्होंने सप्ताह की अवधारणा अपना ली मगर दिनों के लिए अपने शब्द गढ़ लिए जैसे शनिवार के लिए प्रयुक्त उनका शब्द है 'पकाने का दिन' (बेक डे) और रविवार के लिए 'अवकाश का दिन' (रेस्ट डे)। मगर दुर्भाग्यवश अब वे अँग्रेज़ी शब्दों का उपयोग करने लगे हैं, तथा अपने मौलिक शब्द भूलने लगे हैं। पापुआ न्यू गिनिआ के 'ईस्ट केवा' समुदाय के लोग आज से तीन दिन पहले और आज के तीन दिन बाद के लिए अलग-अलग शब्दों का प्रयोग करते थे। पापुआ न्यू गिनिआ के 'हुली' समुदाय के लोग आज के पाँच दिन पहले तथा पाँच दिन बाद के लिए अलग-अलग शब्दों का प्रयोग करते थे।

पापुआ न्यू गिनिआ के 'कलाम' समुदाय के लोग आज के छः दिन पहले और छः दिन बाद के लिए अलग-अलग शब्दों का प्रयोग करते थे। इस प्रकार स्पष्ट है कि उपरोक्त भाषाएँ अँग्रेज़ी से ज़्यादा समृद्ध रही हैं क्योंकि अँग्रेज़ी में आज के एक दिन पहले और एक दिन बाद के लिए क्रमशः 'यस्टरडे' और 'टुमारो' शब्द ही प्रयुक्त होते हैं, और उससे ज़्यादा दिनों के लिए अलग-अलग शब्द नहीं हैं। मगर भारत देश और दुनिया का दुर्भाग्य है कि अँग्रेज़ी भाषी ऐसी भाव-भंगिमा व्यक्त करते हैं मानो उनकी भाषा सर्वाधिक समृद्ध हो और विकासशील देशों के देशज समुदायों की भाषाएँ दरिद्र, निष्क्रिय और निस्तेज हों। तभी तो उन्होंने साम्राज्यवादी और उपनिवेशी सोच-विचार के तहत तमाम भारतीय भाषाओं को 'वर्नाकुलर' कहा (अर्ध-भाषाएँ या गँवारू बोलियाँ)।

ख़ैर...जैसे-जैसे इतिहासकारों, समाजशास्त्रियों, मानवशास्त्रियों और सामाजिक भाषाविदों के नये-नये शोध प्रकाशित हो रहे हैं, अँग्रेज़ी, फ्रांसीसी, स्पैनिश, पुर्तगाली, जर्मन जैसी साम्राज्यवादी भाषाओं की औपनिवेशिक मानसिकता एवं गतिविधियों की कलई खुल रही है। यहाँ यह उल्लेख करना प्रासंगिक है कि शब्दों के गलत अर्थ से अर्थव्यवस्था को भारी नुकसान हो सकता है। जैसे, बंगलादेश की बांग्ला अकादमी के शब्दकोश में 'राबरी' (लूट) की गलत व्याख्या 'समुद्री लूट' (पायरेसी) के रूप में की गयी है। इसके कारण बीमा कम्पनियाँ जलयान से भेजे जाने वाले सभी सामानों के लिए अधिक प्रीमियम माँगती हैं जिसके कारण बाह्य व्यापार महँगा हो गया है और इसलिए अब जलयान से सामान कम भेजा जा रहा है। इसी प्रकार भारत के महाराष्ट्र में 'पारधी' भाषा बोलने वाले लोग रहते हैं मगर अँग्रेजों के बनाये गये कानून (1876) के अनुसार वे अपराधी जाति घोषित कर दिये गये। अस्तु, आज वे मजबूरन अपनी मातृभाषा 'पारधी' न बोलकर मराठी या गुजराती भाषा बोलते हैं और अपनी भाषाई पहचान छिपाकर अपराधी करार दिये जाने से बचते हैं। भारत-पाकिस्तान के बँटवारे के फलस्वरूप भारत के सिन्धियों की 'सिन्धी' भाषा शिक्षा का माध्यम नहीं बनने से विकसित नहीं हो सकी। जम्मू-कश्मीर की राजभाषा 'उर्दू' घोषित हो गयी जबकि वह मुख्यतः कश्मीरी भाषी या डोगरी भाषी क्षेत्र रहा है। पाकिस्तान का पंजाब 'पंजाबी' भाषी क्षेत्र था, मगर राजनीतिक दबाब के कारण मजबूरन उन्हें 'उर्दू' अपनाना पड़ा। मध्य प्रदेश और छत्तीसगढ़ में बैगा, गोंडी जैसी तमाम स्थानीय भाषाओं को नज़रअंदाज़ किया गया और जब नक्सलवाद का प्रभाव बढ़ा, तो बालाघाट जिले के प्रशासन द्वारा 2011-12 में 'बैगा' भाषा में स्थानीय परम्पराओं, लोकगीतों, कलाओं और कर्मकांडों का प्रचार-प्रसार पत्रिका के ज़रिये लोगों में किया गया जिससे स्थानीय लोगों को अपनी पहचान मिली तथा यह पत्रिका 'जय जोहार' लोकप्रिय हुई। इसमें अधिकांशतः

स्थानीय विद्यार्थी-शिक्षक लिखते हैं। इस मॉडल को अन्य नक्सल-प्रभावित जिलों में अपनाने हेतु भारत सरकार ने निर्णय लिया है। गोंडी भाषा दो कारणों से विशेष रूप से उल्लेखनीय है: पहला, इसमें भविष्य काल नहीं है। दूसरा, 'गोंड' का अर्थ है मनुष्य। इससे बड़ा अर्थ दूसरा नहीं हो सकता।

यहाँ मौखिक एवं लिखित परम्पराओं पर थोड़ी चर्चा कर लेना प्रासंगिक होगा। विश्व की तमाम संस्कृतियों में मौखिक परम्परा का स्वर्णिम इतिहास रहा है मगर जहाँ-जहाँ मौखिक परम्पराओं का स्थान लिखित परम्पराओं ने ले लिया, उनमें कई अवांछित परिवर्तन हो गये। कई भाषाविदों के अनुसार किस्सागोई की मौखिक परम्परा (कबीलों में) में जो लय थी, उतार-चढ़ाव था, भाषा-शैली थी, आवाज़ों की विविधता थी, ऊँची और धीमी आवाज़ों का सामंजस्य था, कभी अत्यधिक जोश और आशा का ज्वार था, तो कभी निराशा और उदासी की घटा थी, मुँह बनाने, बिचकाने या चिढ़ाने की भाव-भंगिमाएँ थीं, कहने की गति, यति, प्रगति और गहनता थी, कुछ शब्दों के बीच अन्तराल था, कुछ शब्दों की पुनरावृत्ति जोर देने के लिए थी, कोई शब्द तकियाकलाम था, किसी शब्द से कभी गुदगुदी तो कभी सिहरन होती थी, उच्चारण के समय साँसों का खिंचाव था, आँख, ओंठ, जीभ और उँगलियों की मुद्राएँ थीं। वे सब कहे गये शब्दों को सन्दर्भ, प्रसंग और भावार्थ प्रदान करते थे, मगर कहानियों, कविताओं आदि के लिखित रूपों में उपरोक्त विशिष्टताएँ लुप्त हो गईं। पहले जो 'किस्सागो' शब्दों और भावों का अद्‌भुत खेल हर बार नये अन्दाज़ में पेश करते थे, वह लिखित परम्परा में सम्भव नहीं हैं क्योंकि एक 'मानक' पाठ को स्थायी बना दिया गया और पाठ के भीतर शब्दों, वाक्यों, भावों आदि को बदलने की गुंजाइश नहीं रखी गयी। जैसा कि नोरा डाउएनहाउर ने अलास्का की अपनी देशज भाषा 'टिंलगिट' के बारे में कहा है: मौखिक परम्परा को लिखित रूप देना, उसे पत्थर बना देना है। पत्थर बना लकड़ी का कुन्दा लकड़ी जैसा लग सकता है मगर वह असल में पत्थर होता है। पथराना कुछ लाभ दे सकता है जैसे 'इलियड' और 'ओडिशी', मगर होमर के ये महाकाव्य पथरा गये जीवाश्म हैं, न कि प्राचीन यूनानियों द्वारा अनुभूत जीवन्त मौखिक अभिनय। भारत में लाखों लोकगीत, लोकगाथाएँ, लोकवार्ताएँ, लोकोक्तियाँ आदि भिन्न-भिन्न रूपों में विभिन्न क्षेत्रों और भाषाओं में मिलती हैं जिनमें कहीं-कहीं साम्य, तो कहीं-कहीं वैषम्य है। हिन्दी क्षेत्र में बिरहा, कहरवा, चैता/चैती, राजा भरथरी (सारंगी वादकों द्वारा प्राय: गाया जाने वाला) आदि वृत्तान्तों के पाठ और गायन-शैलियाँ भिन्न-भिन्न हैं। विश्व की लगभग सात हजार भाषाओं में मात्र एक चौथाई (करीब 1700) भाषाओं के लिखित रूप हैं जो प्राय: मिशनरियों, बाइबिल के अनुवादकों और भाषा के विद्वानों द्वारा कालान्तर मे विकसित किए गये। यूँ बिना साक्षरता के भी भाषा आगे बढ़

सकती है। के. डेविड हैरिसन का यह कथन सही है कि अँग्रेज़ी भाषा-संस्कृति में साक्षरता के प्रति बेहद झुकाव है और वह लिखित रूप को ही नियम मान लेती है और मात्र उसे साहित्य कहती है जो काग़ज़ पर लिखा हो। मगर यह पूर्ण सच नहीं है। यूनेस्को के अनुसार 2004 में पूरे विश्व में 82 प्रतिशत लोग साक्षर थे। शेष निरक्षर थे मगर उनकी मौखिक परम्पराएँ एवं ज्ञान-पद्धतियाँ लम्बे अरसे से प्रचलित रही हैं। कई भाषाएँ बिना लिखित रूप के लुप्त हो जायेंगी क्योंकि प्रायः साक्षरता अभियान में छोटी भाषाओं को सीखने का माध्यम नहीं बनाया जाता। जैसे मध्य साइबेरिया में 'ओस' भाषा बोलने वालों को रूसी भाषा पढ़ने, बोलने और लिखने के लिए मजबूर किया गया और ओस भाषा में बोलने पर अपमानित किया गया। अब ओस भाषा लुप्त हो रही है जबकि ओस भाषा में चार ऐसी ध्वनियाँ हैं जो रूसी भाषा में नहीं हैं। इन चार ध्वनियों के लिए चार अक्षर गढ़े जा सकते हैं। मानवशास्त्री एलिजाबेथ बक मानती हैं कि उपनिवेशी इतिहास में साक्षर औपनिवेशिक समाज की मान्यता रही है कि अलिखित (मौखिक) संस्कृतियाँ 'आदिम' या 'हीनतर' हैं; इसलिए वे इन अलिखित संस्कृतियों की मौखिक कलाओं का मूल्यांकन सृजन की चरमावस्था के रूप में करने में असमर्थ हैं।

मौखिक परम्पराओं को जीवित रखना तथा अगली पीढ़ी को हस्तान्तरित करना दुष्कर था, इसलिए सम्बन्धित समाज के लोगों ने कई रणनीतियाँ अपनाईं जिससे स्मृतियों में उन्हें सँजोया जा सके। इसलिए वृत्तान्त तैयार किये गये, प्रवचन की शैलियाँ विकसित की गईं, गपशप की रीतियाँ बनते-बनते बन गईं, बार-बार और नाना प्रकार के वार्तालाप किये जाने लगे, रुक-रुक कर कहने की शैली विकसित की गयी, सुरलहरी की प्रवृत्ति सीखी गयी, कुछ कहने के बाद सन्नाटा बुना गया, जोर-जोर से बोलने का अभ्यास किया गया, शब्दों का ख़ास चयन किया गया आदि। मगर संचय हेतु इतना पर्याप्त नहीं था, इसलिए कई नयी प्रविधियाँ विकसित की गईं; जैसे, अलंकार, विशेषकर अनुप्रास की छटा (एक अक्षर से शुरू होने वाले कई शब्दों का लयात्मक संयोजन), यमक एवं श्लेष, सादृश्यता (उपमा), तुकान्त, छन्द, रस, मन्त्र आदि जिससे लम्बा पाठ रुचिकर हो, तथा आसानी से और जल्दी याद हो सके। इस सन्दर्भ में 'रटन्त विद्या खोदन्त पानी' की परिपाटी अक्षरशः अपनाई गयी। इस प्रकार दैनिक जीवन में उपयोग में आने वाली चीज़ों का ज्ञान ऐसी रणनीतियों और प्रविधियों से सम्भव हो सका। वैदिक काल में वेद के मन्त्रों और ऋचाओं की रचना स्त्री-पुरुष दोनों करते थे। इसी प्रकार बौद्धकाल में 'थेरी गाथा' की रचना कई पीड़ित स्त्रियों ने की थी। मगर यह भी कटु सत्य है कि आयुर्वेद में प्रमुखतः पुरुष वैद्यों का ही वर्चस्व रहा। ख़ैर... तमाम वैदिक मन्त्र, ऋचाएँ एवं संहिताएँ कई ऋषियों द्वारा पहले याद की गईं और कालान्तर में लिपिबद्ध

हुईं। वेदों को श्रुतियाँ कहने का तात्पर्य सुनने को महत्त्व देना था, लेखन को नहीं।

यह भी उल्लेखनीय है कि विश्व में कई गणना पद्धतियाँ भी ख़तरे में हैं अथवा लुप्त हो चुकी हैं। सभी समाजों में मानव शुरू से गणनाएँ करते रहे हैं भले कुछ की गणना पद्धति में कम संख्याएँ हों और कुछ में अधिक। शुरू से ही मनुष्यों, जानवरों, समय, सम्पत्तियों, फसलों आदि की गणना होती रही है। मगर प्राचीन काल से गणना पद्धतियाँ भिन्न-भिन्न रही हैं : हाथ की उँगलियों से गिनना, पैर की उँगलियों से गिनना, शरीर के अंगों से गिनना, शब्दों से गिनना, लकड़ियों से गिनना, कंकड़-पत्थरों से गिनना, पत्तियों से गिनना आदि। जैसे, लाइबेरिया (अफ़्रीका का प्राचीनतम गणराज्य जो 1990 के दशक में गृह युद्ध के कारण बर्बाद हो गया, जहाँ 29 अफ़्रीकी भाषाएँ बोली जाती हैं जो मांडे, क्वा एवं मेल भाषा-समूहों से सम्बन्धित है) के 'कपेल्ले' समुदाय के लोग (जिसके बोलने वाले महज़ 4,87,000 मात्र हैं) कंकड़-पत्थरों से गिनते हैं। उनकी गणना की त्वरित गति येल विश्वविद्यालय (संयुक्त राज्य अमरीका) के स्नातक के विद्यार्थियों से बेहतर थी जब उन्हें कंकड़-पत्थरों के ढेरों का अन्दाज़ लगाने को कहा गया मगर वे अपने गाँव के (97) लोगों और उनकी झोपड़ियों की गणना नहीं कर सके क्योंकि वे इसके अभ्यस्त नहीं थे। कैलिफोर्निया के 'पोमो' (जिसे बोलने वाले मात्र 60 लोग बचे हैं) छड़ियों से गिनते हैं और टोकरी बनाने, शिकार करने तथा फर का सामान बनाने में दक्ष हैं। बीस के लिए वे 'एक छड़ी' कहते हैं। उसके नीचे की गिनतियों (1 से 19) के लिए अलग-अलग शब्द हैं जैसे एक के लिए 'का ली'। बीस से ऊपर के लिए वे छड़ी या बड़ी छड़ी का उपयोग करते हैं। जैसे एक छड़ी = 20, पाँच छड़ी = 100, 1 बड़ी छड़ी= 400, 1 बड़ी छड़ी+5 = 500, दस बड़ी छड़ी = 4000 आदि। ठीक इसी तरह भारत में 'व्यवहार गणित' की पद्धति प्रचलित थी अर्थात् निरक्षर या कम पढ़े-लिखे लोग छोटी-छोटी गिनतियों को जोड़कर उच्चतर गणना करते थे। मेरी दादी पढ़ी-लिखी नहीं थीं, सो वह बीस तक ही गिनती जानती थीं। जब उसके आगे उन्हें गणना करनी पड़ती, तो वह 'व्यवहार गणित' का सहारा लेती थी: इक्कीस को वह 'बीस+एक' कहतीं ; चालीस को 'दो बीस', साठ को 'तीन बीस', अस्सी को 'चार बीस', सौ को 'पाँच बीस' कहतीं। इसी प्रकार तीस के लिए = बीस+दस, पचास के लिए दो बीस+दस कहतीं। इस प्रकार वह दैनिक कार्यों में अपना गणना-कार्य आसानी से कर लेती थीं। इसी प्रकार झारखंड, मध्य प्रदेश, छत्तीसगढ़ आदि क्षेत्रों के कई आदिम जनजातियों के लोग ही नहीं, बल्कि तथाकथित मुख्यधारा के तमाम निरक्षर लोग भी 'बीस' (या 'कौड़ी') तक ही गिनती जानते रहे हैं और व्यवहार गणित के ज़रिये अपने दैनिक कार्यों का निष्पादन कर लेते रहे हैं।

फिर उँगलियों या शरीर के अन्य भागों का भी उपयोग कई समुदाय गणना

हेतु करते हैं। 'बोरोरो' भाषी (जो मात्र 850 बचे हैं) उँगलियों से ही संख्या जानते हैं जैसे 9 के लिए वे कहते हैं : 'मेरी मध्य उँगली के बायीं ओर वाली उँगली'। फिर दस के लिए कहते हैं : 'मेरे हाथ की सभी उँगलियाँ'। तेरह के लिए हाथ के अँगूठे को छोड़कर, चार के लिए 'एक हाथ' शब्द का प्रयोग करते हैं, पाँच के लिए 'एक हाथ और एक अँगूठा' कहते हैं तथा छः के लिए 'एक हाथ और दो अँगूठे' कहते हैं; बारह के लिए 'तीन हाथ' कहते हैं, पन्द्रह के लिए 'तीन हाथ और तीन अँगूठे' कहते हैं। कैलिफोर्निया के युकी समुदाय वाले एक हाथ के पंजे में दो अँगुलियों के बीच की जगहें गिनकर 'चार' समझते हैं। न्यू गिनिआ के 'वनिमो' और 'केवा' समुदायों के लोग हाथ के पंजे में अँगूठे को छोड़कर सिर्फ़ चार उँगलियाँ गिनते हैं। नेपाल के 'यक्ख' और वनुआतू के 'अरकी' समुदाय वाले हाथ के अँगूठे और चार उँगलियों को जोड़कर पाँच की गणना करते हैं। फिर न्यू गिनिआ के 'पहाड़ी अरापेश' समुदाय के लोग हाथ के अँगूठे+उसके ऊपर का जोड़+चार उँगलियाँ जोड़कर छः गिनते हैं। हमारी पीढ़ी के विद्यार्थियों को हमारे प्राथमिक विद्यालय के शिक्षक हाथ की दस उँगलियों और पैर की दस उँगलियों के अलावा गिनाते थे कि प्रत्येक उँगली में तीन विभाजक रेखाएँ होती हैं, अस्तु, तीन रेखाओं के अलावा शीर्ष स्थल को एक अतिरिक्त संख्या मानकर प्रत्येक उँगली में चार तथा पाँच उँगलियों में बीस (4×5=20)संख्याएँ होती हैं। फिर दो हाथ में (20×2=40) चालीस, फिर दोनों पैरों में चालीस; इस प्रकार अस्सी तक गिनती हो जाती है। उसके बाद फिर एक हाथ में बीस संख्याएँ गिनकर कुल एक सौ संख्या प्राप्त की जा सकती है। विश्व के अधिकतम समाजों में बीस (कौड़ी) संख्या गिनती का आधार रही है।

सवाल उठता है कि क्या कोई भाषा मनुष्य के विचार और गणना को प्रभावित या नियन्त्रित करती है। संयुक्त राज्य अमरीका के दो भाषाविदों एडवर्ड सपीर और बेंजामिन ली व्होर्फ का मानना है कि किसी व्यक्ति द्वारा बोली जाने वाली भाषा उसकी विचार-वृत्ति की क्षमता को सीमित करती है। इस प्रस्थापना के पक्ष और विपक्ष में तमाम दलीलें दी जाती हैं मगर भाषा वैज्ञानिकों द्वारा इतना माना जा रहा है कि भाषा विचार पर कुछ प्रभाव डाल सकती है। जैसे स्पैनिश भाषा में कोई संज्ञा शब्द प्रयोग करने के पूर्व यह विचार करना ज़रूरी है कि वह पुल्लिंग है या स्त्रीलिंग जबकि कई चीज़ें निर्जीव होती हैं और उनका लिंग नहीं होता जैसे कलम, पुस्तक, मेज आदि। इसी प्रकार हिन्दी में भी स्त्रीलिंग और पुल्लिग में संज्ञाओं को बाँटने का रिवाज़ है। उर्दू में स्थिति ज़्यादा नाज़ुक है क्योंकि एक ही चीज़ को दो क्षेत्रों के उर्दूभाषी अलग-अलग लिंग का बताते हैं। जैसे कलम को अलीगढ़ के उर्दूभाषी स्त्रीलिंग ('मेरी कलम') मानते हैं जबकि लखनऊ के उर्दूभाषी पुल्लिग ('मेरा कलम') मानते हैं। इसी प्रकार अँग्रेज़ी में तीन आर्टिकल 'ए, ऐन, द' में से एक

प्रयोग संज्ञा के पहले करने की परिपाटी है। जैसे अनिता देसाई की पुस्तक का शीर्षक है: 'ए विलेज बाइ द सी'—यहाँ 'विलेज' के पूर्व 'ए' आया है क्योंकि गाँव निश्चित है तथा 'सी' के पूर्व 'द' आया है क्योंकि यह अनिश्चित है। मगर हिन्दी जैसी तमाम भाषाओं में ऐसा प्रयोग नहीं होता। दूसरी ओर अरबी भाषा में 'अल्' का प्रयोग होता है जिसका अँग्रेज़ी के 'द' की तरह कोई अर्थ नहीं होता: 'अल-जजीरा' (टी.वी.चैनल) 'अल-सब्बा ख़ैर' आदि। अमेजन के 'पिराहा' भाषी समुदाय के बारे में भाषाविद् डेनियेल एवरेट (जिन्होंने वह भाषा सीखी थी) ने दावा किया था कि उस भाषा में गिनती और गणना पद्धति नहीं है। इसका सत्यापन बाद में मनोवैज्ञानिक पीटर गोर्डन ने किया और पुष्ट किया कि वे लोग तीन से ज़्यादा गिनती नहीं गिन पाते, बल्कि सिर्फ़ अन्दाज़ा लगाते हैं। अस्तु, उन्होंने सिद्ध किया कि अविकसित गणना पद्धति गिनने की क्षमता को सीमित कर देती है मगर वे अन्दाज़ा लगाने की क्षमता रखते हैं मगर अन्दाज़ा लगाना गणना करने से भिन्न शक्ति होती है। कुछ भाषा समुदायों में गिनती की अत्यन्त सरल पद्धति है। उदाहरणार्थ, न्यू गिनिआ के 'ऐओम' समुदाय (मात्र 751 लोग) ने मात्र दो को गिनती का आधार बनाया है और बड़ी गिनतियों के लिए दो और एक जोड़ता जाता है :

1. नोगोम = एक
2. ओमंगर = दो
3. ओमंगर नोगोम = दो+एक = तीन
4. ओमंगर ओमंगर = दो+दो = चार
5. ओमंगर ओमंगर नोगोम = दो+दो+एक = पाँच
6. ओमंगर ओमंगर ओमंगर = दो+दो+दो = छः

पापुआ न्यू गिनिआ के 'लोबोदा' समुदाय के पास पाँच और बीस के आधार वाली गिनती पद्धति है जबकि 'हुली' समुदाय (वहाँ से कुछ सौ मील दूर) के पास पन्द्रह के आधार वाली गिनती पद्धति है (वे शरीर के अंग गिनने के अलावा जटिल वर्गीकरण भी जानते हैं)। कई भाषाओं यथा 'ओस' में एक हजार संख्या के लिए कोई शब्द नहीं है। शायद उन लोगों को एक हजार चीज़ों की ज़रूरत नहीं थी। मगर अब वे एक हजार के लिए रूसी शब्द 'तिस्याच' का प्रयोग करते हैं। आजकल दुनिया में दस के आधार वाली गिनती पद्धति को ज़्यादा याद रखने योग्य चरम माना जाता है (2×10 = 20, 3×10 = 30, 4×10 = 40 आदि)। भाषाविद् जोसेफ ग्रीनबर्ग ने तमाम गिनती पद्धतियों के सर्वेक्षण के बाद निम्नलिखित सार्वभौमिक सिद्धान्त प्रतिपादित किये हैं :

(क) प्रत्येक भाषा में सीमित प्रयोग क्षेत्र की अंक पद्धति होती है।

(ख) शून्य को किसी अंक पद्धति के हिस्से के रूप में कभी नहीं अभिव्यक्त किया जाता।

(ग) किसी अंक पद्धति में सभी आधार मूल आधार द्वारा विभाज्य होते हैं। [मगर डेविड हैरिसन के अनुसार ऐसा 10 और 100 आधारों के लिए ठीक है मगर तीन और बीस आधारों वाली भाषाओं के लिए नहीं]

(घ) जटिल संख्याओं में घटाई जाने वाली संख्या (सब्ट्राहेंड) उस संख्या से पहले नहीं लिखी जाती जिससे वह घटायी जाती है (मिनूएंड)।

ङ) वही अंकीय अभिव्यक्तियाँ मिटाई जाती हैं (बोलने वाले और सुनने वाले द्वारा समझ ली जाती हैं मगर बोली नहीं जातीं) जो एक के लिए पद्धति के आधारों के लिए होती हैं। उदाहरणार्थ, कैलिफोर्निया के 'वेनटुरेनो' 4 अंक का आधार प्रयोग करते हैं और पाँच, छः, सात के लिए छिपे चार के आधार को बिना बोले ही समझ जाते हैं। इसी प्रकार वहाँ 16 आधार को बोले बिना पन्द्रह के लिए 'एक कम' कहा जाता है। [मुझे स्मरण है, मेरी दादी उन्नीस को 'एक कम बीस' कहती थीं।]

वास्तव में, मनुष्य और पर्यावरण की अन्त:क्रिया (जिससे संख्या और गणना पद्धति निकलती है) के तीन क्षेत्र हैं : पहला, मानव की छिपी हुई जानने की क्षमता; दूसरा, बाह्य वातावरण की माँगें और दबाव; तीसरा, भाषा की प्रत्यक्ष बोध-पद्धति (अधिकांशत: संस्कृति द्वारा निर्धारित) जो पहले और दूसरे के बीच मध्यस्थता करती है। विभिन्न भाषाएँ और संस्कृतियाँ इन तीनों क्षेत्रों में श्रम-विभाजन अलग-अलग ढंग से करती हैं। पिराहा और यानोआमा भाषाएँ छिपी हुई क्षमता (गैर-भाषाई) पर जोर देती हैं। दूसरी भाषाएँ एवं संस्कृतियाँ अंग-गणना, कंकड़-पत्थर गणना, छड़ी गणना आदि से अंक गणितीय कार्य सम्पादित करती हैं। तीसरी तरह की भाषाएँ अंक गणित से अधिक कार्य करके ज़रूरत से ज़्यादा गणित पर जोर देती हैं। गिनती की सुविधा के लिए तमाम भाषाएँ मेल-मिलाप करती हैं, तथा अनुकूलन करती हैं जिससे हमारी अन्तर्निहित क्षमता बाह्य वातावरण की माँगों को उपयुक्त ज़वाब दे सके। मगर दूसरी ओर यह भी सच है कि तमाम समुदायों/भाषाओं की गिनती पद्धतियों का क्षरण हो रहा है।

कहने की ज़रूरत नहीं कि भाषा को सम्पूर्णता में देखना चाहिए, न कि अणुओं (खंडों) में क्योंकि भाषा की संरचना, सन्दर्भ एवं इसकी अर्थपूर्ण अन्तर्वस्तु में सन्तुलन स्थापित किया जाना आवश्यक है। मगर बदलाव भी होते रहे हैं जैसे नये शब्दों का गढ़ना, उच्चारण में पहले से भेद होना, अर्थ बदलना, बोलने की आदत, बलाघात, वर्तनी आदि। हिन्दी में पहले 'अन्तर्राष्ट्रीय' शब्द प्रयुक्त होता था 'इंटरनेशनल'

के अर्थ में मगर अब उसकी जगह 'अन्तरराष्ट्रीय' शब्द प्रयुक्त होता है जो 'इंटर' और 'नेशनल' के जोड़ के ज़्यादा करीब है क्योंकि 'अन्तर्राष्ट्रीय' का शाब्दिक अर्थ 'अन्तःराष्ट्रीय' होता है जो राष्ट्र के भीतर का सूचक है न कि राष्ट्र के बाहर का। इसी तरह 'सच्चाई' की जगह 'सचाई' उपयुक्त है (और अब प्रचलित हो रहा है) क्योंकि 'सचाई' शब्द 'सच'(संज्ञा) से बना है (भाववाचक संज्ञा के रूप में) न कि सच्चा (विशेषण) से। इसी प्रकार पहले 'असुर' शब्द देवता के अर्थ में प्रयुक्त होता था मगर बाद में राक्षस के अर्थ में प्रयुक्त होने लगा। ईरान में इसे 'अहुर' कहा जाता था जो भारत में आकर और घिसकर 'असुर' हो गया। यह मजेदार प्रसंग है कि 'जाना' शब्द एक स्थान से दूसरे स्थान तक चलने के अर्थ में प्रयुक्त होता है मगर अब 'मरने' के अर्थ में भी प्रयुक्त होता है। इसीलिए कवि केदारनाथ सिंह ने ठीक ही कहा है: 'जाना हिन्दी की सबसे खौफ़नाक क्रिया है'। सो लोग कहते हैं 'फिर मिलेंगे'। मगर इससे ज़्यादा नाजुक स्थिति बंगला भाषा में है जहाँ सामान्यतः लोग जाने के लिए नहीं कहते कि मैं जाता हूँ (अमि जाश्ची) बल्कि 'जाने' पर भी 'आने' की बात कहते हैं : 'अमि आश्ची, नोमस्कार'। (मैं आता हूँ, नमस्कार)। इसी प्रकार ओडिया भाषा में भी कहते हैं : 'मू आसूछी', न कि 'मू जाऊछी'। शायद इसीलिए प्रसिद्ध भाषाविद् नोम चोम्स्की कहते हैं : 'गहरे एवं महत्त्वपूर्ण अर्थ में भाषा मस्तिष्क का आईना है।' बिहार में हिन्दी भाषी और वाक्यों को कैसे संक्षिप्त बनाते हैं, इसे 'कोन्ची' से समझा जा सकता है। पहला, उ.प्र. के हिन्दीभाषी प्रायः कहते हैं 'क्या चीज़' (अँग्रेज़ी के 'व्हाट' के अर्थ में) और उसी अर्थ में बिहार में 'कौन चीज़' कहा जाता रहा। दूसरे, कालान्तर में 'कौन चीज़' को संक्षिप्त बना दिया गया 'कोन्ची'! दूसरा अति प्रयुक्त शब्द (बिहार में) है : 'एथी'। 'एथी' की व्यापकता का अनुमान इससे लगाया जा सकता है कि किसी व्यक्ति, समूह, जानवर, आवास, वस्तु, भोजन, पानी, नाश्ता, पुस्तक, कम्प्यूटर आदि के लिए 'एथी' शब्द का प्रयोग किया जा सकता है। मेरी एथी (पुस्तक) कहाँ है? एथी खा लो, एथी कहाँ गया? आदि। इसी प्रकार उत्तर प्रदेश में कई लोग बात-बात में 'मतलब', 'मल्लब' (संक्षिप्त) या 'मतबल' (पंजाब में भी) का प्रयोग करते हैं। इतना ही नहीं, उत्तर प्रदेश में 'मास्टर साहब' के लिए 'मास्साब' या 'माटसाब' का धड़ल्ले से प्रयोग होता है। पहले सिर्फ़ लड़कों के लिए बाबू, बउआ, बबुआ, बेटा का प्रयोग उत्तर प्रदेश और बिहार में होता था मगर आजकल लड़कियों के लिए भी ये शब्द प्रयुक्त होते हैं यह जताने के लिए कि लड़का-लड़की में फ़र्क नहीं है। बिहार में एक शब्द है 'भगिना' जो 'भांजा' के अर्थ में प्रयुक्त होता है और 'भगिनी' भांजी के अर्थ में। ज्ञातव्य है कि संस्कृत में 'भगिनी' शब्द बहन के लिए प्रयुक्त होता है—सो बिहार में भांजी को भी 'भगिनी' कहकर बहन और बहन की बेटी में भेद मिटाया

जा रहा है।

अँग्रेज़ी में मात्र तीन कारक (केस) होते हैं : सब्जेक्टिव (कर्त्ताकारक), ऑब्जेक्टिव (कर्मकारक) तथा पोजेस्सिव (सम्बन्ध कारक)। उससे ज़्यादा समृद्धभाषा संस्कृत में आठ कारक होते है: कर्त्ता (ने), कर्म (को), करण (से, के द्वारा), अपादान (से, अलग), सम्प्रदान (के लिए), सम्बन्ध (का, के, की), अधिकरण (में, पर), सम्बोधन (हे, रे, अरे, भो)। रूसी भाषा में छ: कारक होते हैं जबकि ज़्यादा समृद्ध फिनिश भाषा में 14 कारक होते हैं। मगर कम ज्ञात और मात्र 95000 लोगों द्वारा बोली जाने वाली 'तबासरन' भाषा में (जो दक्षिणी रूस में 'काकेसस' पहाड़ी क्षेत्र में बोली जाती है) सर्वाधिक 52 कारक होते हैं (जो गिनीज़ बुक ऑव वर्ल्ड रिकार्ड्स में दर्ज़ है)। तबासरन भाषा में किसी संज्ञा के 53 रूप हो सकते हैं यदि वस्तुओं के स्थल एवं प्रवाह को दर्शाने वाले प्रत्यय जोड़ दिये जायें। कई छोटी भाषाओं में आम बोलचाल में भी लिंगभेद होता है। उदाहरणार्थ, ओकलाहोमा में 'अरापाहो' भाषा (जिसे बोलने वाले मात्र 1038 हैं) में 'हेलो', 'हाँ' और 'इन्तज़ार करें' जैसी अभिव्यक्तियाँ पुरुष और स्त्री द्वारा भिन्न-भिन्न तरीके से की जाती हैं। न्यू गिनिआ में 'अरापेश' भाषा में (मात्र 30000 बोलने वाले) यदि कोई व्यक्ति किसी पुरुष से 'मेहिनेन' शब्द बोले, तो उसका अर्थ है उस पुरुष का भांजा; मगर यदि कोई व्यक्ति किसी स्त्री से वही 'मेहिनेन' शब्द बोले, तो उसका अर्थ है उस स्त्री के भाई की बेटी (भतीजी)। इसी प्रकार अरापेश भाषा में भतीजा (नेफ्यू) और भतीजी (नीस) का सही अनुवाद करना असम्भव है जब तक यह न मालूम हो कि 'आंट' और 'अंकल' कौन हैं। यही स्थिति हिन्दी में है। इसी प्रकार मोन्टाना की 'ग्रोस वेन्टर' भाषा (जिसे बोलने वाले दस या कम हैं) पुरुष और स्त्री अलग-अलग ध्वनियाँ, शब्द और विस्मय व्यक्त करते हैं। उदाहरणार्थ, ब्रेड के लिए पुरुष कहता है 'जट्सा', जबकि स्त्री कहती है 'क्याट्सा'। वहाँ 'हेलो' के लिए लड़के कहते हैं—'वेई', जबकि लड़कियाँ कहती हैं 'आओ'। मगर जैसे-जैसे संख्या घट रही है, शब्द-भेद मिट रहे हैं। इसी तरह ऑस्ट्रेलिया के 'यानयुवा' (मात्र 70 बोलने वाले) भाषा में स्त्री-पुरुष इतने भिन्न तरह से बातें करते हैं, मानो यह दो बोलियाँ हों। ये भेद ध्वनियों और शब्दों से आगे जाकर सर्वनाम, उपसर्ग तथा प्रत्यय में भी होते हैं। इन भेदों को भेदभाव कहना सरलीकरण होगा क्योंकि जिस भाषा में जितने ज़्यादा शब्द होते हैं, उतनी ज़्यादा वह भाषा समृद्ध होती है। उत्तर प्रदेश में बेटे के बेटे और बेटी के बेटे को भी सामान्यत: 'नाती' तथा बेटे की बेटी और बेटी की बेटी को भी सामान्यत: 'नातिन' कहा जाता है जबकि बिहार में बेटे के बेटे-बेटी को क्रमश: 'पोता' एवं 'पोती' तथा बेटी के बेटे-बेटी को क्रमश: 'नाती' एवं 'नातिन' कहा जाता है जिससे सम्बन्ध पूरी तरह स्पष्ट हो।

विश्व में कई बहुभाषाविद् रहे हैं जो दर्ज़नों भाषाएँ जानते रहे हैं, जैसे कार्दिनल मेज्जोफैंती (बोलोनिया, इटली निवासी) कुल 70 भाषाएँ जानते थे और तीस भाषाओं पर उनका अधिकार था। एक बार दो कैदियों को सजा दी जानी थी मगर उनकी भाषा कोई नहीं जानता था। इसलिए कार्दिनल मेज्जोफैंती ने उसे रात भर में सीखा, सुबह उनके अपराधों को सुना और फिर वे दोषमुक्त कर दिये गये। इसी प्रकार केन हेल पचास भाषाओं के ज्ञाता थे और एक बार हेलसिंकी जाने के क्रम में वायुयान में ही फिनिश भाषा उन्होंने सीख ली थी। लेबनान में जन्मे और ब्राजील में रहने वाले जियाद फजह दर्ज़नों भाषाएँ जानते थे। कुछ भाषाओं में सामाजिक स्तर के हिसाब से अलग-अलग शब्दों का उपयोग होता है। उदाहरणार्थ, इंडोनेशिया के लोमबोक द्वीप में बोली जाने वाली 'ससक' भाषा (21 लाख भाषी) में औपचारिकता की तीन श्रेणियाँ हैं : निम्न, उच्च तथा बहुत विनम्र—'तुम'—कहने के लिए वक्ता तीन अलग-अलग शब्दों का प्रयोग करेगा: निम्न श्रेणी के लिए 'सिदे', उच्च श्रेणी के लिए 'पेलिंगिह' तथा अत्यन्त विनम्रता के लिए 'देकाजी'। इसी तरह 'कहने' शब्द के लिए निम्न श्रेणी के लिए 'इनिन', उच्च श्रेणी के लिए 'बसेन' और अति विनम्रता के लिए 'बसेन' शब्द कहेंगे। हिन्दी में भी अलग-अलग शब्द हैं : 'तुम' या 'तू' निम्न श्रेणी या बराबर की श्रेणी के लिए, 'आप' बड़ों और उच्च श्रेणी के लिए। इसी तरह आने के लिए अलग-अलग शब्द हैं : 'आओ' (निम्न श्रेणी या बराबर की श्रेणी के लिए), 'आयें' या 'आइये' (बड़ों तथा उच्च श्रेणी के लिए) तथा 'आया जाय' (अति विनम्रता के लिए, जैसे बिहार में)। इसी तरह खाने के लिए 'खाओ', 'खायें/खाइये' और 'खाया जाय' क्रमशः प्रयुक्त होता है। अँग्रेज़ी में आने के लिए यह भिन्नता इस प्रकार व्यक्त होती है : 'कम', 'प्लीज कम', 'काइंडली कम'! अँग्रेज़ी में सम्मान के लिए अतिरिक्त शब्द जोड़ दिया जाता है जबकि हिन्दी तथा अन्य कई भाषाओं में उसी शब्द में प्रायः प्रत्यय जोड़ दिया जाता है अथवा व्याकरणिक मात्राएँ जोड़ दी जाती हैं अथवा प्रत्यय या मात्रा जोड़ने के साथ-साथ अतिरिक्त शब्द 'कृपया' जोड़ दिया जाता है।

इस प्रकार स्पष्ट है कि प्राकृतिक विविधता की तरह सांस्कृतिक एवं भाषाई विविधता भी ज़रूरी है क्योंकि प्रत्येक भाषा (छोटी या बड़ी) की कुछ विशिष्टताएँ होती हैं, दूसरी भाषाओं से उसकी कुछ समानताएँ/विषमताएँ होती हैं, वह देशज ज्ञान का अक्षय भंडार होती है, तथा संस्कृति एवं तकनीकी की वाहक भी होती है। विविधता की अन्तःक्रिया से ही नया विचार और ज्ञान पैदा होता है। अस्तु, जिन भाषाओं के विकसित होने में कई सदियाँ लग गयी हैं, उन्हें बचाने और बेहतर बनाने का दायित्व सम्पूर्ण मानव-समाज का है। हम एक-दूसरे को देखकर, उनकी क्रियाओं का अनुकरण करके अथवा तुलना करके दूसरी भाषाएँ सहजता से सीख

सकते हैं। पूँजी के संचय की तरह विविध विचारों/भाषाओं का संचय भी बहुत ज़रूरी है। भाषा का विकास 'चाक्षुष चोरी' को रोकने के लिए हुआ क्योंकि भाषा सामाजिक तकनीकी का रूप है जिससे सहयोग बढ़ सके, दो पक्षों में करार सम्पन्न हो सके, व्यापार बढ़ सके और मानव क्रियाकलापों/योजनाओं का समन्वय हो सके, जैसा कि मार्कपैगल कहते हैं। इसलिए जो लोग भूमंडलीकरण की माला जपते हैं, उन्हें अन्ततः मानना पड़ेगा कि इस विविधतापूर्ण विश्व में 'एक विश्व, एक भाषा' का संकुचित प्रतिमान लागू नहीं हो सकता। जितनी ज़्यादा भाषाएँ पुष्पित-पल्लवित होंगी, उतने ज़्यादा सार्थक एवं अन्तर्निर्भर विचार एवं ज्ञान पैदा होंगे जो अन्ततः समग्र मानवता और प्रकृति के हित में होगा।

अध्याय 11

भाषाई विविधता से सांस्कृतिक सशक्तीकरण

भाषाई विविधता सांस्कृतिक विविधता का प्रमुख आयाम है तथा सामाजिक बहुलता का सूचक है। मगर संख्या से ही गुणवत्ता निर्धारित नहीं होती। किसी लोकतान्त्रिक समाज में सभी भाषाओं के संवर्द्धन की नीति होनी चाहिए। भारतीय विद्वानों ने भाषा के चार स्तरों की चर्चा की है: परा (शान्त और निस्पन्द), पश्यन्ती (शब्द और अर्थ एकमेव), मध्यमा (शब्द और अर्थ की भिन्नता सिर्फ़ भाव में) तथा वैखरी (लोक व्यवहार की भाषा)। वैखरी में दो अनुशासन होते हैं : पहला, व्याकरण और वाक्य-विन्यास का अनुशासन। दूसरा, बाह्य यथार्थ की तार्किक व्यवस्था का अनुशासन। भारत की भाषाई विविधता इस तथ्य से बखूबी समझी जा सकती है कि भारत में पाँच भाषाई परिवारों की 1652 भाषाएँ बोली जाती रही हैं (जैसा कि 1961 के सर्वेक्षण में पाया गया था)। एक अनुमान के अनुसार भारत में भारतीय आर्य परिवार की भाषाएँ बोलने वालों की संख्या 75%, द्रविड़ परिवार की भाषाएँ बोलने वालों की संख्या 20% तथा शेष 5% ऑस्ट्रिक-एशियाई और तिब्बती बर्मी परिवार की भाषाएँ बोलने वाले हैं। उ.प्र., म.प्र., राजस्थान और बिहार में उच्च न्यायालयों में हिन्दी भाषा को (अँग्रेज़ी के अलावा) प्रयोग करने की अनुमति महामहिम राष्ट्रपति ने दी है। 2001 की जनगणना में हिन्दी भाषियों की संख्या 42.21 करोड़ (41.03%) दर्ज़ की गयी थी। दूसरे स्थान पर बंगाली भाषियों की संख्या 8.34 करोड़ (8.11%) दर्ज़ की गयी थी। तीसरे स्थान पर तेलुगु भाषियों की संख्या 7.40 करोड़ (7.19%) दर्ज़ की गयी थी। चौथे स्थान पर मराठी भाषियों की संख्या 7.19 करोड़ (6.99%) दर्ज़ की गयी थी। पाँचवे स्थान पर तमिल भाषियों की संख्या 6.07 करोड़ (5.91%) दर्ज़ की गयी थी। छठे स्थान पर उर्दू भाषियों की संख्या 5.15 करोड़ (5.01%) दर्ज़ की गयी थी। सातवें स्थान पर गुजराती भाषियों की संख्या 4.60 करोड़ (4.48%) दर्ज़ की गयी थी। आठवें स्थान पर कन्नड़ (3.79 करोड़—3.69%), नौवें स्थान पर मलयालम (3.30 करोड़—3.21%), दसवें स्थान पर ओडिया (3.30 करोड़—3.21%), ग्यारहवें स्थान पर पंजाबी

(2.91 करोड़—2.83%), बारहवें स्थान पर असमिया (1.31 करोड़—1.28%), तेरहवें स्थान पर मैथिली (1.21 करोड़—1.18%), चौदहवें स्थान पर सन्थाली (64.69 लाख—0.6%), पन्द्रहवें स्थान पर कश्मीरी (55.27 लाख—0.54%), सोलहवें स्थान पर नेपाली (28.71 लाख—0.28%), सत्रहवें स्थान पर सिन्धी (25.35 लाख—0.25%), अठारहवें स्थान पर कोंकणी (24.89 लाख—0.24%), उन्नीसवें स्थान पर डोगरी (22.82 लाख—0.22%), बीसवें स्थान पर मणिपुरी (14.67 लाख—0.14%), इक्कीसवें स्थान पर बोडो (13.50 लाख—0.13%) और बाइसवें स्थान पर संस्कृत (14135 मात्र) दर्ज़ है।

चूँकि उर्दू और हिन्दी में मोटे तौर पर भाव, शब्दार्थ एवं व्याकरण की समानता है और मात्र लिपि का भेद है, इसी प्रकार हिन्दी और मैथिली में लिपि की तथा शब्दार्थ की समानता है, इसलिए हिन्दी, उर्दू और मैथिली भाषियों की संख्या जोड़ने पर कुल हिन्दी भाषियों की संख्या 48.60 करोड़ होती थी जो अब बढ़कर लगभग साठ करोड़ है। मगर एक विशेष बात यह है कि हिन्दी भाषा नामक श्रेणी में 49 उप भाषाएँ 1991 की जनगणना में दर्ज़ की गयी थीं जिनमें भोजपुरी, मगही, मैथिली, अवधी, बघेली, बुन्देली, छत्तीसगढ़ी, लम्बादी, मालवी, मारवाड़ी, मेवाड़ी, गढ़वाली, कुमाऊँनी, पहाड़ी, राजस्थानी, सादरी, निमाड़ी आदि प्रमुख हैं।

मगर औपनिवेशिक सत्ताधारियों की तरह स्वतन्त्र भारत में भी धीरे-धीरे भाषाओं की पहचान एवं वर्गीकरण में न्यूनीकरण का सिद्धान्त अपनाया जाने लगा जिसकी परिणति के रूप में 2001 की जनगणना में मात्र 122 भाषाओं को दर्ज़ किया गया जबकि 1961 की जनगणना में 1652 भाषाएँ पहचानी एवं दर्ज़ की गयी थीं। मजेदार बात यह है कि 2001 की जनगणना में कच्चे तौर पर 6661 मातृभाषाओं की गणना की गयी थीं जिसमें 1635 को 'विवेक सम्मत' वर्गीकृत माना गया था तथा 1957 मातृभाषाओं को 'अवर्गीकृत' दिखाया गया था यानी उन्हें बेनामी 'अन्य' के खाते में डाल दिया गया। ज़ाहिर है भाषाई गणना एवं पहचान करने वाली संस्था की सत्ता अधिकतर मातृभाषाओं को 'भाषा' नहीं मानती। इस पर प्रसिद्ध भाषाविद् अन्विता अब्बी ने कटाक्ष किया है कि तथाकथित ऐसा 'आत्मसातवादी लक्ष्य' 'राष्ट्रीय' एवं प्रशासनिक दृष्टिकोण से सराहनीय हो सकता है मगर यह छोटी मछलियों को निगलने जैसा है (जो आठवीं अनुसूची में दर्ज़ नहीं है)। इसके फलस्वरूप तमाम छोटी-छोटी भाषाओं और उनके बोलने वालों की पहचान लुप्त हो रही है। अन्विता अब्बी के अनुसार व्यवहार में भारत में भाषाओं के बीच एक पिरामिडनुमा सोपानक्रम है जिसमें सबसे ऊपर अँग्रेज़ी है, उसके नीचे आठवीं अनुसूची में दर्ज़ 22 भारतीय भाषाएँ हैं। उनके नीचे उन 22 भाषाओं की 65 उप-भाषाएँ (बोलियाँ) हैं। उनके नीचे अन्य 100 क्षेत्रीय भाषाएँ हैं। उनके नीचे इन

क्षेत्रीय भाषाओं की 149 उपभाषाएँ हैं और सबसे नीचे अमान्यता प्राप्त भाषाएँ हैं (जिनमें से प्रत्येक के बोलने वालों की संख्या 1000 से कम है)। सो सबसे निचले पायदान वाली भाषाएँ लुप्त हो रही हैं जनसांख्यिकीय दृष्टि से (जैसे अंडमानी भाषा) या भाषाई प्रव्रजन के कारण। अन्विता अब्बी ने भाषा सम्बन्धी पाँच संवैधानिक प्रावधानों का जिक्र किया है जो भाषाओं की सुरक्षा, संरक्षण एवं संवर्द्धन का उल्लेख करते हैं : भारतीय संविधान की धारा 350 के अनुसार कोई भी नागरिक किसी भी भाषा में न्यायालय में शिकायत कर सकता है। धारा 350 के अनुसार भाषाई अल्पसंख्यक समूहों के बच्चे प्राथमिक शिक्षा अपनी मातृभाषा में पाने के हकदार हैं। धारा 350 बी के अनुसार भाषाई अल्पसंख्यकों के लिए एक विशेष अधिकारी की नियुक्ति की जानी है और प्रतिवर्ष भाषाई अल्पसंख्यकों के आयुक्त राष्ट्रपति को अपना प्रतिवेदन देंगे। धारा 347 के अनुसार किसी राज्य की आबादी का एक बड़ा हिस्सा अपने द्वारा बोली जाने वाली भाषा को राज्य द्वारा मान्यता देने की माँग कर सकता है। धारा 345 के अनुसार राज्य अपने क्षेत्र में प्रयुक्त होने वाली किसी एक या अधिक भाषा को शासन के किसी या सभी उद्देश्यों की प्राप्ति हेतु अपना सकता है। मगर व्यवहार में वस्तुतः ऐसा नहीं हो रहा है।

एक और मुद्दा है विद्यालयों में शिक्षण माध्यम का। गाँधी जी के सपनों के भारत में यह प्रावधान था कि सभी बच्चे प्राथमिक शिक्षा मातृभाषा में ग्रहण करेंगे। मगर उत्तर भारत के हिन्दी भाषी-उर्दू भाषी क्षेत्र में वे अपनी असली मातृभाषा (जो हिन्दी की उपभाषा मानी गयी है) में शिक्षा ग्रहण नहीं कर पाते बल्कि हिन्दी या उर्दू माध्यम वाले विद्यालयों (सरकारी, निजी ट्रस्ट, सहकारी समितियों या स्वयंसेवी संस्थाओं) में पढ़ने को मजबूर होते हैं। यद्यपि स्थानीय बोलियों और हिन्दी/उर्दू भाषा के अधिकतर शब्द भंडार समान हैं, मगर वाक्य-संरचना एवं व्याकरण में थोड़ा भेद है। उदाहरण के लिए भोजपुरी में स्त्री-पुरुष दोनों कहते हैं : 'हम आवत आनी' यानी क्रिया में लिंग भेद नहीं है जबकि इसी चीज़ को हिन्दी में स्त्री और पुरुष अलग-अलग क्रिया रूप के साथ कहते हैं : 'मैं आता हूँ' (पुरुष) और 'मैं आती हूँ' (स्त्री)। दूसरी उल्लेखनीय बात यह है कि हिन्दी की कई उप भाषाओं (यथा अवधी, भोजपुरी, मगही) में हिन्दी के 'मैं' का समानार्थी नहीं है अर्थात् सभी (एक या अनेक लोग) 'हम' का प्रयोग कर्त्ता के रूप में करते हैं। इस प्रकार हिन्दी की बोलियों में सामूहिकता का भाव अनुस्यूत है। मगर कहीं-कहीं भोजपुरी में भी क्रिया में लिंग भेद है। जैसे, 'कहाँ जात बाड़ू?' (स्त्री के लिए), एवं 'कहाँ जात बाड़ा?' (पुरुष के लिए)। यानी यहाँ क्रिया में लिंग भेद है। अँग्रेज़ी, बंगाली, ओडिया आदि में भी क्रिया में लिंग भेद नहीं है। कुछ लोगों द्वारा हिन्दी में क्रिया में लिंग भेद को स्त्री-विरोधी माना जा सकता है मगर यदि गहन समाजशास्त्रीय विश्लेषण करें, तो

यह तथ्य प्रकाश में आयेगा कि हर भिन्नता भेदभाव का सूचक नहीं होती बल्कि भिन्नता एक प्रकार से स्वागतयोग्य सांस्कृतिक विविधता का सूचक भी होती है। भिन्नता में एकता की तरह एकता में भिन्नता का भी स्वागत किया जाना चाहिए। शिक्षण के दायरे में एक अन्य सवाल है: त्रिभाषा सूत्र। इसके अनुसार विद्यालयीय शिक्षा के दौरान हिन्दी भाषी क्षेत्र में हिन्दी, एक आधुनिक भारतीय भाषा (विशेषकर दक्षिण भारत से), तथा अँग्रेज़ी या अन्य किसी आधुनिक यूरोपीय भाषा की पढ़ाई हो। दूसरी ओर अहिन्दी भाषी क्षेत्र में हिन्दी, आठवीं अनुसूची में दर्ज़ एक भारतीय भाषा, तथा अँग्रेज़ी या अन्य किसी आधुनिक यूरोपीय भाषा की पढ़ाई हो। इस प्रकार यह नीति सिर्फ़ आठवीं अनुसूची में दर्ज़ 22 भारतीय भाषाओं को तरज़ीह देती है और कई कम संख्या वाली भाषाओं को पढ़ाने का प्रावधान नहीं है; जैसे उत्तर पूर्वी क्षेत्रों में मौजूद तमाम आदिवासी भाषाएँ आठवीं अनुसूची में दर्ज़ नहीं हैं। अरुणाचल प्रदेश में एक अनुमान के अनुसार 120 आदिवासी समुदायों की 120 छोटी-छोटी भाषाएँ मौजूद हैं जिनके बोलने वालों की संख्या बहुत कम है मगर उनकी पहचान उनकी मातृभाषा है। दूसरे, तमिलनाडु जैसे कुछ राज्यों ने हिन्दी की पढ़ाई, हिन्दी में पत्र-पत्रिकाओं के प्रकाशन, सार्वजनिक स्थानों पर हिन्दी में सूचनाओं के प्रकाशित करने/लिखने आदि पर बराबर एतराज़ एवं विरोध प्रकट किया है और त्रिभाषा सूत्र को सही रूप से लागू नहीं किया है। यद्यपि कांग्रेस जैसी राष्ट्रीय पार्टी ने तमिलनाडु में डी.एम.के. की सरकार का भीतर या बाहर से कई बार समर्थन किया है, तथा भारतीय जनता पार्टी का ए.आई.ए.डी.एम.के. के साथ गठबन्धन रहा है मगर इस गठबन्धन के कारण उसने डी.एम.के./ए.आई.ए.डी.एम.के. का हिन्दी-विरोध खत्म नहीं कराया। तीसरे, हिन्दी राज्यों में तीसरी भाषा के रूप में दक्षिण भारत की किसी भाषा की पढ़ाई नहीं होती बल्कि प्रायः संस्कृत को तीसरी भाषा के रूप में अपनाया गया है अथवा अल्पसंख्यक लोग उर्दू या बंगला या ओडिया आदि को अपनाते हैं। इसके कारण सांस्कृतिक आदान-प्रदान की प्रक्रिया पूर्णतः व्यापक, खुली एवं पारदर्शी नहीं हो सकी है। इस सन्दर्भ में ग्राम्शी की 'वर्चस्व' (हेजिमनी) की अवधारणा के आलोक में विचार करना समीचीन प्रतीत होता है। वर्चस्व कई प्रकार के हो सकते हैं और वर्चस्व की प्रक्रिया में बदलाव भी होता रहता है। फिर वर्चस्व के कई आयाम हो सकते हैं—यहाँ तक कि जो भाषा दूसरी भाषा को वर्चस्व की स्थिति में देखती है, वह स्वयं दूसरी भाषा द्वारा वर्चस्व की स्थिति में देखी जा सकती है। भारत में भाषाओं के वर्चस्व के पाँच रूप देखे जा सकते हैं :

(क) हिन्दी भाषा और उसे बोलने वाले प्रायः अँग्रेज़ी तथा अन्य यूरोपोय भाषाओं को वर्चस्व की स्थिति में देखते हैं। वे अँग्रेज़ी को पटरानी तथा हिन्दी को दासी की स्थिति में पाते हैं।

(ख) कुछ राज्यों यथा दक्षिण भारत की भाषाएँ (तमिल, तेलुगु, कन्नड़, मलयालम), मराठी, बंगाली, उत्तर-पूर्वी राज्यों की भाषाएँ (असमिया, बोडो, मणिपुरी आदि) प्रायः हिन्दी को वर्चस्व की स्थिति में देखती हैं और इन भाषाओं के बोलने वाले हिन्दी भाषियों की पिटाई या हत्या तक कर देते हैं। वे देखते हैं कि हिन्दी वाले रोज़गार हथिया लेते हैं, कि उससे उत्तर भारत की राजनीति वहाँ हावी हो जायेगी, आदि।

(ग) हिन्दी को उर्दू भाषा प्रायः वर्चस्व की स्थिति में देखती है। हिन्दी-उर्दू के बीच भिन्न लिपि (देवनागरी एवं नस्तालिक) और संस्कृतनिष्ठ हिन्दी रूप एवं फारसी-अरबी बहुल उर्दू के कारण विवाद पैदा होते रहे हैं जिनकी जड़ में औपनिवेशिक सत्ता का वर्चस्व रहा है।

(घ) हिन्दी की कुछ उप भाषाएँ (विशेषतः मैथिली, भोजपुरी, मगही) कतिपय लाभों (पुरस्कार, रोज़गार, पद, प्रभाव, प्रतिष्ठा) की प्राप्ति हेतु हिन्दी को वर्चस्व की स्थिति में देखती हैं। सो मैथिली ने संघर्ष करके आठवीं अनुसूची से लेकर साहित्य अकादमी तक में अपनी मान्यता दर्ज़ करा ली। अब भोजपुरी और राजस्थानी वैसी ही मान्यता के लिए संघर्ष कर रही हैं।

(ङ) कुछ व्यक्ति, समूह, संगठन, समुदाय आदि संस्कृत को वर्चस्व की भाषा के रूप में देखते रहे हैं मगर पिछले कुछ दशकों से संस्कृत की पढ़ाई कई विद्यालयों में नहीं हो रही है और संस्कृत विद्यालयों को अनुदान नहीं मिल रहा है, सो अब संस्कृत अधीनस्थता की स्थिति में आ गयी है।

उपरोक्त रूपों के बारे में भिन्न-भिन्न विद्वानों/नागरिकों/राजनेताओं/समूहों की भिन्न-भिन्न राय हो सकती है मगर इतना निश्चित रूप से कहा जा सकता है कि अँग्रेज़ी मानसिकता समूचे भारत में अभी भी बनी हुई है। भारत सरकार के अधिकतर कार्यालयों में मूलतः अँग्रेज़ी में काम होता है और बाद में महत्त्वपूर्ण आदेशों/संकल्पों/अधिसूचनाओं का हिन्दी में अनुवाद होता है यानी अँग्रेज़ी प्राथमिक राजभाषा तथा हिन्दी गौण (सह-भाषा) बन गयी है जबकि प्रावधान है कि हिन्दी संघ की प्राथमिक राजभाषा तथा अँग्रेज़ी गौण भाषा (सह-भाषा) के रूप में कार्यान्वित हो। यहाँ यह रेखांकित करने योग्य है कि अँग्रेज़ी की सम्पदा से हिन्दी की सम्पदा ज़्यादा है और उसमें एक चीज़ के कई पर्यायवाची हैं जैसे, अँग्रेज़ी में पानी के लिए एकमात्र शब्द 'वाटर' है और बाद में दूसरी यूरोपीय (इतालवी) भाषा से उधार लेकर 'एक्वा' शब्द प्रचलित हुआ। दूसरी ओर हिन्दी में पानी के लिए जल, सलिल, तोय, वारि, पय, नीर आदि कई शब्द हैं। अँग्रेज़ी में 'और' के लिए

सिर्फ एक शब्द है 'ऐंड' जबकि हिन्दी में तथा, और, व, वो, एवं आदि कई शब्द हैं।

दूसरी बात यह है कि उर्दू के नाम पर कई भ्रान्तियाँ फैलायी गयी हैं और उर्दू वाले भी हिन्दी शब्दों को उतनी उदारता से नहीं अपना रहे हैं जितनी उदारता से हिन्दी वाले उर्दू शब्दों को अपनाते हैं। हिन्दी साहित्य, कला, सिनेमा, पत्रकारिता आदि में उर्दू का सहज प्रयोग सोने में सुहागा की तरह होता है मगर कुछ संस्थाएँ, समूह तथा व्यक्ति भड़काऊ बयान या भ्रान्तिमूलक लेखन के ज़रिये हिन्दी-उर्दू के बीच दरार पैदा करने की कोशिश करते रहते हैं। कुछ लोग कहते हैं कि प्यार करने के लिए या उसका इज़हार करने के लिए अथवा दर्द गहराई तक महसूस करने के लिए उर्दू के कतिपय शब्दों का प्रयोग नितान्त आवश्यक है। हिन्दी फिल्में इसका सटीक उदाहरण हैं। यूँ हिन्दी में भी 'प्यार' होता है और उर्दू में भी। मगर यदि हम दोनों भाषाओं की जानकारी रखते हैं, तो प्यार दुगुना हो जाता है। मगर कुछ लोगों का यह भी मानना है कि उर्दू वाले 'बासी भात में खुदा का साझा' चाहते हैं जो मुमकिन नहीं है। इसके अलावा उर्दू वाले हिन्दी शब्दों को उदारता से नहीं अपनाते। जैसे 'उपन्यास' हिन्दी का अपना शब्द है मगर उर्दू वाले उसे नहीं अपनाकर 'नावेल' शब्द अपनाते हैं। इसी प्रकार वे हिन्दी का 'भूगोल' शब्द नहीं अपनाकर,'जुगराफिया' शब्द अँग्रेज़ी की 'जियोग्राफी' से लेकर अपनाते हैं। ख़ैर... दोनों बहनों का जुड़ाव अत्यन्त ज़रूरी है बेहतर अभिव्यक्ति के लिए और साझी विरासत को आगे बढ़ाने के लिए।

जहाँ तक हिन्दी और उसकी तमाम उप-भाषाओं के बीच टकराव का सवाल है, उसे विमर्श एवं संवाद से आसानी से सुलझाया जा सकता है। यदि प्राथमिक शिक्षा के तीन वर्ष मातृभाषाओं यानी उप-भाषाओं में हों, साथ में हिन्दी एक विषय के रूप में हो अथवा हिन्दी और स्थानीय उप भाषाओं की एक साझी किताब हो, तो बहुत हद तक टकराव नहीं होगा। दूसरे, साहित्य अकादमी या अन्य संस्थाओं को यह बात ध्यान में रखनी चाहिए कि हिन्दी में एक ही पुरस्कार से काम नहीं चलेगा क्योंकि वह दस राज्यों की राजभाषा है और उसे बोलने वालों की संख्या भारत की आधी आबादी से अधिक है। सो हर हिन्दी भाषी राज्य के साहित्यकार के लिए साहित्य अकादमी का एक-एक पुरस्कार होना चाहिए। तब ही हिन्दी का उचित प्रतिनिधित्व होगा। अन्तिम बात यह है कि दक्षिण भारत, उत्तर-पूर्वी भारत तथा महाराष्ट्र में हिन्दी से टकराव के राजनीतिक कारण ज़्यादा हैं। वहाँ के कई राजनीतिक दल क्षेत्रीयतावाद और भाषावाद की गन्दी राजनीति करते हैं। चुनाव के समय हिन्दी-विरोध की गति, व्यापकता, रूप और सघनता बढ़ जाती है। इस साजिशपूर्ण, छलपूर्ण और संकीर्ण वैचारिकता का राष्ट्रीय दलों, बुद्धिजीवियों, सक्रिय नागरिकों, स्वयंसेवी संस्थाओं एवं लेखकों द्वारा जमकर विरोध किया जाना चाहिए जिससे

संकीर्णता भारतीय राष्ट्रीयता (राष्ट्रीय चेतना के व्यापक अर्थ में) को कुन्द न कर सके। ऐसे क्षेत्रों में व्यापक वैचारिक गोष्ठियों का आयोजन होना चाहिये और स्थानीय लोगों की शंकाओं का समाधान भी होना चाहिए। आर्य और द्रविड़ सभ्यताओं, संस्कृतियों, भाषा-परिवारों आदि के मुद्दों पर दोतरफ़ा संवाद कायम किया जाना चाहिए तथा भारतीय संविधान की मूल आत्मा के अनुरूप (अन्तर-निर्भरता, पारस्परिक विनिमय तथा सांस्कृतिक विविधता) उनका समाधान निकाला जाना चाहिए जो सर्वस्वीकार्य हो। इस दिशा में एक महत्त्वपूर्ण कदम के रूप में संस्कृत ओडिया, कन्नड़, मलयालम, तेलुगु और तमिल छह भाषाओं को प्राचीन क्लासिक भाषाएँ घोषित कर दिया गया है। इसके अलावा जवाहर लाल नेहरू विश्वविद्यालय के 'भारतीय भाषा केन्द्र' में हिन्दी, उर्दू, तमिल आदि की पढ़ाई एक साथ होती है। एक भाषा के विद्यार्थी दूसरी भाषाओं से सम्बन्धित ऐच्छिक पाठ्यक्रम भी पढ़ते हैं तथा वहाँ तुलनात्मक अध्ययन भी सहजता और समरसता से होता है।

एक अन्य महत्त्वपूर्ण सवाल उठता है कि क्या भूमंडलीकरण के युग में एक वैश्विक भाषा ज़रूरी है? यदि हाँ, तो वह कौन सी भाषा हो सकती है? यह अत्यन्त मजेदार तथ्य है कि ईसाई धर्म की पवित्र किताब 'बाइबिल' में एक भाषा की शक्ति का वर्णन है जिसे सभी लोग समझ सकें: 'देखो, वे एक ही लोग हैं और उनकी एक भाषा है' (जेनिसिस)। फिर सत्रहवीं सदी में जॉन आमोस कोमेनियस ने 'सार्वभौमिक शिक्षा' और 'सार्वभौमिक भाषा' की अवधारणा पेश की थी जिससे मानव ज्ञान का सबसे ज़्यादा दक्षतापूर्ण संचरण हो सके। सो सम्प्रेषण के लिए एक साझी भाषा ज़रूरी है। जो अपने ज्ञान को दूसरों से साझा करना चाहते हैं, उनके समक्ष मूलतः दो विकल्प होते हैं : पहला, वे विश्व की सारी भाषाएँ सीख लें। दूसरा, वे ऐसी भाषा सीखें जिसे दुनिया के सभी लोग बोल और समझ सकें। कोमेनियस का मानना है कि दूसरा विकल्प बेहतर है क्योंकि सभी लोग समान ध्वनियों के प्रयोग से किसी चीज़ को बेहतर समझ सकेंगे। मगर उसके विचार में ऐसी वैश्विक भाषा नयी होनी चाहिए जो आसान हो, सुखकर हो और जो मौजूदा भाषाओं से ज़्यादा परिपूर्ण हो, जो विवेकपूर्ण हो, जो सादृश्यवाची (एनालॉजिकल) और समरस हो। ऐसी भाषा (बिना अपवाद के) विभिन्न चीज़ों के बीच सम्बन्ध अभिव्यक्त करे। भाषाविद् ऐसी भाषा को कारण-कार्य न्याय के अनुसार अनुभव-निरपेक्ष मानते हैं। यह भाषा तार्किक पूर्णता की पक्षधर होती है जबकि अनुभव-सापेक्ष भाषा सीखने में सरलता पर जोर देती है और प्राकृतिक भाषाओं का सचेत रूप से नकल करती है। अनुभव-सापेक्ष भाषा का उदाहरण 'एसपरान्तो' है जो 1887 में वारसा में प्रकाशित हुई जब लाजार लुदविक जामेनहोफ (उर्फ़ डोक्तोरो एस्परान्तो) ने रूसी भाषा में 'अन्तरराष्ट्रीय भाषा' नामक पुस्तिका प्रकाशित की। इस पुस्तिका में

अँग्रेज़ी के सभी छब्बीस अक्षरों का प्रयोग किया गया जिससे सोलह प्रमुख नियम बनाये गये। कुछ भाषाविदों का मानना है कि जहाँ अँग्रेज़ी में प्रवाहपूर्ण तरीके से वार्ता करने में छः वर्ष तक का समय लगता है, वहीं एस्परान्तो भाषा को मात्र एक वर्ष में दक्षतापूर्ण ढंग से सीखा जा सकता है। इसमें सन्देह नहीं कि नियोजित भाषाओं में एस्परान्तो को बड़ी सफलता मिली मगर व्यावहारिक बोलचाल में वह विफल रही। रेमंड जी गोर्डोन की पुस्तक 'एथनोलॉग' के अनुसार एस्परान्तो बोलने वालों की संख्या 2006 में पचास हजार से बीस लाख के बीच थी। हाल में यूरोपीय देशों में यह चर्चा चल रही है कि अँग्रेज़ी शब्दों की वर्तनी जर्मन भाषा के अनुरूप की जाये : उदाहरणार्थ, कैट की वर्तनी के.ए.टी. हो (न कि सी.ए.टी.) जिससे अँग्रेज़ी भाषा सर्वसुलभ हो।

वैश्विक भाषा अपनाने के गुण-दोष दोनों हैं। निःसन्देह, एक वैश्विक भाषा अपनाने से राष्ट्रीय सीमाओं के बाहर व्यापार आदि करने में लगने वाला खर्च कम हो जायेगा। उदाहरणार्थ, यूरोपीय संघ में एक साझी भाषा न होने के कारण सभी निर्णयों का 20 भाषाओं में अनुवाद करने में प्रति वर्ष 1.3 बिलियन डॉलर खर्च होता है। दूसरे, इससे ज्ञान का संचरण तेजी से, विस्तार से और ज़्यादा सघनता से दुनिया के एक छोर से दूसरी छोर तक होगा। तीसरे, इसे विभिन्न पृष्ठभूमि के लोग एक दूसरे को आसानी से समझ सकेंगे और वैचारिक आदान-प्रदान से उनके बीच की कटुता, पूर्वाग्रह और शत्रुता कम होगी तथा टकरावों का समाधान होने से शान्ति स्थापित होगी। एक प्रतिमान होने से विभिन्न व्यक्तियों, समुदायों, देशों आदि के बीच गलतफ़हमी नहीं पैदा होगी। उदाहरणार्थ, यूरोपीय संघ के मूलाधिकार चार्टर में जर्मनी और फ्रांस के बीच 'धार्मिक या नैतिक विरासत' पद को लेकर मतभेद था। फ्रांस ने 'नैतिक विरासत' के रूप में अनुवाद किया मगर जर्मनी ने उसका अनुवाद 'धार्मिक एवं नैतिक विरासत' के रूप में किया। मगर दूसरी ओर यह भी सही है कि वैश्विक भाषा राष्ट्रभाषा, क्षेत्रीय भाषा या स्थानीय (मातृभाषा) भाषा को 'मत्स्य न्याय' के अनुसार निगल जाती है, उसकी उपेक्षा करती है और उसे दोयम दर्ज़े का बना देती है।

दुर्भाग्यवश प्रति पखवाड़े विश्व की एक भाषा मर जाती है। निःसन्देह, भाषाओं की विलुप्ति का एक मुख्य कारण भूमंडलीकरण है जहाँ बड़ी चीज़ों का ख़ास महत्त्व होता है और स्पर्धा में छोटी भाषाएँ मार खा जाती हैं जैसे छोटी औद्योगिक इकाइयाँ अपना वजूद खो देती हैं। वास्तव में, भाषा सम्प्रेषण के साथ-साथ पहचान एवं संस्कृति का भी प्रतीक होती है। किन्तु अन्ततः वैश्विक भाषा राष्ट्रीय, क्षेत्रीय या स्थानीय भाषाओं की पहचान ख़त्म कर देती है। भूमंडलीकरण सिर्फ़आर्थिक एजेंडा नहीं है बल्कि वैचारिक-सांस्कृतिक एजेंडा भी है। एक अनुमान

के अनुसार इक्कीसवीं सदी के अन्त तक विश्व की 3500 भाषाएँ मर जायेंगी और आज विश्व में 500 से अधिक भाषाएँ ऐसी हैं जिनके बोलने वाले दस से कम लोग हैं। समूचे अमरीका (केन्द्रीय, दक्षिणी तथा उत्तरी) में 1013 जीवित भाषाएँ हैं जो विश्व की सभी भाषाओं की 15 प्रतिशत हैं। मगर उत्तरी अमरीका में 78% भाषाओं के बोलने वालों की संख्या (प्रत्येक में) दस हजार से कम है। दक्षिण अमरीका में 77% भाषाओं के बोलने वालों की संख्या (प्रत्येक में) दस हजार से कम है। केन्द्रीय अमरीका में 36 प्रतिशत भाषाओं के बोलने वालों की संख्या (प्रत्येक में) दस हजार से कम है। अफ्रीका में 2058 जीवित भाषाएँ (विश्व का 30%) हैं जिनमें से 33% भाषाओं के बोलने वालों की संख्या (प्रत्येक में) दस हजार से कम है। यूरोप में 230 जीवित भाषाएँ (विश्व का 3 प्रतिशत) हैं जिनमें से 30% भाषाओं के बोलने वालों की संख्या (प्रत्येक में) दस हजार से कम है। एशिया में 2197 भाषाएँ जीवित हैं (विश्व का 32%) जिनमें से 53% भाषाओं के बोलने वालों की संख्या (प्रत्येक में) दस हजार से कम है। प्रशान्त में 1311 जीवित भाषाएँ हैं (विश्व का 19%) जिनमें से 93% भाषाओं के बोलने वालों की संख्या (प्रत्येक में) दस हजार से कम है। इस प्रकार विश्व की 6912 जीवित भाषाओं में से 59 प्रतिशत भाषाओं के बोलने वालों की संख्या (प्रत्येक में) दस हजार से कम है। इस प्रकार स्पष्ट है कि छोटी-छोटी भाषाओं के बोलने वालों की संख्या सर्वत्र घटती जा रही है जो चिन्ताजनक है। यह उल्लेखनीय है कि यूनाइटेड किंगडम (यू.के.) में 21 भाषाएँ लुप्त हो रही हैं जिनमें अत्यन्त कम प्रचलित (पुरानी केन्टिश चिह्न भाषा) से लेकर प्रचलित स्कॉटिश एवं वेल्श भाषाएँ भी शामिल हैं। इसलिए ऐसी नीति एवं नीयत होनी चाहिए कि उच्चतर स्तर पर ज्ञानार्जन के लिए लोग वैश्विक भाषा सीखें मगर सांस्कृतिक एवं ऐतिहासिक पहचान के लिए वे अपनी राष्ट्रभाषा, क्षेत्रीय भाषा या मातृभाषा को ही प्रमुख स्थान दें। आजकल अँग्रेज़ी वैश्विक भाषा के रूप में उभर चुकी है और अन्तरराष्ट्रीय व्यापार, शिक्षा, कूटनीति, चिकित्सा आदि में इसका उपयोग अद्वितीय है। उदाहरणार्थ, 1997 में प्रकाशित नौ लाख पच्चीस हजार वैज्ञानिक शोध पत्रों में से 95% अँग्रेज़ी में थे मगर यह भी सच है कि ऐसे अँग्रेज़ी शोध पत्रों में से मात्र आधे के शोधार्थी अँग्रेज़ी भाषी देशों के थे। ज़ाहिर है कि द्वितीय विश्व युद्ध के बाद अँग्रेज़ी भाषा अपनाने की प्रवृत्ति के कारण विभिन्न देशों ने अपनी राष्ट्रभाषाओं और क्षेत्रीय/मातृभाषाओं के साथ-साथ द्वितीयभाषा के रूप में अँग्रेज़ी को अपना लिया। आजकल संयुक्त राज्य अमरीका और यूरोप के विकसित देशों से भेजे गये तमाम व्यापारिक, चिकित्सा आदि कार्य दूरस्थ विकासशील देशों में 'कॉल सेंटरों' पर सम्पन्न किये जाते हैं जिनका सम्प्रेषण माध्यम अँग्रेज़ी ही होती है। इस सन्दर्भ में भारत के इंजीनियर, चिकित्सक, कम्प्यूटर विशेषज्ञ, सहायक आदि

चीन से बेहतर अँग्रेज़ी ज्ञान के कारण अपने को स्पर्धा में ज़्यादा सफल पाते हैं। मगर यहाँ महात्मा गाँधी के विचार को पूरे जोर से लागू करने की ज़रूरत है कि मुख्य दरवाजा हिन्दी का हो और विदेशी भाषाएँ (अँग्रेज़ी सहित) खिड़कियों की तरह हों जिससे हमारी सांस्कृतिक और ऐतिहासिक पहचान बरकरार रहे। बच्चों को प्राथमिक शिक्षा उनकी मातृभाषा में दी जाये जिससे वे बेहतर ढंग से सीख सकें। भारत में शासन-प्रशासन के साथ लोगों को भी भाषाई विविधता के लिए तन-मन-धन से जुटना होगा।

जैसा कि डॉ. राम मनोहर लोहिया कहा करते थे कि भाषा, भूषा, भवन और भोजन देसी होना चाहिए। उन्होंने जर्मन भाषा में अपनी पीएच.डी. थीसिस लिखी थी मगर उनके प्रमुख विचार हिन्दी में ही व्यक्त होते थे क्योंकि इसे वह ज़मीनी हकीकत मानते थे। मगर उनके नाम की माला जपने वाले कई तथाकथित समाजवादी अपने बच्चों को अँग्रेज़ी माध्यम वाले विद्यालयों में पढ़ाते हैं, विदेशी जीवन-शैली अपनाते हैं, विदेशी गाड़ियों में सफर करते हैं, विदेशी व्यंजनों पर टूट पड़ते हैं परन्तु जाति-बिरादरी की संकीर्ण राजनीति करते हैं। वे देसी चीज़ों की बात औपचारिक रूप से करते हैं किन्तु विदेशी चीज़ों पर लट्टू हो जाते हैं। वे भाषाई विविधता की रंगोली तैयार करने में तनिक भी विश्वास नहीं रखते। यह भी उल्लेखनीय है कि धीरे-धीरे तमाम हिन्दी साहित्यकारों में गम्भीर चिन्तन और लेखन कम होता जा रहा है। नये लेखक बिना गहराई और विस्तार के थोक के भाव लिख रहे हैं और दूसरी ओर कई विद्वान आलोचक मूक बने हैं जबकि भाषा की समृद्धि साहित्य से भी आती है और व्यावहारिक प्रचार-प्रसार से भी। कहने की ज़रूरत नहीं कि हिन्दी में वैज्ञानिक और समाज वैज्ञानिक विषयों पर गुणवत्तापूर्ण चीज़ें कम लिखी गयी हैं यद्यपि अच्छी शुरुआत् हो चुकी है।

प्रसिद्ध समाजशास्त्री-इतिहासकार रामचन्द्र गुहा ने एक महत्त्वपूर्ण सवाल उठाया है कि स्वतन्त्रता के पहले भारत के अधिकतर जनप्रतिनिधि (राजनेता) कई भाषाओं अथवा कम से कम दो भाषाओं के ज्ञाता थे मगर आजकल के अधिकतर जनप्रतिनिधि एक ही भाषा के ज्ञाता हैं। यह उत्तर भारत में कुछ हद तक सही है मगर पूर्ण सत्य यह है कि केन्द्र की राजनीति में सफल होने वाले नेता अपनी मातृभाषा के अलावा हिन्दी या अँग्रेज़ी जानते हैं—कुछ अपवाद हैं जैसे कि डी.एम.के. के नेता अलागिरि (पूर्व मन्त्री) के बारे में ख़बर छपी थी कि वे सिर्फ़ तमिल में बोल सकते थे, अँग्रेज़ी या हिन्दी में नहीं, सो वह संसद सत्र में प्रायः नहीं जाते थे अथवा वहाँ जाने पर भी नहीं बोलते थे। दक्षिण भारत के कई नेता पी.वी. नरसिंहा राव, अय्यर जयराम रमेश, सुब्रह्मण्यम् स्वामी, सीताराम येचुरी, प्रकाश करात आदि धारा प्रवाह हिन्दी बोलने में सिद्धहस्त रहे हैं। दरअसल केन्द्रीय भारतीय राजनीति, शिक्षण

संस्थाओं, न्यायालयों और रोज़गार देनेवाली संस्थाओं में उच्चतर अभिजनों की भाषा अँग्रेज़ी है तथा उनमें मध्यम अभिजन अँग्रेज़ी और हिन्दी दोनों भाषाओं में सम्प्रेषण करते हैं। दूसरी ओर गैर-अभिजन हिन्दी या क्षेत्रीय भाषाओं में बोलते हैं। हिन्दी प्रदेशों में सिर्फ़ हिन्दी जानने वाले भी अभिजन हैं जैसे अन्य प्रदेशों में सिर्फ़ एक क्षेत्रीय भाषा जानने वाले भी अभिजन हैं (जैसे तमिलनाडु में सिर्फ़ तमिल जानना, पश्चिम बंगाल में सिर्फ़ बंगला जानना, असम में सिर्फ़ असमिया जानना, महाराष्ट्र में सिर्फ़ मराठी जानना, गुजरात में सिर्फ़ गुजराती जानना)। इस मायने में कर्नाटक की स्थिति बेहतर है जहाँ त्रिभाषा सूत्र सही ढंग से लागू किया गया। इसलिए बंगलुरु में गैर-कन्नड़ भाषियों को हिन्दी बोलने में कोई कठिनाई नहीं होती जबकि चेन्नई (या तमिलनाडु के अन्य शहरों में) में 'आई डोंट नो हिन्दी' कहकर या तमिल में ज़वाब देकर स्थानीय होटल या दुकान वाला गैर-तमिल भाषियों को टरका देता है। हैदराबाद की स्थिति अलग है क्योंकि वहाँ उर्दू बोलने वालों की संख्या काफ़ी है और पुराना हैदराबाद तथा पुरानी दिल्ली के भाषाई/सांस्कृतिक माहौल में कोई ख़ास फ़र्क मालूम नहीं पड़ता। स्पष्टतः तमिलनाडु ने त्रिभाषा सूत्र को नहीं लागू किया और हिन्दी पर प्रतिबन्ध लगाकर सिर्फ़ तमिल एवं अँग्रेज़ी की पढ़ाई प्राथमिक तथा माध्यमिक विद्यालय स्तर पर की जाती है। सो वहाँ की अधिकतर आबादी एक भाषा-भाषी है और कुछ ही लोग तमिल के अलावा अँग्रेज़ी जानते हैं। भारत की 1991 की जनगणना में द्वितीय या तृतीय भाषा के रूप में अँग्रेज़ी बोलने वालों की संख्या नौ करोड़ थी जिनमें से छः करोड़ लोग गैर-हिन्दी भाषी थे और तीन करोड़ लोग मूलतः हिन्दी भाषी थे। मगर अँग्रेज़ी के द्वितीय या तृतीय भाषा होने के लिए अँग्रेज़ी ज्ञान का स्तर जनगणना सर्वेक्षण में निश्चित नहीं था। यह माना जा सकता है कि भारत में 'शासक अभिजन' यही नौ करोड़ होता है और उनके बीच से ही 'शासक वर्ग' पैदा होता है। यह कटु यथार्थ है कि सिन्धी, पंजाबी, नेपाली, मराठी, गुजराती, उर्दू और असमिया (अंशतः) भाषा भाषियों की दूसरी भाषा हिन्दी है जबकि कोंकणी (गोवा), मणिपुरी (अंशतः), मलयालम, तमिल, ओडिया, कन्नड़, तेलुगु, बंगाली एवं तमिल भाषाभाषियों की दूसरी भाषा अँग्रेज़ी है। इस प्रकार उत्तर और पश्चिम भारत की भाषाएँ हिन्दी की ओर सहजता से उन्मुख हैं जबकि दक्षिण और पूर्वी भारत की भाषाएँ अँग्रेज़ी की ओर सहजता से उन्मुख हैं। सिन्धी भाषा किसी प्रान्त की राजभाषा नहीं है, अस्तु उसे बोलने वाले या तो हिन्दी को दूसरी भाषा के रूप में अपनाते हैं अथवा हिन्दी और अँग्रेज़ी दोनों को अपनाते हैं। यूँ भारत के कई राज्यों के शहरी पृष्ठभूमि वाले 'पश्चिमीकरण' के प्रभाव के कारण अँग्रेज़ी सीखने का अतिरिक्त उपाय (कोचिंग, टयूशन, वीडियो-कैसेट, सी डी आदि के ज़रिये) कर रहे हैं और वे कन्धे उचकाकर, जीभ मरोड़कर,

दाँत पीसकर, मुँह बिचकाकर, एक ही शब्द की पुनरावृत्ति करके, सिर का पिछला भाग खुजलाकर या कतिपय पद बार-बार कहकर ('व्हाट शैल आई से', 'आई मीन', 'आई मीन टू से', 'बट नेचुरल' आदि) पश्चिमी शैली में उच्चारण करने का अभ्यास करते हैं। ऐसे भारतीय लोग अमरीकियों और अँग्रेजों से भी ज़्यादा पाश्चात्य बनने की फ़िराक में रहते हैं। यह मानसिक गुलामी तथा हीन ग्रन्थि का द्योतक है। एक बार मैं एक साल के अध्ययन हेतु ब्रिटेन में था और मेरे छात्रावास में उत्तर भारत के तीन छात्र तथा दक्षिण भारत के तीन छात्र थे। उत्तर और दक्षिण भारतीयों के बीच अँग्रेज़ी में सम्प्रेषण होता था। एक बार केरल के थामस मैथ्यू नामक छात्र ने कहा कि साल पूरा होते-होते आप हिन्दी भूल जाएँगे। मैंने इसे नकार दिया। बाद में एक दूसरे केरल वाले 'मोहन लाल' उस छात्रावास में आ गये। फिर मैथ्यू और मोहन लाल मलयालम में प्रायः बातें करते थे। अर्थात् वह खुद मलयालम नहीं भूल सके। इस प्रकार भाषा पहचान और संस्कृति का प्रतीक भी है। कुछ हिन्दी लेखक हीन ग्रन्थि से ग्रस्त होकर अँग्रेज़ी शब्दों (क्रियाओं सहित) का अधिक प्रयोग करते हैं भले वे अर्थ, सन्दर्भ या प्रसंग को उलट-पुलट कर देते हैं। हिन्दी के प्रोफेसर सुधीश पचौरी इसके लिए कुख्यात हैं। एक हिन्दी पत्रिका के सम्पादक फोटो के लिए 'पोर्ट्रेट' शब्द कहने के अभ्यस्त हैं (उन्हें दोनों में फ़र्क नहीं मालूम)। एक हिन्दी शिक्षक 'आउटलुक' (दृष्टिकोण) के स्थान पर उस आशय हेतु बार-बार 'लुकआउट' (तलाश) कहते हैं। हिन्दी के एक प्रोफेसर 'पुस्तक-समीक्षा' की जगह 'बुक रिव्यू' को वरीयता देते हैं।

आज के समय का तकाज़ा है कि भाषाओं की विविधता (परिमाण, गुणवत्ता, आदान-प्रदान, संरक्षण आदि) सर्वांगीण रूप से बढ़े जिससे व्यक्ति ज़्यादा बहुलवादी बन सके और एक ओर अपने बारे में अपनी दृष्टि से जानें, तो दूसरी ओर दूसरों के बारे में जानें तथा दूसरों की दृष्टि से अपने बारे में जानें। इसके लिए वैकल्पिक आधुनिकता की ज़रूरत है जो पश्चिमीकरण से भिन्न हो और वह अपनी देशज विरासत से आगे नया पथ हो जो विविधवर्णी, बहुल, लोकतान्त्रिक, न्यायपूर्ण, तथा स्थानीयता और वैश्विकता में सामंजस्य स्थापित करने वाला हो। प्राथमिक शिक्षा के स्तर पर संस्कृत विद्यालयों, मदरसों, क्षेत्रीय/स्थानीय भाषाओं के विद्यालयों में अँग्रेज़ी (या अन्य यूरोपीय भाषा) और हिन्दी की भी पढ़ाई हो क्योंकि बचपन में बच्चे अधिक से अधिक भाषाएँ 'ग्रहण' (सीखने से भिन्न, जैसा कि नोम चोम्स्की कहते हैं) करते हैं मगर पढ़ाई का माध्यम मातृभाषा ही हो कक्षा पाँच तक। जैसे बोतल का दूध माँ के दूध का स्थान नहीं ले सकता, वैसे ही अँग्रेज़ी या अन्य भाषा मातृभाषा का स्थान नहीं ले सकती। मगर भाषाओं का इन्द्रधनुष मानव संस्कृति को सुदृढ़ एवं सशक्त बनाता है, इसमें कोई सन्देह नहीं। अँधेरे की सुरंग के दूसरे छोर पर

आशा की किरण दिख रही है जहाँ कैम्ब्रिज विश्वविद्यालय द्वारा विश्व मौखिक साहित्य परियोजना के तहत 3524 भाषाओं के दस्तावेज़ीकरण की योजना शुरू की गयी। वे लोग न केवल भाषाओं के ख़तरों के स्तरों के बारे में जानना चाहते रहे हैं बल्कि उनके दस्तावेज़ीकरण सूचकांक के बारे में भी प्रयासरत रहे हैं। मगर भारत में इस दिशा में अभी कोई ठोस प्रयास नहीं हुआ है। एक साहित्यकार और समाजशास्त्री होने के नाते मैं भारत और विश्व के तमाम भाषाविदों, साहित्यकारों, नागरिकों, स्वयंसेवी संस्थाओं, शैक्षणिक संस्थाओं, वैश्विक संस्थाओं (यूनेस्को) और नीति निर्धारकों से अपील करता हूँ कि वे जैव विविधता की तरह भाषाई एवं सांस्कृतिक विविधता के संरक्षण, संवर्द्धन एवं सशक्तीकरण के लिए सच्चा एवं बहुआयामी प्रयास करें। इससे सामाजिक समावेशन एवं सहिष्णुता का मार्ग प्रशस्त होगा।

अध्याय 12

अन्तरराष्ट्रीय स्तर पर हिन्दी भाषा : ज़रूरी मुद्दे

सन् 2011 की जनगणना के अनुसार भारत की आबादी 121 करोड़ है जिसमें आधे लोग हिन्दी बोलते-समझते हैं। यूनेस्को के अनुसार विश्व के 137 देशों में हिन्दी भाषा किसी न किसी रूप में जीवन्त तरीके से मौजूद है—विश्व के 153 विश्वविद्यालयों में हिन्दी विभाग के तहत या भारतीय विद्या (इंडोलॉजी) विभाग के अंग के रूप में हिन्दी की पढ़ाई होती है। वस्तुतः कुल 127 देशों में भारतीय मूल के लोग रहते हैं। भारतीय सांस्कृतिक सम्बन्ध परिषद् के द्वारा 30 देशों के विश्वविद्यालयों में हिन्दी शिक्षक का विशिष्ट पद सृजित किया गया है। इस प्रकार समूचे विश्व में हिन्दी बोलने-समझने वालों की संख्या एक सौ दस करोड़ से अधिक है अर्थात् व्यवहार में हिन्दी विश्व की सबसे बड़ी भाषा है। डॉ. जयन्ती प्रसाद नौटियाल के अनुसार (1999) विश्व में हिन्दी जानने वालों की संख्या 110 करोड़ और चीनी भाषा (मंडारिन) जानने वालों की संख्या 106 करोड़ है। कुछ विद्वान चीनी भाषियों की संख्या 87.4 करोड़ ही मानते हैं। विगत वर्षों में हिन्दी आबादी ज़्यादा बढ़ी है। उल्लेखनीय है कि मॉरिशस, सूरीनाम, गुआना, फिजी, त्रिनिदाद एवं तोबैगो, दक्षिण अफ्रीका जैसे तमाम देशों में हिन्दुस्तान से (अधिकतर हिन्दी भाषी) 'गिरमिटिया' मजदूर गुलामी प्रथा के अन्त (1832) के बाद सुनिश्चित श्रम के रूप में, मुख्यतः गन्ने की खेती में, काम करने गये थे और वे हमेशा के लिए वहीं बस गये। पूर्वी उत्तर प्रदेश तथा बिहार के गिरमिटिया मजदूर 1834 में मॉरिशस, 1838 में गुआना, 1845 में त्रिनिदाद एवं तोबैगो, 1860 में दक्षिण अफ्रीका, 1871 में फिजी और 1873 में सूरीनाम गये थे। कालान्तर में उन्होंने राजनीति, अर्थव्यवस्था, व्यापार, सरकारी सेवा आदि क्षेत्रों में अच्छी-खासी सफलता प्राप्त कर ली तथा निरन्तर हिन्दी का झण्डा फहराते रहे हैं। यह उल्लेखनीय है कि मॉरिशस में क्रियोल (अँग्रेजी एवं फ्रांसीसी का मिश्रित रूप) के अलावा भोजपुरीनिष्ठ हिन्दी ज़्यादा प्रचलित है। मॉरिशस में करीब तीन सौ गैर-सरकारी विद्यालयों में हिन्दी की सान्ध्यकालीन पढ़ाई होती है। वहाँ पर स्थित महात्मा गाँधी संस्थान हिन्दी के प्रचार-प्रसार के लिए सहायता देता

है। मॉरिशस में गैर-सरकारी विद्यालयों में माध्यमिक स्तर पर हिन्दी की पढ़ाई होती है। सूरीनाम में 'सरनामी हिन्दी' (अवधी-भोजपुरी मिश्रित) प्रचलित है। फिजी में 'फिजीबात' (अवधीनिष्ठ हिन्दी) प्रचलित है और दक्षिण अफ्रीका में 'नेताली हिन्दी' प्रचलित है। इस प्रसंग में सरनामी हिन्दी के विख्यात कवि हरि साहू की एक कविता द्रष्टव्य है :

"हम तोके का बोली
हम तोकी का बोली
बोली बोली
भाषा बोली
अवधी कि भोजपुरी
अन्त में
अपन भाषा में एक बात बोली
तोंहसे हम्मे बहुत है प्यार
महतारी भाषा हमार, महतारी भाषा हमार
सरनाम हमार, सरनामी हमार।।"

ज्ञातव्य है कि फिजी में अप्रवासी भारतीय कुल आबादी के लगभग पचास प्रतिशत हैं मगर कुछ दशक पूर्व भारतवंशी महेन्द्र चौधरी के नेतृत्व वाली सरकार का सैनिक विद्रोह (अफ्रीकी सेना अधिकारी) द्वारा तख़्ता पलट होने के कारण भारतीयों पर नाना प्रकार के अत्याचार किए गये और तमाम भारतीय वहाँ से भागकर दूसरे देशों में चले गये, जैसे सूडान से पूर्व में भगाए गये भारतीय इंग्लैंड आदि में बस गये थे। सूरीनाम (जिसे बाद में 'सूरीनेम' कर दिया गया अँग्रेजीकरण और नव-साम्राज्यवाद के चलते) में करीब चालीस प्रतिशत लोग सरनामी हिन्दी बोलते हैं। कई सरकारी एवं गैर-सरकारी संस्थाएँ हिन्दी की पढ़ाई कराती हैं। त्रिनिदाद एवं तोबैगो में भारतीय मूल के बयालीस प्रतिशत लोग हैं। वहाँ अनेक संस्थाओं द्वारा हिन्दी की पढ़ाई कराई जाती है। गुआना में आधी आबादी प्रवासी भारतीयों की है। जर्मनी में नौ विश्वविद्यालयों में हिन्दी की पढ़ाई होती है। दूसरी ओर संयुक्त राज्य अमरीका में 25 विश्वविद्यालयों (और 51 महाविद्यालयों) में दक्षिण एशिया अध्ययन विभाग में हिन्दी शिक्षण की व्यवस्था है जिनमें शिकागो, कैलिफोर्निया, कोलम्बिया, पेन्सिलवेनिया, वाशिंगटन, टेक्सास एवं वर्जीनिया विश्वविद्यालय प्रमुख हैं। रूस के कई विश्वविद्यालयों में हिन्दी की पढ़ाई होती है। उनमें मास्को एवं पीटर्सबर्ग राज्य विश्वविद्यालय प्रमुख हैं। टेक्सास (संयुक्त राज्य अमरीका) के विद्यालयों में 'नमस्ते जी' (अरुण प्रकाश) नामक हिन्दी की पाठ्यपुस्तक हाईस्कूल के लिए स्वीकृत की गई है। उज्बेकिस्तान में ताशकन्द विश्वविद्यालय में हिन्दी की पढ़ाई

पीएच. डी. स्तर तक होती है। हिन्दी की तमाम महत्वपूर्ण रचनाओं का रूसी में अनुवाद हो चुका है जिनमें रामायण, महाभारत, गीता तथा प्रमुख साहित्यकारों यथा भारतेन्दु, बच्चन, विष्णु प्रभाकर, अमृतलाल नागर, प्रेमचन्द, अज्ञेय, रेणु, जैनेन्द्र कुमार, नागार्जुन, जयशंकर प्रसाद, कुँवर नारायण, केदारनाथ सिंह, अशोक वाजपेयी आदि की रचनाएँ प्रमुख हैं। पोलैंड के भारतविद् डॉ. ब्रिस्की हिन्दी को 'मित्र भाषा' की संज्ञा देते हैं। यद्यपि ब्रिटेन में हाईस्कूल स्तर पर हिन्दी को मान्यता प्राप्त नहीं है फिर भी लन्दन, लेस्टर, लीड्स, ग्लासगो, नोटिंघम आदि में पूरक शिक्षण के रूप में विद्यालयों में हिन्दी की पढ़ाई होती है। बी.बी.सी. की हिन्दी सेवा को बन्द करने की साजिश चल रही थी मगर ब्रिटेन के प्रधानमन्त्री द्वारा समय पर हस्तक्षेप करने तथा आर्थिक सहायता उपलब्ध कराने के कारण हिन्दी सेवा चल रही है। 1788 में आस्ट्रेलिया की स्थापना के समय वहाँ 250 भाषाएँ मौजूद थीं और आज वहाँ हिन्दी भाषा बोलने वालों की संख्या काफ़ी है। कोलम्बस ने अपनी खोज के समय अमरीका में 1000 भाषाओं की गणना की थी मगर अब अधिकतर भाषाएँ लुप्त हो चुकी हैं। न्यू गीनिआ में 42 लाख मात्र की आबादी के बावजूद 1400 भाषाएँ हैं मगर 10–20 कि.मी. की दूरी पर विभिन्न कबीलों की बोलियाँ बदलने के कारण वे एक दूसरे की भाषा–बोली नहीं समझ पाते हैं। दूसरी ओर पश्चिमी यूरोप भाषाओं के मामले में निर्धन है क्योंकि वहाँ मात्र 44 मूल भाषाएँ प्रचलन में हैं। कुछ यूरोपीय भाषाओं तथा अँग्रेजी, स्पैनिश, फ्रांसीसी, इतालवी, पुर्तगाली, जर्मन आदि ने औपनिवेशिक शासन के ज़रिए तमाम विकासशील देशों की हजारों भाषाओं को नष्ट कर दिया या हाशिए पर फेंक दिया था। स्वतन्त्रता आन्दोलन में हिन्दी ने सम्पर्क भाषा की भूमिका बखूबी निभाई। इसीलिए सरदार पटेल, पी.जी. मावलंकर, केशवचन्द्र सेन, महात्मा गाँधी, आचार्य कृपलानी, चक्रवर्ती राजगोपालाचारी, सुभाष चन्द्र बोस, गुजराती कवि नर्मद, लोकमान्य बाल गंगाधर तिलक, जवाहर लाल नेहरू आदि चोटी के नेताओं ने हिन्दी को राष्ट्रभाषा बनाने में सहमति दी थी। मगर आजादी के बाद जिस अँग्रेजी को सहभाषा बनाया गया था, वह पटरानी बन गई और हिन्दी को वस्तुत: 'सहभाषा' बना दिया।

सितम्बर 2003 में मुझे मॉरिशस जाने का सौभाग्य मिला था। अवसर था माध्यमिक शिक्षा बोर्डों के केन्द्रीय संघ का सम्मेलन क्योंकि मॉरिशस में केन्द्रीय माध्यमिक शिक्षा परिषद् से सम्बद्ध कई विद्यालय संचालित हैं। वहाँ हिन्दी भाषा के बारे में मेरे कई अनुभव हुए। पहला अनुभव यह था कि पोर्ट लुई हवाई अड्डे पर तैनात कई सरकारी कर्मी हिन्दुस्तानी प्रतीत हो रहे थे–शारीरिक रचना, रंग–रूप आदि में। मैंने हिन्दी में ही वार्तालाप किया और सम्बन्धित महिला स्टाफ मेरी बातों को समझ रही थी। दूसरा अनुभव था हमारा भव्य स्वागत सभा–स्थल पर। मॉरिशस के

कुछ लोगों ने भावुक होकर कहा—"यहाँ तो उल्टी गंगा बह रही है। मॉरिशस जैसे लघु भारत में विशाल भारत का आगमन हुआ है।" तीसरा अनुभव यह था कि दक्षिण एवं पूर्वी भारत के बोर्डों के अध्यक्षों के हिन्दीतर भाषी होने के नाते कार्यक्रम की कार्यवाही अँग्रेजी में सम्पन्न हो रही थी। यूँ बीच-बीच में हिन्दी में कुछ बोलने वाले भी मंच पर आकर अपनी बात कह रहे थे। चौथा अनुभव यह था कि मैंने एक पच्चीस-तीस वर्ष की महिला से पूछा—"आपका क्या नाम है?"

तो उसने बताया—'निर्मला'

मैंने पूछा—'आप कहाँ और क्या करती हैं?"

उसने कहा—'आई कान्ट स्पीक हिन्दी फ्लुएंटली।'

अर्थात् वह हिन्दी समझ रही थी मगर बोल नहीं पा रही थी। शायद उसका अभ्यास नहीं था। शाम को गाँव में खेल रहे बच्चों को मैंने हिन्दी में सम्बोधित कर बुलाया, तो वे शरमाने लगे। हम लोग उनके पास गये, तो एक लड़की से मैंने नाम पूछा, तो उसने आपना नाम 'कौशल्या' बताया। मगर आगे वह भी हिन्दी में ज़वाब नहीं दे सकी। इस प्रकार स्पष्ट है कि नयी पीढ़ी हिन्दी नहीं बोल रही है। पाँचवाँ अनुभव था कि अधेड़ और उम्रदराज़ लोग खुलकर हिन्दी में बातचीत कर रहे थे। एक सज्जन ने मुझे लेखक अभिमन्यु अनत का फोन नम्बर दिया। मैंने उनसे बात भी की। उन्होंने अगले दिन मुझसे मिलने का वादा किया। वह अगले दिन आए और मुझे काफ़ी देर तक खोजते रहे। हम लोग एक दूसरे के चेहरे से परिचित नहीं थे। मगर मैं उनकी रचनाओं यथा 'लाल-पसीना' आदि से परिचित था। फिर वे मुझसे मिले और मुझे अपनी पुस्तक भेंट की—'और पसीना बहता रहा।' मैंने भी उन्हें अपनी एक पुस्तक भेंट की—'भारतीय महिलाएँ: दशा एवं दिशा'। पहले वह मुझे खाने पर ले जाना चाहते थे मगर बाद में सूचित किए कि भारत से लेखक ललित कार्तिकेय आ गये हैं और उनके साथ एक नया कार्यक्रम बन गया है। मैं भीतर ही भीतर ललित कार्तिकेय को कोसने लगा क्योंकि मेरी खाने से ज़्यादा इच्छा थी उनका घर-द्वार देखने की। वहाँ के दूसरे महत्वपूर्ण साहित्यकार (मूलतः कवि) रामदेव धुरन्धर से मेरी मुलाकात नहीं हो सकी। छठा अनुभव था राम नोहर से मिलने का जो धारा प्रवाह हिन्दी बोल रहे थे। उन्होंने दिल्ली विश्वविद्यालय से हिन्दी में एम.ए. की डिग्री हासिल की थी। कार्यक्रम के विदाई समारोह में उन्होंने कविवर हरिवंश राय 'बच्चन' की 'मधुशाला' से तमाम पंक्तियाँ सुनाईं-'इस पार प्रिये तुम हो, उस पर न जाने क्या होगा' आदि। सातवाँ अनुभव था एक अधेड़ मजदूर से बातचीत करने का। उससे हम लोग हिन्दी में बातचीत कर रहे थे, तभी उसकी मालिक (श्वेत फ्रांसीसी) अपनी कोठी से बाहर निकली और हमारे हिन्दी में हो रहे वार्तालाप को सन्देह से सुनते हुए उसने उस मजदूर से क्रियोल भाषा में कुछ

जानकारी ली और आश्वस्त होकर चली गई। उसकी कोठी की चारदीवारी पर पीले फूल हँसते हुए लग रहे थे मगर उनमें खुशबू नहीं थी-शायद उस खूबसूरत फ्रांसीसी महिला की तरह। आठवाँ अनुभव था एक अधेड़ बस चालक से मिलने का। उसका नाम था जगदीश। मैंने पूछा—'क्या आपको अपने नाम का अर्थ मालूम है?'

"हाँ, दुनिया का मालिक।"

"क्या भारत को आप देखना चाहते हैं?"

"हाँ, हाँ। एक बार अपने पुरखों की जन्मभूमि देखने का विचार है। इसलिए पैसे इकट्ठा कर रहा हूँ।"

नौवाँ अनुभव था एक अधेड़ आधुनिक पढ़ी-लिखी महिला से मिलने का जो विदाई समारोह के लिए आयोजित शाम के भोजन के दौरान सुरापान कर रही थी। मैंने पूछा—'क्या आप भारतीय हैं?' उसने कहा—'नहीं, मॉरिशिसियन।'

फिर मैंने उससे भोजपुरी में पूछा कि उसके पति क्या करते हैं? उसने भोजपुरी न समझने की बात कही। हिन्दी में बताने पर उसने ज़वाब दिया-'मेरे पति एक डॉक्टर हैं।' मेरा दसवाँ अनुभव था: मैंने लेडी जगन्नाथ (पूर्व राष्ट्रपति श्री अनिरुद्ध जगन्नाथ की पत्नी) को अपनी पुस्तक 'भारतीय महिलाएँ : दशा एवं दिशा' की एक प्रति भेंट की। उन्होंने उलट-पुलट कर देखा और कहा—"मैं इसे आराम से धीरे-धीरे पढ़ूँगी। धन्यवाद।"

उपरोक्त उदाहरणों से निम्नलिखित निष्कर्ष निकलते हैं : पहला, अधेड़ और बुजुर्ग लोग हिन्दी-भोजपुरी बोलते-समझते हैं और क्रियोल की बज़ाय उसका ज़्यादा प्रयोग करते हैं। दूसरा, नयी पीढ़ी-बच्चे और किशोर-हिन्दी के प्रति जागरूक, उत्सुक और लालायित नहीं है। उन्हें हिन्दी बोलने-समझने से कोई तात्कालिक लाभ नहीं दिख रहा है, ठीक वैसी प्रवृत्ति जैसी भारत में भी प्रायः दिखती है। तीसरा, जो हिन्दी बोलते-समझते भी हैं, उनमें कुछ भारतीय, भारतवंशी पहचान की बज़ाय मॉरिशसवासी की पहचान को ज़्यादा तरजीह देते हैं मगर अधिकतर अपने को भारत से जोड़ते हैं। ज़ाहिर है राष्ट्रीयता स्थानीयता पर काफ़ी हद तक टिकी होती है और लम्बी अवधि तक एक विशेष भूभाग, विशिष्ट भाषा एवं संस्कृति के कारण लोग अपनी अलग पहचान बना लेते हैं। जैसे, विशेष कानून सामान्य कानून के ऊपर होता है, ठीक वैसे ही विशिष्ट पहचान सामान्य पहचान के ऊपर होती है।

यूरोप के तमाम देशों में हिन्दी की पढ़ाई विभिन्न स्तरों पर होती है। मगर अफ़सोस है कि 2008 में कैम्ब्रिज विश्वविद्यालय में संस्कृत और हिन्दी भाषा-साहित्य के विभागों को बन्द कर दिया गया। इंग्लैंड में अपने प्रवास के दौरान मैंने देखा कि स्वास्थ्य-चिकित्सा सम्बन्धी महत्वपूर्ण जानकारियाँ अँग्रेजी के अलावा पंजाबी, गुजराती, बंगला जैसी भारतीय भाषाओं में भी जनता को दी जाती हैं मगर

हिन्दी में नहीं (क्योंकि वहाँ पंजाबी, गुजराती और बंगला भाषा-भाषियों की संख्या काफ़ी है)। मैनचेस्टर विश्वविद्यालय में अपने अध्ययन के दौरान (1997-98) में भारत, पाकिस्तान, बंगलादेश और नेपाल के सहपाठियों के साथ हिन्दी में ही वार्तालाप किया करता था क्योंकि हिन्दी, उर्दू, बंगला और नेपाली के तमाम शब्द साझे हैं। मगर बंगलादेश और नेपाल के साथी कभी-कभी कहते थे-'आप भी बंगला/नेपाली सीखिए।' सचमुच हमें दूसरी भाषाएँ भी सीखनी चाहिए। ख़ैर... एक बार मैं एक पाकिस्तानी विद्यार्थी (कमर) से कक्षा शुरू होने के पूर्व बातचीत कर रहा था, वहीं एक अँग्रेज बैठा था। वह हमारी बातें नहीं समझ पा रहा था, तो उसने पूछा कि हम दोनों किस भाषा में वार्तालाप कर रहे हैं। मैंने कहा—'हिन्दी'। पाकिस्तानी कमर ने कहा—'उर्दू'। अर्थात् हिन्दी-उर्दू एक ही है, सिर्फ़ लिपि का फ़र्क है। इसके बाद उस अँग्रेज विद्यार्थी ने कहा—"काश! मैं भी कोई अतिरिक्त भाषा जानता!" डेनमार्क के कोपनहेगन विश्वविद्यालय में भारतीय विद्या विभाग के तहत संस्कृत, हिन्दी और पालि के पाठ्यक्रम पढ़ाए जाते हैं। वहाँ के अँग्रेजी विभाग में हिन्दी साहित्य एवं हिन्दी सिनेमा पर पाठ्यक्रम भी पढ़ाए जाते हैं। जर्मनी के 10, इटली के सात, फ्रांस के पाँच, इंग्लैंड, हालैंड और हंगरी के तीन-तीन विश्वविद्यालयों में तथा बेल्जियम के दो विश्वविद्यालयों में हिन्दी की पढ़ाई होती है। स्वीडन के उपासला, ओस्लो, कार्लस्टड और स्टॉकहोम विश्वविद्यालयों में भी हिन्दी की पढ़ाई होती है। फिनलैंड के हेलसिंकी विश्वविद्यालय में भारतीय विद्या विभाग में हिन्दी की पढ़ाई होती है। पाकिस्तान के तीन विश्वविद्यालयों (कराची, इस्लामाबाद एवं लाहौर) में हिन्दी की पढ़ाई होती है। बंगलादेश के ढाका, नेपाल के त्रिभुवन विश्वविद्यालय, श्रीलंका के कहणिय विश्वविद्यालय आदि में भी हिन्दी की पढ़ाई होती है। हिन्दी में लिखने वाले विदेशी विद्वानों में रूपर्ट स्नेल, प्योत्र वारान्निकोव, जॉन चेम्बरलेन, जे.टी.टामसन, जूलियस फ्रेडरिक, डब्ल्यू. एम. जॉनसन, ओदोलन स्मेकल, फ्रेडरिक अलमन, डॉ. ब्रिस्की, डॉ. वोगेल, चेलिशेव, बालिन, विन्संज पोरिजिका, डॉ. दामस्टेग्ट आदि प्रमुख हैं।

[II]

सवाल उठता है कि हिन्दी का उतना विकास क्यों नहीं हो रहा है जितना अपेक्षित है। इसकी प्रमुख चुनौतियाँ क्या-क्या हैं और उनके समाधान क्या हैं? पहली चुनौती तो यह है कि हमारे यहाँ राजनीतिक इच्छाशक्ति की कमी है। जब 1977 में गठित जनता पार्टी के शासन काल में तत्कालीन विदेश मन्त्री श्री अटल बिहारी वाजपेयी ने संयुक्त राष्ट्र में पहली बार हिन्दी में भाषण दिया था, तो भारत के करोड़ों लोग काफ़ी खुश हुए थे। मगर यह प्रयास आगे गति एव दिशा न पा सका। जाहिर है कि

संयुक्त राष्ट्र में हिन्दी भाषा को स्वीकृत कराने में दो शर्तें पूरी करनी हैं: पहली शर्त है कि संयुक्त राष्ट्र के आधे से अधिक देश (96) इसका समर्थन करें; दूसरी शर्त है कि भारत सरकार द्वारा एक सौ करोड़ रुपए का व्यय वहन किया जाए और स्वीकृत होने के बाद यह व्यय संयुक्त राष्ट्र वहन करता रहेगा। मेरे ख़्याल से भारत इन दोनों को पूरा करने में सक्षम है। हमारी इच्छाशक्ति दृढ़ एवं बलवती होनी चाहिए। अब तक तमाम विश्व हिन्दी सम्मेलन हो चुके हैं: पहला जनवरी 1975 में नागपुर में, दूसरा अगस्त 1976 में मॉरिशस में, तीसरा अक्तूबर 1983 में दिल्ली में, चौथा सितम्बर, 1993 में मॉरिशस में, पाँचवा अप्रैल 1996 में पोर्ट ऑव स्पेन (त्रिनिदाद एवं तोबैगो) में, छठा सितम्बर 1999 में लन्दन में, सातवाँ जून 2003 में पारामारिबो (सूरीनाम) में, आठवाँ जुलाई 2007 में न्यूयार्क (संयुक्त राज्य अमेरिका) में। नौवाँ सितम्बर 2012 में जोहान्सबर्ग (दक्षिण अफ्रीका) में तथा दसवाँ सितम्बर 2015 में भोपाल (म.प्र., भारत) में। यह अफ़सोसजनक है कि आठवें हिन्दी सम्मेलन में प्रतिनिधिमंडल के जाने का प्रस्ताव व्यय विभाग (वित्त मन्त्रालय) में हिन्दी की बज़ाय अँग्रेजी में गया था। इन सम्मेलनों से ज़्यादा परिणाम हासिल नहीं हुआ, सिवाय दो मूर्त कार्यों के : पहला, वर्धा में अन्तरराष्ट्रीय हिन्दी विश्वविद्यालय की स्थापना हुई और दूसरा, मॉरिशस में विश्व हिन्दी सम्मेलन का सचिवालय बनाया गया। वर्धा स्थित हिन्दी विश्वविद्यालय सही मायने में अन्तरराष्ट्रीय नहीं हो सका है। इसकी पत्रिकाएँ भी नियमित रूप से प्रकाशित नहीं हो पाती हैं। इसलिए अब बिना समय गँवाए कालबद्ध तरीके से मूर्त लक्ष्यों को हासिल करने का ठोस कार्यक्रम बनाया जाना चाहिए जिसमें संयुक्त राष्ट्र में हिन्दी को शीघ्र स्वीकृत कराना सर्वोपरि होना चाहिए।

दूसरी चुनौती यह है कि जब तक हिन्दी संयुक्त राष्ट्र में स्वीकृत नहीं हो जाती, तब तक क्या-क्या अन्तरिम कदम उठाए जाने चाहिए? मेरा मानना है कि पहला कदम यह होना चाहिए कि जो भी सन्धि/समझौता दूसरे देशों से हो, वह पहले हिन्दी में तैयार हो और उसकी अनूदित प्रति अँग्रेजी में तैयार की जाए। अभी ये समझौते सिर्फ़ अँग्रेजी में तैयार होते हैं। रूस एकमात्र देश है जिससे होने वाला समझौता रूसी और हिन्दी में तैयार होता है। दूसरे, भारत के राष्ट्रपति, उपराष्ट्रपति, प्रधानमन्त्री, मन्त्री या अधिकारी जब विदेशों में प्रतिनिधिमंडल के रूप में जाएँ, तो वे अपना सार्वजनिक बयान/घोषणा तथा पत्रकार-सम्मेलन हिन्दी में सम्बोधित करें, भले उसका अनुवाद भी तत्काल बाद दुभाषिए द्वारा पेश किया जाए। रूस, चीन, जापान, फ्रांस, जर्मनी आदि में ऐसा ही होता है। इससे राष्ट्र की गरिमा भी बढ़ती है। तीसरे, दक्षिण एशियाई देशों के क्षेत्रीय संघ (दक्षेस) में हिन्दी भाषा के प्रचलन का प्रयास किया जाए और साथ ही सभी सदस्य देशों की राष्ट्रभाषाओं में भी समझौते/

घोषणाएँ तैयार की जाएँ। भारतीय उपमहाद्वीप जुड़ा होने तथा तमाम भाषाओं में साम्य होने के कारण ऐसा करना आसान है।

तीसरी चुनौती है हिन्दी भाषा के मानकीकरण की। यह अत्यन्त गर्व, अस्मिता एवं गरिमा की बात है कि हिन्दी की शब्द-सम्पदा अँग्रेजी से ज़्यादा समृद्ध है। इस दुनिया में ऐसा कोई ज्ञान नहीं है जिसे शब्दों के अभाव में प्राप्त किया जा सके क्योंकि ज्ञान शब्दों से इस प्रकार सम्बद्ध होता है जैसे धागे से मणियाँ। अस्तु, 'वाक्य पदीय' (ब्रह्मकाण्ड, 113) में ठीक ही कहा गया है—

न सोऽस्ति प्रत्ययो लोके यः शब्दानुगमादृते।
अनुविद्धमिवानं सर्वे शब्देन भासते।।

इसी प्रकार महाकवि कालिदास ने शब्द और अर्थ को एक दूसरे से जुड़ा बताया है—'वागर्थाविव सम्पृक्तौ वागर्थ प्रतिपत्तये।' भारतीय विद्वान यास्क ने 800 ई. पू. में अर्थ का भी महत्व बताया था-यद् गृहीतमविज्ञातं निगदेनैव शब्दयते/ अनग्नाविव शुष्केन्धो न तज्ज्वलति कर्हिचित। अर्थात् जिस तरह अग्नि के बिना शुष्क ईंधन भी प्रज्ज्वलित नहीं हो सकता, उसी तरह बिना अर्थ समझे जो शब्द दुहराया जाता है, वह कभी अभीप्सित विषय पर प्रकाश नहीं डाल सकता। फिर अँग्रेजी में कुल मूल शब्द मात्र दस हजार हैं, जबकि हिन्दी में ढाई लाख मूल शब्दों का भण्डार है। इसके अतिरिक्त हिन्दी में कई चीज़ों के अनेक पर्यायवाची शब्द तथा मुहावरे हैं जबकि अँग्रेजी में उनका अभाव है। उदाहरण के तौर पर, हिन्दी में पानी के तमाम पर्यायवाची शब्द हैं : जल, नीर, वारि, तोय, सलिल, पय पानी आदि जबकि अँग्रेजी में मात्र दो शब्द हैं वाटर एवं एक्वा। इसी प्रकार सूरज के लिए हिन्दी में कई पर्यायवाची हैं: सूर्य, दिनकर, दिनमणि, दिनेश, दिवाकर, रवि, अर्क (जैसे कोणार्क मंदिर), भुवनेश्वर, आदित्य, भास्कर आदि जबकि अँग्रेजी में सिर्फ़ एक शब्द है 'सन'। अँग्रेजी वर्णमाला में मात्र 26 अक्षर है जबकि हिन्दी में 50 अक्षर हैं। फिर हिन्दी की वैज्ञानिकता स्वयंसिद्ध है क्योंकि हिन्दी शब्दों का जैसा उच्चारण किया जाता है, वैसा ही उन्हें लिखा जाता है जबकि अँग्रेजी में लिखने और उच्चारण करने में भेद है। उदाहरणार्थ 'नाइट' शब्द की वर्तनी तथा अर्थ दो है: 'night' एवं 'knight' जबकि दोनों का उच्चारण एक है। इसी प्रकार 'साइट' शब्द की वर्तनी तथा अर्थ भिन्न है : 'sight' एवं 'site' जबकि उच्चारण एक है। इतना ही नहीं, दूसरी ओर अँग्रेजी में एक-सी वर्तनी रहने पर भी उच्चारण भिन्न-भिन्न होता है; जैसे, 'बट' (but) में स्वर 'यु' उच्चारित नहीं किया जाता है जबकि put में भी स्वर 'यु' है किन्तु उसे 'पुट' उच्चारित किया जाता है। भारतीय परम्परा में उच्चारण का महत्व रहा है। उदाहरणार्थ, 'शतपथ ब्राह्मण' और पतंजलि महाभाष्य' के अनुसार असुरों की पराजय की वजह 'ल' की जगह 'र' का उच्चारण करना था।

इसी प्रकार अँग्रेजी वर्णमाला में कम अक्षर होने के कारण हिन्दी के कुछ अक्षरों, ध्वनियों और मात्राओं को अँग्रेजी में सही-सही नहीं लिखा जा सकता। जैसे 'श' और 'ष' के लिए 'sh' लिखकर काम चलाया जाता है। क्ष, ज्ञ, ण, ञ, ङ, त्र, त, द, ध आदि के लिए अँग्रेजी में उपयुक्त अक्षर नहीं हैं। चन्द्र बिन्दु को अँग्रेजी में लिखना मुश्किल है। हिन्दी में तकनीकी शब्दावली आयोग द्वारा दस लाख से अधिक पारिभाषिक शब्द बनाए जाने के बावजूद विभिन्न हिन्दी राज्यों में एक ही पद, वस्तु, संगठन आदि के लिए भिन्न-भिन्न तकनीकी शब्द इस्तेमाल किए जाते हैं। जैसे, उत्तर प्रदेश और दिल्ली में 'फाइल' को पत्रावली (या मिसिल) कहा जाता है जबकि बिहार में उसे 'संचिका' कहा जाता है। दिल्ली और बिहार में म्युनिसिपल कारपोरेशन को 'नगर निगम' कहा जाता है जबकि उत्तर प्रदेश तथा महाराष्ट्र में 'महानगर पालिका' कहा जाता है किन्तु मध्य प्रदेश में 'नगरपालिका निगम' कहा जाता है। इसी प्रकार दिल्ली, उत्तर प्रदेश, और बिहार में 'डायरेक्टर' को 'निदेशक' कहा जाता है जबकि मध्य प्रदेश में 'संचालक' कहा जाता है (महाराष्ट्र में भी संचालक कहा जाता है)। वास्तव में, संचालक शब्द डायरेक्टर का उचित समानार्थी नहीं है क्योंकि संचालक अँग्रेजी के कंडक्टर (संगीत) का सटीक अनुवाद है, जैसे, जुबिन मेहता सिम्फनी आर्केस्ट्रा के संचालक या कंडक्टर हैं। बस कंडक्टर के लिए हिन्दी में अलग शब्द है—'परिचालक' जो संचालक से उसे हिगराता है। राजस्व विभाग के सब डिवीजनल ऑफिसर (एस.डी.ओ.) को बिहार में 'अनुमंडल पदाधिकारी' कहते हैं, जबकि उत्तर प्रदेश में पहले परगनाधिकारी कहा जाता था और अब 'उपजिलाधिकारी' कहा जाता है। उत्तर प्रदेश में डी.एम. को सामान्यत: 'जिलाधिकारी' कहा जाता है जबकि बिहार में 'जिला पदाधिकारी'। एक्जीक्यूटिव इंजीनियर को उत्तर प्रदेश और दिल्ली में 'अधिशासी अभियन्ता' कहा जाता है जबकि बिहार में 'कार्यपालक अभियन्ता' किन्तु मध्य प्रदेश में 'कार्यपालक यंत्री' कहा जाता है। कांस्टेबल के लिए उत्तर प्रदेश में 'सिपाही', बिहार में 'आरक्षी' तथा मध्य प्रदेश में 'आरक्षक' शब्द का प्रयोग होता है। मेरे ख्याल से सिपाही सबसे आसान शब्द है। इसलिए सभी हिन्दी राज्यों को मिलकर महत्वपूर्ण पारिभाषिक शब्दों का 'बहुल मानकीकरण' (शब्दकोश सहित) (एकल नहीं) यथाशीघ्र करना चाहिए। विदेशों में हिन्दी के शिक्षण के लिए भी बहुल मानकीकरण बहुत ज़रूरी है। यूँ यह भी सच है कि स्कॉटलैंड के लोग 'बस' को 'बुस' कहते हैं और संयुक्त राज्य अमेरिका ने अँग्रेजी के कई शब्दों की वर्तनी बदल दी है जिनमें 'एस' की जगह 'जेड' का प्रयोग होता है। जैसे सिविलाइजेशन, ग्लोबलाइजेशन, मेकेनाइजेशन आदि में। मगर साथ-साथ कुछ सावधानियाँ भी बरती जानी हैं क्योंकि मानकीकरण के नाम पर हिन्दी की मौलिकता और सहजता का क्षरण नहीं होना

चाहिए। विद्वान दार्शनिक कन्फ्यूसियस ने कहा था कि मैं सबसे पहले भाषा में सुधार करना चाहूँगा।

चौथी चुनौती है क्लिष्ट शब्दों की बज़ाय सरल शब्दों का समावेश जैसे उष्ट्र अनुसन्धान केन्द्र की जगह ऊँट शोध केन्द्र बेहतर होगा। इसके लिए हमें हिन्दी की तमाम बोलियों और अन्य भारतीय भाषाओं से शब्द उधार लेने चाहिए। जैसा कि डॉ. राजेन्द्र प्रसाद ने एक बार कहा था—'हिन्दी को भारत की अन्य भाषाओं से बहुत कुछ लेना-देना है। हिन्दी को संग्रह करने की वृत्ति अपनानी है। हम अन्य भारतीय भाषाओं के प्राणवान शब्दों को लें, जानदार मुहावरों को लें, उनकी साहित्य की सुन्दरतम कृतियों को लें, तो हिन्दी का कल्याण है।'' भारतीय संविधान की धारा 351 में स्पष्ट उल्लेख है कि संघ का कर्तव्य है कि हिन्दी भाषा का प्रसार बढ़ाए, उसका विकास करे जिससे वह भारत की सामासिक संस्कृति के सभी तत्वों की अभिव्यक्ति का माध्यम बन सके और उसकी प्रकृति में हस्तक्षेप किए बिना हिन्दुस्तानी और आठवीं अनुसूची में विनिर्दिष्ट भारत की अन्य भाषाओं के प्रयुक्त रूप, शैली और पदों को आत्मसात् करते हुए और जहाँ आवश्यक या वांछनीय हो, वहाँ उसके शब्द-भण्डार के लिए मुख्यतः संस्कृत से और गौणतः अन्य भाषाओं से शब्द-ग्रहण करते हुए उसकी समृद्धि सुनिश्चित करे। ज्ञातव्य है कि हिन्दी की 49 बोलियाँ हैं जो आम जनता द्वारा दैनिक जीवन में इस्तेमाल की जाती हैं। अस्तु, उनके शब्द ज़्यादा सरज़मीनी और सरल होते हैं। मगर यह भी कटु सत्य है कि यदि हम नये शब्दों का प्रयोग नहीं करेंगे, तो वे कठिन प्रतीत होते रहेंगे। फिर सरकारी अनुवादक/राजभाषा अधिकारी जो अनुवाद करते हैं, वह अत्यन्त जटिल तथा समझ से परे होता है। यह कहने की ज़रूरत नहीं कि भाषा का निर्माण जनता करती है जबकि व्याकरण का निर्माण विद्वान भाषाविद् करते हैं (जैसे पाणिनि ने 'अष्टाध्यायी' में संस्कृत व्याकरण की रचना की और जोसुआ केटलार, मिर्जा खान, बेंजामिन शूल्ज, हेडले, एम टी एडम, जॉन गिलक्राइस्ट, कामता प्रसाद गुरु आदि ने हिन्दी व्याकरण की रचना की)। पिछले कुछ दशकों में भारत में यूकेलिप्टस नामक विदेशी वृक्ष की प्रजाति का प्रचलन हुआ क्योंकि यह तेजी से उगता और बढ़ता है मगर पशु-पक्षी इसे नहीं खाते। इस शब्द का उच्चारण अनपढ़ ही नहीं, बल्कि पढ़े-लिखे लोगों के लिए भी मुश्किल रहा है। अस्तु, जनता ने इसके लिए एक नया और सरल शब्द गढ़ लिया—'सफेदा'। इसके रेशे का रंग सफेद होता है, सो बिल्कुल आसान है मगर सफेद चीज़ें धोखा भी देती हैं जैसे गोरों ने हमें 'सभ्य' बनाने के लिए अँग्रेजी भाषा हम पर थोपी, वैसे ही 'सफेदा' भले जल्दी उगता और बढ़ता है, मगर यह बहुत ज़्यादा पानी सोखता है और उसके आसपास जलस्तर शीघ्र नीचे चला जाता है तथा मिट्टी में लवणता बढ़ जाती है।

पाँचवीं, हिन्दी में आजकल कम्प्यूटर, अन्तरजाल, ब्लॉग, ट्विटर, फेसबुक, संक्षिप्त सन्देश सेवा (एस.एम.एस) आदि के अन्धाधुन्ध प्रयोग से कृत्रिमता और यान्त्रिकता की चुनौती बढ़ रही है और इसका प्रमुख कारण नयी तकनीकी (कम्प्यूटर, अन्तरजाल) की प्रकृति काफ़ी हद तक है। जैसे अर्ध चन्द्र बिन्दु की जगह बिन्दी लगाने की तात्कालिक प्रवृत्ति बढ़ रही है जबकि दोनों ध्वनियाँ अलग-अलग हैं और तदनुसार उनके अर्थ भिन्न है। जैसे पुंज में बिन्दी लगाना सही है मगर मूँछ और पूँछ में बिन्दी लगाने से मूँछ और पूँछ उखड़ जाएगी और उसके भिन्न-भिन्न उच्चारण होंगे : मूँछ = मूँछ, पूँछ = पूँछ। एक अन्य समस्या है : हिन्दी के पूर्ण विराम यानी खड़ीपाई (।) को अँग्रेजी के पूर्ण विराम यानी बिन्दु (.) जैसा लिखने की। ऐसा करने से हिन्दी का स्वरूप प्रभावित होगा और वाक्य के पूर्ण होने का सन्तोष नहीं मिलेगा। इसी प्रकार आजकल कुछ लोग अनावश्यक रूप से हलन्त का इस्तेमाल करते हैं। जिन उर्दू शब्दों में नीचे 'नुक्ता' (छोटी बिन्दी) लगती है, हिन्दी में उन शब्दों को अपनाते समय नुक्ता लगाना चाहिए जिससे सही अर्थ स्पष्ट हो सके। इन छोटी-छोटी समस्याओं को नज़रअन्दाज़ करने से हिन्दी की प्रकृति और शैली भी प्रभावित होती है और वाक्यों/शब्दों के अर्थ भी बदल जाते हैं। हिन्दी की सरलता की प्रशंसा विदेशी विद्वानों ने भी की है। जापान के डॉ. क्यूमा दोई ने ठीक ही कहा है : "दस-दस साल सीखी अँग्रेजी में बोलने से तीन महीने में सीखी हिन्दी में बोलना आसान है—हिन्दी एक सामाजिक भाषा है। कुल में भारोपीय होते हुए भी एशिया की भाषाओं के बहुत निकट है। इसलिए मेरा विचार है कि यह एशिया और यूरोप दोनों की सम्पर्क भाषा हो सकती है।" इस सन्दर्भ में यह उल्लेख करना समीचीन है कि इतालवी भाषा (इटली) में कई ऐसे शब्द हैं जो हिन्दी के हैं। जैसे, हिन्दी का 'कमरा' (रूम) इतालवी भाषा में भी है और "कैमरा" तथा 'कमरा' की वर्तनी एक (Camera) है। फिर इतालवी भाषा में 'साला' (Sala) शब्द भी 'कमरा' के अर्थ में प्रयुक्त होता है और हिन्दी में 'शाला' शब्द (पाठशाला, गोशाला, धर्मशाला, भोजशाला, कर्मशाला आदि) भी इसी अर्थ में प्रयुक्त होता है। इतालवी भाषा में 'कमरा' के लिए तीसरा शब्द है 'स्टैंजा' (Stanza)। इसी प्रकार इतालवी में 'कमीचा' (शर्ट) शब्द प्रयुक्त होता है जिसकी वर्तनी है Camicia है किन्तु उच्चारण होता है 'कमीचा' जो हिन्दी के 'कमीज' शब्द का पर्याय है। यह मज़ेदार तथ्य है कि अवधी भाषा में इसे 'कमीच' कहते हैं और उसी से इतालवी शब्द 'कमीचा' बना प्रतीत होता है। इतना ही नहीं, हिन्दी का 'अनानास' इतालवी भाषा में भी 'अनानास' लिखा और पढ़ा जाता है। इसके अलावा इतालवी की गिनती भी हिन्दी से मिलती-जुलती है। जैसे इतालवी में 'दुइ' शब्द हिन्दी के 'दो' के अर्थ में प्रयुक्त होता है और अवधी में वही 'दुइ' शब्द प्रचलित है। ऐसा हिन्दी और

इतालवी दोनों भाषाओं के भारोपीय भाषा परिवार के होने का कारण है।

छठी चुनौती है हिन्दी को अँग्रेजी के आधिपत्य एवं वर्चस्व से बचाने की। अब शहरों के साथ-साथ गाँवों में भी माँ-बाप की जगह 'मम्मी-पापा' और चाचा-चाची की जगह 'अंकल-आंटी' ने ज़बर्दस्ती ले ली है। यत्र, तत्र, सर्वत्र अँग्रेजी माध्यम वाले विद्यालय कुकुरमुत्ते की तरह फैल गये हैं जो लाभ के लिए अपनी दुकानें चमका रहे हैं और बच्चों को अधकचरे ज्ञान की घुट्टी पिला रहे हैं। कुछ हिन्दी लेखक भी अँग्रेजी शब्दों का बहुतायत से इस्तेमाल करते हैं। शायद यह उनकी हीनग्रन्थि का प्रतीक होती है जबकि उन अँग्रेजी शब्दों का वे गलत इस्तेमाल करते हैं। मेरे एक रिश्तेदार और अँग्रेजी माध्यम वाले निजी विद्यालय के शिक्षक बार-बार कहते हैं: आपका 'लुकआउट' यह है और मेरा 'लुकआउट' दूसरा है। वास्तव में, वह कहना चाहते हैं कि आपका और मेरा 'दृष्टिकोण' (आउटलुक) भिन्न-भिन्न है मगर वह दृष्टिकोण की सही अँग्रेजी 'आउटलुक' की बज़ाय गलत अँग्रेजी शब्द 'लुकआउट' का प्रयोग करते हैं जिसका अर्थ होता है तलाशना; जैसे शातिर अपराधियों के न मिलने पर पुलिस उन्हें 'लुक आउट' नोटिस ज़ारी करती है। मेरे एक परिचित बैंक मैनेजर बार-बार कहते है : 'मैं टेन्सनाइज्ड हूँ, जबकि उन्हें आसान हिन्दी शब्दों का प्रयोग करना चाहिए कि 'मैं तनाव में हूँ' जिसकी सही अँग्रेजी होगी 'आई एम टेन्स'। आजकल लोग प्राय: यह कहते हैं कि मुझे बहुत टेंसन है जबकि वह कह सकते हैं कि मैं तनाव में हूँ। मेरे एक मित्र और कला सम्बन्धी पत्रिका के सम्पादक फोटो की जगह 'पोर्ट्रेट' कहते हैं जो हाथ से तैयार किया गया मानव-चित्र है जबकि फोटो कैमरे से तैयार किया गया मानव-चित्र। नवम्बर 2011 में पुरी भ्रमण के दौरान मैंने पाया कि 'होटल विजय इंटरनेशनल' में अँग्रेजी में लिखा था—'Do Not Split'! अर्थात् 'Spit' की जगह split लिखा था जिससे 'मत थूको' की बज़ाय अनर्थ हो गया था 'मत बिखेरो।' दूसरे, पुरी में जगन्नाथ मन्दिर के पास की गली में एक पान दुकान के बाहर बोर्ड टँगा था—'Narayan Bettle Shop' यानी 'betel' (पान) की वर्तनी गलत लिखी थी। ऐसे तमाम उदाहरण अतिशय अँग्रेजी प्रेम के कारण (गलत शब्द लिखने के) मिलते हैं। एक बार मैं दिल्ली से सद्भावना एक्सप्रेस से सुल्तानपुर (उत्तर प्रदेश) जा रहा था। मेरी सीट पर दूसरे लोग बैठे थे, उन्हें उठने के लिए मेरे एक हरियाणवी सहकर्मी ने कहा, तो एक युवा ने प्रतिक्रिया दी: "इतना गुस्सा मत होओ, यहाँ कोई 'अनलिटरेट' नहीं है।" मैं चौंका, फिर मुस्कुराने लगा कि 'इल्लिटरेट' (निरक्षर) की बज़ाय वह व्यक्ति 'अनलिटरेट' क्यों बोल रहा है? यद्यपि वह अपने को बी.एससी. डिग्रीवाला बता रहा था। इसी प्रकार कई लोग उत्तर प्रदेश और उत्तराखण्ड के विभाजन को 'डिवाइडेशन' (डिवीजन की जगह) कहते हुए नहीं शरमाते। मगर हम भारतीयों,

विशेषकर हिन्दी भाषियों, की पुरानी आदत की दवा नहीं है। हम लोग प्रायः गुस्से में अँग्रेजी में बोलते हैं (जैसे ओडियाभाषी गुस्से में हिन्दी बोलते हैं) भले टूटी-फूटी अँग्रेजी ही बोलें। यह भी उल्लेखनीय है कि एक बंगलाभाषी या मलयालमभाषी विदेश में होने पर भी दूसरे बंगलाभाषी या मलयालमभाषी से मिलने पर क्रमशः बंगला या मलयालम में बात करता है मगर दो हिन्दीभाषी बाहर मिलने पर प्रायः अँग्रेजी में बात करते हैं। सुधीश पचौरी जैसे कुछ लोग, खासकर हिन्दी प्रोफेसर, संज्ञा, सर्वनाम, विशेषण, क्रिया और क्रिया-विशेषण लगभग सभी के लिए अँग्रेजी शब्दों का ज़्यादा प्रयोग करते हैं, मात्र लिपि रोमन की बज़ाय देवनागरी होती है। ऐसा कार्य हिन्दी का 'क्रियोलीकरण' है—भाषाओं का मिश्रण जो आगे चलकर हिन्दी के लिए घातक होगा। जिस भाषा के मूल शब्दों को तेजी से दूसरी भाषा के शब्दों से स्थानच्युत किया जाता है, वह धीरे-धीरे विस्थापन का शिकार होने लगती है और अन्ततः उसका अस्तित्व ख़त्म हो जाता है। जिस तरह मानव जीवन-चक्र में जन्म, बचपन, किशोरावस्था, युवावस्था, वृद्धावस्था और मृत्यु जैसे विभिन्न चरण होते हैं, ठीक वैसे भाषा का भी जीवन-चक्र होता है : नये शब्दों को गढ़ना और प्रयोग में लाना, दूसरी भाषाओं से शब्द उधार लेना, फिर उन्हें अपने अनुकूल अपनाना, शब्द-विनिमय करना, नये क्षेत्रों में नये शब्दों को लोकप्रिय बनाना, दिल के साथ-साथ दिमाग (विचार) की भाषा बनाना आदि। मगर इसके लिए दो सम्भावनाएँ होती हैं-पहली, दूसरी भाषा के ज़रूरी शब्दों को लेकर अपनी भाषा-संस्कृति के अनुकूल बनाना और निरन्तर नये शब्दों को गढ़ना/परिष्कृत करना; दूसरी भाषा के शब्दों, वाक्यों, क्रियाओं को ज्यों का त्यों अपनाकर उसके अधीन होना और अपनी भाषा के मूल शब्दों, पदों, वाक्यों, क्रियाओं आदि को खोना (मरण)। महात्मा गाँधी मार्ग की जगह एम.जी. रोड और तात्या टोपे नगर (भोपाल) की जगह टी.टी. नगर जैसे संक्षिप्त प्रयोग कर हम शब्द-विस्थापन कर रहे हैं। अफ्रीका में तमाम भाषाओं के मरण की कहानी ऐसी ही है। अतः मशहूर अफ्रीकी लेखक-न्गूगी वा थ्यांगो ने इसका विरोध किया और अँग्रेजी में लिखना छोड़कर अपनी मातृभाषा में लिखते हैं और बाद में उनकी रचनाओं का अँग्रेजी अनुवाद खूब होता है। आज वह विश्व के सबसे प्रसिद्ध लेखकों में से एक हैं। असगर वजाहत और चेतन भगत जैसे कुछ लोग यहाँ तक कहते हैं कि हिन्दी को देवनागरी की बज़ाय रोमन लिपि में लिखने से वह ज़्यादा ग्राह्य और विस्तृत होगी, उसे विदेशी लोग जल्दी और आसानी से सीख सकेंगे। मगर मैं इस दलील से सहमत नहीं हूँ क्योंकि लिपि किसी भाषा का अकाट्य एवं अविभाज्य अंग है तथा उसका एक सांस्कृतिक स्वरूप (आत्मा) होता है जिसे अलग नहीं किया जा सकता। कुछ वर्ष पहले भारत के राजभाषा विभाग ने हिन्दी के शब्दों यथा 'दोपहर का भोजन' की बज़ाय 'लंच',

पत्रावली की बज़ाय 'फाइल', 'नियमित' की बज़ाय 'रेगुलर', 'उच्च शिक्षा' की बज़ाय 'हायर एडूकेशन', 'छात्रों की बज़ाय 'स्टूडेंट्स' आदि के इस्तेमाल की सलाह दी थी मगर ये हिन्दी शब्द कठिन नहीं है, इसलिए उन्हें हटाने (विस्थापित) की ज़रूरत बिल्कुल नहीं है। वस्तुतः हमारी औपनिवेशिक मानसिकता हिन्दी को सही तरह से, व्यापकता और गहनता से, तीव्रता एवं दृढ़ता से अपनाने में बाधक है। अस्तु, आवश्यकता है ऐसी मानसिक गुलामी से यथाशीघ्र मुक्त होने की।

उल्लेखनीय है कि अँग्रेजों ने 'फूट डालो और शासन करो' की नीति के तहत कलकत्ता में फोर्ट विलियम कॉलेज की स्थापना सन् 1800 में की थी जिससे इंग्लैंड से भारत आने वाले ईस्ट इंडिया कम्पनी के कर्मचारियों को भारतीय भाषाओं की शिक्षा दी जा सके। 1801 में जॉन गिलक्राइस्ट 'हिन्दुस्तानी' विभाग के अध्यक्ष नियुक्त किए गये थे जो हिन्दुस्तानी के नाम पर उर्दू और फारसी को प्रमुखता दे रहे थे। उन्होंने हिन्दुस्तानी की तीन शैलियों को मान्यता दी थी : (क) दरबारी फारसी शैली, (ख) मध्य हिन्दुस्तानी (उर्दू बहुल) शैली, (ग) हिन्दी या गँवारू शैली ('द वल्गर')। इस प्रकार वह हिन्दी की उपेक्षा और अपमान कर रहे थे। फिर भी उन्होंने तीन किताबें लिखकर अपना कमोबेश योगदान दिया था-'ए डिक्शनरी: इंगलिश एंड हिन्दुस्तानी', 'ए ग्रामर ऑव द हिन्दुस्तानी लैंग्वेज' तथा 'द ओरियण्टल लिंग्विस्ट।' ज्ञातव्य है कि 'हिन्दी भाषा' का पहला व्याकरण डच राजदूत जोसुआ केटलार ने 1698 में लिखा था। 1676 में मिर्जा खान ने 'ब्रज भाषा' का व्याकरण लिखा था जिसमें नस्तालिक लिपि में देवनागरी स्वर, व्यंजन तथा 3000 हिन्दी शब्द दिए गये थे। 1744 में बेंजामिन शूल्ज ने 'दक्खिनी हिन्दी' का व्याकरण लिखा था। फिर 1772 में हडले ने 'हिन्दी भाषा का व्याकरण' लिखा। 1773 में जॉन फ़र्गुसन ने 'हिन्दुस्तानी डिक्शनरी' (लन्दन) लिखी। फिर 1827 में एम. टी. एडम ने 'हिन्दी भाषा का व्याकरण' हिन्दी में लिखा। कालान्तर में गार्सा द तासी ने 1847 में हिन्दी साहित्य का पहला इतिहास लिखा। उल्लेखनीय है कि जॉन गिलक्राइस्ट से सदियों पहले अमीर खुसरो ने 'हिन्दवी' में रचना करके इस भाषा को विस्तार दिया था। उनकी कविताओं में हिन्दी और फारसी की पंक्तियाँ साथ-साथ हैं जो अद्भुत आनन्दानुभूति देती हैं। हिन्दी को पहले 'भाषा' भी कहा जाता था। मैं प्राथमिक विद्यालय में 'भाषा' और 'गणित' नामक दो विषय ही पढ़ता था। संस्कृत में भाषा को सरस्वती का पर्याय माना गया है: "ब्राह्मणी भाषा गीत वाणी सरस्वती।" कबीर ने भी हिन्दी की प्रशंसा उसकी गतिशीलता के कारण की है—'संस्कीरत है कूप जल, भाखा बहता नीर।' मगर हिन्दी गद्य को विकसित करने का असली काम मुंशी सदासुखलाल, लल्लू लाल, सदल मिश्र तथा सैयद इंशा अल्ला खाँ ने किया। अँग्रेज शासक-प्रशासक, लेखक, और अन्य बुद्धिजीवी हिन्दी सहित तमाम भारतीय

भाषाओं को 'वर्नाकुलर' (देसी बोली) की संज्ञा देकर अपमानित करते थे। लार्ड मैकाले कहता था कि यूरोप के किसी पुस्तकालय की एक अलमारी में रखी गई पुस्तकों में लिखित ज्ञान भारत तथा अरब की सभी पुस्तकों के ज्ञान से ज़्यादा एवं बेहतर है। यह औपनिवेशिक मानसिकता और दम्भ का सूचक है। मगर तुर्की के तत्कालीन शासक कमाल पाशा ने दृढ़ता से कहा था-'आज से तुर्की भाषा शासन-प्रशासन की भाषा होगी।' और वहाँ उसी दिन से सारी भाषाई समस्याएँ छूमन्तर हो गई थीं। भारत में 'भय' की बज़ाय प्रीति से हिन्दी का विकास ज़्यादा स्थाई होगा और हिन्दी की सहनशीलता जग ज़ाहिर है। मगर जैसा कि डॉ. रामविलास शर्मा, किशोरीदास वाजपेई आदि विद्वानों ने कहा है, संस्कृत-प्राकृत-अपभ्रंश-हिन्दी का मंजिलनुमा क्रमिक विकास ऐतिहासिक तथ्य नहीं है क्योंकि प्राचीन काल में भी कई संस्कृत नाटकों में सेवक, प्रजा आदि जिन शब्दों का प्रयोग करते हैं, उनमें से कई हिन्दी से सम्बद्ध रहे हैं। जैसे, 'मृच्छकटिकम्' में रदनिका नामक पात्र माँगने के लिए 'मग्गन्तस्स' शब्द का प्रयोग करती है जो संस्कृत के 'याचना' शब्द से नहीं बना है, बल्कि हिन्दी के 'माँगना' शब्द से सम्बद्ध है। इसी तरह प्राकृत में प्रयुक्त 'तुम्हाणं' शब्द संस्कृत के 'युस्मांक' की बज़ाय हिन्दी के 'तुम्हारा' से बना है। इसलिए सरयू प्रसाद अग्रवाल का यह कथन सही है कि प्राकृत शब्द-समूह की तीन श्रेणियाँ हैं, तत्सम, तद्भव और देसी। ये तीनों श्रेणियाँ साथ-साथ अस्तित्व में रही हैं। ये देसी शब्द शुरू से ही संस्कृत से भिन्न और असम्बद्ध रहे हैं। यह तथ्य हिन्दी तथा अन्य भारतीय भाषाओं की शब्द-सम्पदा की प्राचीनता तथा स्वतन्त्र अस्तित्व का सूचक है।

सातवीं चुनौती है हिन्दी को विचार की भाषा बनाने की। कुछ लोग कहते हैं कि हिन्दी दिल की भाषा है, दिमाग की नहीं अर्थात् कला, संगीत, नाटक आदि की भाषा है मगर अभी वैज्ञानिक विषयों की भाषा नहीं बनी है। यह पूर्णतः सही नहीं है क्योंकि विज्ञान और गणित की उच्च शिक्षा की पुस्तकें भी अब हिन्दी में उपलब्ध हैं। राहुल सांकृत्यायन (मध्य एशिया का इतिहास, बाइसवीं सदी, मानव सभ्यता), डॉ. राम विलास शर्मा (भाषा और समाज, मार्क्सवाद और अंग्रेज़ी राज, 1857 की राज्यक्रान्ति), मैनेजर पाण्डेय (संकटों के बावजूद) नामवर सिंह (दूसरी परम्परा की खोज), पूरन चन्द जोशी (अवधारणाओं का संकट), श्यामचरण दूबे (विकास और संस्कृति), कृष्ण कुमार (राज, समाज और शिक्षा), अनिल सद्गोपाल (शिक्षा में बदलाव का सवाल), किशन पटनायक (विकल्पहीन नहीं है दुनिया) आदि विद्वानों ने विभिन्न विषयों पर महत्वपूर्ण वैचारिक किताबें लिखी हैं। डॉ. दौलत सिंह कोठारी जैसे प्रसिद्ध वैज्ञानिक कहा करते थे कि विज्ञान और गणित की शिक्षा मातृभाषा में दी जानी चाहिए क्योंकि अवधारणाएँ अपनी भाषा में आसानी से समझी

जा सकती हैं। प्रो. यशपाल का भी यही मत रहा है। डॉ. राममनोहर लोहिया के इस विचार से मैं पूर्णत: सहमत हूँ कि भाषा, भोजन, भवन और भेष देशज होना चाहिए क्योंकि ये चीज़ें विदेशी होने पर सहज, स्थायी, ग्राह्य और सुपाच्य नहीं होतीं। जैसा कि 'तैत्तिरीय उपनिषद्' में ठीक ही कहा गया है, ''शिक्षा का पहला उद्देश्य विद्यार्थी को नेक मनुष्य बनाना है; दूसरा उद्देश्य उसे आदर्श नागरिक बनाना है, और तीसरा उद्देश्य परिवार का पालन-पोषण तथा सुख प्राप्त करना है।'' किसी भी व्यक्ति को उसकी मातृभाषा में शिक्षा न प्रदान करना मानवाधिकार का उल्लंघन है। यह उल्लेखनीय है कि बेल्जियम में शुरू में 'फ्लेमिश' की बज़ाय अँग्रेजी थोपी जा रही थी, जिसका विरोध कामिल बुल्के जैसे विद्वानों ने तब वहाँ किया था और उसी के फलस्वरूप भारत आकर उन्होंने हिन्दी में 'राम-कथा' पर शोध किया तथा 'अँग्रेजी-हिन्दी कोश' जैसा महत्वपूर्ण ग्रन्थ रचा। मातृभाषा और राष्ट्रभाषा में ही मौलिक एवं स्वतंत्र चिन्तन सम्भव है।

यह कैसी विडम्बना है कि भारत सहित तमाम विकासशील देशों की अधिकतर जनता को यह नहीं मालूम कि 21 फरवरी को 'अन्तरराष्ट्रीय मातृभाषा दिवस' मनाया जाता है और जिन्हें मालूम भी है, वे प्राय: इसकी खानापूरी कर लेते हैं बिना समुचित सम्वेदना, संकल्प और सरोकार के। जब तक हम हिन्दी भाषी कुछ अँग्रेजी शब्दों की छौंक नहीं लगा लेते, तब तक हमारा आत्मविश्वास डगमगाता रहता है। दूसरी ओर यह भी उल्लेखनीय है कि हिन्दी सिनेमा ने हिन्दी का प्रचार-प्रसार न केवल दक्षिण एवं पूर्वी भारत में किया है बल्कि सैकड़ों देशों में भी किया है। एक बार मैं गाम्बिया (अफ्रीका) गया था, तो बस में हिन्दी फिल्मी गाने का कैसेट बज रहा था-'बलमा बड़ा नादान रे।' हम भारतीयों को यह काफ़ी अच्छा लगा। अहिन्दी भाषियों को मैंने अँग्रेजी में बताया कि गाने का अर्थ क्या है। चालक ने बताया कि उसे एक भारतीय पर्यटक ने उपहार में वह कैसेट दे दिया था और वह उसे सुनकर मजा लेता है—आखिर संगीत की अपनी भाषा सदैव कर्णप्रिय होती है। वहीं एक दिन शाम को समुद्र तट पर हम लोग टहल रहे थे और मैंने अन्य भारतीय साथियों से कहा 'चलो, चलते हैं।' थोड़ी दूर पर खड़े एक अफ्रीकी (गाम्बिया) लड़के ने अँग्रेजी में कहा कि वह मेरी बात समझ रहा है। मेरे पूछने पर उसने सही ज़वाब दिया (लेट अस गो) और बताया कि हिन्दी फिल्मों को देखकर वह हिन्दी समझ लेता है (यद्यपि वह हिन्दी बोल नहीं पाता)। उस समय मुझे बहुत खुशी हुई। आज कई हिन्दी फिल्मों का मुहूर्त विश्व के तमाम देशों में एक साथ होता है और विदेशी बाजार से हिन्दी फिल्मों को काफ़ी आय भी होती है। तमाम एशियाई, अफ्रीकी और लातिनी अमरीकी देश हॉलीवुड की अँग्रेजी फिल्मों के विकल्प के रूप में हिन्दी फिल्में देखते हैं जिनके दृश्य-परिदृश्य, कथानक-चरित्र आदि उनके सामाजिक,

आर्थिक, भौगोलिक, राजनैतिक और सांस्कृतिक जीवन के काफ़ी करीब होते हैं। जून 2016 में इटली के बोलोनिया शहर में आयोजित अन्तरराष्ट्रीय फिल्म संग्रहालय सम्मेलन में मुझसे यूनान (ग्रीस) के एक भाई ने कहा था कि उसके देश में हिन्दी फिल्में देखी-सराही जाती रही हैं और वह 'मदर इंडिया' और सत्यजित राय की फिल्में ('पथेर पांचाली' आदि) देखकर ही बड़ा हुआ है। बुल्गारिया के एक सज्जन ने हम लोगों को बार-बार 'हाथी मेरे साथी', 'सफर' (ज़िन्दगी एक सफ़र है सुहाना, यहाँ क्या होगा किसने जाना) जैसी हिन्दी फिल्मों की तारीफ़की और उनके बुल्गारिया में लोकप्रिय होने की बात बताई। पुर्तगाल के एक सज्जन ने 1960 और 1970 में दशकों की हिन्दी फिल्मों की तारीफ़की। मगर यह विडम्बना है कि तमाम हिन्दी फिल्मों के अभिनेता, अभिनेत्री, निर्देशक, निर्माता, संगीतकार आदि अपना साक्षात्कार, भाषण, टीका-टिप्पणी, सामूहिक विमर्श आदि हिन्दी भाषा में न करके अँग्रेजी में करते हैं जो उनकी हीनग्रन्थि का सूचक है। फिल्मों के अलावा पर्यटन, तीर्थाटन आदि ने भी हिन्दी के समग्र विकास में योगदान दिया है। विभिन्न तीर्थस्थलों के पंडे, पुरोहित, सेवादार, धर्मशाला के कर्मचारी आदि भी दुभाषिये-तिभाषिये की भूमिका निभाते हैं। इसी प्रकार शिक्षा, चिकित्सा, औद्योगिक इकाइयों के कर्मी भी विभिन्न भाषाओं की पृष्ठभूमि होने के कारण हिन्दी को सम्पर्क भाषा के रूप में इस्तेमाल करते हैं।

जब हम भारतीय अँग्रेजी में बोलते हैं, तो बोलने से पहले उस वाक्य या शब्द या पद को अपनी मातृभाषा/राष्ट्रभाषा से अँग्रेजी में अनुवाद करते हैं और अनुवाद कितना भी सटीक हो, वह मूल रचना या मौलिक चिन्तन की भाषा के समतुल्य कदापि नहीं हो सकता। जो अँग्रेज विद्वान अथवा भारतीय विद्वान हिन्दी भाषा के ज़रिये नये विचारों और वैज्ञानिक सोचों की अभिव्यक्ति करने की सामर्थ्य पर सन्देह व्यक्त करते हैं, वे भूल जाते हैं कि जब इंग्लैंड, फ्रांसीसी साम्राज्य के चंगुल से (दो सौ वर्षों की गुलामी के बाद) मुक्त हुआ था, तब भी अँग्रेजी भाषा की वैचारिक सामर्थ्य पर सन्देह व्यक्त किया गया था। इसी प्रकार क्लासिक भाषा लैटिन बोलने वाले शुरू में अँग्रेजी को हिकारत की नज़र से देखते थे। मगर इंग्लैंड में धीरे-धीरे अँग्रेजी में गम्भीर विचार सहजता एवं गहनता से सर्वत्र व्यक्त होने लगे। अस्तु, हिन्दी भी अपनी क्षमता का भरपूर उपयोग सभी विचारों को व्यक्त करने में कर सकती है। हिन्दी में तमाम ज्ञानानुशासनों की किताबें प्रकाशित हो रही हैं। अन्तरजाल पर भी हिन्दी की रचनाएँ (कविता कोश, कथा/गद्य कोश आदि) उपलब्ध हैं तथा यूनिकोड के कारण हिन्दी का टंकण आसान है। फिर भी ज़रूरत है, उसे और समृद्ध एवं संवर्द्धित करने की। जब कई उच्च शिक्षण संस्थाएँ हिन्दी माध्यम में इंजीनियरिंग और चिकित्सा विज्ञान की पढ़ाई शुरू कर देंगी, तो उन विषयों की किताबें हिन्दी में

स्वतः उपलब्ध होने लगेंगी। हिन्दी पहले ही बाजार की भाषा बन चुकी है तथा वह अब ज्ञान की भाषा भी बन रही है। इसके राजनय की भाषा बनने में भी कोई सन्देह नहीं है। शुद्धतावाद से काम नहीं चलेगा। रक्त, भाषा, खान-पान आपस में मिलते-जुलते हैं तथा एक दूसरे से आदान-प्रदान भी करते हैं। भारतीय मानव वैज्ञानिक सर्वेक्षण ने 'पीपल ऑव इंडिया' शृंखला के तहत पाया है कि भारत में 4000 समुदायों में शुद्ध रक्त, जाति, धर्म आदि की बातें तथ्य से परे हैं। बनारस में एक व्यक्ति घी की दुकान पर गया और बोला—'मुझे शुद्ध घी चाहिए'। दुकानदार ने कहा—'यहाँ तो घी मिलता है। शुद्ध घी के लिए दूसरी दुकान पर जाइए।' और वह व्यक्ति कई दुकानों पर गया मगर उसे शुद्ध घी नहीं मिला। इसी प्रकार मानव समाज में शुद्ध रक्त, शुद्ध भाषा, शुद्ध विचार, शुद्ध संस्कृति आदि की बातें करना निरर्थक है। उल्लेखनीय है कि 'हिन्दी' शब्द का सबसे पुराना उल्लेख ईरानियों की पुरानी धार्मिक पुस्तक 'दशातीर' (200 ई. पू.) में है जो हिन्द के निवासियों के लिए प्रयुक्त है। बाद में 1233 में फारसी के प्रसिद्ध कवि मसऊद साद सुल्मान इल्मुल औफी की किताब 'लुबाब-उल-अलबाब औफी' में हिन्दी का प्रयोग भाषा के अर्थ में हुआ। अर्थात् 'हिन्दी' फारसी का शब्द है। अस्तु, हिन्दी के विकास में तमाम विदेशी और अन्य भारतीय भाषाओं के शब्दों का महती योगदान रहा है। इसलिए इसे संकुचित न किया जाए।

आठवीं चुनौती यह है कि हिन्दी में प्रकाशित मौलिक पुस्तकों का अनुवाद विश्व की प्रमुख भाषाओं यथा अँग्रेजी, फ्रांसीसी, रूसी, जर्मन, जापानी, इतालवी, स्पैनिश, पुर्तगाली, अरबी, फारसी, चीनी आदि में द्रुत गति से होना चाहिए क्योंकि हिन्दी में विभिन्न भाषाओं से जितनी उदारता से और जितनी संख्या में अनुवाद हो रहे हैं, उतना हिन्दी से विदेशी भाषाओं में नहीं हो रहे हैं। इसके फलस्वरूप हमारे विचार, अवधारणाएँ, सिद्धान्त आदि अन्य भाषा-भाषियों तक समय पर नहीं पहुँच पा रहे हैं। अनुवाद का मूल मन्त्र है भाव का अनुवाद, न कि वाक्य का। साहित्य अकादमी, केन्द्रीय हिन्दी संस्थान (आगरा), केन्द्रीय हिन्दी निदेशालय (दिल्ली), महात्मा गाँधी अन्तरराष्ट्रीय हिन्दी विश्वविद्यालय (वर्धा), विभिन्न विश्वविद्यालयों के हिन्दी एवं विदेशी भाषा-साहित्य विभागों आदि को यह महत्वपूर्ण कार्य शीघ्र शुरू करना चाहिए। दुर्भाग्यवश भारत के तमाम विश्वविद्यालयों के हिन्दी विभाग इस दिशा में कोई पहल नहीं कर रहे हैं। मानव संसाधन विकास मन्त्रालय को इस दिशा में अविलम्ब दिशानिर्देश ज़ारी करना चाहिए तथा मानव शक्ति, विशेषज्ञ, धन, आधारभूत संरचना (पुस्तकालय, प्रयोगशाला, सम्मेलन कक्ष, अध्ययन कक्ष) आदि पर्याप्त मात्रा में उपलब्ध भी कराना चाहिए।

अन्तिम चुनौती है बाजार की। तमाम बहुराष्ट्रीय कम्पनियों ने हिन्दी भाषियों

की ताकत उसकी अत्यधिक संख्या के कारण तथा दैनिक जीवन में ज़्यादा इस्तेमाल के कारण पहचान ली है मगर वे पत्र–पत्रिकाओं आदि में अपना विज्ञापन हिन्दी शब्दों को रोमन लिपि में लिखकर अक्सर देते हैं और दुर्भाग्यवश जनसंचार माध्यम (छपाई तथा इलेक्ट्रॉनिक दोनों) भी अधिक से अधिक अँग्रेजी का प्रयोग कर रहे हैं। वे ख़बरों को चटपटा बनाने के लिए प्रायः अँग्रेजी शब्दों के शीर्षक देते हैं जो पाठकों को अटपटे लगते हैं। मगर यह भी सच है कि हिन्दी अख़बारों, विशेषकर 'अमर उजाला', 'दैनिक भास्कर' और 'दैनिक जागरण' की प्रसार संख्या पिछले कुछ दशकों में तेजी से बढ़ी है जिसका मुकाबला कोई अँग्रेजी अख़बार न कर पाया है और न कर पाएगा। इलेक्ट्रॉनिक चैनलों में विभिन्न कार्यक्रमों (यथा धारावाहिक) की सूचना प्रायः अँग्रेजी में होती है। विभिन्न समाचार–पत्रों–पत्रिकाओं और इलेक्ट्रॉनिक चैनलों में ऐसे कर्मियों की भर्ती होनी चाहिए जो अंग्रेजी से हटकर अन्य महत्वपूर्ण विश्व भाषाएँ जैसे जापानी, रूसी, चीनी, जर्मन, फ्रांसीसी, अरबी, स्पैनिश, इतालवी आदि जानते हों जिससे उन भाषाओं के समाचार, कार्यक्रम आदि सीधे हिन्दी में प्रकाशित/प्रसारित किए जा सकें। अन्तरजाल पर हिन्दी का प्रयोग बढ़ाए जाने की ज़रूरत है जो अभी शैशवास्था में है। इसका सबसे ज़्यादा प्रयोग करने वाली दस भाषाएँ हैं: अँग्रेजी (54 करोड़), चीनी (45 करोड़), स्पैनिश (16 करोड़), जापानी (10 करोड़), एवं कोरियाई (4 करोड़)। भारत के बड़े शहरों में बड़ी–बड़ी दुकानों, होटलों और प्रतिष्ठानों के पारदर्शी दरवाजों के बाहर प्रायः अँग्रेजी में लिखा होता है 'ओपन' (खुला) या 'क्लोज्ड' (बन्द) जबकि अधिकतर ग्राहक हिन्दी भाषी होते हैं। बड़े होटलों में भोजन और पेय पदार्थों की सूची (मेनू) अँग्रेजी में लिखी होती है। छोटे–छोटे निजी प्रतिष्ठानों में छोटे–मोटे कर्मचारियों की भर्ती के लिए भी अँग्रेजी में जीवन–वृत्त माँगा जाता है और अँग्रेजी में साक्षात्कार लिए जाते हैं कि वह व्यक्ति कितनी अँग्रेजी जानता है और उसे 'यस सर, नो सर, सॉरी सर, ऑल राइट सर' रटा कर उसके व्यक्तित्व का स्थाई संकुचन कर दिया जाता है। यह चिन्ताजनक है कि भूमंडलीकरण के दौरान अँग्रेजी का सार्वभौमीकरण तेजी से (व्यापकता एवं गहनता दोनों आयामों में) हुआ है जबकि तमाम विकासशील देशों की हजारों स्थानीय/क्षेत्रीय भाषाएँ मर रही हैं या मर चुकी हैं। विश्व में प्रत्येक दो सप्ताह में एक भाषा का लुप्त होना अत्यन्त चिन्ताजनक है। भारत की 196 स्थानीय भाषाएँ और अमरीका की 192 क्षेत्रीय/स्थानीय भाषाएँ लुप्त हो रही हैं। पूरी दुनिया में 250 भाषाएँ विलुप्ति के कगार पर हैं क्योंकि उन्हें बचाने का समुचित प्रयास नहीं हो रहा है और बाजार मानकीकृत तथा बड़ी भाषाओं को ही दैनिक उपयोग में लाता है। भारत में कई लिपियाँ ब्राह्मी, कैथी, मुड़वा (राजस्थान में, जिसमें मात्रा नहीं होती—चना, चूना, चीनी के लिए चन का प्रयोग होता है और प्रसंग–सन्दर्भ के

अनुसार अर्थ निकाला जाता है) आदि भी काल के गाल में समाप्त हो चुकी हैं। छोटी-छोटी भाषाओं में किताबें प्रकाशित होना दुर्लभ है। इसलिए सरकार, समाज, और बाजार को स्थानीय/क्षेत्रीय/राष्ट्रभाषाओं को बचाने की मुहिम चलाने की ज़रूरत है। अस्तु, तमाम चुनौतियों का सामना और समाधान करने के लिए आर्थिक बजट (शिक्षा तथा विशेषकर भाषा के लिए) बढ़ाना होगा, अभिभावकों, विद्यार्थियों, शिक्षकों, प्रशासकों, लेखकों, राजनीतिज्ञों और सामाजिक कार्यकर्त्ताओं को अत्यधिक संवेदनशील होना होगा तथा इच्छाशक्ति में दृढ़ता लानी होगी। चूँकि विचार की अनेक परम्पराएँ हैं, अत: अँग्रेजी तथा अन्य यूरोपीय भाषाओं का वर्चस्व ख़त्म हो और हिन्दी का वट वृक्ष फूले-फले। इस दिशा में हर व्यक्ति, समूह, संगठन, समुदाय आदि को कड़ी मेहनत करनी होगी। आज का अहम सवाल यह है कि हम सभी स्वयं से पूछें कि हमने अपनी मातृभाषा, राजभाषा और राष्ट्रभाषा के लिए क्या किया? ठीक ही कहा गया है, 'ईश्वर उनकी मदद करता है, जो अपनी मदद स्वयं करते हैं।' अस्तु, हम प्रतिवर्ष 10 जनवरी को 'विश्व हिन्दी दिवस' मनाने की खानापूरी न करके हर पल और हर जगह ठोस कार्य करें इसके संवर्धन के लिए।

अध्याय 13

मॉरिशस में भोजपुरी—हिन्दी की व्यथा-कथा

सितम्बर 2003 में मुझे मॉरिशस जाने का मौका मिला था। यह सभी राज्यों के शिक्षा बोर्डों की परिषद् (कोब्से) का अन्तरराष्ट्रीय सम्मेलन था। चूँकि भोर में तीन बजे ही हवाई जहाज की उड़ान थी, और अन्तरराष्ट्रीय उड़ानों में जाँच के लिए दो घंटे पूर्व पहुँचना ज़रूरी था, सो मैं करीब ग्यारह बजे रात में ही इन्दिरा गाँधी अन्तरराष्ट्रीय हवाई अड्डा, नयी दिल्ली टैक्सी से पहुँच गया। मगर समय से पहले पहुँचने के कारण भीतर जाने की मनाही थी। मुझे जो गेट संख्या बतायी गयी थी, उस पर एयर मॉरिशस के बारे में कुछ भी नहीं लिखा था, सो पूछताछ करनी पड़ी और बाहर बने प्रतीक्षालय में जाना पड़ा। वहाँ कई देशी-विदेशी यात्री बैठे थे और टी.वी. कार्यक्रमों का लुत्फ़ उठा रहे थे। प्रतीक्षालय में सिर्फ़ वही जा सकते थे जिनके पास उस दिन की यात्रा के टिकट थे। अन्यथा उसके लिए अलग से टिकट लेना पड़ता था। चूँकि बारह बजे तारीख बदल जाती है, इसलिए उसके पहले जाने पर प्रतीक्षालय पर टिकट वाले ने मुझे रोकते हुए घूरा। मगर साँच को आँच कहाँ? उसने बताया कि कुछ ही घंटे बाद की उड़ान है जो अगली तिथि में होगी। कुछ सहयात्री भी तब तक आ चुके थे। काउंटर पर एक पर्ची भरनी पड़ी जो सामान्य सूचनाओं के बारे में थी। एक साथी के टिकट में गड़बड़ी हो गयी। उसमें मूल प्रति नहीं थी जबकि टिकट पर ओ.के. लिखा था। एजेंट ने कहा था कि वह हवाई अड्डे पर मिलेगा, मगर वह वहाँ नदारद था। मोबाइल पर उससे सम्पर्क करने का बहुत प्रयास किया गया, मगर वह नहीं मिल सका। अन्तत: नया टिकट खरीदना पड़ा और तय किया गया कि उसकी राशि एजेंट से वापस ले ली जायेगी। मुझे झुँझलाहट हुई कि एजेंट जैसे बिचौलिये की क्या ज़रूरत? बस/रेल के टिकटों की तरह सीधे खिड़की से टिकट क्यों नहीं ले लेते? एजेंट को कमीशन देने से सरकारी या गैर-सरकारी उड़ान प्रबन्धकों को आर्थिक नुकसान भी होता है और लफड़ा अलग से होता है। मुम्बई वालों ने सारे भारतीयों को यह 'लफड़ा' शब्द मुफ़्त में दिया है। अब इसका प्रचलन इतना ज़्यादा हो गया है कि इसके बिना ज़िन्दगी अधूरी लगती है। बाद में 'आव्रजन' (इमिग्रेशन)

जाँच हुई। यानी एक देश से दूसरे देश में जाने के पूर्व अथवा दूसरे देश में पहुँचने पर स्थानीय देश के आव्रजन अधिकारी सही 'पारपत्र' (पासपोर्ट), 'वीजा', जाने वाले (गन्तव्य) और रुकने वाले स्थान आदि का सत्यापन करते हैं। बोर्डिंग पास देने के पहले ढाई सौ रुपये का जीवन-बीमा शुल्क प्रत्येक को जमा करना पड़ा क्योंकि 9 सितम्बर 2001 को संयुक्त राज्य अमेरिका के विश्व व्यापार केन्द्र आदि पर हुए हमले (9/11) के बाद सभी अन्तरराष्ट्रीय उड़ानों में पाँच डॉलर का जीवन-बीमा कराना सभी यात्रियों के लिए अनिवार्य कर दिया गया था। इस प्रकार अन्तरराष्ट्रीय आतंकवादी (कुछ लोग इसे 'आतंकी' कहते हैं जो 'आतंकित' (पीड़ित) से मिलने-जुलने के कारण उपयुक्त नहीं है) घटनाओं का सीधा असर यात्रियों पर व्यक्तिगत रूप से हुआ। दूसरा असर यह था कि वीजा पर फोटो होने के बावजूद काउंटर पर ही कम्प्यूटर कैमरे से सभी यात्रियों का पुनः फोटो खींचा गया और सारे काग़ज़ात की फोटो प्रति कर ली गयी। सो भूमंडलीकरण का प्रभाव ज़ाहिर हो गया। अन्दर पहुँच कर पुनः हमें इन्तज़ार करना पड़ा क्योंकि हवाई जहाज यथोचित स्थान पर नहीं आया था। थोड़ी देर बाद घोषणा हुई कि गेट संख्या पाँच से यात्री प्रस्थान करें। उस गेट के अन्दर जाने के पहले फिर सुरक्षा जाँच हुई। भारत के सुरक्षाकर्मी कड़ी जाँच कर रहे थे मानो हम लोग विदेशी हों। यदि कोई यात्री झुँझलाता, तो वे फौरन कहते 'आप लोगों की हिफ़ाजत के लिए ही हम ऐसा कर रहे हैं।' मगर सुरक्षाकर्मियों के व्यवहार में नम्रता लेश मात्र नहीं थी। पुलिसिया रुतबा पुलिस की लाश में भी मौजूद रहता है, फिर जीते-जी पुलिस से कौन ख़ौफ़ नहीं खाता।

ख़ैर... हवाई जहाज के भीतर घुसने के समय पुनः मॉरिशस के सुरक्षाकर्मियों ने जाँच की जो मुख्यतः अफ्रीकी मूल के मॉरिशस नागरिक थे। अपनी-अपनी सीट पर बैठने के बाद जलपान दिया गया जो भारतीय खान-पान की तरह सादा शाकाहारी या मांसाहारी दोनों था। दूसरी ओर फिल्म स्क्रीन चालू हो गयी जिस पर मॉरिशस के ऐतिहासिक, भौगोलिक, सांस्कृतिक और प्राकृतिक सौन्दर्य जैसे पक्षों को दिखाया जाने लगा। ज्ञात हुआ कि मॉरिशस की खोज सबसे पहले मॉरिश ने की थी, इसीलिए उस भूभाग का नाम मॉरिशस पड़ा। ताड़-खजूर के ऊँचे-ऊँचे गाछ, नीला समुद्र और उसमें पाल, विभिन्न नस्लों के लोगों की सार्वजनिक उत्सवों में भागीदारी, गीत-नृत्य पर फिरकती बालाएँ मन मोह लेती थीं। और इन सबमें अपनापन, भारतीय मूल वंश का लगाव साफ़-साफ़ झलकता था। थोड़ी देर बाद प्यार सम्बन्धी हिन्दी फिल्में दिखाई जाने लगीं, सो जुड़ाव और बढ़ गया। उसके बाद अँग्रेज़ी फिल्म दिखाई जाने लगी। उसमें मारधाड़ अधिक थी। ऐसा लगने लगा कि पूरब (विशेषकर हिन्दी) का प्यार और पश्चिम (विशेषकर अँग्रेज़ी) की हिंसा

के कारण ही पूरब-पश्चिम में मेल नहीं हो पा रहा है। फिर सीट में लगे वाकमैन/ग्रामोफोन से मैं हिन्दी गाने सुनने लगा। उसमें एक दर्ज़न चैनल थे मगर हिन्दी गाना ही मुझे पसन्द आया। सुबह होने पर मैं बाहर खिड़की से झाँकने लगा। हम लोग बादलों के ऊपर से उड़ रहे थे। ऐसा लगता था कि सफेद बादलों का पहाड़ आकाश और धरती के बीच (हमारी उड़ान के नीचे) एक छत-सा बन गया है—हिमालय की बर्फ-सी सफेदी। कोई वनस्पति नहीं, कोई जीव-जन्तु नहीं, कोई मनुष्य नहीं। दुनिया के काम-काज, धूल-धुआँ, शोरगुल, चहल-पहल से हम बिल्कुल दूर थे। बालाएँ नाश्ता आदि परोसते समय मुस्करा रही थीं। उनमें भारतीय मूल के अलावा चीनी और अफ्रीकी मूल की भी बालाएँ थीं। मगर उनका सौन्दर्य मौलिक भारतीय सौन्दर्य से काफ़ी फ़ीका लग रहा था।

करीब दस बजे हमारा जहाज मॉरिशस के पोर्ट लुई हवाई अड्डे पर पहुँच गया। जो भारतीय समय के अनुसार साढ़े ग्यारह बजे का समय था। यानी भारत, मॉरिशस से समय के लिहाज़ से डेढ़ घंटे जेठ था। यूँ भी अधिकतर मॉरिशसवासियों की जननी भारत है, तो उसे ही जेठ भी होना चाहिए। मॉरिशस हवाई अड्डे का नाम वहाँ के प्रथम प्रधानमन्त्री सर शिवसागर रामगुलाम के नाम पर है, यह जानकर और खुशी हुई कि वह मॉरिशस की स्वतन्त्रता की लड़ाई में अगुआ थे। हवाई अड्डा बहुत ज़्यादा 'हाई-फाई' नहीं है। हवाई जहाज से उतरने के बाद पहले टिकट चेक किया गया। फिर सीमा शुल्क (कस्टम) विभाग ने वीजा, पासपोर्ट, टिकट आदि की जाँच की। संयोग से मैं जिस काउंटर पर पहुँचा, वहाँ एक सुन्दरी अपना कार्य सम्पादित कर रही थी। मैंने अपना पासपोर्ट, वीजा, टिकट, आवेदन पत्र आदि उसके सामने रख दिया। अधिकतर भारतीय महिलाओं की तरह वह भारतवंशीय महिला भी सकुचा रही थी, मुस्कान बिखेर रही थी, शिष्ट हाव-भाव कर रही थी और जाँच का काम मन्दगति से कर रही थी। उसने सारे काग़ज़ात देख लिये। फिर बगल के काउंटर पर बैठे अफ्रीकी मूल के स्टॉफ से उसने 'क्रियोल' में कुछ पूछा। मैं उसकी भाषा समझ नहीं पाया। क्रियोल फ्रांसीसी भाषा, अँग्रेज़ी और हिन्दी के शब्दों को मिलाकर बनी है। अफ्रीकी मूल के व्यक्ति का रुख़ ज़्यादा सकारात्मक एवं सक्रिय था। उसने की गयी पृच्छा का फटाक् से ज़वाब दिया। उसके हाव-भाव से लगा कि कोई ख़ास बात नहीं है, क्लीयरेंस फटाफट कीजिए। मैं उस महिला से हिन्दी में बतलाना चाह रहा था मगर बाहरी मुल्क में गलत समझे जाने का खौफ़ भी था। क्लीयरेंस करते हुए उसने अपनी आँखों की कोरों से संकेत किया कि मैं अपने काग़ज़ात लेकर प्रस्थान करूँ। मगर तभी उसने अँग्रेज़ी में पूछा—'आप कहाँ ठहरेंगे ?' मुझे ऐसा लगा कि हिन्दी जानते हुए भी वह मुझसे हिन्दी में इसलिए वार्तालाप नहीं कर रही है कि अन्तरराष्ट्रीय स्तर पर अँग्रेज़ी ही पटरानी के रूप में राजगद्दी पर

सुशोभित है। मगर मुझे मालूम ही नहीं था कि कहाँ ठहरने का इन्तज़ाम है। सो विशुद्ध भारतीय परम्परा को निभाते हुए मैंने विषयान्तर करते हुए अँग्रेज़ी में कहा—"हम लोग भारत से आये हैं शिक्षा सम्बन्धी सम्मेलन में भाग लेने। मॉरिशस शिक्षा विभाग ने यह सम्मेलन आयोजित किया है।" तभी हमारी टीम के एक सज्जन वहाँ आये और उन्होंने बताया कि होटल आइलैंड में हमारे ठहरने की व्यवस्था है।

थोड़ी देर में हम लोग अपना-अपना सामान लेकर बाहर निकलने लगे। उस समय माइक से मेरा नाम पुकारा गया। मैंने उस पर ध्यान नहीं दिया क्योंकि मेरे नाम का दूसरा भी व्यक्ति हो सकता था। दूसरे, मैंने सोचा कि कहीं 'सत्तू' ने समस्या तो नहीं खड़ी कर दी है। सो निकास द्वार पर कुछ लोग हमें लेने आये थे। एक अधेड़ सज्जन ने हम लोगों से हाथ मिलाया और हिन्दी में "स्वागत-स्वागत" कहने लगे। यह मॉरिशस इक्जामिनेशन सिंडीकेट के श्री राम नोहर जी थे, साँवले, मुस्कराहट वाला चेहरा, स्वस्थ गँठा शरीर। फिर हम बाहर पार्क में खड़ी मिनी बस- मेटाडोर के आकार की—में बैठ गये। बाहर बूँदा-बादी हो रही थी। तभी मुझे ख़्याल आया कि मैंने अपना कोट अन्दर ही छोड़ दिया है। मैं अन्दर की ओर भागा। दरअसल नयी दिल्ली में ही सीट पर बैठते ही मैंने अपना कोट एक हवाई बाला (एयर होस्टेस) को हैंगर में टाँगने के लिए दे दिया था उसमें मेरा बोर्डिंग पास रख दिया गया था जिससे पहचान कायम रहे। मगर उतरते समय मैं वहाँ के माहौल में ऐसा खो गया था कि अपना कोट लेने की सुध-बुध ही नहीं थी। सचाई यह थी कि मैं अपना सूट लेकर नहीं गया था क्योंकि सचिव, कोब्से श्री डी.वी.शर्मा ने बताया था कि अभी वहाँ का मौसम न गरम है, न ठंडा। लेकिन दिल्ली में मेरे एक मित्र का कहना था कि अन्तरराष्ट्रीय सम्मेलन में उद्घाटन का अवसर औपचारिक होता है, इसलिए सूट में रहना चाहिए। फिर हम लोग भौगोलिक रूप से भारत से दूर मगर दिल के बेहद करीब 'लघु भारत' पहुँच गये थे।

फिर दो मिनी बसों में बैठे हम चौंतीस लोग हवाई अड्डे से लगभग 30 किमी दूर नॉर्थ ब्लैक रिवर डिस्ट्रिक्ट में स्थित 'होटल आइलैंड' पहुँचे। रास्ते में ईखों ने हमारा मन ही मन स्वागत किया। वहाँ की मिट्टी से भारतवंशियों के परिश्रम की खुशबू आ रही थी। मगर अधिकांश खेतों में बहुत कम लोग दिखाई दे रहे थे। चौराहों पर मार्ग इंगित करने हेतु स्थान और दूरी के सूचक लगभग सब जगह लगे थे। सड़क के किनारे पानी बहने के लिए नाली बनी थी। बीच में कई नदी-नाले मिले। उनके नाम भारतीय परम्परा को सुदृढ़ करने वाले थे। जिस नाले का नाम 'भागीरथी' लिखा था, वहाँ कुछ चबूतरे बने थे, छोटे-मोटे मन्दिर भी बने थे और टीकों-फूलों से स्पष्ट दिखता था कि किसी—किसी ख़ास अवसर पर वहाँ पूजा भी की जाती थी। रास्ते में नदी के किनारे काली जी की मूर्तियाँ भी कई जगह दिखाई

पड़ीं—कुछ की स्थिति बेहतर थी, मगर कुछ अनमने ढंग से बिना साफ-सफाई के और शायद बिना पूर्ण श्रद्धा के यूँ ही रख दी गयी थीं जैसे उत्तर भारत के कई स्थानों पर ज़मीन कब्ज़ा करने के लिए हनुमान जी की मूर्ति रख दी जाती है।

होटल आइलैंड के एक तरफ समुद्र है—हिन्द महासागर और दूसरी तरफ बस्ती। होटल पहुँचने के पहले बस्ती से गुजरना पड़ा। सँकरी गली थी, छोटे-छोटे मकान थे मगर पूरी सफाई थी, हनुमान जी की लाल पताका कई घरों में बाँस में लगी हुई फहरा रही थी, कई घरों में एक कोने में छोटे-छोटे मन्दिर भी बने थे, घर के बाहर कूड़ादान भी बना था, बच्चे गलियों में खेल रहे थे, देसी कुत्ते भौंक रहे (मुझ जैसे नये लोगों पर) थे। होटल का सामने का हिस्सा ज़्यादा आकर्षक नहीं था। प्रवेश द्वार के एक भाग में छप्पर का बना गोलघर था जहाँ चौकीदार बैठता था। स्वागत कक्ष में एक साँवली लड़की खड़ी थी जो हाथ जोड़कर नमस्कार कर रही थी। 'लघु भारत' दृश्यमान था।

कमरा साफ-सुथरा था। शौचालय और स्नानागार भी साफ-सुथरा था। नित्यकर्म करके हम लोग नाश्ता करने गये। भारतीय व्यंजनों की सुगन्ध नथुनों में भर गयी। नाश्ता करते समय नीले समुद्र का दर्शन भी हम कर रहे थे। होटल में काम करने वाले प्राय: सभी भारतीय मूल के थे। शाकाहारी और मांसाहारी दोनों प्रकार के व्यंजन थे। कई विदेशी गोरे पर्यटक भी समुद्र के किनारे बालू पर बैठे-लेटे या होटल के छोटे से कुंड में स्नान कर रहे थे।

नाश्ता करने के बाद राम नोहर जी और अन्य लोगों से हिन्दी में बातें होती रहीं। हम लोग बस से 'ला पई डोमेन' नामक स्थान पर ले जाये गये। यह पुराना भवन था जिसकी इमारती लकड़ी और डिजाइन भव्य थी। उद्घाटन के लिए हम लोग जमा हो गये थे। मॉरिशस की सुन्दरियाँ अच्छी रंगीन साड़ी में चहक रही थीं। हमें जानकारी मिली कि मॉरिशस की आबादी लगभग ग्यारह लाख है और क्षेत्रफल लगभग 900 वर्ग मील है। इसका पड़ोसी देश मदगास्कर है जो लगभग 500 मील दूर है। द्वीप होने के नाते ज़्यादा भौगोलिक दूरी होना स्वाभाविक है। वहाँ कुल नौ जिले हैं। वहाँ लगभग ग्यारह लाख की आबादी में से आधे से अधिक लोग भारतीय मूल के हैं, शेष अफ्रीकी और चीनी मूल के हैं। इस अन्तरराष्ट्रीय समारोह में मॉरिशस के जितने अधिकारी-कर्मचारी शामिल थे, उनमें से अधिकतर हिन्दी बोलने वाले थे।

समारोह का उद्घाटन श्रीमती अनिरुद्ध जगन्नाथ ने किया। उस समय महामहिम श्री अनिरुद्ध जगन्नाथ मॉरिशस के प्रधानमन्त्री थे। इसके अलावा शिक्षा मन्त्री के सलाहकार विष्णुदयाल जी थे, एक महत्त्वपूर्ण नेता (जो संसदीय कार्य के प्रभारी थे) और महात्मा गाँधी संस्थान की प्रमुख भी उपस्थित थीं। भारतीय राजदूतावास के उप

उच्चायुक्त भी मौजूद थे। भारत की टीम का नेतृत्व भारत सरकार के मानव संसाधन मन्त्रालय के सचिव श्री बी.सी.त्रिपाठी जी कर रहे थे। उद्घाटन समारोह सम्पन्न होने के बाद मैंने अपनी पुस्तक 'भारतीय महिलाएँ : दशा एवं दिशा' श्रीमती अनिरुद्ध जगन्नाथ को भेंट की और हिन्दी में उनका स्वागत किया मगर उन्होंने मुझे अँग्रेज़ी में बताया कि वह हिन्दी जानती हैं लेकिन पढ़ने में ज़्यादा समय लगता है। उन्होंने वादा किया कि वह उसे धीरे-धीरे पढ़ेंगी। एक वक्ता ने कहा कि समूचा भारत लघु भारत में पहुँचा है मानो उल्टी गंगा बह रही हो।

बाद में संयोग से मेरी बगल में मॉरिशस की एक महिला आकर बैठ गईं। फिर हम लोगों का परिचय हुआ। उन्होंने बताया कि वह मॉरिशस एक्जामिनेशन सिंडीकेट में एक अधिकारी के रूप में नियोजित हैं। उनका नाम है सन्ध्या चकोवा। चूँकि शुरू में यह भेद करना मुश्किल था कि कौन भारतीय नागरिक है और कौन मॉरिशस नागरिक, इसलिए मैंने पूछा—'क्या आप भारतीय हैं?' उन्होंने कहा—'नहीं, मैं मॉरिशिशियन हूँ।' अलग पहचान!

थोड़ी देर बाद एक दूसरी महिला से मुलाकात हुई जिन्होंने अपना नाम बताया—निर्मला। मैं हिन्दी में उनसे बातें करना चाहता था मगर तीस-पैंतीस वर्षीया निर्मला जी ने हाथ हिलाकर बताया कि वह हिन्दी कम जानती हैं। मेरे फिर कहने पर उन्होंने बताया कि वह समझ लेती हैं, मगर बोल नहीं पातीं।

थोड़ी देर बाद मैंने एक भारतीय मूल के व्यक्ति बंडी जी को पकड़ा कि मुझे साहित्यकार अभिमन्यु अनत जी और हरि नारायण सीता जी से बात करा दें, तो मेहरबानी होगी। उन्होंने तुरन्त मोटी-सी टेलिफोन डायरेक्टरी उठायी और अनत जी का नम्बर खोजा। फोन नम्बर मिलाया गया। मेरा उनसे सीधा सम्पर्क कभी भी नहीं था, पत्राचार भी नहीं था। मगर उनका उपन्यास 'लाल पसीना' मेरे जेहन में था। मैंने उन्हें बताया कि मैं एक सम्मेलन में भाग लेने भारत के बिहार प्रान्त से आया हूँ और अनन्त कुमार सिंह (भोजपुर) ने आपसे सम्पर्क करने को कहा था। मॉरिशस जाने के पहले अनन्त कुमार सिंह ने बताया था कि उनका पत्राचार उन दोनों साहित्यकारों से हिन्दी में हो चुका है। बातचीत के दौरान अभिमन्यु अनत जी खुश लग रहे थे। उन्होंने फौरन कहा कि उस दिन वह व्यस्त हैं लेकिन वह अगले दिन मुझसे मिलने आएँगे। अगले दिन वे मुझसे मिलने आये। कुछ देर तक बातें होती रहीं। मैंने अपनी पत्रिका ''सम्भव'' की एक प्रति और 'भारतीय महिलाएँ—दशा एवं दिशा' की एक प्रति उन्हें समर्पित कर दी। वह काफ़ी खुश हुए। फिर वह मुझे पार्किंग स्थल पर ले गये जहाँ उनकी कार थी। उन्होंने अपने चालक को भोजपुरी में बताया कि अगले दिन दोपहर को 'ला पई डोमेन' में आकर मुझे गाड़ी से उनके घर ले जाये जिससे मैं उनके यहाँ दोपहर के भोजन में शरीक हो सकूँ। मैंने गाड़ी का नम्बर भी नोट कर

लिया। अपने क्षेत्र में अपहरण उद्योग के फलने-फूलने के कारण थोड़ी आशंका भी हुई। क्या पता शिक्षा माफ़िया के हाथ कितने बड़े हों। अगले दिन उनका चालक ठीक समय पर आया। सूचना मिलने पर मैं उससे मिलने गया। चालक ने बताया कि अभिमन्यु अनत जी नहीं आ पाएँगे क्योंकि भारतीय साहित्यकारों की एक टीम ललित कार्तिकेय के नेतृत्व में किसी ख़ास साहित्यिक कार्यक्रम हेतु उसी दिन पहुँची थी। उन्होंने अपनी पुस्तक 'और पसीना बहता रहा' भेंट स्वरूप मुझे भेजी थी। उसे मैंने सहर्ष स्वीकार कर लिया। वैसे भोजनादि की व्यवस्था अन्तरराष्ट्रीय सम्मेलन में चकाचक थी मगर एक साहित्यकार के घर जाने से वहाँ की साहित्यिक गतिविधियों/प्रकाशनों के साथ-साथ अन्य साहित्यकारों के बारे में भी जानकारी मिलती। फिर यह भी मालूम हो पाता कि एक भारतवंशी का घर अन्दर से कैसे होता है—बैठका, बिस्तर, फोटो, मूर्ति पूजा, आँगन, रसोई, द्वार, खिड़की आदि। मगर मैं इससे वंचित रह गया।

ख़ैर...मैंने हरि नारायण सीता जी को उसी दिन फोन किया। फिर उन्हें अनन्त कुमार सिंह के बारे में बताया। उनकी शिकायत भी बतायी कि कई पत्र देने के बावजूद उन्हें ज़वाब नहीं मिल रहा है। सीता जी ने बताया कि वे अस्वस्थ चल रहे हैं। मैंने उनसे मिलने का अनुरोध किया। उन्होंने मुझसे 'आईलैंड होटल' (नार्थ ब्लैक रिवर डिस्ट्रिक्ट) का पता भी लिया मगर मिलने नहीं आ सके। मैंने अनन्त कुमार सिंह को फोन करके सारी बातें बतायीं। उन्होंने कहा कि फिर कोशिश कीजिए।

मॉरिशस के तीसरे लेखक रामदेव धुरन्धर जी का नाम सुना था किन्तु उनसे फोन पर सम्पर्क नहीं हुआ। अगले दिन शाम में 'आईलैंड होटल' में खाने के समय मॉरिशस एक्जामिनेशन सिंडीकेट के श्री राम नोहर जी, जय प्रकाश रूही, लछिमन तथा अन्य विभागों के रोशन लाल, परशुराम जी से मुलाकात हुई। राम नोहर जी ने अपनी पत्नी और बेटे-बेटी से मिलवाया। उनकी पत्नी एक प्राथमिक विद्यालय में हिन्दी की शिक्षिका थीं। बेटी बी.ए. की पढ़ाई कर रही थी और बेटा इंटर स्तरीय विद्यालय में पढ़ता था। राम नोहर जी को यह जानकर बहुत खुशी हुई कि मैं बिहार से आया हूँ। उन्होंने बताया कि उनके पूर्वज आरा (भोजपुरी क्षेत्र) से मॉरिशस गये थे। तबसे हम लोग भोजपुरी में ही बतियाने लगे। वे ही नहीं, उनकी धर्मपत्नी भी भोजपुरी में धाराप्रवाह बोल रही थीं। राम नोहर जी की उम्र पचास-पचपन वर्ष और उनकी पत्नी की उम्र अड़तालीस के आस-पास थी। बेटे-बेटी भोजपुरी नहीं बोल पाते थे, मगर कमोबेश उसे समझते थे। वे हिन्दी अच्छी तरह बोलते थे। फिर वहीं जय प्रकाश रूही से मुलाकात हुई। दरअसल मुझे बिहार का निवासी जानकर वे खुद मुझसे मिलने आये। उन्होंने मुझे गर्व से बताया कि उनके पूर्वज गया जिले के थे। मैं

उनसे हिन्दी में बोलने की बार-बार कोशिश करता था। मगर हिन्दी के कुछ शब्दों के प्रयोग के सिवाय वह अँग्रेज़ी में ही बोलते रहे। उनकी पत्नी हिन्दी का एक शब्द भी नहीं बोल पा रही थीं। वे धारा प्रवाह अँग्रेज़ी बोल रही थीं। उनकी उम्र तीस-पैंतीस वर्ष के आस-पास थी। उन्होंने मुझे बताया कि वह भारत के कई हिन्दू तीर्थ स्थलों का भ्रमण कर चुकी हैं। गया, बनारस, देवघर वगैरह। उन्होंने बताया कि उनका यात्रा कार्यक्रम सामूहिक पैकेज और ठेके पर था। जय प्रकाश रूही अपनी जड़ों की ओर लौटना चाहते हैं। उन्होंने मुझसे अँग्रेज़ी में कहा—'आप मेरे छोटे भाई की तरह हैं। यदि आपको कोई ज़रूरत हो, तो ज़रूर लिखें। मैं सहर्ष भेजूँगा।' मैंने तुरन्त कहा—'मुझे भी आपको अपना भाई मानने में खुशी होगी। मगर मुझे किसी चीज़ की ज़रूरत नहीं है।' आगे उन्होंने कहा—' मैं इसलिए भी गया नहीं जाता कि वहाँ के लोग मुझसे नाना प्रकार की चीज़ें माँगेंगे।'

लेकिन मैं मन ही मन सोचने लगा कि उन्होंने कुछ माँगने पर देने की बात क्यों और कैसे सोच ली? क्या इसलिए कि पश्चिमी देशों के लोग और उनके संचार माध्यम भारत को गरीब देश घोषित करते रहे हैं? क्या वही दृष्टि जय प्रकाश रूही की भी भारतीयों के बारे में है? भारत में गरीब लोग हैं, मगर मॉरिशस जैसे देश के लोगों से कई गुना अमीर भी हैं। लेकिन मैंने अपना आक्रोश उनके समक्ष व्यक्त नहीं किया। आख़िर 'हिन्दी' में कुछ अप्रिय नहीं बोलना चाहता था।

मैं फलों का जूस पीता रहा। कुछ लोग जूस, तो कुछ लोग 'ठंडा मतलब कोका कोला' और कुछ लोग अँग्रेज़ी शराब पी रहे थे। थोड़ी देर के बाद पंक्तिबद्ध होकर हम लोग अपना-अपना भोजन परोस कर (बुफे पद्धति में) ले लिये और मेज-कुर्सी पर बैठकर खाने लगे। मेरे साथ राम नोहर की साँवली पत्नी, साँवले बच्चे, जय प्रकाश रूही और उनकी पत्नी आदि बैठे थे। साथ में गोवा परीक्षा बोर्ड के अध्यक्ष, भूटान परीक्षा बोर्ड के प्रतिनिधि और मणिपुर परीक्षा बोर्ड के अध्यक्ष थे। राम नोहर जी अन्य अतिथियों की देखभाल कर रहे थे। मेज पर उनकी गैरहाज़िरी खल रही थी मगर कोई चारा न था। मैं और श्रीमती राम नोहर भोजपुरी में देर तक बतियाते रहे। वे बताती रहीं कि घर में वह रोटी, दाल, सब्जी, पूड़ी तथा अन्य भारतीय व्यंजन बनाती हैं। खान-पान, रहन-सहन, शादी-ब्याह भारत जैसा ही है। वहाँ विवाह में प्राय: जाति नहीं देखी जाती। मगर दहेज वहाँ भी शुरू हो गया है। सो आर्थिक हैसियत देखी जाती है। त्योहार, जन्म, शादी आदि में भोजपुरी गीत गाये जाते हैं। बहुत सारी पुरानी रस्में पूरी की जाती हैं। हिन्दुओं के लगभग सारे त्योहार वहाँ मनाये जाते हैं। घर में वह और उनके पति भोजपुरी में बातें करते हैं, बच्चों से वे दोनों हिन्दी में बतियाते हैं। उन्होंने बताया कि अँग्रेज़ी वहाँ की राजभाषा है यानी सरकारी कार्यालयों और शिक्षण संस्थाओं में अँग्रेज़ी का राज है। मगर व्यवहार में

भारतीय मूल, चीनी मूल और अफ्रीकी मूल के लोग 'क्रियोल' भाषा का प्रयोग करते हैं। ज़्यादा पढ़े-लिखे लोग अँग्रेज़ी या फ्रांसीसी बोलते हैं। वहाँ क्रियोल भाषा का विकास तब हुआ जब फ्रांसीसी साम्राज्य के अधीन मॉरिशस था—यानी 1715 ई. से 1815 ई. तक। उसके पहले वहाँ हालैंड से डच लोग सोलहवीं-सत्रहवीं शताब्दी में पहुँचे थे और उन्हीं में से एक अयुबा मोरिश के नाम पर मॉरिशस नाम पड़ा है। मगर तब वहाँ की जलवायु उनके अनुकूल नहीं रही। दरअसल प्लेग की महामारी फैलने से वे लोग वहाँ से वापस चले गये।

मॉरिशस निःसन्देह गन्नों का देश है। फ्रांसीसी साम्राज्य ने शुरू-शुरू में अफ्रीकी लोगों को गुलाम के रूप में ख़रीदा गन्ने की खेती करने के लिए। अमेरिकी-यूरोपीय गोरे लोग मिट्टी में हाथ कैसे लगाते? वह भी गन्ने की खेती में जो ज़्यादा श्रमसाध्य और कठिन होती है, जिसे सुनिश्चत एवं बार-बार तथा ज़्यादा पानी की ज़रूरत होती है, जो गुड़ाई की माँग करती है, जिसकी पत्तियाँ हरी-हरी लम्बी-लम्बी होती हैं मगर चमड़ी को चीर भी देती हैं। गन्ने से पत्तियाँ छीलने का काम भी कठिन होता है। यानी गन्ना जितना ज़्यादा मीठा होता है, उतना ही ज़्यादा श्रम माँगता है। दरअसल ये अफ्रीकी मूल के लोग प्रायः अशिक्षित थे, सो नज़ाकत और नफ़ासत वाली फ्रांसीसी भाषा बोलने में वे सकुचाते थे। मगर कामकाज़ में मालिकों का आदेश लेना, उन्हें गन्ने की खेती की स्थिति बताना आदि के लिए एक सरल कामचलाऊ भाषा उन लोगों ने ईज़ाद की जिसका नाम 'क्रियोल' रखा गया जिसमें आजकल अँग्रेज़ी और हिन्दी के बहुतेरे शब्द घुल-मिल गये हैं, यद्यपि वह मूलतः फ्रांसीसी की ही एक बोली है। मगर उन्नीसवीं सदी के तीसरे दशक में दास प्रथा का ख़ात्मा शुरू हो गया जिसके कारण अफ्रीकी गुलामों ने गन्ने की खेती में काम करने से इन्कार कर दिया। तब तक मॉरिशस पर अँग्रेजों का शासन हो चुका था। अँग्रेजों की खोपड़ी तपी-तपाई थी! सो गुलामों की जगह नये उपनिवेश बने भारत से 1835 में गरीब-बदहाल मजदूरों को एक 'एग्रीमेंट' के तहत ले जाया गया, जिसके करण उन्हें 'गिरमिटिया' (जो एग्रीमेंट से बना है) कहा जाने लगा, जिन्हें नाना प्रकार के सब्ज़बाग दिखाए गये थे और जिन्हें भारत वापस लौटने के लिए पूरा आश्वासन भी दिया गया था। उन्नीसवीं सदी के अन्त तक ऐसे भारतीय मजदूरों की संख्या लगभग दो-ढाई लाख हो गयी। ये अधिकतर पूर्वी उत्तर प्रदेश और बिहार के लोग थे जो प्रायः भोजपुरी बोलते थे। पानी के जहाज पर लम्बी यात्रा के दौरान उनमें से कई लोग भूख-प्यास या बीमारी के कारण मर गये और समुद्र में फेंक दिये गये। जो बचे थे, वे तुलसीदास के 'रामचरित मानस' की चौपाइयों, 'हनुमान चालीसा' और ठेठ भजन-कीर्तन के सहारे सफ़र कर रहे थे।

हमें, गाँधी संस्थान जाने का मौका मिला। वहाँ 'गिरमिटिया' पूर्वजों की बहुत

सारी धरोहरें सुरक्षित हैं। खाना बनाने के बर्तन, खेती करने के औजार, गहना-गुरिया, फोटो, ढोल-मजीरा-करताल, किताबें, सरकारी दस्तावेज़ आदि सुरक्षित रखे गये हैं। उस समय के प्रतिवेदन, अख़बारों-पत्रिकाओं की प्रासंगिक कतरनें भी हैं। सबसे मज़ेदार लगा हस्तलिखित 'रामचरित मानस'। या तो छपी पुस्तक की सीमित प्रति के कारण दूसरों ने उसे अपने हाथ से लिखा होगा क्योंकि तब फोटो प्रति कराने की तकनीकी उपलब्ध नहीं थी अथवा मौखिक रूप से जो चौपाइयाँ याद थीं, उन्हें काग़ज़ पर लिख दिया गया। उतनी पुरानी लिखावट का अपना ख़ास महत्त्व है। दूसरी महत्त्वपूर्ण चीज़ है सरकारी प्रव्रजन रजिस्टर जिसमें भारत से मॉरिशस जाने वालों के नाम, पिता का नाम, मूल गाँव, थाना, जिला, जाति, उम्र आदि का विस्तृत ब्यौरा है। मुझे बिहार के पुराने शाहाबाद जिले के आरा, नोखा, सासाराम तथा पटना जिले के कई व्यक्तियों के नाम-पते उसमें लिखे मिले। उसमें ज़्यादातर मध्यम जातियों और अनुसूचित जातियों के लोगों के नाम दर्ज़ हैं। मगर ऐसा नहीं है कि ऊँची जाति के लोग बिल्कुल नहीं है। मैंने 'पांडे' और 'सिंह' उपाधि वाले कुछ नाम भी देखे। हालाँकि अब वहाँ किसी को अछूत या शूद्र नहीं माना जाता है। ब्राह्मण, क्षत्रिय और वैश्य में ही सारे लोगों को समाहित कर दिया गया है। समाजशास्त्रीय दृष्टिकोण से यह अत्यन्त प्रगतिशील एवं समावेशी कदम है। यदि किसी को शूद्र-अछूत माना जाता, तो निश्चित रूप से भेदभाव और शोषण जन्मना जातिगत आधार पर होता। इसलिए जो लोग 'हिन्दी पट्टी' को 'गोबर पट्टी' या पिछड़ा इलाका कहते रहे हैं, उन्हें यह सीख लेने की ज़रूरत है कि इसी हिन्दी पट्टी के लोगों ने मॉरिशस तथा अन्य कई देशों में अपनी मेहनत से काफ़ी प्रगति की तथा 'हिन्दी' की पहचान बरकरार रखी।

अगले दिन सम्मेलन की बैठक के बाद हम लोग शहर घूमने गये। 'संडे फेयर' (इतवारी मेला) हर इतवार को एक बड़े मैदान में लगता है जहाँ गाँवों-कस्बों के लोग अपनी भिन्न-भिन्न चीज़ें बेचने के लिए आते है जिनमें खाने-पीने की चीज़ें, जूते-चप्पल, कपड़े-लत्ते, खिलौने, खेल के सामान आदि होते हैं। हम लोग उन दुकानों पर गये और हिन्दी में बोलते रहे। कुछ दुकानदार हिन्दी समझते थे और हिन्दी में ज़वाब भी देते थे। मगर कई अन्य हिन्दी न जानने का इशारा करके अँग्रेज़ी में बोलते थे। भूटान के प्रतिनिधि ने एक सैंडिल ख़रीदी। महिला दुकानदार ने सौदेबाज़ी करने पर बीस रुपये छोड़ दिये। ऐसा नहीं कि वह हम लोगों को ही छूट दे रही थी। अन्य ग्राहकों को भी छूट दे रही थी। लेकिन हमारी भारतीय संस्कृति में बिना सौदेबाज़ी के इत्मीनान नहीं होता और दूसरे सौदेबाज़ी की कोई सीमा नहीं है। मुझे याद आया कि एक बार दिल्ली के व्यापार केन्द्र चाँदनी चौक में एक महिला नयी नोटों का हार खरीद रही थी। उसमें दो-दो रुपये के कुल एक हजार रुपये मूल्य

के नोट लगे थे और उसमें सजावटी झालरें लगी थी, इसलिए एक सौ रुपये बनाने की कीमत जोड़कर दुकानदार ग्यारह सौ रुपये माँग रहा था। मगर महिला ग्राहक उससे भी तेज थी। वह कह रही थी—नौ सौ रुपये से ज़्यादा नहीं दूँगी। सौदेबाज़ी कुछ देर तक चलती रही, दुकानदार ने एक हजार पचास रुपये अन्तिम बोली बताई। महिला ग्राहक ने कहा—'न तेरी, न मेरी। साढ़े नौ सौ ले ले।' यानी जहाँ एक हजार रुपये के नये-नये नोट लगे थे, उसमें भी महिला ग्राहक कम कराने के पक्ष में थी। सो अन्ततः सौदा नहीं पटा। वह महिला ग्राहक दुकानदार को कोसती हुई चली गयी।

लेकिन मॉरिशस की यह महिला दुकानदार वैसी नहीं थी। वहाँ हम लोग ग्राहक थे। पहली बार बीस रुपये छोड़ने के बाद उसने एक पैसे भी कम नहीं किया और उतने ही में सैंडिल खरीदी गयी।

यह 'संडे फेयर' हमारे साप्ताहिक हाट-बाजार की तरह था। सिर्फ़ एक फ़र्क था। सभी दुकानों के ऊपर टिन की शेड या बरसाती थी जिससे पानी बरसने पर दुकानदारों-ग्राहकों को भागना न पड़े। ये सारे छोटे-छोटे दुकानदार थे। उसी दुकान पर एक महिला भी मिली। वह भी भारतीय मूल की थी। उसने बताया कि वह कपड़े सिलने के एक कारखाने में काम करती है, कि उसकी भी इच्छा है कि भारत घूम आये, कि वह सभी भारतीय त्योहार मनाती है, कि उसका खान-पान, रहन-सहन आदि भारतीय ही है।

वहाँ से निकलने के बाद हम लोगों ने एक सामान्य गेस्ट हाउस के ऊपरी मंजिल पर भोजन किया। 'होटल आईलैंड' में खाने-पीने की जो औपचारिकता और कृत्रिमता थी, वह यहाँ नहीं थी। विशुद्ध भारतीय रोटी, अरहर की छौंकी दाल, चावल, सब्जी, पापड़, सलाद, चटनी आदि खाकर पूरी तृप्ति मिली।

अपराह्न में हम सभी 'गंगा तालाब' (अँग्रेज़ी में 'तलाव' ही लिखा है) देखने गये। यानी गंगा नदी वहाँ तालाब मात्र है। वह स्थान प्राकृतिक दृष्टि से बहुत खूबसूरत है। पहाड़ की तलहटी में 'गंगा तालाब' नामक झील है। भारत की पवित्रतम नदी गंगा के नाम पर यह गंगा तालाब है। सामने हनुमान जी की गदाधारी बड़ी-सी मूर्ति रक्षक के रूप में है। सबसे बड़ा पूजनीय मन्दिर शिव का है। जब हम लोग वहाँ पहुँचे, तो मन्दिर की सफाई चल रही थी। 'गंगा तालाब' के किनारे सीढ़ियाँ बनी हैं और ऊपर की सीढ़ियों पर अगरबती, केले, बेलपत्र, लड्डू, नारियल आदि चढ़ाये गये थे। सबसे पहले दर्शनार्थी उसमें हाथ-पैर धोते। फिर मन्दिर में दर्शन करते और फल-फूल प्रसाद आदि चढ़ाते थे। गन्दगी देखकर हमारे प्रतिनिधि मंडल के एक सदस्य प्रो. जे.एस. राजपूत ने कहा—'लगता है भारत की धार्मिक परम्पराओं को लेने के साथ-साथ इन लोगों ने हमारी गन्दगी को भी

विरासत में ले लिया है।'

ख़ैर... सफाई करने के बाद पुजारी-द्वय जो सिल्क का कुर्ता और चूड़ीदार पाजामा पहने थे, ने हम सभी से वृहत् पूजा (रुद्राभिषेक) करवायी, बेलपत्र, पुष्प, फल (नारियल, केला, अंगूर) आदि चढ़वाया, दूध, दही, मधु, जल आदि से शिव को स्नान कराया और विधिवत् संस्कृत मन्त्रोच्चार किया। तब सबको प्रसाद भी दिया। वहाँ लोग उसे नया ज्योतिर्लिंग मानते हैं। वहाँ से निकलकर हम लोगों ने बगल में स्थित दुर्गा आदि देवियों, गणेश, राम-लक्ष्मण-सीता आदि की मूर्तियों को नमन किया। मन्दिर में एक शिलालेख लगा है जिसमें लिखा हुआ है कि वह मॉरिशस भगवान का मन्दिर है जिसका उल्लेख पुराने संस्कृत ग्रन्थों में है किन्तु जिसकी खोज काफ़ी बाद में हुई। वह ज्योतिर्लिंग पीठ घोषित की गयी है जैसे देवघर, सोमनाथ, बनारस आदि। भले इसका ऐतिहासिक प्रमाण हो या न हो, मगर इतना सच तो है ही कि मॉरिशस के हिन्दू भारतीय परम्परा से गहरे रूप से जुड़े हैं। हम सभी उस मन्दिर के दर्शन से अभिभूत हुए। वहाँ एक मात्र वृद्ध धोती-कुर्ता पहने हुए थे। बाकी लोग पैंट-शर्ट पहने थे। मन्दिर के बाहर कुछ लोग दिखाई दिये जो हाफ पैंट पहने थे। होटल में भी हाफ पैंट पहने मूँछों वाले लोग मुझे मिले थे। वहाँ हमें बताया गया कि 'महाशिवरात्रि' के दिन वहाँ रात-दिन बहुत भीड़ होती है, काँवर लिये श्रद्धालु जल चढ़ाते हैं और जलसा होता है जिसे देखने हिन्दुओं के अलावा दूसरे धर्मावलम्बी भी जाते हैं। उस दिन पुरुष धोती ज़रूर पहनते हैं। वह वहाँ का सबसे बड़ा त्योहार है। वैसे वहाँ होली, दीपावली, दशहरा, दुर्गापूजा, छठ आदि त्योहार भी धूमधाम से मनाये जाते हैं।

वहाँ से लौटते समय हमारी गाड़ी ब्लैक रिवर (काली नदी) के उद्गम स्थल के पास रुकी। मगर बारिश हो रही थी। फिर भी कुछ मित्रों ने साहस करके उसे देखने का आनन्द लिया।

रात में एक बड़े होटल में भोजन का प्रबन्ध था। उसमें श्रीमती अनिरुद्ध जगन्नाथ भी पधारीं। वहाँ नाना प्रकार के भारतीय और अन्तरराष्ट्रीय व्यंजन बनाये गये थे। मेरे पास बैठे परशुराम जी ने बताया कि उनके पूर्वज मराठी भाषी थे। वह थोड़ी-बहुत मराठी समझ लेते हैं और हिन्दी समझते-बोलते हैं। अँग्रेज़ी और फ्रांसीसी भाषा का उन्हें अच्छा ज्ञान है। वह फ्रांसीसी भाषा पढ़ा भी सकते हैं। वहीं पर लछिमन जी से मुलाकात हुई। उन्होंने बताया कि उन्होंने दिल्ली विश्वविद्यालय में उच्च शिक्षा प्राप्त की थी और उनके पूर्वज बिहार के थे। दुबले-पतले लछिमन जी रुक-रुक कर हिन्दी में बतियाते थे किन्तु अँग्रेज़ी धारा प्रवाह बोलते थे। मैं उन्हें बार-बार अँग्रेज़ी से हिन्दी पर वापस लाता था। उन्होंने बताया कि उनका एक मित्र अरविन्द लाल बिहार का था जो उनके साथ पढ़ता था। उन्हें दिल्ली शहर अच्छा

लगता था। उन्होंने कभी कोई कठिनाई वहाँ महसूस नहीं की। उन्होंने आगे बताया कि वह बिहार में अपने पूर्वजों का गाँव तलाशना चाहते हैं। मैंने उन्हें इस बाबत पूरी मदद करने का आश्वासन दिया। फिर उन्होंने मुस्कराते हुए कहा—'बिहार के मेरे पुश्तैनी गाँव के लोगों को लगेगा कि मैं उनसे ज़मीन-ज़ायदाद में हिस्सा लेने आया हूँ। इसलिए वे सही-सही नहीं बताएँगे।' मैंने कहा—'यदि आपको जिला और गाँव का नाम मालूम होगा, तो मैं उसे तलाश लूँगा। आप अपने पूर्वजों का नाम लेकर आइये, मैं आपकी खोज में पूरी मदद करूँगा।' तब वह आश्वस्त हुए। वह तब मॉरिशस एक्जामिनेशन सिंडीकेट में उपनिदेशक थे।

रोशन लाल जी बड़े जीवट के आदमी हैं। सम्मेलन में वह मॉरिशस एक्जामिनेशन सिंडीकेट की कटु आलोचना कर रहे थे। उनका कहना था कि जब से वह पुरानी संस्था से अलग हुआ, तब से उसका कार्यकलाप सन्तोषजनक नहीं है। किन्तु शाम की पार्टी में वे सुरा के प्यालों में नहा रहे थे। भोजन के उपरान्त गाना गाया जाने लगा। रोशन लाल जी स्वयं गाकर नाचने लगे। उन्होंने अन्य कई लोगों को गाने पर नचाया। अन्त में, उन्होंने श्रीमती अनिरुद्ध जगन्नाथ से गीत-नृत्य में भाग लेने का अनुरोध किया। मगर वह उसमें शामिल नहीं हुईं। बस उसे देखती रहीं। मुझे यह देखकर अच्छा लगा कि महामहिम प्रधानमन्त्री की पत्नी के साथ सुरक्षा का हुजूम नहीं था।

अगले दिन सम्मेलन में बहुत सारे लोगों से बातचीत होती रही। एक भारतवंशी थे अरमुगम। उन्होंने अँग्रेज़ी में घोषणा की—'मुझे दुर्भाग्यवश कोई भारतीय भाषा नहीं आती।' मगर उनके नाम से स्पष्ट था कि वह दक्षिण भारत से मूल रूप से थे और उनके पूर्वज तमिल बोलते रहे होंगे। मार्च 1968 में जब मॉरिशस को आज़ादी मिली, उसके साथ ही भारतीय भाषाओं को भी वहाँ आज़ादी मिली। सो वहाँ हिन्दी-भोजपुरी, तमिल, तेलुगु, गुजराती, मराठी और उर्दू की पढ़ाई विद्यालयों में होती है। यह रेखांकित करने योग्य है कि वहाँ आज़ादी की लड़ाई में हिन्दी भाषियों ने अग्रणी भूमिका निभाई थी। अफ्रीकी और चीनी मूल के लोगों का उतना योगदान नहीं था। दरअसल कुछ अहिन्दी भाषी लोगों ने तो गद्दार के रूप में स्वतन्त्रता आन्दोलन का विरोध ही किया था। हिन्दी की पढ़ाई प्राथमिक, माध्यमिक और उच्च शिक्षा स्तरों पर होती है। सामान्यत: विद्यालय में पढ़ने के लिए अँग्रेज़ी व फ्रांसीसी के अलावा एक भारतीय भाषा सीखनी पड़ती है। प्राय: हिन्दू लोग हिन्दी, गुजराती, मराठी, तमिल, तेलुगु आदि में से कोई एक भाषा सीखते हैं। मुसलमान बच्चे प्राय: उर्दू पढ़ते हैं। वही लिपि का चक्कर वहाँ भी है, वरना हिन्दी और उर्दू में फ़र्क करना सामान्यत: मुश्किल रहता है। नागरी प्रचारिणी सभा और आर्य समाज जैसी संस्थाएँ हिन्दी का प्रचार-प्रसार विधिवत् करती रही हैं। लेकिन दुर्भाग्यवश

अब तमाम भारतवंशी हिन्दी से कम लगाव रख रहे हैं। जैसे भारत के बड़े शहरों में होता है। वहाँ कुछ विशेष स्कूल हैं जहाँ हिन्दी की पढ़ाई की व्यवस्था नहीं होती जबकि उनका खर्च सरकार उठाती है। ये विद्यालय कुल सीटों की आधी संख्या अपनी मर्जी से भरने के लिए स्वतन्त्र होते हैं। वहाँ के कई लोगों ने बताया कि हिन्दी के प्रचार-प्रसार से लेकर अस्पताल आदि बनवाने में भारत सरकार का अप्रतिम योगदान रहा है मगर इन दिनों भारतीय दूतावास खुद हिन्दी की बज़ाय अँग्रेज़ी की ओर ज़्यादा लगाव दिखाता है। इस बात की पुष्टि मुझे वहीं दिखाई दी। भारतीय दूतावास के उप उच्चायुक्त उद्घाटन समारोह में मौजूद थे किन्तु उन्होंने समूचे भारतीय प्रतिनिधिमंडल से न तो मिलने का कष्ट किया और न अपने दूतावास में उन्हें बुलाया तथा न कहीं महत्त्वपूर्ण चीज़ें दिखाने का बन्दोबस्त ही किया। दूतावास की तटस्थता से मन ही मन कचोट पैदा हो रही थी।

चाहे भाषा का सवाल हो या त्योहारों का, हिन्दू-मुसलमान मिल जुलकर रहते हैं। एक दूसरे के पर्वों में शरीक होते हैं। इसी प्रकार इन त्योहारों में अँग्रेज और फ्रांसीसी भी शामिल होते हैं। यदयपि प्राय: सभी हिन्दू घरों में 'हनुमान चालीसा' और 'रामचरित मानस' की प्रति मिलेगी, मगर कुरान, बाइबिल आदि के प्रति कोई घृणाभाव नहीं रखता। 'गंगा तालाब' को वे पवित्र नदी गंगा से जुड़ा मानते हैं। शायद वहाँ के प्रथम प्रधानमन्त्री सर शिवसागर राम गुलाम ने भारत से गंगा जल ले जाकर उस 'गंगा तालाब' में डाला था।

वहाँ विदेशी पर्यटक काफ़ी संख्या में हर साल जाते हैं। कई लोग हिन्दी फिल्मों की शूटिंग के लिए भी जाते हैं। वहाँ के समुद्र और वनों की छटा देखने के लिए। समुद्र के अन्दर पचास-साठ मीटर घुसने का 'स्कूबा डाइविंग' भी होता है। लोग तैराकी मुखौटा लगा लेते हैं मगर तैरना आना चाहिए। इससे लोग तरोताज़ा होते हैं और नीचे समुद्र की गहराई में डूबकर एक प्रकार का जादुई सुख भोगते हैं। एक सज्जन ने बताया कि चार सौ डालर में प्रति व्यक्ति को आने-जाने, खाने-पीने और डुबकी लगाने के लिए शुल्क देना होगा। मैंने इतने पैसे की व्यवस्था ही नहीं की थी।

शाम में 'होटल आईलैंड' के आस-पास मैं एक साथी के साथ टहल रहा था। स्थानीय निवासी राम सिंह से हमारी मुलाकात हुई। तब तक मैंने मॉरिशस के सिक्के नहीं देखे थे। उन्होंने मुझे पचास पैसे के सिक्के दिखाये। उस पर सर शिवसागर राम गुलाम की तस्वीर उत्कीर्ण थी। वह भी भोजपुरी भाषी थे। राम सिंह ने हिन्दी में बताया कि बिहार से ही उनके पूर्वज थे। वह भोजपुरी भी जानते हैं। वह हाफ पैंट और कमीज पहने थे। मूँछें भी रखे थे। बगल के दो आलीशान मकानों में वह काम करते हैं माली का। एक मकान की चारदीवारी पर नारंगी रंग के फूलों की झालरें

थीं। मैंने कौतूहलवश एक फूल तोड़ा, मगर उसमें कोई सुगन्ध नहीं थी। मुझे लगा ये फूल भी अँग्रेजों के प्रतीक हैं जो दूर से देखने में आकर्षक लगते हैं उनके रंग के कारण मगर अन्दर सुगन्ध का गुण बिल्कुल नहीं होता। यानी ये सीधे-सादे लोगों को धोखा देते हैं। क्या उनके रंग बोलते हैं? नहीं, महज़ दिखावा करते हैं। तभी कोठी की गोरी मालकिन वहाँ आयी और राम सिंह से क्रियोल में बातचीत करने लगी तथा हम लोगों के बारे में पूछती-पछोरती रही। राम सिंह का मकान वहीं पास में था। मैंने उनसे अनुरोध किया था कि वह हमें अपने घर ले चलें, मगर वादा करने के बावजूद हम वहाँ नहीं जा सके।

थोड़ी देर बाद हम लोग गलियों में टहलते रहे। कुछ बच्चे खेल रहे थे। मैंने हिन्दी में उनका नाम पूछा, मगर सभी चुप थे। एक आठ-नौ वर्ष की लड़की ने शरमाते हुए अपना नाम 'कौशल्या' बताया। मगर उसके बाद वे सभी खी-खी करके भाग गये। गली में दो तीन मकानों में ही बड़े परिसर थे। बाकी सब छोटे-छोटे, साफ-सुथरे और लगभग एक समान आकार-प्रकार के थे। घर की बनावट भी भारतीय मकानों की तरह थी। आगे बढ़ने पर हमने देखा कि अफ्रीकी मूल के तमाम किशोर झुंड में शराब की बोतलें लेकर पी रहे थे। सड़क के किनारे शराब वालों की टोली देखकर मन में डर भी शमा गया कि ये 'मवाली' (मराठी का यह शब्द कितना वेधक है) हमें तंग न करें। मगर किसी ने हमें तंग नहीं किया। थोड़ी दूर पर स्थित दुकानों के पास भारतीय प्रतिनिधिमंडल के कुछ सदस्य मिले। हम एक चाय-नाश्ते की दुकान में घुसे। वहाँ एक कोने में टी.वी. चल रहा था। उसमें 'सास भी कभी बहू थी' सीरियल दिखाया जा रहा था और अँग्रेज़ी में अनुवाद स्क्रीन पर आ रहा था। दुकानदार पति-पत्नी उसे बड़े चाव से देख रहे थे। मगर हमारे हिन्दी में बात करने पर वे हिन्दी में ज़वाब नहीं दे सके। बल्कि अँग्रेज़ी में उस महिला ने ज़वाब दिया। उसने बताया कि उसके पूर्वज मराठी भाषी थे। उसका पति अँग्रेज़ी नहीं बोल पा रहा था। पति-पत्नी क्रियोल में बातें कर रहे थे। मैं चाय पीता नहीं। अन्य मित्रों ने चाय पी। भारतीय बाज़ार की तुलना में एक प्याली चाय का दाम तिगुना-चौगुना था। युवा भारतवंशी व्यापारी हम भारतीयों से रियायत क्यों करते? उन्होंने निर्धारित दाम लिया। वहाँ भी 'रुपया' शासकीय मुद्रा के रूप में चलता है यद्यपि डॉलर के बरक्स उसका मूल्य भारतीय रुपये से भिन्न और कम था।

फिर हम दूसरी दुकान पर गये जहाँ से साबुन, चॉकलेट, फोन का कार्ड आदि हमने खरीदा। वह भी एक भारतवंशी की दुकान थी। महिला दुकानदार अँग्रेज़ी ही बोलती थी, हिन्दी उसे नहीं आती थी। थोड़ी देर में वहाँ कई भारतवंशी और अफ्रीकावंशी आये, वे धड़ल्ले से क्रियोल में बतिया रहे थे। क्रियोल ही उनकी घर से बाहर की ज़िन्दगी की सबसे ज़्यादा उपयोग में आने वाली भाषा है। उसके बाद

हम लोग बगल की दुकान में गये। जहाँ टमाटर, गोभी, लौकी, आलू आदि सब्जियाँ थीं। वह भी भारतवंशी की दुकान थी। मगर वह दुकानदार भी हिन्दी नहीं जानता था। उसे यह भी नहीं पता था कि उसके पूर्वज भारत के किस प्रान्त से गये थे और उनकी मूल भाषा क्या थी? वहाँ अफ्रीकी मूल के कई लड़के आये और हमें पर्यटक समझकर समुद्र के बीच घुमाने का लालच देने लगे। हमें उसके लिए न तो जाने का समय था और न पर्याप्त पैसा। मगर उनसे बातचीत अच्छी तरह हुई।

उसके पश्चात् हम 'पोर्ट लुई' गये जो सबसे विकसित शहर है और मॉरिशस की राजधानी है। वहाँ झील के चारों ओर अच्छी खासी इमारते हैं। किनारे बेंचें बनाई गयी हैं जिन पर पर्यटक बैठकर नज़ारा लेते हैं। कई बेंचों पर बैठे प्रेमी-युगल एक-दूसरे का चुम्बन ले रहे थे या बतिया रहे थे या बाँह में बाँह डाले प्रेम का इज़हार कर रहे थे। इंग्लैंड-अमेरिका की तरह वहाँ भी किशोर खुलेआम मौजमस्ती कर रहे थे। लगता था कि मॉरिशस के समाज ने अँग्रेज़ी और फ्रांसीसी भाषा के साथ-साथ उनकी सतही और दिखावटी संस्कृति भी अपनानी शुरू कर दी है।

बस चालक हमें एक निजी मुद्रा विनिमय केन्द्र पर ले गया जो सरकारी निर्धारित दर से कुछ कम राशि प्रत्येक डॉलर पर दे रहा था। दूसरे, यदि कोई ज़्यादा मुद्रा विनिमय कराता, तो उसे बेहतर दर देता था। ऐसा लगा कि निजी क्षेत्र सब जगह सबसे पहले अपना हित देखता है।

शाम में 'आईलैंड होटल' में खाने के समय मेजबान लोग भी हाज़िर थे। श्रीमती सन्ध्या चकोवा के हाथ में ह्विस्की का जाम छलक रहा था। उन्होंने मुझे भी लेने के लिए पूछा। मगर मैंने इन्कार कर दिया। सो उन्होंने मेरे लिए काउंटर से जूस मँगाया। बातचीत के दौरान उन्होंने बताया कि वह थोड़ी-बहुत भोजपुरी जानती हैं। मैंने उन्हें तुरन्त 'भौजी' शब्द से सम्बोधित किया। वे कुछ नहीं समझ पायीं। फिर मैंने उन्हें उसका अर्थ बताया। फिर मैं भोजपुरी बोलने लगा। वे कुछ समझती थीं, कुछ नहीं समझती थीं। मैंने विस्तार से समझाया। फिर उन्होंने बताया कि उनके पति एक चिकित्सक हैं। उनके कई रिश्तेदार भी चिकित्सक हैं। उनको एक बेटा और एक बेटी है। बेटा एक यूरोपीय देश में एम.बी.बी.एस. कर रहा है और वहाँ की पढ़ाई बहुत खर्चीली है। उन्होंने बताया कि मॉरिशस में भी एक निजी मेडिकल कॉलेज खुला है जिसमें एम.बी.बी.एस. के लिए पूरे कोर्स की फीस लगभग पाँच लाख रुपये है। वे हम लोगों को अपने घर ले जाना चाहती थीं, मगर उनकी कार उनका बेटा लेकर घूमने चला गया था। सो वह बिना अपनी कार के असहाय लग रही थीं जबकि उनके पति ने कहा था कि भारतीयों को कभी घर पर भी लाइये। फिर उन्होंने बताया कि मॉरिशस में सभी के पास पक्के मकान हैं और कोई न कोई रोज़गार का ज़रिया भी है। कई परिवारों में दो मकान—एक समुद्र तट के किनारे- और दो कारें

हैं। उनके पास भी दो कारें हैं। उनका परिवार अच्छी हालत में है।

थोड़ी देर बाद राम नोहर जी ने हरिवंश राय बच्चन की 'मधुशाला' से चुनी हुई पंक्तियाँ सस्वर सुनायीं जिससे सबके दिलों के तार झंकृत हो उठे। उन्होंने बताया कि उन्होंने दिल्ली विश्वविद्यालय से हिन्दी में एम.ए. पास किया था। भारत के प्रति उन्होंने भाव-विह्वल होकर अपना उद्‌गार प्रकट किया। सभी सदस्यों को मॉरिशस के इतिहास और संस्कृति की एक-एक कलात्मक पुस्तक भी भेंट की गयी।

अगले दिन शहर में हम लोगों ने कुछ सामान ख़रीदे। मैंने वहाँ की स्मृति में एक टाई, कुछ छल्ले और कुछ सिक्के सँजोकर रख लिये। कई लोगों ने अपने परिवारों, उच्चाधिकारियों, मित्रों आदि के लिए मॉरिशस में बने पानी के जहाज आदि स्मृति-चिन्ह के रूप में खरीदे।

उस रात के तीन बजे ही हम जग गये क्योंकि चार बजे होटल से प्रस्थान करना था। सात बजे सुबह का जहाज था और दो घंटे पहले विविध जाँच के लिए हमें एयरपोर्ट पहुँचना था। नहा-धोकर मैं रिसेप्शन पर आ गया। स्वागतक ने हमारी टीम के अगुआ को बताया कि किसी ने मुम्बई के लिए फोन किया था और दूसरे का कमरा नम्बर लिखा दिया था। जिसका कमरा नम्बर लिखा था, उसने फोन ही नहीं किया था। होटल का फोन रेट सामान्य दर से काफ़ी अधिक था। 200 रुपये (मॉरिशस रुपये) का बिल था। स्थिति स्पष्ट नहीं हो रही थी। स्वागतक से मैनेजर ने कहा था कि यदि वह उक्त राशि नहीं वसूल कर देगा, तो उसके वेतन से वसूला जायेगा। किन्तु यह अनुचित और अनैतिक था। सो टीम के अगुआ ने वह बिल 'कोब्से' निधि से चुकाया। मगर इससे हमें शर्म आयी कि या तो किसी भारतीय ने ऐसा भ्रष्ट आचरण किया है अथवा वहाँ के किसी भारतवंशी ने। बस में बैठने के पहले होटल के बाहर आम के वृक्ष से मैंने एक टिकोला तोड़ा। सितम्बर माह में वहाँ आम फल रहा था- यानी भारत में फलने से छः-सात माह पहले। सड़क, सफाई में तो मॉरिशस भारत से आगे हो ही गया है मगर आम के फलने में भी आगे निकल गया है। फिर मुझे ख़्याल आया कि पिछले दिन जब मैंने विष्णु दयाल जी से पूछा था कि मॉरिशस की औसत प्रति व्यक्ति आय क्या है, तो उन्होंने बताया था चार हजार डॉलर सालाना। तब भारत की औसत प्रति व्यक्ति आय बताने में शर्म आती है— मात्र चार सौ डॉलर सालाना थी। लेकिन उन्होंने तुरन्त कहा कि अमेरिका में प्रति व्यक्ति आय मॉरिशस से ज़्यादा है। उनका संकेत था कि मॉरिशस विकास में विकसित देशों से तुलना कर आगे बढ़ना चाहता है, न कि भारत से तुलना कर पीछे की ओर जाना चाहता है। है न पते की बात!

अन्य साथियों के साथ मैं भी बस में बैठा। थोड़ी देर तक इन्तज़ार करने के बाद बस चालू हुई, तो बस चालक जगदीश ने भोजपुरी गाने का टेप शुरू कर दिया।

मगर उस भोजपुरी गीत में क्रियोल और फ्रांसीसी भाषा के कई शब्द घुल-मिल गये थे। कुछ गानों में सुर-ताल में भी अन्तर पड़ रहा था जो खाने में कंकड़ की तरह मेरे दाँत में फँस रहा था। हवाई अड्डे पर उतरने के बाद मैंने जगदीश से पूछा—'क्या आप जगदीश का अर्थ जानते हैं?' उसने बताया—'हाँ, दुनिया का मालिक।' मैंने फिर पूछा—'आप भारत कब आएँगे?' उसने कहा—'भारत देखने और घूमने की बहुत इच्छा है। पैसा इकट्ठा कर रहा हूँ। एक बार ज़रूर आऊँगा। आप भी फिर यहाँ आइये।'

उसकी बातें अच्छी लगीं। हम लोग हवाई अड्डे पर आये। वहाँ मैंने पुनः हरि नारायण सीता से फोन पर बात की और उनसे विदा ली। फिर मैं अपनी औपचारिकता पूरी कर वायुयान में घुसकर सीट पर बैठ गया। मगर मन में लग रहा था कि हमारा साथ अधूरा था, काश और भारतवंशियों से विस्तार से बातें होतीं, अपने सुख-दुःख हम लोग बाँटते, उनका तीज-त्योहार अपनी आँखों से देखते और उसमें भाग लेते। किसी के तिलक-विवाह में शरीक होते और किसी समय पंचायत/गोष्ठी/साहित्यिक कार्यक्रम में शरीक होते। काश, फिर कभी उनके साथ होने का मौका मिलता, तो हिन्दी-भोजपुरी में और सारी बातें होतीं। अफ़सोस कि वहाँ की नयी पीढ़ी हिन्दी या भोजपुरी में बातचीत नहीं कर रही है—अँग्रेज़ी और फ्रांसीसी का अतिशय मोह और आकर्षण उन्हें अपनी जड़ों से उखाड़ फेंकेगा, ऐसा ही कुछ मुझे प्रतीत हुआ। मगर थोड़ा सन्तोष भी हुआ कि अभी भी वे लोग अपना नाम अधिकांशतः हिन्दी नाम ही रखते हैं।

अध्याय 14

भाषाओं का जीवन और मरण

सामान्यतः भाषा का तात्पर्य सम्प्रेषण या संवाद की क्रिया से होता है अर्थात् व्यक्तियों, समूहों या समाजों के बीच लिखित या मौखिक सम्प्रेषण का माध्यम भाषा होती है। मगर यह प्रारम्भिक चरण होता है। कालान्तर में भाषा सम्प्रेषण (संचार) के अलावा पहचान का काम भी करती है। उदाहरणार्थ, ब्रिटेन में मैंने दो श्रीलंकाई नागरिकों से पूछा कि संस्कृत से तमिल का घनिष्ठ सम्बन्ध है कि सिंहली भाषा का? तो एक ने 'तमिल' कहा और दूसरे ने 'सिंहली' कहा क्योंकि उनकी भाषाई पहचान भिन्न थी। भाषा सामाजिक एकीकरण का भी काम करती है, शिक्षा का भी काम करती है तथा आर्थिक व्यापार एवं विकास का भी काम करती है। भाषा एक अद्‌भुत सामाजिक अन्तःक्रिया के रूप में वर्ग, जाति, लिंग जैसी संकीर्णताओं का अतिक्रमण भी करती है। इसकी प्रकृति तथा प्रवृत्ति इतनी खुली और पारदर्शी होती है कि कोई भी व्यक्ति कोई भी भाषा सीख सकता है और अपने सृजन से उसके भंडार को और समृद्ध कर सकता है। माँ के दूध के साथ हम मातृभाषा भी सहजता से शीघ्र ग्रहण कर लेते हैं बिना किसी औपचारिक शिक्षण व्यवस्था के। भाषा की यह विशिष्टता ही इसे व्यापक और उदार बनाती है। भाषा की मिठास, लोच और सामाजिकता के कारण ईंट-पत्थर या लोहे की दीवारें भी ध्वस्त हो जाती हैं। पूर्वी और पश्चिमी जर्मनी के बीच की 'बर्लिन दीवार' को जर्मन भाषा-संस्कृति ने ही तोड़ा था। दूसरी ओर पाकिस्तान द्वारा पूर्वी इलाके (बांग्लादेश) पर थोपी गयी उर्दू को बांग्ला भाषा ने कतई सहन नहीं किया और धर्म के आधार पर 'द्वि-राष्ट्र सिद्धान्त' को नकारते हुए अपना स्वतन्त्र वजूद 1971 में हासिल किया। इस प्रकार भाषा, सम्प्रेषण, पहचान, सामाजिक एकीकरण, शिक्षा, व्यापार और विकास जैसे महत्त्वपूर्ण कार्यों का सम्पादन एक समय अथवा भिन्न-भिन्न कालखंडों में सहजता से करती है। इस प्रकार भाषा विभिन्न व्यक्तियों, समूहों और समाजों को जोड़कर सांस्कृतिक विविधता के ताने-बाने बुनती है। भाषा में अस्मिता का सवाल सबसे अहम होता है। जैसा कि क्रिस्टीन जॉनसन ने ठीक ही कहा है :

मैं अपनी मुँहलगी भाषा बोलता हूँ
क्योंकि उसी से मैं हूँ।
हम अपने बच्चों को अपनी मुँहलगी भाषा सिखाते हैं
क्योंकि हम चाहते हैं
कि वे जानें कि वे क्या हैं।।

मगर यह भी सही है कि भाषा अस्मिता का प्रतीक होने के कारण विरोध, संघर्ष और आक्रमण का शिकार भी होती है। पंजाब में खालिस्तान का राग अलापने वाले उग्रवादियों ने भाषाई शुद्धतावाद के नज़रिये से पवित्र 'गुरु ग्रन्थ साहब' के तमाम हिन्दी शब्दों की जगह उर्दू शब्दों को घुसेड़ा। जैसे 'पवित्तर' की जगह 'मुकद्दस'। फिर उन्होंने हिन्दी भाषा के अख़बारों, विभागों, आकाशवाणी, दूरदर्शन केन्द्रों आदि पर तोड़-फोड़ की और हिन्दी भाषियों की पिटाई या हत्या तक कर दी। यह स्थिति उत्तर-पूर्व के असम, मणिपुर, नगालैंड तथा महाराष्ट्र में समय-समय पर मौजूद रही है, जब हिन्दी भाषियों पर हमले हुए या उन्हें भगाया गया हिन्दी भाषा बोलने के कारण जिसका पर्याय मजदूरी और पिछड़ापन रहा है और इसीलिए उन्हें उपेक्षा और अपमान से महाराष्ट्र में 'भैया' कहा जाता है 'बाहरी', 'नौकर' और 'नीच' मानते हुए। कई अफ्रीकी देशों में विभिन्न कबीलों के बीच भाषा-विरोध चलता रहता है। यह गृह युद्ध की-सी स्थिति होती है जब अन्य भाषा बोलने वालों का सिर कलम कर दिया जाता है। भारत में मुख्यतः चार भाषा परिवारों की भाषाएँ बोली और लिखी-पढ़ी जाती हैं :

(क) भारोपीय या आर्य भाषाएँ : हिन्दी, सिन्धी, पंजाबी, राजस्थानी, गुजराती, उर्दू, बंगाली, असमिया, ओडिया, मैथिली, मगही, भोजपुरी, अवधी, ब्रज, नेपाली, गढ़वाली, कुमाँऊनी, मराठी, संस्कृत, पालि।

(ख) द्रविड़ भाषाएँ : तेलुगु, तमिल, कन्नड़, मलयालम, कुडुख।

(ग) ऑस्ट्रिक या कोल या निषाद भाषाएँ : सन्थाली, मुंडारी, हो, बिरहोर, भूमिज, सावरा, गड़बा, खासी।

(घ) मंगोल या चीनी-तिब्बती या किरात भाषाएँ : बोडो, नागा, कुकी, मेइती, सिक्किमी, लेपचा।

1961 की जनगणना के अनुसार भारत में 1657 भाषाएँ बोली जाती थीं मगर कालान्तर में 1984-86 में किये गये 'पीपल ऑव इंडिया' सर्वेक्षण के अनुसार भारत में 324 जीवन्त भाषाएँ (बोलियों सहित) थीं और कुल 25 लिपियाँ थीं। किसा भी मानव-सभ्यता का एक महत्त्वपूर्ण आयाम भाषा रही है क्योंकि मानव विरासत सुरक्षित रखने के लिए भाषा की विशिष्टता और विविधता दोनों ज़रूरी हैं। एक ओर भाषा से मनुष्य नाना प्रकार के विकास करता है और दूसरी ओर विभिन्न

प्रकार के विकास से नयी भाषा विकसित होती है, जो पुरानी भाषा की समृद्धि एवं संवर्द्धन के रूप में हो सकती है अथवा नयी ज़रूरतों के फलस्वरूप नयी भाषा हो सकती है। जैसे प्राकृत, अपभ्रंश, दक्खिनी, अवधी, ब्रज, बुन्देली, बघेली, मैथिली, भोजपुरी, मगही, राजस्थानी, हरयाणवी, कुमाऊँनी, गढ़वाली आदि 49 भाषाओं से हिन्दी (खड़ी बोली) का विकास हुआ और मुगलकाल में अरबी, फारसी बोलने वालों और हिन्दी की क्षेत्रीय भाषाएँ बोलने वालों ने मिलकर एक नयी भाषा 'उर्दू' ईज़ाद की। भारत में प्राचीन काल में संस्कृत, मध्यकाल में फारसी, आधुनिक (ब्रिटिश काल) में अँग्रेज़ी और आधुनिक (स्वातन्त्र्योत्तर काल) में हिन्दी शासन की राजभाषा रही है मगर इनके साथ-साथ (और कभी-कभी इनके विरुद्ध) अन्य देसी भाषाएँ आम-बोलचाल के लिए प्रयुक्त होती रहीं, भले उनका लिखित स्वरूप ज़्यादा समृद्ध नहीं था।

भाषा के सवाल के विस्तार में जाने के पहले यह जानना ज़रूरी प्रतीत होता है कि भाषा है क्या? इसके तत्त्व क्या हैं? भाषा की उत्पत्ति कैसे हुई? इसके स्वरूप क्या हैं? आदि। भाषा वैज्ञानिकों के अनुसार भाषा शब्द को मुख्यत: चार अर्थों में प्रयुक्त किया जाता रहा है जो इसकी प्रमुख विशेषताओं पर आधारित हैं—पहला, भाषा मानव-समाज में एक प्रकार का सम्प्रेषण माध्यम है। दो या अधिक व्यक्तियों या समूहों के बीच मौखिक या लिखित सम्प्रेषण का माध्यम भाषा ही होती है। दूसरा, भाषा का तात्पर्य मानव विचार-प्रक्रिया से भी होता है क्योंकि दूसरे व्यक्ति या समूह से कुछ कहने या लिखकर अपनी बात पहुँचाने के पहले मनुष्य अपनी भाषा में ही सोचता-विचारता है। भारत में ऐसा प्राय: कहा जाता है कि आप हिन्दी (या अन्य मातृभाषा) में सोचते हैं अथवा अँग्रेज़ी में। जो जिस भाषा में सोचता है, प्राय: उसमें अभिव्यक्त करने में ज़्यादा सहज और अनुकूल होता है और दूसरी भाषा में विचार व्यक्त करते समय उसे अपनी मातृभाषा में सोची गयी बातों/विचारों को उसमें अनूदित करना पड़ता है। इस प्रकार कोई सम्प्रेषण हुए बग़ैर मनुष्य किसी भाषा में सोचता-विचारता है। तीसरा, भाषा विभिन्न प्रतीकों का समूह होती है जिनके सूचकांक, संकेत और मूलरूप पर एक समुदाय सहमति व्यक्त करता है और उसमें कुछ नया जोड़ते हुए अगली पीढ़ी को हस्तान्तरित करता है। यह सम्भव है कि कुछ प्रतीक बोलने और लिखने में ध्वनि (उच्चारण) तथा लिखित (प्रतीक) रूपों में भिन्न हों। अँग्रेज़ी में 'टू' उच्चारण समान होने पर भी उसकी तीन तरह की वर्तनी होती है—टो.ओ., टी.ओ.ओ. तथा टी.डब्लू.ओ.। इसी प्रकार हिन्दी में 'सिंह' शब्द के उच्चारण में सिं+घ का प्रयोग सिं+ह से ज़्यादा होता है। इसे अँग्रेज़ी में प्राय: एस.आई.एन.जी.एच. लिखा जाता है किन्तु बिहार के प्रसिद्ध नेता एवं पूर्व वित्त मन्त्री अनुग्रह नारायण सिंह अँग्रेज़ी में एस.आई.एन.एच.ए. (सिन्हा का उच्चारण)

लिखते थे। तभी तो उनके नाम पर बने संस्थान को ए.एन. सिन्हा इंस्टीट्यूट ऑव सोशल स्टडीज (पटना) कहा जाता है। ख़ैर, अँग्रेज़ी का 'लैंग्वेज' शब्द लैटिन भाषा के 'लिंगुआ' शब्द से बना है जिसका अर्थ होता है 'ज़बान'—बोली अर्थात् इसका आशय मौखिक भाषा से है (लिंगुआ फ्रैंका जैसे शब्द का प्रयोग भाषा को सही ढंग से एवं गति से बोलना सिखाने वाले संस्थान प्रायः करते हैं)। चौथा, विशेषकर पाश्चात्य दर्शन में भाषा का प्रयोग विवेक के अर्थ में किया जाता रहा है। प्राचीन यूनानी दर्शन में 'लोगोस' शब्द का प्रयोग भाषा या वाक् (स्पीच) और विवेक (रीजन) दोनों अर्थों में होता रहा है। प्रसिद्ध दार्शनिक अरस्तू ने मनुष्य को स्वभावतः भाषा और विवेक से सम्पन्न प्राणी बताया और इसलिए उसे सामाजिक और राजनीतिक प्राणी भी माना।

जहाँ तक भाषा के तत्त्वों का सवाल है, अधिकतर भाषाविदों का मानना है कि किसी भी भाषा में प्रमुखतः पाँच तत्त्व होते हैं, पहला, इसमें साझे रूप से सहमत कुछ प्रतीकों के समूह होते हैं। दूसरा, इन प्रतीकों के बीच व्याकरण के ज़रिये एक संरचनात्मक सम्बन्ध होता है। अर्थात् प्रतीकों के मानक अर्थ, एक-दूसरे के साथ जोड़ने के नियम आदि होते हैं। व्याकरण के नियम ही भाषा को अन्य प्रकार के सम्प्रेषण से भिन्न करते हैं। उदाहरणार्थ, संस्कृत विद्वान पाणिनि ने 'अष्टाध्यायी' में व्याकरण के 3959 नियम बनाये थे। मगर उन्होंने विधेयात्मक, वर्णनात्मक और ऐतिहासिक भाषा विज्ञान में कमोबेश सन्तुलन बनाये रखा। तीसरा, इन प्रतीकों के प्रयोग का एक परिवेश या सन्दर्भ (कांटेक्स्ट) होता है। चौथा, उपरोक्त परिवेश से जुड़ने पर प्रतीकों की विशिष्ट अन्तर्वस्तु (कान्टेन्ट) होती है—अर्थात् उनके अर्थ विशेष होते हैं। पाँचवाँ, ये प्रतीक स्वेच्छाचारी होते हैं, अपनी इच्छा के अधीन अर्थात् विभिन्न ध्वनियों के समूहों का अनिवार्यतः कोई अर्थ नहीं होता अथवा एक ध्वनि के कई अर्थ होते हैं। इस प्रकार स्पष्ट है कि प्रकृति की तरह भाषा और संस्कृति भी परिवर्तनशील होती है। अवधी में ठीक ही कहा गया है, 'कोस-कोस पै पानी बदले, पाँच कोस पै बानी।'

अब एक और महत्त्वपूर्ण सवाल उठता है कि भाषा की उत्पत्ति कैसे हुई? इस जटिल सवाल पर विद्वानों में काफ़ी मतभेद रहा है। भाषा की उत्पत्ति के बारे में मुख्यतः छह प्रकार के दृष्टिकोण (भाषाशास्त्र, दर्शन और विज्ञान में) प्रचलित हैं :

पहला, राजनीतिशास्त्र में थॉमस हॉब्स और जॉन लॉक जैसे राज्य के सामाजिक समझौते के सिद्धान्तकारों (तथा अन्य) का मानना रहा है कि भाषा 'वाणी' या 'वाक्' (स्पीच) का विस्तार है जो मनुष्यों को स्वभावतः मिली है, जैसे उसे विवेक मिला है।

दूसरा, पहले दृष्टिकोण के विपरीत, कुछ विद्वानों का मानना है कि ज़्यादा

जटिल सम्प्रेषण की ज़रूरत के कारण विवेक का विकास हुआ अर्थात् आवश्यकता आविष्कार की जननी है।

तीसरा, राज्य के सामाजिक समझौते के तीसरे सिद्धान्तकार जे.जे. रूसो का मानना बिलकुल भिन्न है। उनके अनुसार (जो डार्विन के विकासवादी सिद्धान्त के पूर्व लिख रहे थे) शुरू में मानवों के पास न तो भाषा थी और न विवेक। कालान्तर में लोगों ने भाषा का विकास सबसे पहले किया, न कि विवेक का। मगर भाषा के कतिपय सकारात्मक परिणामों के साथ-साथ नकारात्मक परिणाम भी हुए हैं। नकारात्मक परिणामों में गोपनीयता भंग होने की बात कही जा सकती है।

चौथा, कुछ तन्त्रिका विज्ञानियों जैसे टेरेंस डीकन ('सिम्बॉलिक स्पेसीज') का मानना है कि विवेक और भाषा का 'सह-विकास' हुआ, अर्थात् आगे-पीछे न विकसित होकर इन दोनों का विकास साथ-साथ हुआ।

पाँचवाँ, मर्लिन डीकन का मानना है कि भाषा का विकास 'अनुकरणात्मक संस्कृति' (मिमेटिक कल्चर) के आधार पर बाद में हुआ। उनके अनुसार भाषा और विवेक का 'सह-विकास' कई लोगों के मेल-जोल और अन्त:क्रिया पर निर्भर था। कहने का आशय यह है कि 'सामाजिक मस्तिष्क' की विकासवादी उत्पत्ति हुई यानी उनके द्वारा 'सामाजिक मस्तिष्क' या मस्तिष्क की सामाजिकता का महत्त्व रेखांकित किया गया। मर्लिन डीकन के शब्दों में, 'एक साझी सम्प्रेषणात्मक संस्कृति, कुछ हद तक मानसिक प्रतिनिधित्वों को साझा करते हुए, भाषा के पहले आयी हुई होगी जिसने एक सामाजिक वातावरण सृजित किया होगा जिसमें भाषा लाभदायक एवं अनुकूलित हुई होगी।'

छठा, 'प्रतिबिम्ब तन्त्रिका सिद्धान्त' (मिरर न्यूरॉन्स थियरी) के प्रतिपादकों (यथा रामचन्द्रन) के अनुसार मानव मस्तिष्क में प्रतिबिम्ब तन्त्रिकाएँ स्थित होती हैं जो अपना कार्य पूरा करने पर जलती हैं और जब कोई कार्यकर्त्ता वैसा ही कार्य करता है तो पुन: जलती हैं। सो भाषा के विकास में इन प्रतिबिम्ब तन्त्रिकाओं का योगदान है।

इस प्रकार विभिन्न दृष्टिकोणों पर विचार करने के बाद इस निष्कर्ष पर पहुँचा जा सकता है कि मानव भाषाओं का निर्माण एक देशकाल के लोग लम्बी अवधि में करते हैं। सबसे पहले भाषा का मौखिक रूप विकसित होता है, उसके बाद लिखित रूप विकसित होता है और उसके बाद ही समझ एवं व्याख्या के ज़रिये व्याकरण का विकास होता है। किसी मानव-समुदाय में जो भाषा बोली जाती है, वह उसकी प्राकृतिक भाषा होती है क्योंकि उसे सहजता से बोलने के अभ्यस्त हो जाते हैं वे लोग। मगर कभी-कभी कृत्रिम या गढ़ी हुई भाषा किसी समूह द्वारा व्यावहारिक, प्रायोगिक, निजी या विचारधारात्मक कारणों से बनायी जाती है। उदाहरणार्थ, कुछ

अन्तरराष्ट्रीय सहायक भाषाओं को आसानी से समझने के लिए गढ़ा गया है, जैसे कृत्रिम भाषा 'लोजबान'। कुछ साहित्यकार जैसे जे.आर.आर. ओलकिएन गल्प भाषाओं को भी गढ़ते रहे हैं जिससे ज़्यादा साहित्यिक या कलात्मक प्रभाव पड़े। इसके अलावा 'नियन्त्रित भाषा' भी होती है। जो प्राकृतिक भाषा का ही अंग होती है मगर उसमें व्याकरण और शब्दकोश सीमित कर दिये जाते हैं जिससे अस्पष्टता और जटिलता कम की जा सके अथवा पूरी तरह से दूर की जा सके। 'नियन्त्रित भाषा' तैयार करने का उद्देश्य यह होता है कि बाहरी लोग (गैर-मातृभाषा वाले) प्राकृतिक भाषा को आसानी से समझ सकें अथवा उसका कम्प्यूटर प्रसंस्करण कर सकें। जैसे 'सहज अँग्रेज़ी' (सिम्पलीफाइड इंगलिश) को पहले-पहल 'अन्तरिक्ष रखरखाव के हस्तकों' के लिए बनाया गया था। इसी प्रकार औपचारिक भाषा या कार्यक्रम भाषा का निर्माण एक ख़ास कार्य के लिए कृत्रिम तरीक़े से किया जाता है। अब तो पशुओं के सम्प्रेषण (या भाषा) की भी बात की जाती है। नोबेल पुरस्कार विजेता (1973) कार्ल वॉन फ्रिश ने शोध करके सिद्ध किया कि मधुमक्खियों की भाषा या उपभाषा (बोली) होती है। कालान्तर में चिम्पैंजी, गोरिल्ला, ओरांगउटान आदि प्राणी अमेरिकी चिह्न भाषा को सीखने में सफल हो चुके हैं। इसी प्रकार अफ्रीकी भूरा तोता मनुष्य की वाणी का अच्छा-ख़ासा अनुकरण कर लेता है। भारत में पालतू तोते 'पढ़ो परबत्ते सीताराम' सीखते रहे हैं और मंडन मिश्र, बाणभट्ट आदि संस्कृत के पंडितों के घर तोते भी संस्कृत के श्लोकों का पाठ करते थे। इस अनुकरण करने की परम्परा के लिए ही हिन्दी में 'तोता रटन्त' प्रत्यय प्रचलित है जो बिना गहराई और व्यापकता समझे रटने की पद्धति का सूचक है। मगर इतना तो सिद्ध है कि जो गूढ़ चीज़ पश्चिम के विद्वान बाद में खोजते हैं, उनमें से कई चीज़ें भारत में पहले ही कार्यरूप में सिद्ध होती हैं। भारत जैसे बहुभाषी देश में सामाजिक अन्तःक्रिया ज़्यादा ऊर्जावान, जटिल एवं विस्तृत होती रही है, प्रकृति और गैर-मानव प्राणियों के बीच मेल-जोल की संस्कृति का भी समृद्ध इतिहास रहा है।

इस प्रकार सिद्ध है कि प्रत्येक भाषा का निर्माण उसको बोलने-लिखने वाले मनुष्य करते हैं मगर उसमें काफ़ी समय लगता है। उनका उद्देश्य ख़ास या सामान्य हो सकता है। कहने का आशय यह है कि लम्बी अवधि में आम लोग किसी भाषा को अनपढ़ तरीक़े से रचते-बुनते हैं, जो विविधता का सूचक है। फिर कालान्तर में उसी समुदाय के कुछ बुद्धिजीवी उसका व्याकरण तैयार करते हैं, जो विशिष्टता या एकरूपता या मानकीकरण का सूचक है। भारत में संस्कृत भाषा कई चरणों में विकसित हुई : वैदिक संस्कृत, आर्य संस्कृत, साधु भाषा, लौकिक संस्कृत आदि। ऐतिहासिक रूप से भाषा के कुछ रूप विखंडित और विकृत होते जाते हैं जबकि दूसरे रूप ज़्यादा परिष्कृत और नवीकृत होते हैं। भाषा का सामान्य कार्य व्यापार सर्वव्यापी

होता है, अर्थात् विश्व की अन्य भाषाओं के शब्दों, अर्थों आदि से उनका शब्दार्थ कमोबेश मिलता-जुलता है जबकि विशिष्ट कार्य उसकी विशिष्ट सामुदायिक/सामूहिक धरोहर होती है जो अन्यत्र दुर्लभ होती है। यह विशिष्टता प्राकृतिक या सांस्कृतिक विशिष्टता या दोनों का द्योतक होती है। उदाहरण के तौर पर, भोजपुरी में एक शब्द है 'घुसकना' (तनी घुसका) जिसका पूरा समानार्थी अँग्रेज़ी का 'मूव' (चलना) नहीं हो सकता। इसी प्रकार बंगाली में पीने के लिए कोई शब्द नहीं है। बंगाली लोग सिगरेट, पानी, मूरी(भूजा) सभी कुछ 'खाते' हैं! 'तुमी जल खाबो?', 'तुमी सिगरेट खाबो?', 'तुमी मूरी खाबो?' आदि। दूसरी ओर हिन्दी में पानी पिया जाता है, जलपान किया जाता है, और जल ग्रहण (लिया) भी किया जाता है। यह हिन्दी भाषा की समृद्ध शब्द-सम्पदा का सूचक है। इस प्रकार प्रत्येक भाषा, एक देशकाल के सन्दर्भ में एक मानव-समूह का ख़ास सांस्कृतिक ज्ञान होती है। जब मैं हिन्दी में लिखता हूँ, तो वह मेरी पहचान भी है और हिन्दी के ज्ञान-भंडार का सूचक भी है। विश्व में एक अनुमान के अनुसार क़रीब छह हज़ार नौ सौ बारह भाषाएँ जीवित हैं मगर पिछली कुछ सदियों में सैकड़ों भाषाएँ लुप्त हो चुकी हैं अथवा लुप्त होने के कगार पर हैं। निस्सन्देह, भाषाएँ यात्रा करती हैं मनुष्यों के साथ। जब उन्नीसवीं सदी के मध्य में भारत के लाखों हिन्दी भाषी लोग 'गिरमिटिया' मजदूरों के रूप में मॉरिशस, फिजी, सूरीनाम, गुआना, त्रिनिदाद एवं टुबैगो आदि कई देशों में गये तो उनके साथ हिन्दी, भोजपुरी, अवधी, उर्दू, मराठी आदि कई भाषाएँ भी गयीं और आज वहाँ अच्छा-ख़ासा प्रवासी हिन्दी साहित्य विकसित हो चुका है। मॉरिशस की हिन्दी का रूप-रंग 'क्रियोल' के प्रभाव के कारण भारतीय हिन्दी से थोड़ा भिन्न है। हिन्दी भाषा इन्द्रधनुषी रंगों से समृद्ध हो रही है। वस्तुतः जो भाषा समय के साथ लगातार बदलती है और खुले दिल से दूसरी भाषाओं से शब्दों का आदान-प्रदान निरन्तर करती रहती है, वही जीवन्त होती है अर्थात् वही आधुनिक समकालीन भाषा होती है। दूसरी ओर जो भाषा परिवर्तन से विमुख होती है, उसका धीरे-धीरे क्षरण होता है और वह अन्ततः मर जाती है। जीवन्त भाषा को नदी के बहते जल की तरह होना चाहिए। कबीर ने संस्कृत के बदले हिन्दी को ज़्यादा जीवन्त पाया था, 'संस्कीरत है कूप जल, भाखा बहता नीर'। दार्शनिकों ने ठीक ही कहा है कि हम नदी के जिस जल में एक बार नहा लेते हैं, उसमें दुबारा प्रवेश नहीं करते क्योंकि तब तक पुराना जल बह जाता है और नया जल उसका स्थान ले लेता है। यह भी सच है कि कभी-कभी पुराने शब्द टकसाल से निकालकर धो-पोंछकर प्रचलन में लाये जाते हैं। जैसे हिन्दी में 'किसिम' शब्द कुछ समय तक प्रचलन में नहीं रहा और उसकी जगह 'किस्म' शब्द का प्रयोग होता रहा मगर अब पुनः 'किसिम' शब्द प्रचलन में आ गया है। इसी प्रकार अँग्रेज़ी के 'मिथ' शब्द का कोई उचित पर्याय

हिन्दी में नहीं था, सो हजारी प्रसाद द्विवेदी ने मिथ (+क्) से 'मिथक' शब्द बना दिया जो हिन्दी भाषा-साहित्य में पूरी रफ़्तार से दौड़ रहा है।

यूनेस्को ने माना है कि कोई भाषा तब ख़तरे में पड़ी हुई मानी जाती है जब यह विलुप्ति की राह पर होती है। फिर उसका समुचित दस्तावेज़ तैयार किये बिना उसका पुनरुद्धार नहीं हो सकता। सो जब निम्नलिखित तीन दशाएँ परिलक्षित होती हैं, तो कोई भाषा ख़तरे में पड़ जाती है :

(क) जब इसके बोलने वाले इस भाषा को नहीं बोलते।

(ख) जब इसके बोलने वाले सम्प्रेषण क्षेत्रों में इसका प्रयोग बहुत कम बार करते हैं।

(ग) जब इसके बोलने वाले इसे अगली पीढ़ी को अन्तरित नहीं करते।

एक भाषाविद् रसेल एच. बर्नार्ड का मानना है कि विश्व के 97 प्रतिशत लोग विश्व की चार प्रतिशत भाषाएँ ही बोलते हैं। दूसरी ओर विश्व की 96 प्रतिशत भाषाएँ विश्व के महज़ 4 प्रतिशत लोगों द्वारा बोली जाती हैं। यह विषमता का सूचक है क्योंकि भाषाओं की संख्या और जनसंख्या में विपरीत अनुपात है। दूसरा महत्त्वपूर्ण तथ्य भी उल्लेखनीय है कि विश्व की कुल भाषाओं की आधी भाषाओं के बोलने वालों की संख्या में कमी हो रही है। यूनेस्को ने आकलन किया है कि संसार के विभिन्न क्षेत्रों में इक्कीसवीं सदी के अन्त तक 90 प्रतिशत भाषाओं की जगह 'प्रबल भाषाएँ' (डॉमिनेंट लैंग्वेजेज) ले लेंगी। प्रबल भाषा प्रबल संस्कृति का मूर्त रूप होती है और उसे क्षेत्रीय, देशज या स्थानीय भाषाओं के बरक्स सकारात्मक सम्पत्ति, मूल्य-व्यवस्था या माहौल के रूप में प्रदर्शित किया जाता है। प्रबल भाषा एक प्रकाशमान बिम्ब तैयार करती है जिसके ताने-बाने भय, शक्ति और समृद्धि से बुने गये होते हैं जिसके आगे लक्ष्मण-रेखा खींची होती है जिसे क्षेत्रीय, देशज या स्थानीय भाषाएँ पार न् करें। यह प्रत्यक्ष या अप्रत्यक्ष रूप से घोषित किया जाता है कि छोटी-छोटी भाषाओं के विकास से प्रबल भाषा का संवर्द्धन संकट में पड़ जाएगा।

सवाल उठता है कि भाषा लुप्त क्यों और कैसे होती है? प्रायः इसके लिए भीतरी और बाहरी दोनों ताकतें ज़िम्मेदार होती हैं। बाहरी ताकतों में सेना, आर्थिक, धार्मिक, सांस्कृतिक या शैक्षिक अधीनस्थता मुख्य होती है जबकि भीतरी ताकत में सम्बन्धित समुदाय की अपनी भाषा के प्रति उदासीनता हो सकती है। मगर भाषा के लोप या क्षरण का सवाल बहुत सरल नहीं है। कभी-कभी ऐसा भी होता है कि बाहरी ताकतों के ज़रिये भीतरी ताकत (समुदाय की उदासीनता) काम करती है यानी सांस्कृतिक उपनिवेशवाद या साम्राज्यवाद कभी 'आधिपत्य' के ज़रिये (अर्थात् जबर्दस्ती) और कभी 'वर्चस्व' (सहमति से प्राप्त किया गया प्रभुत्व) के ज़रिये काम करता है, कि आपकी भाषा निम्न कोटि की है, कि इसमें बहुत कम शब्द हैं,

कि यह आधुनिक समाज के लायक नहीं है, कि इसकी लिपि में किताबें नहीं छापी जा सकतीं क्योंकि उसकी तकनीकी उपलब्ध नहीं है, कि उस भाषा को पढ़ने की परीक्षा/शिक्षा बोर्ड मान्यता या स्वीकृति नहीं देता, कि उस भाषा को पढ़ने से रोज़गार और बाज़ार नहीं मिलेगा, कि उस भाषा के बदले वैश्विक भाषा (अँग्रेज़ी, फ्रांसीसी, जर्मन, रूसी, चीनी, स्पैनिश, इतालवी, अरबी) सीखने से रोज़गार मिलेगा, गतिशीलता बढ़ेगी आदि। इन दोनों ताकतों के कार्यरत रहने से एक पीढ़ी से दूसरी पीढ़ी में मूल भाषाई और सांस्कृतिक परम्पराओं का संचरण नहीं हो पाता। सो धीरे-धीरे भाषा का क्षरण होने लगता है और देसी भाषाओं के बोलने वालों में हीन ग्रन्थि घर कर जाती है। इसके दो उदाहरण दिये जा सकते हैं : पहला, ब्रिटिश भारत में मैकाले और उनके सदृश्य नस्लवादी बुद्धिजीवी तथा ईसाई मिशनरियाँ धड़ल्ले से यह प्रचार कर रही थीं कि भारत और अरब में जो भी ज्ञान संचित है, उससे अधिक ब्रिटेन के किसी पुस्तकालय की एक अलमारी में है; कि देसी बोलियाँ, जिन्हें 'वर्नाकुलर' कहकर लांछित किया गया, आधुनिकता के दौर मे बर्बर, असभ्य, पिछड़ी और कमतर हैं जिनकी जगह अँग्रेज़ी ही उपयुक्त होगी; कि तमाम अविकसित भाषाओं में से कोई भाषा सम्पर्क भाषा नहीं बन सकती। सो वह भारतीयों को अँग्रेज़ी भाषा (विषय और माध्यम दोनों रूपों में) के ज़रिये रक्त-मांस-रंग में भारतीय रहने के बावजूद मानसिक तौर पर (रुख़ में) अँग्रेज बनाना चाहते थे। इस प्रकार की भेदभावपरक भाषाई नीति के कारण भारतीय भाषाओं का पतन तेजी से हुआ और उच्च एवं मध्यम वर्ग में अँग्रेज़ी शिक्षा प्राप्त करने की होड़ लग गयी। इसी प्रकार 1954 में नैरोबी में ब्रिटिश गवर्नर सर फिलिप माइकिल ने कहा था, ''हमारा उद्देश्य यहाँ एक सभ्य समाज की स्थापना करना है जिसमें उन्हीं मूल्यों और मानदंडों को जगह मिले जो ब्रिटेन के मूल्य और मानदंड हैं, जिनमें हर व्यक्ति की, चाहे वह किसी भी नस्ल का क्यों न हो, दिलचस्पी और भूमिका है।'' इस प्रकार 'श्वेत पुरुष का भार' (व्हाइटमैंस बर्डेन) अश्वेतों को अँग्रेज़ी के ज़रिये सभ्य बनाना रहा है। दूसरा उदाहरण स्वतन्त्र भारत का है। झारखंड के सन्थाल परगना क्षेत्र में पहाड़ी जनजातियों को अंशत: ईसाई बना दिया गया है, रोमन लिपि में उनकी कुछ भाषा पुस्तकें तैयार की गईं; जिन्हें जड़ों से कटी हुई और औपनिवेशिक सोच का प्रतिफल कहा जा सकता है। ज़ाहिर है कि किसी भाषा का लुप्त होना एक स्थानीय विशिष्टता और सांस्कृतिक पहचान का लुप्त हाना है।

किस प्रकार औपनिवेशिक शासक और उनकी नीति ने अफ्रीकी भाषाओं (जैसे गिकुयू, ढोलू, किस्वाहिली, लुलुह्या, किमासाई, किकाम्बा, किंगरी, आमा) को नष्ट किया है, इसका सर्वेक्षण करते हुए न्गुगी वा थ्यांगो ने सटीक उदाहरण दिये हैं। 1966 में उनके गाँव किमरीं यू (लिमरु) से एक लड़की नर्स के प्रशिक्षण के

लिए ब्रिटेन गयी। उस समय उसकी उम्र 20 साल थी। जब वह दो साल के बाद अपने गाँव लौटी, तो अपने स्वागत में एकत्रित किसानों के बीच उसने एक दुभाषिये की मदद से भाषण दिया, अर्थात् महज़ दो सालों में उसने अपनी मातृभाषा का बीस साल का ज्ञान भुला दिया। इस पर चिन्ता व्यक्त करते हुए न्गुगी कहते हैं कि समय बीतने के साथ भाषा लोगों के सामूहिक संघर्षों का स्मृतिकोष बन जाती है जिसे कुछ विद्वानों ने भाषा की 'रहस्यात्मक स्वाधीनता' कहा है। इसी के कारण लोग लुप्त हो रही भाषा के विरुद्ध संघर्ष छेड़ देते हैं। भाषा अलग-अलग पीढ़ियों के उत्तराधिकार के उत्पाद के साथ-साथ जीवन-पद्धति(संस्कृति) का कोष भी है। न्गुगी के शब्दों में, ''बिम्बों में सोचने की प्रक्रिया के रूप में साहित्य भाषा का इस्तेमाल करता है और उस भाषा में मूर्त सामूहिक अनुभव अर्थात् इतिहास से प्रेरणा लेता है। रचना कार्य करते समय लेखक को अतीत की फुसफुसाहटों और चीखों और क्रन्दन एवं प्यार तथा नफ़रत के स्वर चाहिए और ये स्वर किसी लेखक तक एक विदेशी भाषा में कभी नहीं पहुँच सकते।'' सो न्गुगी ने अँग्रेज़ी भाषा में लिखना छोड़कर अपनी मातृभाषा में लिखना शुरू किया जिसका अनुवाद अँग्रेज़ी सहित विश्व की तमाम भाषाओं में होता है।

ख़तरे में पड़ी भाषाओं के समर्थन के लिए भाषाविद्, शिक्षाविद्, समाजशास्त्री और कार्यकर्त्ता सबसे पहली ज़रूरत दस्तावेज़ीकरण को मानते हैं जिसमें आँकड़ों का संग्रह, टीका और विश्लेषण शामिल होते हैं। दूसरा कार्य सभी की शैक्षिक कार्यक्रमों में सक्रिय भागीदारी होना चाहिए। तीसरा कार्य यह होना चाहिए कि शोधों की शर्तों पर सम्बन्धित भाषा बोलने वालों का नियन्त्रण होना चाहिए। चौथे, सम्बन्धित भाषा बोलने वालों का शोधों के परिणामों और प्रयोगों पर अधिकार होना चाहिए। अर्थात् वे समुचित सहमति तथा असहमति का अधिकार चाहते हैं, वे यह भी जानना चाहते हैं कि इन शोध परिणामों का प्रसार कैसे होगा? इस प्रकार ऐसी भाषा बोलने वाले बाहरी शोधकर्ताओं के साथ समान सम्बन्ध चाहते हैं—ऐसी प्रक्रिया जो उनकी अपनी हो।

यूनेस्को के अनुसार ख़तरे में पड़ी भाषाओं के टिकाऊपन के लिए पाँच प्रकार की नीतिगत कार्रवाइयाँ की जानी चाहिए :

(क) आधारभूत भाषाई एवं शिक्षा शास्त्रीय प्रशिक्षण—ऐसे भाषा शिक्षक उपलब्ध कराये जाएँ जिन्हें भाषा शास्त्र, भाषा-शिक्षण विधियों, पाठ्यक्रम विकास और शिक्षण-सामग्री विकास में प्रशिक्षण मिला हो।

(ख) साक्षरता तथा स्थानीय दस्तावेज़ीकरण के हुनरों में टिकाऊविकास—स्थानीय भाषाकर्मियों को वर्ण-विचार तथा शिक्षाशास्त्रीय सामग्री तैयार करने के लिए प्रशिक्षित किया जाना चाहिए।

(ग) राष्ट्रीय भाषानीति को प्रोत्साहन एवं विकास–राष्ट्रीय भाषा नीति विविधता का समर्थन करे जिसमें लुप्तप्राय भाषाएँ भी शामिल हों। ऐसी नीति को बनाने में समाजविज्ञानी, मानववादी और लुप्तप्राय भाषाओं को बोलने वाले शामिल हों।

(घ) शिक्षा नीति को प्रोत्साहन एवं विकास–स्थानीय तथा राष्ट्रीय भाषाओं को शिक्षा के माध्यम के रूप में अपनाया जाए। क्षेत्रीय भाषाओं में भी पढ़ाई हो मगर अल्पसंख्यकों की क़ीमत पर नहीं।

(ङ) भाषाई समुदायों की जीवन दशाओं को सुधारना तथा उनके मानवाधिकारों का सम्मान करना, भाषाई दस्तावेज़ तैयार करने वाले उपेक्षित आबादियों की पहचान करने में शासन की मदद कर सकते हैं। दूसरे, वे वंचित/अल्पसंख्यक भाषाई समाजों द्वारा भाषाई तथा अन्य मानवाधिकारों से सम्बन्धित दावों को तैयार करने में मध्यस्थ की भूमिका निभा सकते हैं। इसके अलावा अवधारणाओं और अन्तर्वस्तुओं को सांस्कृतिक रूप से अर्थपूर्ण तरीक़े से व्यक्त करने की ज़रूरत है। फिर भाषाई विविधता को प्राकृतिक विविधता के साथ जोड़ने की भी ज़रूरत है। पूरे विश्व में नौ सौ पारिस्थितिकीय क्षेत्र हैं जिनमें से 238 पारिस्थितिकीय क्षेत्र पूरे विश्व की पारिस्थितिकीय व्यवहार्यता के सन्धारण के लिए ज़रूरी है। इन 238 पारिस्थितिकीय क्षेत्रों में कई भाषाई समूह रहते हैं जिनके पास पारिस्थितिकीय ज्ञान का लम्बा इतिहास है। इसलिए विशेषज्ञों की राय है कि 'संरक्षण जीवविज्ञान' के समान्तर 'संरक्षण भाषा शास्त्र' भी होना चाहिए तथा दोनों में जुड़ाव होना चाहिए क्योंकि जीवन की विविधता प्रकृति, संस्कृति और भाषा की विविधता से ही बनती है। इसे लुइसा मैफी ने 'जैव-सांस्कृतिक विविधता' की संज्ञा दी है। इसी प्रकार माइकेल क्रास ने 'शब्द क्षेत्र' (जैविक क्षेत्र की तरह) की अवधारणा दी है जो विश्व की भाषाओं को जोड़ने वाले जाल (वेब) को व्यक्त करता है। यूनेस्को के अनुसार भाषाई व्यवहार्यता के प्रमुखत: छह कारक हैं :

(अ) अन्तर-पीढ़ी भाषाई-संचरण (इंटर जनरेशनल लैंग्वेज ट्रांस-मिशन)।

(ब) बोलने वालों की कुल संख्या (एबसोल्यूट नम्बर ऑव स्पीकर्स)।

(स) पूरी जनसंख्या में उक्त भाषा बोलने वालों का अनुपात (प्रपोर्शन ऑव स्पीकर्स विदिन द टोटल पापुलेशन)।

(द) मौजूदा भाषाई क्षेत्रों में प्रवृत्ति (ट्रेंड्स इन इक्जिस्टिंग लैंग्वेज

डोमेन्स)।

(ट) नये क्षेत्रों और माध्यमों पर अनुक्रिया (रिस्पांस टू न्यू डोमेन्स एंड मीडिया)।

(ठ) भाषा शिक्षा और साक्षरता के लिए सामग्री (मटीरियल्स फॉर लैंग्वेज एडूकेशन एंड लिटरेसी)।

मगर इनमें से किसी कारक को अकेले नहीं देखा जाना चाहिए क्योंकि कोई भाषा एक कारक में उच्च स्थान पर हो सकती है मगर अन्य कारकों में निम्न स्थान पर हो सकती है। मगर इतना तो सच है कि अन्तर-पीढ़ी भाषाई संचरण सबसे महत्त्वपूर्ण कारक होता है जिसमें सुरक्षा से ख़तरे तक की छह डिग्रियाँ होती हैं :

(अ) सुरक्षित (जिसमें पाँच अंक मिलते हैं)—जब भाषा कई पीढ़ियों द्वारा बोली जाती है इसे किसी अन्य भाषा से कोई ख़तरा नहीं मिलता।

(ब) स्थायी मगर संकट में (जिसमें पाँच अंक मिलते हैं) - जब भाषा सभी पीढ़ियों द्वारा सबसे ज़्यादा सन्दर्भों में बोली जाती है, फिर भी देशज भाषा तथा एक या अधिक प्रबल भाषा में बहुभाषावाद ने कुछ महत्त्वपूर्ण संचार-सन्दर्भों को छीन लिया है। वैसे अकेले बहुभाषावाद भाषाओं के लिए अनिवार्यतः संकट नहीं होता।

(स) असुरक्षित (जिसे चार अंक मिलते हैं)—एक ख़ास समुदाय के अधिकतर बच्चे और परिवार—मगर सभी नहीं—अपनी भाषा को पहली भाषा के रूप में बोलते हैं मगर यह ख़ास सामाजिक क्षेत्रों तथा घर तक सीमित रहती है।

(द) निश्चित रूप से संकट में (डेफिनिटिवली इंडैंजर्ड) (जिसे तीन अंक मिलते हैं)—घर में बच्चों द्वारा यह भाषा मातृभाषा के रूप में ग्रहण नहीं की जा रही है यानी यह भाषा बोलने वाली सबसे नयी पीढ़ी है। अब भी माँ-बाप अपने बच्चों से इस भाषा में बात करते हैं मगर बच्चे उसी भाषा में अनुक्रिया नहीं करते। झारखंड में पहाड़िया भाषा को इस श्रेणी में रखा जा सकता है।

(य) तीव्र संकट में (सीविअर्ली इंडैंजर्ड)—(जिसे दो अंक मिलते हैं)—यह भाषा सिर्फ़ दादा-दादियों और पुरानी पीढ़ियों द्वारा बोली जाती है जबकि माँ-बाप वाली पीढ़ी अब भी इसे समझ सकती है। मगर वे अपने बच्चों से इस भाषा में बात नहीं करते हैं। वेनेजुएला में 'करीना' भाषा बोलने वाले मात्र 650 लोग तथा 'समीना' भाषा बोलने वाले मात्र 2500 लोग बचे हैं।

(र) घोर संकट में (क्रिटिकली इंडैंजर्ड)—(जिसे एक अंक मिलता है)—

इसे परदादा-परदादी ही सबसे नये बोलने वाले होते हैं और यह दैनिक कार्यों में प्रयुक्त नहीं होती। वास्तव में, जो बुज़ुर्ग प्रायः इस भाषा को अंशतः याद किये रहते हैं, वे भी इसका प्रयोग नहीं करते क्योंकि उस भाषा में वार्तालाप के लिए शायद कोई नहीं मिलता। उदाहरणार्थ, अंडमान द्वीपसमूह में 'ग्रेट अंडमानी' भाषा बोलने वाले मात्र आठ बुज़ुर्ग बचे हैं। उनके बाद की पीढ़ियाँ उसे नहीं बोलतीं। इसी प्रकार वेनेजुएला में 'मपोयो' भाषा बोलने वाले मात्र सात बुज़ुर्ग बचे हैं। और उनकी नयी पीढ़ियाँ स्पैनिश बोलती हैं। अर्थात् वहाँ के बच्चों की प्रथम भाषा अब स्पैनिश बन गयी है, 'मपोयो' का अस्तित्व नहीं बचा है।

जहाँ तक दूसरे कारक—बोलने वालों की कुल संख्या—का सवाल है, कम संख्या के कारण भाषा हमेशा जोखिम में होती है, क्योंकि महामारी, युद्ध या प्राकृतिक आपदा में इसके लुप्त होने की पूरी सम्भावना होती है। कभी-कभी अति छोटा भाषाई समूह अपनी भाषा और संस्कृति खोकर किसी पड़ोसी भाषाई समूह में विलीन हो सकता है।

जहाँ तक तीसरे कारक का सवाल है, पूरी आबादी में अनुपात का भी महत्त्व है, जैसे सभी, लगभग सभी, बहुसंख्यक, अल्पसंख्यक, बहुत थोड़े लोग और कोई नहीं बोलने वाला हो।

जहाँ तक चौथे कारक—मौजूदा भाषाई क्षेत्रों में प्रवृत्ति—का सवाल है, कहाँ, किसके साथ और विषयों का विस्तार भाषा के प्रयोग की प्रवृत्ति बनाते हैं। इसका 'सर्वव्यापी प्रयोग तब होता है जब भाषा अन्तःक्रिया, पहचान, सोच, सृजन और मनोरंजन के लिए' प्रयुक्त होती है। दूसरे, 'बहुभाषी सममूल्यता' (मल्टीलिंगुअल पैरिटी) में यद्यपि कोई दूसरी भाषा सरकारी क्षेत्रों में प्रबल होती है, मगर यह भाषा धार्मिक संस्थाओं, स्थानीय भंडारों और सामुदायिक क्षेत्र में प्रचलित रहती है। इस प्रकार प्रबल और अप्रबल भाषाओं के सह-अस्तित्व के कारण प्रबल भाषा सरकारी/सार्वजनिक क्षेत्रों में प्रयुक्त की जाती है जबकि अप्रबल भाषा अनौपचारिक/घरेलू सन्दर्भों में प्रयुक्त की जाती है। प्रबल भाषा को सामान्यतः लोग सामाजिक-आर्थिक अवसर की भाषा मानते हैं फिर भी बुज़ुर्ग लोग अपनी अल्पसंख्यक भाषा का ही इस्तेमाल करते हैं। तीसरे, क्षीण होते क्षेत्र (ड्विंडलिंग डोमेन)—अप्रबल भाषा अपनी ज़मीन खोने लगती है और घर में भी अपने बच्चों के साथ माँ-बाप प्रबल भाषा का प्रयोग करने लगते हैं और बच्चे अपनी भाषा के 'अर्द्धभाषी' हो जाते हैं। माँ-बाप और बुज़ुर्ग प्रबल और देशज भाषाओं, दोनों में उत्पादनशील तरीक़े से द्विभाषी बन जाते हैं, वे बोलते और समझते दोनों हैं। चौथे, सीमित या औपचारिक

क्षेत्र में अप्रबल भाषा कर्मकांडों, लोकोत्सवों, त्योहारों और घरों में बोली जाती है। अब बहुतेरे लोग भाषा को समझ लेते हैं मगर बोल नहीं पाते। पाँचवें, अति सीमित क्षेत्र—अप्रबल भाषा समुदाय के पुरोहित द्वारा कुछ उत्सवों पर बोली जाती है। अब अन्य लोग इस भाषा को अंशत: याद रखते हैं। छठे, लुप्त भाषा—किसी भी क्षेत्र में किसी के द्वारा नहीं बोली जाती।

जहाँ तक पाँचवें कारक—नये क्षेत्रों और माध्यमों पर अनुक्रिया—का सवाल है, समुदाय की जीवन-दशाओं में परिवर्तन होने के साथ भाषा के नये क्षेत्र पैदा हो सकते हैं। उदाहरणार्थ, विद्यालय, टी.वी., इंटरनेट, काम के नये वातावरण आदि से प्रबल भाषा का प्रसार ज़्यादा होता है। (भारत में अँग्रेज़ी में सबसे ज़्यादा, उसके बाद हिन्दी में। मगर भोजपुरी, अवधी, ब्रज, राजस्थानी आदि क्षेत्रीय भाषाओं का प्रसार इन नये माध्यमों के ज़रिये नगण्य होता है)। यदि कोई समुदाय अपनी भाषा में आधुनिकता की चुनौतियों को पूरी नहीं करता, तो वह अप्रासंगिक हो जाती है। क्षेत्रीय भाषाओं के लिए प्राय: समूचे टी.वी. या रेडियो चैनल नहीं होते, इसलिए उन्हें दूसरे चैनलों पर प्रसारण के लिए बहुत कम समय मिलता है। इसी प्रकार क्षेत्रीय भाषाओं में शिक्षा का माध्यम नहीं होने से उनका संवर्द्धन नहीं होता। सो उनकी उपेक्षा उन्हें ख़तरे में डालती है।

जहाँ तक छठे कारक, भाषाई शिक्षा और साक्षरता हेतु सामग्री का सवाल है, कई समुदायों में लिखित, दूसरे में मौखिक और कुछ में मौखिक एवं लिखित दोनों परम्पराओं का अस्तित्व रहता है। फिर भी साक्षरता सामाजिक-आर्थिक विकास से सीधे जुड़ी होती है। विभिन्न आयु समूहों के लिए पुस्तकें और उनकी शिक्षा-सामग्रियों की ज़रूरत होती है। जिस भाषा का स्थापित वर्ण-विन्यास व्याकरण के साथ साक्षरता परम्परा, शब्दकोश, पाठ्यपुस्तकें, साहित्य और जन-संचार माध्यम विकसित होते हैं, उसका स्थायित्व और सुरक्षा सबसे अच्छी होती है। दूसरे स्थान पर वह भाषा होती है जिसमें लिखित सामग्री पर्याप्त होती है तथा विद्यालय में विद्यार्थीगण उसमें शिक्षा ग्रहण करते हैं। मगर उस भाषा का प्रयोग प्रशासन के कार्यों में नहीं होता। तीसरे स्थान पर वह भाषा होती है, जिसमें लिखित सामग्री होती है और बच्चे विद्यालय में लिखित रूप से परिचित होते हैं मगर साक्षरता का संवर्द्धन छापा माध्यम से नहीं किया जाता। चौथे स्थान पर वह भाषा होती है जिसमें लिखित सामग्री होती है मगर वह समुदाय के कुछ सदस्यों के लिए ही उपयोगी होती है। वह साक्षरता-शिक्षा, विद्यालय-पाठ्यक्रम का अंश नहीं होती। यह भाषा की ख़राब स्थिति होती है। पाँचवें में, सिर्फ़ व्यावहारिक वाक्य विन्यास समुदाय में उपलब्ध होता है और कुछ ही सामग्री लिखित रूप में उपलब्ध होती है। यह भाषा की ज़्यादा ख़राब स्थिति है। अन्तिम श्रेणी में, समुदाय का कोई भाषाई वर्ण-विन्यास नहीं होता

अर्थात् भाषा विलुप्त हो जाती है।

अब सवाल उठता है कि विभिन्न देशों में भाषा का रुख़ तथा नीतियाँ क्या होती हैं? यूनेस्को के अनुसार भाषाओं के प्रति शासकीय रुख़ छह प्रकार के हो सकते हैं :

(क) **समान प्रोत्साहन**—किसी देश की सभी भाषाओं को समान प्रोत्साहन मिलता है, अर्थात् क़ानून सम्मत तरीक़े से प्रकाशन, पुरस्कार, शब्दकोश-निर्माण, प्रशासन में प्रयोग आदि विभिन्न क्षेत्रों में सरकार की ओर से सभी भाषाएँ बराबर अधिकार और सम्मान पाती हैं। यह सर्वोत्तम स्थिति मानी जाती है।

(ख) **विभेदित प्रोत्साहन**—अप्रबल भाषाएँ सरकार द्वारा संरक्षण पाती हैं मगर प्रबल भाषा सार्वजनिक क्षेत्र में प्रयुक्त होती है जबकि स्थानीय (अप्रबल) भाषाएँ निजी क्षेत्रों में (घर से लेकर उत्सव तक)। यह नीति दूसरे दर्ज़े की होती है।

(ग) **निष्क्रिय आत्मसातकरण**—प्रबल समूह तब तक इस बिन्दु पर उदासीन रहता है कि अल्पसंख्यक भाषाएँ बोली जाती हैं कि नहीं, जब तक प्रबल समूह की भाषा अन्त:क्रिया की भाषा बनी रहती है। बिना प्रत्यक्ष भाषा नीति के भी प्रबल समूह की भाषा वास्तविक शासकीय भाषा होती है। अप्रबल भाषा के अधिकतर क्षेत्रों को ज़्यादा सम्मान नहीं मिलता। यह नीति तीसरे दर्ज़े की होती है—क्षेत्रीय/स्थानीय भाषाएँ भगवान भरोसे होती हैं मगर उन्हें कुचलने का समान प्रयास सरकार नहीं करती।

(घ) **सक्रिय आत्मसातकरण**—शासन की मंशा होती है कि अल्पसंख्यक भाषाई समूह अपनी भाषाओं को त्याग दें तथा प्रबल भाषा के ज़रिये शिक्षा ग्रहण करें। अप्रबल भाषा में बोलने या लिखने को प्रोत्साहन नहीं दिया जाता। इस प्रकार स्थानीय/क्षेत्रीय भाषा का अस्तित्व मिटाने का सरकारी प्रयास किया जाता है। यह शासन की घटिया भाषा नीति का सूचक है। इससे स्थानीय भाषाएँ ख़तरे में पड़ जाती हैं।

(ङ) **बलात् आत्मसातकरण**—जब सरकार एक स्पष्ट भाषा नीति के ज़रिये प्रबल समूह की भाषा को एक मात्र राष्ट्रीय भाषा घोषित करती है, जबकि वंचित वर्गों की भाषाओं को न तो मान्यता मिलती है और न प्रोत्साहन। यह सरकारी नीति का अधम रूप है जिससे स्थानीय/क्षेत्रीय भाषा का अस्तित्व मिटना अवश्यम्भावी है।

(च) **निषेध**—अल्पसंख्यक भाषाओं को किसी भी क्षेत्र में प्रयोग करने का

निषेध होता है, यूँ निजी क्षेत्र (घर से उत्सव तक) में इनका प्रयोग बर्दाश्त किया जा सकता है। यह नीति स्थानीय/क्षेत्रीय भाषाओं को विलुप्त करती है।

मगर यह भी सच है कि सिर्फ़ शासक वर्ग का भाषाई रुख़ और नीति ही सब कुछ तय नहीं करती। एक हद तक समुदाय का भाषाई रुख़ भी अपना महत्त्व रखता है। कोई समुदाय अपनी भाषा को पाँच नज़रिये में से एक से देख सकता है। पहला, वह अपनी भाषा को अपनी सामुदायिक पहचान के लिए निहायत ज़रूरी मान सकता है और इसीलिए उसकी श्रीवृद्धि और संवर्द्धन कर सकता है जैसे बंगला भाषी, मराठी भाषी और मलयालम भाषी। दूसरा, वह समुदाय इसका प्रयोग कर सकता है, मगर इसका संवर्द्धन नहीं करता जैसे हिन्दी। तीसरे, वह समुदाय अपनी भाषा से शर्मिन्दा हो सकता है, और इसका संवर्द्धन नहीं करता। चौथा, वह समुदाय अपनी भाषा को एक कंटक या उपद्रव के रूप में देख सकता है और इसलिए सक्रिय रूप से इसके प्रयोग से बचना चाहता है। पाँचवा, यह भी सम्भव है कि कोई समुदाय यह सोचकर अपनी भाषा त्याग सकता है कि उनके समक्ष प्रबल भाषा को अपनाने के सिवाय कोई विकल्प नहीं है—रोज़गार पाने के लिए, बाज़ार में सफल क्रेता-विक्रेता होने के लिए अथवा सांस्कृतिक पहचान जल्दी विस्तृत और गहन तरीक़े से पाने के लिए। कहने का सारांश यह है कि जब कोई समूह अपनी भाषा के प्रति सकारात्मक रुख़ अपनाता है, तो वह अपनी भाषा को सामूहिक पहचान के प्रतीक के रूप में देखता है और उसे एक प्राथमिक सांस्कृतिक मूल्य भी मानता है जैसे पारिवारिक परम्पराओं, सामुदायिक उत्सवों को मानता है। दूसरी ओर यदि कोई समूह अपनी भाषा को बाजार में बाधक, आर्थिक रोज़गार पैदा करने में अक्षम और राष्ट्रीय एकीकरण में बाधक मानता है, तो अपनी भाषा के प्रति उसका नज़रिया निहायत नकारात्मक होगा। मगर बहुभाषा-भाषी दृष्टि ज़्यादा कारगर होगी क्योंकि प्रबल बनाम स्थानीय/क्षेत्रीय भाषा का रुख़ एकल भाषा तक हमें सीमित रखता है जबकि दो या अधिक भाषाएँ (जिनमें प्रबल और स्थानीय/क्षेत्रीय दोनों भाषाएँ शामिल होंगी) आर्थिक दुनिया में उत्पादनशीलता के साथ-साथ सांस्कृतिक पहचान भी दिलाएँगी। यूँ भाषा का मसला बहुत सरल नहीं होता। एक ओर भाषा वर्ग, वर्ण, जाति, धर्म, जन्म स्थान, लिंग आदि के भेदभाव को ख़त्म करती है मगर दूसरी ओर विभिन्न भाषाओं के बीच स्पर्धा और असमान शक्ति-सम्बन्धों के कारण शोषण की स्थिति पैदा होती है। जहाँ कोई समुदाय प्रबल और अधीनस्थ दोनों भाषाएँ बोलता है, वहाँ कालान्तर में लोग सिर्फ़ प्रबल भाषा ही बोलने लगें, यह बिल्कुल सम्भव है। दूसरी ओर अधीनस्थ समूह काफ़ी सक्रिय होकर प्रबल भाषा का सक्रिय विरोध कर सकता है और अपनी भाषा को फिर से शक्ति-सम्पन्न और जीवन्त बना सकता

है। जैसे सन्थाली भाषा (झारखंड), बोडो भाषा (असम) और डोगरी (जम्मू-कश्मीर)। दूसरी स्थिति में तीन तरह की रणनीतियाँ (यूनेस्को के अनुसार) अपनायी जा सकती हैं :

पहली, **भाषा का पुनरुद्धार**—जब कोई भाषा सीमित प्रयोग की बज़ाय वृहत्तर प्रयोग में किसी देशकाल में लायी जाती है; जैसे इजरायल के बनने के बाद (1948) 'हिब्रू' भाषा का पुनरुद्धार किया गया और आयरलैंड में 'गेलिक' भाषा का।

दूसरी, **भाषा की किलेबन्दी (फोर्टिफिकेशन)**—जब प्रबल भाषा को एक भाषाई ख़तरे के रूप में देखा जाए और तब अप्रबल भाषा की उपस्थिति को बढ़ा दिया जाए जिससे प्रति-सन्तुलन स्थापित किया जा सके।

तीसरा, **भाषा का रख-रखाव**—जहाँ बहुत सारी भाषाएँ हों और एक प्रबल भाषा हो, वहाँ किसी अप्रबल भाषा का बोलने और लिखने में स्थायी रूप से समर्थन हो; जैसे, न्यूजीलैंड में 'माओरी' भाषा का रखरखाव।

मगर यह भी उल्लेखनीय है कि किसी अप्रबल भाषा के पुनरुद्धार, किलेबन्दी और रख-रखाव के लिए लोकसमाज का दायित्व उतना ही ज़्यादा है जितना शासन-व्यवस्था का। इसके लिए दीर्घकालिक और अल्पकालिक योजनाएँ बननी चाहिए। अप्रबल भाषा-भाषियों में हीनग्रन्थि नहीं पैदा होनी चाहिए बल्कि अपनी भाषाई और सांस्कृतिक विरासत के प्रति लगाव एवं उदारता होनी चाहिए, जिससे नया युवा वर्ग उस कार्य को और आगे बढ़ाये। भाषाई विविधता एवं लोकतन्त्रीकरण के लिए अप्रबल भाषाओं के संरक्षण एवं संवर्द्धन के लिए विशेषज्ञों, भाषा शिक्षकों, स्थानीय भाषा-भाषी, गैर-सरकारी संगठन, सरकार तथा संस्थाओं का सक्रिय सहयोग एवं परस्पर सम्मान अत्यन्त ज़रूरी है। भाषा शिक्षकों में कम-से-कम तीन प्रकार के हुनर विकसित किये जाने चाहिए : शिक्षा शास्त्रीय हुनर (पाठ्यक्रम एवं सामग्री-विकास, भाषा-शिक्षण तकनीक एवं पद्धतियाँ); सामाजिक भाषा शास्त्रीय हुनर (वर्तमान भाषा-सम्पर्क प्रक्रियाओं का विश्लेषण, अतीत एवं वर्तमान के प्राचीन भाषा कार्यों का विश्लेषण) एवं भाषा शास्त्रीय हुनर (आँकड़ा संग्रह, विश्लेषण एवं वर्णन)। प्रत्येक और सभी लोगों का यह साझा दायित्व है कि विश्व की कोई भाषा न मरने पाये क्योंकि पूरे विश्व में हर पखवाड़े में एक भाषा मर जाती है। जो भाषाएँ मर गयी हैं, उन्हें हम जिलाने का प्रयास करें क्योंकि एक नवाजो आदिवासी वृद्ध ने ठीक ही कहा है :

यदि आप साँस नहीं लेते/तो हवा नहीं है
यदि आप नहीं चलते/तो धरती नहीं है
यदि आप नहीं बोलते/तो दुनिया नहीं है।

आज के भूमंडलीकरण के युग में पूँजी का प्रभाव संस्कृति और भाषा को भी डाँवाडोल कर रहा है। अँग्रेज़ी भाषा ने अपना प्रभाव और प्रवाह भारत के सुदूर ग्रामों में भी बढ़ाया है जिसके कारण अँग्रेज़ी माध्यम के विद्यालय कुकुरमुत्ते की तरह बढ़ रहे हैं जिनमें गुणवत्ता नहीं है, सिर्फ़ दिखावापन है; जो छिछले गन्दे तालाब हैं और बदबू ही कर रहे हैं। भारत की सैकड़ों स्थानीय/क्षेत्रीय भाषाएँ अँग्रेज़ी भाषा के प्रभुत्व के आगे दम तोड़ रही हैं। टी.वी. पर रैपिडेक्स इंगलिश स्पीकिंग कोर्स, इंग्लिश गुरु आदि के धुआँधार प्रचार रोज़ाना आते हैं जिनमें बताया जाता है कि अँग्रेजों की तरह अँग्रेज़ी बोलना सीखें जो आपके जीवन को बदल देगा। यह भी बताया जाता है तथाकथित बौद्धिक अभिजनों के द्वारा कि अँग्रेज़ी में बोलने के साथ-साथ, अँग्रेज़ी सलीके भी सीखें, उठना-बैठना, कपड़े पहनना, खाना खाना, कन्धे उचकाना, हँसना-रोना आदि। अर्थात् अँग्रेज़ी भाषा के ज्ञान का प्रचार हमारी भारतीय संस्कृति को ही हीनतर सिद्ध कर रहा है। इस पाश्चात्य साजिश को भी समझने की ज़रूरत है क्योंकि मौलिक चिन्तन हमेशा अपनी मातृभाषा में ही सम्भव है और उत्कृष्ट सृजनात्मक लेखन भी मातृभाषा में ही पुष्पित और पल्लवित होता है, किन्तु अन्य भाषाओं से आदान-प्रदान का सिलसिला बने रहना चाहिए अर्थात् हमारी भाषा संस्कृति के घर का मुख्य दरवाज़ा हिन्दी तथा अन्य भारतीय भाषाएँ हों तथा विदेशी भाषाएँ (अँग्रेज़ी, फ्रांसीसी, स्पैनिश आदि) मात्र खिड़कियाँ हों तभी 'विविधतात्रयी' (जैव विविधता, भाषाई विविधता एवं सांस्कृतिक विविधता) का महास्वप्न पूरा होगा।

❑❑❑

णाणं पयासयं

वीर नि. सं. 2470

ई. सन् 1944

भारतीय ज्ञानपीठ